經典新玩幸福嘆名物 **Easy** GO! ®

U0053878

大阪

24~25 年版

難波・道頓堀・心齋橋・空堀・梅田・天王寺・中之島・天滿・櫻之宮・平野・
大阪灣・中崎町・堺市・枚方・富田林・岸和田・寶塚・池田・箕面・門真

**櫻花紛飛自然勝景 盡收眼底
激 fun 樂園恢宏名城 新鮮細味**

TRAVEL

新 Shopping 熱點：**Links Umeda、心齋橋 PARCO**

文青矚目：**中之島美術館、teamLab Botanical Garden**

- 暢遊大阪 **33** 個區域：走遍**大阪人都愛美食街**、
  招牌拉麵、特色 café、更多**名物佳餚**⋯

- 發掘小區：平野、靱公園、空堀、南船場、住吉

- **賞櫻熱點**逐個數、庭園風景**和風料理**

- 專業繪製 **38** 幅地圖、詳盡鐵路資訊

跨版生活

景點Info Box圖例說明

 地址　 營業/開放時間　 電話　 前往交通

$ 消費/入場費　 網址　! 備註　B 訂房

地圖使用說明：

- 書內有介紹的景點
- 書內沒有介紹的景點

作者序

　　很多人提起日本的時候，就會聯想到東京，因為東京是日本的首都，其文化也代表了這個國家。而大阪一般在大眾看來是僅次於東京的城市。很多人來到大阪，都被附近的京都、奈良、神戶等地所吸引，於是一場來到關西，為了自由彈性、便宜住宿、一次旅行去多個地方等原因，令大阪只能成為住的地方。

　　過去一千年，京都曾是日本的首都，在這之前則是奈良。原來，大阪也有短時間作為首都，還有皇宮。

　　大阪曾是日本最大的城市。在百多年前明治維新開始，大阪的現代化發展迅速，工業及建造業需求吸引了大阪以外其他日本地方及海外人士前來找工作，令人口比東京多。世博和花博都曾在大阪舉行。

在大阪，除了看景點，也可觀察街上的人。如果你去過東京和日本其他地方，不妨比較大阪人與其他日本人的分別（如乘電梯時站在左邊還是右邊）。對於第一次來日本的人，可以想想你接觸過的人，如站長、酒店職員等人，他們的言行舉止與你所想像的，或媒體、學校、朋友所告訴你的「日本人」有沒有差異？雖然你的觀察不代表所有大阪人或日本人都是如此，但這能給予你不少延伸思考。

近年來，很多新的地標都在大阪落成，也成為新的景點，吸引更多人留意大阪。所以，這個城市值得看的地方只會愈來愈多，但一次旅行沒可能完全看完，那就按自己想看便可，看不完就下次去，因為廉價航空愈來愈普及，重遊的發現也愈來愈多。

最後，希望這本旅遊書能幫助你旅途中的計劃，帶給你回憶和啟發。倘若本書有不足之處，還請讀者不吝賜教指正。

Him

目錄

大阪新焦點

1. @ cosme OSAKA

@ cosme 大阪旗艦店是僅次於東京分店屬全日本第二大的，店內陳設 500 多個品牌、超過 12,000 種商品，包括 CHANEL、SUQQU、athletia 等世界知名品牌。(P.171)

2023 年開幕

2. 心齋橋 PARCO

心齋橋 PARCO(Shinsaibashi PARCO) 是位於日本大阪市中央區心齋橋地區的一個著名購物商場，樓高 14 層，7 樓整層樓都是無印良品，包括「Found MUJI」和「無印良品 IDÉE」。(P.124)

2020 年開幕

3. 大阪 SAUNA DESSSE

大阪 Sauna Dessse 是大阪市知名的日式桑拿和溫泉浴場，有 8 間桑拿房，每間都有不同的概念，客人可根據自己的性別、身體狀況以及當時的心情去選擇。(P.126)

2023 年開幕

4. 大阪中之島美術館

美術館館藏超過 6,000 件，共有 5 層樓，3 樓是典藏庫，4 樓是館藏品展示區，5 樓為特展區，館內也有餐廳、咖啡、禮品店等。(P.155)

2022 年開幕

5. 童書之森 中之島

童書之森不同於傳統的圖書分類，有「漂亮的東西」、「未來會怎樣」、「生與死」等課題，可讓小孩學習更多關於生活、人生等課題。(P.155)

2020 年開幕

新焦點

手信

購物熱點

指定動作

美食

便利店

櫻花或楓葉

聖誕燈飾

名人

6. 天王寺 MIO

天王寺 MIO 於 2023 年 2 月進行翻新，3 月以新面目開幕，5 樓還進駐「宜得利 EXPRESS」，專賣傢俱、室內家品裝飾，讓天王寺 MIO 成為該區最新的購物商場。(P.210)

2023 年翻新

7. teamLab Botanical Garden

位於長居植物園園內，是由著名的藝術團隊 teamLab 所創建，利用投影技術和互動元素來改變植物園的景觀，將植物、光影和音樂相結合，創造出獨特的藝術體驗。(P.213)

2022 年開設

8. SEVEN PARK 天美

SEVEN PARK 匯集 200 多間日本知名人氣品牌、商家，如 Loft、Joshin 上新電機、丸善書店等，還有虛擬體驗遊戲設施「VS PARK」，不管大人小朋友都能玩得痛快。(P.221)

2021 年開幕

9. 三井 Outlet Park 大阪門真

三井 Outlet Park 大阪門真由三井集團的兩大品牌 Outlet Park 跟 Lalaport 首次聯手合作。Outlet 內約有 250 間店舖進駐，提供各種國內和國際品牌的折扣價格商品。(P.249)

2020 年開幕

10. Links Umeda

Links Umeda 共有 200 間店舖進駐，而 1 樓的 UNIQLO 很大間，包你能選中一款合心水。位置就近大阪站、梅田站，交通方便，容易安排到行程之中。(P.180)

2019 年開幕

熱購手信推介

精選大阪最熱

計劃遊大阪　基本必識　交通攻略　行程示範

1. 楓糖香脆餅乾

這種脆餅(大阪さくさくワッフル)並不普通,一放入口,楓糖和焦糖的香味就飄散出來,口感香脆,賞味期限長達60日。7塊裝 ¥594(HK$35),14塊裝 ¥1,188(HK$70)。(圖文:Gigi)

[部分購買地點:JR 新大阪站、JR 大阪站 Entree Marche、關西國際機場3樓關空食寶館、いちびり庵(難波及道頓堀中座店)]

2. 月化粧饅頭

這款饅頭,內餡選用優質牛油和練乳,用纖細的製餡技術製成牛奶餡。饅頭曾獲不少獎項,更於2014年和2015年,每年賣出1,000萬個。4個裝 ¥580(HK$34),另有6個及10個裝。(圖文:Gigi)

[部分購買地點:地下鐵なんば(難波)站、JR 新大阪站、JR 大阪站、JR 大阪站 Entree Marche、關西國際機場 ANA FESTA]

3. 雞蛋芝士蛋糕

雞蛋芝士蛋糕(たま卵チーズ)採用濃郁的芝士、新鮮的雞蛋、低溫殺菌的牛奶等製成。蛋糕非常鬆軟,幾乎入口即溶。注意,購買後只能冷藏3天。8個裝 ¥1,200(HK$71),另有4個裝。(圖文:Gigi)

(購買地點:JR 新大阪站、JR 大阪站 Entree Marche)

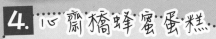

4. 心齋橋蜂蜜蛋糕

カステラ銀裝主打蜂蜜蛋糕,蛋糕表層細膩結實,分原味和抹茶味,另會推出季節限定口味,如巧克力、柚子、櫻花、栗子、黑豆等。心齋橋總店更會每天在窯爐焗製蛋糕,分兩件裝(¥730、HK$43)和禮盒裝。(P.122)

(購買地點:カステラ銀裝 心齋橋總店)

5. 西洋風的章魚酥餅

章魚酥餅(たこパティエ)混合西式甜品和大阪傳統章魚燒風味，酥餅上鋪有紫菜、醬汁、沙律醬、木魚碎等章魚燒味道材料，再配上核桃和砂糖，鹹鹹甜甜。12個裝￥648(HK$38)，另有24個及36個裝。

(圖文：Gigi)

(部分購買地點：JR新大阪站 Entree Marche、JR大阪站 Entree Marche、關西國際機場2樓 Gife Court / 3樓 Applause、2號客運大樓 Applause、道頓堀中座くいだおれ大樓)

6. 鬆弛熊精品

可愛的鬆弛熊無論在日本還是在香港都極具人氣，女士及小朋友一定十分喜愛。(攝影：Gigi)

(購買地點：Rilakkuma Store，P.175)

7. 貴婦百力滋

固力果出品的 Bâton d'or 是高級版的 Pocky，百力滋比一般粗身，採用雙倍牛油製法，使百力滋充滿濃厚牛油風味，外面包有厚實的朱古力層，味道更為芳醇。一盒￥601 (HK$35)。

(圖文：Gigi)

(購買地點：阪急百貨店 B1F，百貨店詳見 P.176)

8. 固力果先生產品

內有固力果先生毛巾以及各式各樣食品，￥1,000(HK$76) 包羅萬有，十分划算！(P.110)

(購買地點：固力果專門店)

9. 大阪常識卡

不只送手信，也送贈更多有關大阪的知識。(￥540、HK$41)(P.109)

(購買地點：なにわ名物 いちびり庵)

10. Happy Turn's 米餅

這款米餅採用日本國產米燒成，再灑上不同味道的調味粉末，共有6款口味，最受歡迎的是和三盆(日本砂糖)和焦糖味，很快售罄。12塊裝￥540(HK$41)。(圖文：Gigi)

(購買地點：阪急百貨店 B1F，百貨店詳見 P.176)

精選大阪最熱

計劃遊大阪　基本必識　交通攻略　行程示範

11. 迷你半熟蜂蜜蛋糕

喜愛甜吃的話可試試這款蜂蜜蛋糕 (大阪半熟カステラふわんとろん)。8 個裝 ￥756(HK$57)，另有 12 個裝 ￥1,080 (HK$82)。(圖文：Gigi)

(購買地點：JR 新大阪站、JR 大阪站、關西國際機場 1 號客運大樓 3F)

12 中之島脆餅

中之島脆餅 (中之島ラスク) 的常規口味是黑色包裝的焦糖杏仁味，脆餅上鋪滿甘甜的焦糖杏仁，鬆脆可口，杏仁味濃郁。另會推出期間限定的甜朱古力味、生薑牛油味。一盒 8 個裝 ￥583(HK$44)，16 個裝 ￥1,166(HK$88)。(圖文：Gigi)

[部分購買地點：JR 新大阪站 Gift Station、JR 大阪站 Entree Marche、いちびり庵 (道頓堀中座)]

13. 人形

「人形」指人物模型，日本的傳統人形會穿着正式和服或將士服裝，在女兒節或男兒節時擺上人形，祈求孩子健康、平安。(P.148)

(購買地點：增村人形屋)

14. 動物錢包

不同種類的動物錢包，你喜歡嗎？(￥500~￥1,800 不等、HK$38~137)(P.186)

(購買地點：Only Planet)

15. 樹葉餅

動物園是天王寺的著名景點，遠離難波大廈林立的地區，在園內不會覺得來到石屎森林，反而予人大自然的感覺。參觀完有興趣的話，可以買些可愛的動物手信回家，例如樹葉餅（¥650、HK$49），可愛又好吃。(P.200)

（購買地點：天王寺動物園）

16.

紅豆小饅頭

「浪」字包裝的紅豆小饅頭很有意思，因為「浪」代表「浪速」，也是大阪的舊稱，在送予親友好友時可解釋這點。(8個 ¥1,250、HK$95，10個 ¥1,550、HK$118)(P.90)

（購買地點：浪速屋）

17. 哈利波特餅乾、朱古力

在環球影城的哈利波特園區可以買到各式朱古力及餅乾，味道不錯，而且包裝精美，值得收藏。(攝影：IKiC)

18. 手帕

雖然手帕看來很貴，但每件都由職人親手設計，是珍貴的手信。(¥1,728、HK$131)(P.172)

（購買地點：にじゆら）

19. 古董與中古品

在骨董市集購買中古品甚至古董，可能會尋到獨一無二的寶物呢！注意：市集只在每月21、22兩日舉行。(P.201)

（購買地點：四天王寺骨董市集）

20. 最中餅

最中餅是日本傳統的和菓子，在圓形或梅花形的餅盒內放入紅豆或其他餡料，可在行程結束前買回家做手信。(¥370、HK$28)(P.152)

（購買地點：最中屋一吉）

新焦點

手信

購物熱點

指定動作

美食

便利店

櫻花或楓葉

聖誕燈飾

名人

必到購物熱點 HOT!

1.

Yodobashi Umeda Tower

2019 年 11 月結集「Yodobashi Camera Multimedia 梅田店」、「Links Umeda」、「Hotel Hankyu RESPIRE OSAKA」，以應有盡有的複合商場的姿態隆重開幕，成為梅田的新地標。(P.179)

2. 無印良品　Aeon Mall 堺北花田

2018 年 3 月開設、全球最大的無印旗艦店，面積 4,300 平方米，足夠消磨半天。(P.290)

練　萌　練　惣

3. 練、惣、萌

練、惣、萌把原有建築活化成雜貨店、服飾店和咖啡店，當中練和惣的建築物本身有多年歷史。(P.147~150)

4. 驚安の殿堂 唐吉訶德

有多間分店，以超級優惠出售電器、玩具、日用品及美容產品，部分產品還是免稅的。(P.117)

新焦點

手信

購物熱點

指定動作

美食

便利店

櫻花或楓葉

聖誕燈飾

名人

5. LEGOLAND Discovery Center

是 Lego 粉絲的話就不要錯過！(P.256)

6. Abeno Harukas

是大阪最高的大廈，內有百貨公司、觀景台、美術館、食肆等，是大阪近年的地標。(P.208)

7. 阪急百貨店

與阪急電鐵梅田站相連，規模大，內有各式潮流商品，在 10 樓的文具部會不時展出名師設計的商品，喜歡收集特色文具的旅客不可錯過！(P.176)

8. EXPOCITY

在万博記念公園附近，是一座大型綜合娛樂設施，內有商場、遊樂場、水族館等等，日本第一高的摩天輪也在這裏！(P.314)

9. Animate

日本最大的動漫連鎖品牌，動漫迷能在裏面找到很多寶貝。(P.100)

10. DOTON PLAZA

2017 年 4 月開幕的免稅商場，有直通巴士來往關西機場，更提供寄存行李、兌換日元、觀光指南等服務，十分方便遊客。(P.117)

精選大阪最熱

計劃遊大阪　基本必識　交通攻略　行程示範

10大指定動作

1.

到梅田藍天大廈看夜景

在大阪市中心高樓大廈的露天位置欣賞日落或夜景，風景美麗，加上無玻璃阻擋視線，拍攝起來更清晰！(P.176)

2. 去道頓堀感受「天下廚房」

大阪有「天下廚房」之稱，不同種類的地道獨特美食都可在這個都市找到，尤其在道頓堀，在細小範圍裏便可品嘗眾多小吃和佳餚。(P.103)

3.

去大阪生活今昔館看看大阪昔日居住環境

在大阪走進現代化之前，當地人的生活是怎樣的呢？小朋友又有甚麼娛樂？這個展館能解答這些問題。(P.236)

4. 去海遊館感受海洋浩瀚

海遊館雖是室內的，卻曾是全球最大的，其設計別有心思！沿着參觀路線，由水面一直走到深海世界……(P.255)

6. 到黑門市場掃街嘆美食

市場的規格雖然和商店街差不多，總共約有 150 間店鋪，可來這兒吃頓豐富的早餐或晚餐，也可買些海產和新鮮水果回酒店大快朵頤。(P.89)

5. 去富田林回到江戶時代

大阪市南面的富田林完整保留江戶時代的街道和房屋，就讓我們回到過去吧！(P.276)

7. 到世界啤酒博物館、世界紅酒博物館

這兩間博物館其實是餐廳，分別擁有來自世界 35 個國家、超過 200 款的啤酒和紅酒，收藏豐富，更有很多外面不常見的酒類。(P.169)

8. 去箕面公園放鬆一番

箕面公園位於大阪府箕面市的大型郊野公園，環境優美，當中的瀑布是日本百大瀑布之一。在秋天前來可看到紅葉盛放的情景。(P.333)

9. 去環球影城™

前往這個亞洲第一個的環球影城刺激一番吧！(P.261)

10. 去中崎町慢活

距梅田 10 分鐘路程便可來到這個小小的老區，在這兒可找到商店和咖啡店，一於慢下來，好好享受下午的時光。(P.183)

新焦點

手信

購物熱點

指定動作

美食

便利店

櫻花或楓葉

聖誕燈飾

名人

10大地道美食逐個數

1. 拉麵

　　大阪和日本其他地方一樣有很多便宜好吃的拉麵，而難波附近的道頓堀集合了各式各樣的拉麵 (圖中的 ￥673、HK$40)。

推介：神座 (P.113)、金龍拉麵 (P.112)、四天王 (P.114)

2. 特色烏冬

　　うさみ亭マツバヤ提供炸豆腐皮烏冬，還有雜錦烏冬，是受歡迎的烏冬。雜錦烏冬有雞、豆腐卜、蛋黃、魚、冬菇、魚片等，材料豐富。(圖中的雜錦烏冬 ￥820、HK$48)

推介：うさみ亭マツバヤ (P.144)

3. 杯麵

　　你知不知道杯麵在大阪發明？來大阪除了認識杯麵的歷史，更可以炮製自己的杯麵 (DIY杯麵 ￥500、HK$29)！

推介：安藤百福發明紀念館 (P.329)

4. 漢堡扒

　　日式漢堡扒是日本家庭式料理，混合碎牛肉與豬肉製成，加上配菜及意粉，絕對飽足感十足。

推介：欧風料理 重亭 (P.101)

5. 箱壽司

　　四四方方的箱壽司，有別於一般壽司，是大阪獨有的美食 (圖中的 6 件約 ￥1,050、HK$80)。

6. 蛋包飯

由大阪人發明，食材和汁都很豐富，且容易消化又好吃 (圖中的 ￥1,080、HK$64)。

推介：北極星 (P.127)

7. 紅豆湯

來自夫婦善哉的小吃，此小吃具有象徵意義：兩碗湯由一對情侶來吃以感受幸福，或對單身人士的祝福 (圖中的 ￥815、HK$48)。

推介：夫婦善哉 (P.116)

8. 蟹宴

かに道楽於 1960 年代於大阪道頓堀起家，及後分店遍及關西、關東及四國，成為大阪廚房其中一個重要部分。一頓昂貴的蟹宴或街邊小吃的螃蟹腳，都是不錯的選擇。午餐約 ￥2,160~￥4,360(HK$164~331)。

推介：かに道楽 (P.108)

9. 咖喱飯

在大阪自由軒吃到的咖喱飯，和一般咖喱飯很不同！其特別之處在於：咖喱汁完美滲入每粒米飯裏，不用自己攪拌，飯上還有生蛋黃，令飯的口感很滑 (圖中的 ￥980、HK$58)！

推介：自由軒 (P.102)

10. 豬排飯

大阪有不少好吃的豬排飯店，這家喝鈍提供的便宜好吃，豬排現點現炸，加上汁、洋蔥和滑蛋。(圖中的 ￥800、HK$47)

推介：喝鈍 (P.178)

新焦點

手信

購物熱點

指定動作

美食

便利店

櫻花或楓葉

聖誕燈飾

名人

精選大阪最熱

計劃遊大阪　基本必識　交通攻略　行程示範

大阪必吃1 大阪燒篇（お好み焼き）

大阪燒是一種混合燒汁、沙律醬的好味道。以下介紹數間富有特色的大阪燒店。

おかる　地圖 P.104　古風味

用蓋煎焗大阪燒，使味道不會流失。店員會用沙律醬在大阪燒上畫卡通或大阪地標。

▶豬肉大阪燒（豚玉お好み燒き，￥950、HK$56）。

🏠 大阪市中央区千日前 1-9-19
🚇 地下鐵千日前線、御堂筋線「なんば」(難波) 站 15-A 出口步行 4 分鐘
🕐 12:00~15:00、17:00~22:00
🚫 每月第 3 個週五　📞 06-6211-0985

鶴橋風月　地圖 P.104　傳統

大阪燒以椰菜為主，有豬肉、牛肉、蝦和墨魚等配搭，而店員會在客人面前親自調製，完成後再自行加上燒汁和沙律醬。

▲約￥980~￥1,550（HK$58~91）。

🏠 大阪市中央区道頓堀 1-9-1 ベルスードビル 3F
🚇 地下鐵千日前線、御堂筋線「なんば」(難波) 站 14 號出口步行 3 分鐘
🕐 11:00~23:00（最後點餐：22:20）
📞 06-6212-5990　🌐 www.ideaosaka.co.jp

福太郎　地圖 P.104　但馬牛筋

店內名物是牛筋大阪葱燒（すじねぎ燒き），使用但馬牛筋，口感較柔軟，不會太焦，但牛筋較少，份量不太多。

▲牛筋大阪葱燒（￥1,380、HK$81）。

🏠 大阪市中央区千日前 2-3-17
🚇 地下鐵千日前線、御堂筋線「なんば」(難波) 站 3 號出口步行 5 分鐘
🕐 17:00~24:30，星期六、日及公眾假期 12:00~24:00，最後點餐為休息前 1 小時
📞 06-6634-2951　🌐 2951.jp

美舟　地圖 P.167　只用醬汁

不用沙律醬，只用醬汁，不過大阪燒燒得比較焦，有點硬。

▶豬肉大阪燒（豚燒，￥950、HK$56）。

🏠 大阪市北区小松原町 1-17
🚇 地下鐵御堂筋線或阪急電鐵「梅田」站，或 JR 大阪環狀線「大阪」站，步行 5 分鐘
🕐 12:00~13:30、18:00~21:00
📞 06-6361-2603

ねぎ焼きやまもと　海量青葱　地圖 P.167

大阪葱燒比較薄，上面鋪上大量青葱，醬汁加有檸檬汁。

▶帆立貝大阪葱燒（帆立ねぎ燒，￥1,430、HK$84）。

🏠 大阪市北区角田町 3-25 エスト E27
🚇 地下鐵御堂筋線或阪急電鐵「梅田」站，或 JR 大阪環狀線「大阪」站，步行 5 分鐘
🕐 11:30~21:00
📞 06-6131-0118
🌐 www.negiyaki-yamamoto.com

（本頁圖文：Gigi）

大阪必吃 2
章魚燒篇（たこ焼き）

大阪的章魚燒做法不同，各有風味。以下介紹數間不同滋味的章魚燒店。

たこ焼き道楽わなか

章魚燒以自創麵粉、醬汁、鹽、海帶、木魚碎燒成，表面鬆脆、內餡融化，推薦蘸醬汁味，甘中帶酸。

地圖 P.88　　地道

▶一份有 8 粒（￥700、HK$41）。

- 🏠 大阪市中央区難波 3-7-24
- 🚇 南海電鐵「なんば」（難波）站，或地下鐵千日前線或御堂筋線「なんば」（難波）站 3 號出口步行 5 分鐘
- 🕐 11:30~21:00，星期六、日及公眾假期 11:00~21:00
- 📞 06-6631-5920
- 🌐 takoyaki-wanaka.com

だいげんアメリカ村店

除了提供自創的章魚燒 (用鹽、辣油、酢汁等混合而成)，還有西洋風的章魚燒，如芝士、披薩、粟米等內餡。

地圖 P.120　　西洋風

▶披薩燒 (ピザボール) 內的是香腸和芝士 (8 粒 ￥500、HK$38)。

- 🏠 大阪市中央区西心斎橋 1-7-11
- 🚇 地下鐵御堂筋線或長堀鶴見綠地線「心斎橋」站 7 號出口步行 3 分鐘
- 🕐 11:00~23:30　休 1 月 1 日
- 📞 06-6251-1500

はなだこ

新梅田食道街地圖：P.167

香葱章魚燒最具人氣，每盒都會用上 50g 的香葱，爽口的香葱減輕了章魚燒醬汁的濃烈口味，較清新。

香葱口味

▲香葱章魚燒 (ネギマヨ、6 個 ￥610、HK$36)。

- 🏠 大阪市北区角田町 9-26 新梅田食道街
- 🚇 地下鐵御堂筋線「梅田」站 9 號出口，或阪急電鐵「梅田」站，或 JR 大阪環狀線「大阪」站 (詳見 P.167)
- 🕐 10:00~22:00　📞 06-6361-7518

蛸之徹

地圖 P.167　　DIY

提供蝦、牛肉、蒟蒻、菠菜、粟米等材料，由客人自行製作章魚燒。店內章魚燒只供堂食。

◀等糊狀材料燒焦後，將每一個慢慢反轉就完成了 (￥720~￥790、HK$42~46)。

- 🏠 大阪市北区角田町 1-10
- 🚇 阪急電鐵或地下鐵御堂筋線「梅田」站，或 JR 大阪環狀線「大阪」站步行 5 分鐘
- 🕐 11:30~23:00(最後點餐：22:30)
- 📞 06-6314-0847
- 🌐 takonotetsu.com

(本頁圖文：Gigi)

新焦點　手信　購物熱點　指定動作　美食　便利店　櫻花或楓葉　聖誕燈飾　名人

大阪必吃3 串炸篇 (串カツ)

串炸是一種脆卜卜的炸物。以下介紹數間好吃的串炸店家。

初代エビス 地圖 P.199

氣氛熱鬧

店家有大紅燈籠高掛的裝潢、巨大守護神えべっさん，提供大阪燒和鐵板燒，可一次過品嘗大阪兩種名物。

▶白丁魚(￥210、HK$16)、卡門貝乾酪(￥180、HK$14)。

🏠 大阪市浪速区惠美須東 2-5-2
🚇 地下鐵筋線「惠美須町」站3號出口，或御堂筋線「動物園前」站5號出口，或南海電鐵或JR大阪環狀線「新今宮」站東口步行3分鐘
🕐 11:00~21:00(最後點餐：20:30)
📞 06-6643-2468

橫綱 地圖 P.199

巨型

這店提供相撲力士級的串炸，招牌橫綱串炸(￥380、HK$29)比一般的大3倍，只有豬肉和牛肉味，其他口味則有正常大小。

▲正常大小的串炸：蕃薯(￥120、HK$7)、南瓜(￥100、HK$8)、墨魚(￥160、HK$9)。

🏠 大阪市浪速区惠美須東 2-4-11
🚇 參考「初代エビス」
🕐 11:00~22:00(星期二休息)
📞 06-6631-4527
🌐 www.4527.jp

▲串炸卷(串かつロール，￥480、HK$36)，裏面包有牛肉串炸。

串カツさくら

不會過油

地圖 P.88

▶圖中各式串炸價錢約￥160~￥230(HK$9~14)，有鵪鶉蛋、鹿兒島產牛肉、年糕、蓮藕等。

使用練粉來炸串炸，油是100%的植物油，每天更換，油炸後會去除多餘的油份，大幅減少油脂吸收。

🏠 大阪市中央区難波 3-1-18
🚇 南海電鐵「なんば」(難波)站，或地下鐵千日前線或御堂筋線「なんば」(難波)站步行2分鐘
🕐 11:30~22:30，星期六、星期日及公眾假期11:00~22:30，最後點餐為休息前半小時
📞 06-5868-0997

串炸食物中日名稱

白丁魚	キス
章魚	たこ
帆立貝	ホタテ
鹿兒島產牛肉	めっちええ牛肉
鵪鶉蛋	うずら卵
蕃薯	さつまいも
南瓜	かぼちゃ
蓮藕	れんこん
年糕	おもち
卡門貝乾酪	カマンベール

TIPS

在大阪，吃串炸有個規矩，就是只能沾醬一次，以保持醬汁衛生。要是不夠醬汁，可以利用卷心菜沾醬。

便利店掃貨特篇

　　來到日本除了到熱門景點外，不能不去的一定是便利店！日本的便利店以貨品種類包羅萬有而聞名，更有些便利店限定的商品。便利店的小吃也是令人難忘：便宜好吃的飯糰、琳瑯滿目的零食小吃、令女生難以抗拒的布丁和甜品，是買手信和解決夜宵的好地方！以下搜羅了日本三大便利店龍頭 (7-11、LAWSON 及 FamilyMart) 的特色商品，大部分產品在這三家都可找到。

▲ 不同種類的小吃應有盡有。

▲ 超多口味的飯糰及手卷，全都是 ¥200(HK$15) 以下，味道不錯，是便宜早餐的好選擇！

▼ LAWSON 的炸物備受好評。

▲ 想吃新鮮蔬果又沒時間到市場，可到便利店逛逛。

▲ 當然少不了藥妝的蹤影。

▲ 7-11 獨家發售、超受歡迎的雪肌粹。(¥460、HK$35)

▼ FamilyMart 自家出品的焼旬，上面有甜甜、微焦的焦糖，布十分好吃！(¥230、HK$17)

▲ 便利店內的飲品種類十分多，而且價錢很便宜。(注意，在日本，21 歲以下不能購買酒精類飲品。)

新焦點

手信

購物熱點

指定動作

美食

便利店

櫻花或楓葉

聖誕燈飾

名人

(本頁圖文：IKiC)

觀賞櫻花或楓葉勝地

2023~24 年大阪市櫻花及楓葉盛放時間

根據天氣，每年開花的時間都不同，櫻花一般為 3 月下旬至 4 月上旬，紅葉為 11 月中旬至下旬。以下列出 2023~2024 年的時間供大家參考：

2023 年	2024 年
櫻花：3 月 19 日至 3 月 27 日	櫻花：約 3 月下旬至 4 月上旬
紅葉：12 月上旬（滿開）	

毛馬桜之宮公園

毛馬桜之宮公園最大特點在於它位處河川兩旁，在橋上看到粉紅櫻花和川水景致。這裏櫻花樹的數目達到 4,700 棵，可見到人們坐在草地上舒服地賞櫻。這兒也是賞楓的熱門景點之一。(詳見 P.231)

造幣博物館外

造幣局在毛馬桜之宮公園附近，除了是政府的辦公地方，也設有造幣博物館，讓市民及遊客了解日本的貨幣。博物館外，更有一條櫻花通道，櫻花滿開時構成一條粉紅色的隧道！(詳見 P.233)

大阪城公園

　　大阪城公園內的西の丸庭園共有 600 棵櫻花樹，品種接近 100 種，且可在晚上前來觀賞夜櫻。來到這裏不只賞櫻，還可以在攤檔品嘗小吃，更有人表演，場面和氣氛都十分熱鬧。(詳見 P.241)

(攝影：Gigi)

万博記念公園

　　如果你在櫻花盛放時來到万博記念公園，在車站外便可看到公園內櫻花盛放的壯觀景致。大阪的「萬博」即我們所指的「世博」(世界博覽)，1970 年舉行，現保留原址為公園，公園內的櫻花數目多達 5,500 棵。(詳見 P.311)

箕面公園

　　位於大阪北部的箕面公園，遠離市區繁囂，親近大自然靈氣。每到秋天，紅葉盛放，不少人來到這裏賞楓和行山，走累了可在車站泡足湯。(詳見 P.333)

新焦點

手信

購物熱點

指定動作

美食

便利店

櫻花或楓葉

聖誕燈飾

名人

精選大阪最熱　計劃遊大阪　基本必識　交通攻略　行程示範

璀璨奪目 浪漫聖誕燈飾

（大阪每年聖誕都會在不同地方設有聖誕燈飾佈置，營造浪漫氣氛。
注意：每年燈飾裝置、舉行時間、日期及收費或有所不同。）

位置：難波一帶

Namba 光旅（なんば光旅）

難波一帶的燈飾稱為「Namba 光旅」，由 Namba Parks、高島屋、南海大廈等建築的燈飾組成。當中以 Namba Parks 的燈飾最矚目，由 2 樓到 9 樓沿路都有燈飾，以妖精和花壇為主題。

舉辦地點：南海大廈、高島屋、Namba City、Swissotel Nakai、
　　　　　Namba Carnival Mall、Namba Parks
日期：11 月中旬至 2 中旬，部分燈飾到 12 月 25 日
亮燈時間：17:00~24:00(部分到 22:30 或 23:00)
網址：www.nankai.co.jp/contents/hikaritabi/

▲ Namba Parks 2 樓的正門入口，但建議從另一端乘電梯會比較快。

▼ Namba Parks 8 樓的 Super Flower。

▲ Namba Parks 9 樓的燈飾。

位置：中之島及御堂筋一帶

光の饗宴

中之島公園的燈飾以水都大阪為主題，沿路有小吃攤位，吸引不少遊客。御堂筋馬路的燈飾由阪神(大阪接近神戶一帶的區域統稱為阪神) 直到難波西口，全長 4km，是世界紀錄中最長的街燈樹。

舉辦地點：中之島公園、御堂筋馬路
日期：中之島公園 12 月中旬至 12 月 25 日
　　　御堂筋馬路 11 月下旬至 12 月 31 日
亮燈時間：中之島公園 17:00~22:00，御堂
　　　　　筋馬路 17:00~23:00
網址：www.hikari-kyoen.com

▲ 大阪市中央公会堂正面，每 10 分鐘會上映 7 分鐘的投影戲。

▲ 公園內玫瑰園的燈飾。

◀ 御堂筋馬路的街燈樹。

新焦點

手信

購物熱點

指定動作

美食

便利店

櫻花或楓葉

聖誕燈飾

名人

位置：JR 大阪站

Osaka Twilight Fantasy（幻想之泉）

　　Osaka Twilight Fantasy 是最近 JR 大阪站的燈飾，每年都有不同主題，每 30 分鐘會有配合音樂的光影演奏。

▶ 樓梯的雪人倒影很可愛。

◀ 燈飾。

舉辦地點：JR 大阪站 5F 時空廣場
日期：11 月上旬至 12 月下旬
亮燈時間：17:00~23:00
網址：osakastationcity.com/twf2023/

位置：梅田藍天大廈

梅田藍天大廈聖誕燈飾

　　梅田藍天大廈每年都會佈置壯麗的聖誕燈飾，在 2022 年空中展望台以天空的白色森林為題，展示出一片夢幻的精靈森林。cafe SKY 40 亦會在聖誕期間供應限定特飲。

▶ 小朋友可乘坐小火車。

▲ 市場中央的 27 米高聖誕樹。

舉辦地點：梅田藍天大廈
日期：約 11 月下旬至 12 月 25 日 (請留意官方公佈)
營業時間：09:30~22:30(最後入場 22:00)
展望台門票：成人 1,500(HK$88)，小學生以下 700(HK$41)，
　　　　　　4 歲以下免費

不可不知 與大阪有關的名人 及偶像團體

安藤忠雄

大阪建築師，小時候在書店翻看建築書籍，長大後曾成為拳擊手，一直沒受過正規的建築教育。1960 年，他隻身來到歐洲各國一睹名建築師的建築，當時日本政府只賦予平民短時間出國旅遊的權利。回來後創辦建築研究所，接了多項建築工作，成為有名的建築師。

清水混凝土是安藤忠雄最典型的建築風格，他在設計建築物時，會考慮到人與人之間的關係、人與環境的關係等。雖然他不是一位走前衛路線的建築師，卻是位關注人文、有理想的建築師。

相關景點 ▶ **近つ飛鳥博物館** (P. 282)　　**大阪文化館** (P. 254)

直木三十五

若大家有留意日劇及一些得獎作品，可能會留意到「直木賞」。「直木」指大阪著名文學家直木三十五。他的小說以歷史人物和當代社會為題，十分暢銷，也獲報章連載，43 歲因腦炎而英年早逝。他死後，有人成立「直木賞」紀念他，並鼓勵日本文學發展，更在空堀設立有關他的紀念館，讓公眾了解更多他的事蹟和作品。

相關景點 ▶ **直木三十五記念館** (P. 150)

松下幸之助

你曾使用過 National 或 Panasonic 的電器嗎？其實這個品牌的創辦人是大阪人松下幸之助。他除了在大阪電燈公司工作，大半生都專注於自己所創辦的業務：松下電器。這品牌一直有所成長，並受到國際注目，縱使經歷第二次世界大戰的艱鉅挑戰仍屹立不倒。

在松下先生的領導下，其品牌擁有多種電器商品，而他對經營理念有獨特的見解，使他有「經營之神」之稱。來到松下幸之助歷史館，可以對他有更深入的認識。

相關景點　松下幸之助歷史館 (P. 320)

福澤諭吉、緒方洪庵

緒方洪庵在日本鎖國時，把外國文化帶入他所創立的適塾，而適塾後來引入西方學制，成為大阪大學。

福澤諭吉是大阪著名教育家，主張「脫亞論」，提倡要擺脫中國傳統思想，並弘揚西方文明。他曾於適塾就讀，在適塾中吸收了不少外國文化和知識。在 ¥10,000 的日元紙幣中可看到他的肖像。

相關景點　適塾 (P. 160)

NMB48

自女子偶像組合 AKB48 獲得成功後，創辦人秋元康在其他地區建立地方性的組合，NMB48 便是其中之一。NMB 即 Namba(難波)，代表大阪的女性偶像團體，其成員來自關西等地，她們在難波有自己的劇場。

相關景點　NMB48 Theater (P. 94)

新焦點

手信

購物熱點

指定動作

美食

便利店

櫻花或楓葉

聖誕燈飾

名人

Part**2**

計劃遊大阪
訂機票及住宿

出發前計劃

選擇遊大阪日子的考慮因素

計劃旅行前，首要考慮是何時去，除了配合自己的上班或上課時間外，也要因應自己的旅行目的和需要，而選擇不同季節前往。以下是選擇旅遊日子的考慮因素：

①. 想看自然風景，包括櫻花、紅葉

櫻花於 3 至 4 月左右盛開。賞楓葉方面，9 月下旬部分山區已經有少許黃葉，10 至 11 月有更多黃或紅葉，日本氣象網站會提供相關情報。由於全球氣候變化等因素影響，開花和紅葉的時間會有變化，詳情可瀏覽下方網址，例如 3 月上旬留意櫻花情況，然後安排 3 至 4 月的住宿、機票和行程。(花季詳細資料見 P.52~53)

> **Info** 📖 Weathernews：www.weathernews.jp(全日本的天氣概況及預報)
> 📖 櫻花情報：matcha-jp.com/tw/1663#kyoto_6　　紅葉情報：koyo.walkerplus.com

②. 想參與節日慶典、祭典活動

想看煙花 (花火) 的話，可選擇夏季，有不少人前往，場面比較熱鬧。詳見 P.52~53 的節日慶典。

③. 遇到年末年始

「年末年始」指日本的新年，約由 12 月 28 日至 1 月 6 日不等。這段期間，不少景點如博物館都會關閉。

④. 怕冷或怕熱

大阪四季分明，可以選擇較暖和的日子前往，例如 4 至 5 月或 9 至 10 月。(大阪詳細天氣概況見 P.52~53。)

⑤. 假期及旅遊旺季

日本法定假期對旅行也會產生不少影響，尤其多個假期或加上星期六日組成的連續數天假期或連休 (如 5 月 3 日至 5 日是由 3 個不同節日組成)，日本人會趁這段時間在國內旅遊，旅館價格會上漲或趁機調整，而且很快爆滿。這些日子，旅遊景點會出現人潮，交通亦出現擠塞的情況。如果想省一點旅費，或不想在旅行時太過熱鬧，便需事前留意日本的法定假期了。(詳見 P.54)

買機票、訂住宿的考慮事項

行程規劃的兩大基本是機票和住宿，而吃喝玩樂可以之後慢慢安排。要辦妥這兩大基本需要，可選擇右邊三項安排的其中一項：

安排 1. 分開預訂：即網上訂購機票，然後預訂住宿。

安排 2. 自由行套票：由旅行社包辦就不用那麼辛苦。

安排 3. 買套票 (機票加酒店)，餘下日子自己找住宿。

我適合哪種安排？

要解答這個問題，先問以下兩點：

Q1 你是結伴還是一個人？

ANS 結伴：機票加住宿套票或分開預訂都可。

一個人：必須留意機票加酒店套票是否需要至少二人同行；一個人的套票較貴，可考慮分開預訂機票和住宿。分開訂的話，住宿會有較多選擇，例如商務旅館、青年旅舍、膠囊酒店以至在機場過夜等。

Q2 你打算去多少天？

ANS 5 至 8 天

航班	應選擇早機去晚機返、誤點度低的航班。
安排	以下兩個做法都可以，視乎價格和自己的需要。 1. 航空公司有時會有推廣，非廉航的航空公司促銷來回機票有效期最多 7 天，即 8 日 7 夜；廉航則沒有停留時間限制。 2. 購買套票可能有較特別的 5 天有效期，這一類套票可能是團體票種。

一星期以上

航班	• 可以不理會航班時間，並選擇坐晚機去早機返的航班：如去 16 天，會有 14 天行程。 • 非廉航的航空公司機票設有效限期，旅行日子愈長，機票愈貴，需參考各間直航及轉機航空公司的價格。
安排	1. 非廉航的航空公司機票分別設有 7 天、17 天、一個月以至一年的有效期，如去長途旅行，17 天和一個月的票種較適合。廉航機票以單程計算，故不會因逗留時間愈長令機票愈貴。 2. 不斷加酒店房租，增加旅費。

套票 VS 分開訂機票和住宿

1. 套票或比機票有更多限制

購買機票或套票時不能只着重便宜，還要看：

(1) 逗留目的地的日數；

(2) 能否改日期或地點；

(3) 能否退票；

(4) 能否儲存飛行里數。

上述因素決定了不同票種及票價。換言之，套票相對一張機票可能有更多限制，很大機會不能改日期和退票。購買套票時，宜就以上 4 點詢問旅行社有關詳情。

2. 分開訂的安排或較具彈性

若分開預訂機票和住宿，購買機票時，可以選擇機票的票種，甚至可以作較彈性的安排，如改期 (例如覺得日本很好玩，想多玩一段時間；很掛念家人、旅費花光，想早點回家)，或因事故不能出發而申請退票，也可以即時通知住宿單位退房 (即使事前付了錢，按取消條款可能獲全數或部分款項退還)。

至於套票，付了全數後一般不能退票，宜事前向旅行社查詢。

3. 分開訂的話住宿有較多選擇

分開預訂機票和住宿，在安排住宿時可以有較多選擇，而且預訂的住宿費用一般都是到達後才付全費，萬一有要事不能出發，也可以透過電郵通知對方取消住宿。

總結：分開訂的安排效率或更高

換言之，分開買機票和預訂住宿，計劃行程的彈性和選擇比套票較大，而且機票即時確認，住宿通常 1、2 天便有回覆，比自由行一般需要 3 個工作天還要快。同時，分開訂購不代表比套票更昂貴，視乎你所選擇的機票和住宿。

訂大阪機票前注意事項

- 訂票前宜先比較機票價錢並要留意機票條款，例如是否容許退票、更改航班、停留大阪的期限等。
- 幾乎所有由台灣 (台北和高雄) 出發的航班都直飛大阪，而由香港出發的航班大部分是直航。另外，香港旅客還可考慮飛往台北然後轉機，例如乘搭中華航空或長榮航空，它們有不少由香港到台北，以及台北到關西的航班，轉機時間一般為 1~2 小時。

主要來往大阪的航班

　　每日，香港和台灣均有多班航班前往大阪的關西國際機場 (関西国際空港)。要注意，**日本比香港及台灣快一小時，下面時間表的大阪時間以當地時間為準。**(以下航班時間謹供參考，計劃前宜先瀏覽航空公司網站。)

各地飛往大阪

由香港出發

　　由香港直航往大阪的關西國際機場約需 3 小時 40 分鐘至 4 小時多，而航空公司會不定期提供優惠機票。

國泰航空 (www.cathaypacific.com)

由香港出發		到達大阪時間	由大阪出發		到達香港時間
01:50	→	06:35	09:10	→	12:15
08:10	→	13:00	10:00	→	13:05
08:10	→台北→	14:55	17:50	→	20:55
10:20	→	15:15	18:40	→	21:45
16:30	→	21:25	16:05	→台北→	21:15

* 以上為每天開出航班，其他非每天開出航班可至官網瀏覽。
** 部份航班與日本航空聯營。

香港快運 (www.hkexpress.com)

由香港出發		到達大阪時間	由大阪出發		到達香港時間
08:55	→	13:25	14:20	→	17:50
09:55	→	14:25	15:30	→	19:00
11:50	→	16:20	17:30	→	21:00
14:55	→	19:45	20:25	→	23:55
15:45	→	20:15			

* 尚有其他非每日開出航班，請瀏覽官網。
\# 航班時間或有浮動，請瀏覽官網。

香港航空 (www.hongkongairlines.com)

由香港出發		到達大阪時間	由大阪出發		到達香港時間
03:25	→	08:15	09:15	→	12:10
11:30	→	16:40	05:40	→	20:55
14:35	→	19:35	20:35	→	23:30

樂桃航空 (Peach Aviation)(www.flypeach.com)

由香港出發		到達大阪時間	由大阪出發		到達香港時間
01:35	→	06:05	08:15	→	11:50
12:50	→	17:20	13:15	→	16:50
18:00	→	22:30	21:10	→	00:45

由台北出發

由台北直航大阪的關西國際機場約 3 小時，而航空公司會不定期提供優惠機票。

國泰航空 (www.cathaypacific.com)

由台北出發		到達大阪時間	由大阪出發		到達台北時間
11:05	→	14:55	16:05	→	18:15

中華航空 (www.china-airlines.com)

由台北出發		到達大阪時間	由大阪出發		到達台北時間
08:10	→	11:35	12:45	→	14:55
09:50	→	13:20	14:30	→	16:45
14:20	→	17:45	18:55	→	21:10

長榮航空 (www.evaair.com)

由台北出發		到達大阪時間	由大阪出發		到達台北時間
06:30	→	09:55	10:55	→	13:10
08:30	→	11:55	12:55	→	15:05
13:00	→	16:25	17:45	→	20:05

樂桃航空 (www.flypeach.com)

由台北出發		到達大阪時間	由大阪出發		到達台北時間
10:55	→	12:25	07:50	→	10:10
14:25	→	16:00	10:55	→	13:20
18:40	→	22:10	15:25	→	17:45

台灣虎航 (Tigerair Taiwan)(www.tigerairtw.com)

由台北出發		到達大阪時間	由大阪出發		到達台北時間
04:10	→	07:55	08:55	→	10:50
06:40*	→	10:25	14:00*	→	15:55

* 逢星期二、四、日開出。

星宇航空 (STARLUX Airlines)(www.starlux-airlines.com)

由台北出發		到達大阪時間	由大阪出發		到達台北時間
08:15	→	11:55	13:15	→	15:05
08:30	→	12:05	15:00	→	16:50

由高雄出發

由高雄直航大阪的關西國際機場約 3 小時，而航空公司會不定期提供優惠機票。中華、長榮、樂桃、虎航、酷航均提供直航服務，以下列出主要班次：

中華航空 (www.china-airlines.com)

由高雄出發		到達大阪時間	由大阪出發		到達高雄時間
15:25	→	19:10	20:10	→	22:45

* 由大阪出發的班次並非每天開出。

樂桃航空 (Peach Aviation)(www.flypeach.com)

由高雄出發		到達大阪時間	由大阪出發		到達高雄時間
14:35*	→	18:35	11:20*	→	13:45

* 班次並非每天開出。

長榮航空 (www.evaair.com)

由高雄出發		到達大阪時間	由大阪出發		到達高雄時間
07:05*	→	11:10	12:10*	→	14:30

* 班次並非每天開出。

虎航 (Tigerair)(www.tigerair.com)

由高雄出發		到達大阪時間	由大阪出發		到達高雄時間
09:00*	→	13:00	沒有航班		

* 班次並非每天開出。

預訂住宿程序及住宿類型

預訂住宿考慮因素

- **交通便利程度：**你所住的地方就近鐵路站？前往預計常去的景點 (如難波、梅田) 交通方便？需時多久？ (大阪的交通以地下鐵為主，其他地區多以私營鐵路如阪急電鐵、南海電鐵為主。)
- **門禁：**有些住宿註明晚上若干時分會關閉，不得進出。沒有門禁的住宿較好。
- **廁所及沐浴：**酒店一般都有私人浴室，商務旅館、民宿或青年旅舍多是公共浴室和廁所。商務旅館有大浴場，並分開男女時段。可事先留意住宿的沐浴設施是否設有獨立沐浴空間。一般為了吸引外國遊客入住，大都設有獨立沐浴間。
- **上網：**部分住宿設有 WiFi，讓住客可以在房內上網，或在大堂免費上網。(如你本身有上網裝置便不用擔心這個問題，詳見 P.49~51)

住宿類型

計劃住宿可以是省旅費和省時的重要步驟，但慳錢是否一定代表不舒適？若你留意到大阪以下住宿種類時，就會知道各類住宿都有好處。

1. 一般酒店

酒店一般較貴，雖可透過網站獲得各種優惠，但當中最簡單的方法就是透過套票。日本的酒店比較細小，價錢不一定有早餐。除非入住具時尚設計的酒店，基本上大部分酒店都差不多。

精選大阪最熱

計劃遊大阪

基本必識

交通攻略

行程示範

2. 連鎖酒店

連鎖酒店與一般酒店的差別在於它遍及日本各地，價錢也較一般酒店便宜，每人一晚￥3,000至￥6,000(HK\$228~455)，視乎地點及人數。如一個人入住的話，單人房住一晚較貴，一般為￥6,000(HK\$455)左右。

雖然連鎖酒店較便宜，但並非以降低質素或減少服務換取減價空間。一般酒店能提供的它們都有，交通也方便。以東橫Inn為例，標準化的裝潢無損酒店的舒適度，而房間的空間不算很狹窄。以下為東橫Inn及Super Hotel的介紹，兩者都是連鎖酒店。

東橫 Inn   www.toyoko-inn.com/china

較為人熟悉，分店很多，在韓國也有其業務。預訂房間較容易，因為網站有繁體中文。想有折扣可申請東橫Inn俱樂部，繳付￥1,500(HK\$113)入會費，便可即場申請兼即享會員價及其他優惠。

酒店內能免費上網，亦有免費自助早餐供應。

◀自助早餐。

▲單人房。

Super Hotel   www.superhotel.co.jp/en

雖然分店數目不及東橫Inn多，但甚有特色：針對女性、環保和「樂活」(LOHAS*)三方面提供全面設施，如設有女性樓層及女性專用房間、提供安全及照顧女性所需的用品(如負離子風筒、適合女性的洗髮乳、護髮素等)，並透過提供溫泉、健康早餐及環保措施，希望旅客入住後精力充沛，而且學會保護地球環境。這與「樂活」概念吻合，尤其很適合女生單獨入住。

*「LOHAS」全寫為「Lifestyle of Health and Sustainability」，指健康及可持續發展的生活方式。

▲自助早餐。

▲單人房。

3. 民宿

在日本，有些民宿由台灣人開辦，也有些由本地人經營。無論如何，他們都會悉心照顧客人，這是酒店不能提供的安全感(酒店的是保安)。民宿是家庭式經營，不是大集團，也不是連鎖式，大小事務均由他們一手包辦。

由於民宿房間不多，需預早半至一個月前預訂。部分民宿不收訂金，如果訂了房間卻沒有前來的話，對民宿的生意影響很大，所以決定住才好預訂。假若真的有要事不能前往也要盡早通知，有所交代。在大阪，民宿的例子有南洲民宿(P.45)。

4. 商務旅館

在大阪新今宮，商務旅館和青年旅舍一樣，都是便宜的選擇。

商務旅館一人一晚的價錢大概￥1,600~￥3,500(HK\$130~\$266)，可選擇西式床或日式榻榻米，位置就近地下鐵動物園前站，到なんば(難波)、心齋橋、梅田站不用轉車。商務旅館和酒店一樣會提供毛巾、牙刷用品，只是不及酒店豪華而已。部分商務旅館設有英文網站，職員甚至會説英語，是背包客入住青年旅舍外的選擇。

5. 青年旅舍 (backpackers hostel)

　　一般青年旅舍沒有年齡及國籍限制，所以有不同國家、日本不同城市的旅客入住。青年旅舍有一個共通點，就是設有共用房間 (dormitory)，即需要與人住同一間房，使用同一個浴室或洗手間。旅舍一般設有聯誼設施 (common room)、廚房及廚具。大阪的青年旅舍集中在心齋橋及梅田，就近主要景點及車站，十分方便。

　　另外，選擇青年旅舍時，可考慮以下問題：

- 該青年旅舍的保安設施如何？有儲物櫃嗎？
- 聯誼廳大嗎？舒適嗎？
- 該青年旅舍本身有沒有自己特色？
- 有沒有洗衣機和乾衣機？
- 有否單車租借？

- 清潔程度？
- 你接受青年旅舍所訂立的一些規則 (如浴室使用時間) 嗎？
- 你接受與其他人睡在同一間房嗎？
- 每張床是否有枱燈和充電設施？

　　這些問題，可以在本書、網誌、預訂旅舍的網站 (例如 Hostelworld.com) 背包客對旅舍的評價等找到答案。

選擇商務旅館，還是青年旅舍？

　　商務旅館比起青年旅舍的好處，也許是以差不多價錢入住獨立房，對於重視隱私性的遊客很重要。不過，商務旅館一般不設個人浴室，廁所和浴室都是公用，有些更以公眾浴池為主，分男女時段使用，雖然很不方便，但也可作為特色。在大阪，青年旅舍大都坐落於比較便利的區域，住在旅舍可以認識來自不同地方的遊客。因此，在隱私度而言，商務旅館比青年旅舍優勝，而位置便利度和氣氛則是青年旅舍較佳。

TIPS

訂房方法

透過網絡訂房

　　主要有以下 3 種方法：

1. 官方網站：

　　在住宿官網，透過表格或電郵查詢，直接向負責人訂房，並等待工作人員回覆確認。

2. 酒店或套票訂購網站：

　　現時多個流行的酒店或套票訂購網站如 Agoda、Expedia、hutchgo.com 等可提供更多的酒店選擇，也方便比較價格，甚至在訂購後一段時間內可免費取消，當然也因此在不同時段提供給用戶的房價會有所區別，付款前要小心計算。(文字：蘇飛)

info　www.agoda.com/zh-tw
www.expedia.com.hk
www.hutchgo.com.hk

精選大阪最熱

計劃遊大阪

基本必識

交通攻略

行程示範

3. Jalan、樂天訂房網站：

　　搜尋各價錢住宿及自動確認訂房。不過一般只設有日語，對於訂房的外國人或許較不便，但是對於尋找便宜住宿的遊客則較為方便。不論是日本還是外國人，都可以申請成為會員，然後預訂住宿。當中有些住宿不需要預先支付訂金，有些更提供折扣優惠。

> **Info**
> 樂天 (Rakuten)：travel.rakuten.com.hk
> (繁體中文，可選台灣或香港頁面)
> Jalan：www.jalan.net/tn/japan_hotels_ryokan
> (繁體中文版)

成為 Jalan 訂房網站會員的示範 (限日文網站)

Jalan 日文網址：www.jalan.net

Step1

按「マイページ」

Step2

按「新規会員登録(無料)」

Step3

按此同意使用條款

輸入你的電郵地址。在電子郵箱會收到確認信，按最上面的連結繼續註冊

Step4

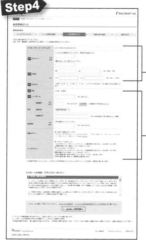

1. 密碼 (6~20 位英文及數字)
2. 別名 (中英皆可)
3. 漢字姓名
4. 姓名的片假名寫法 (可到 doko china.com/katakana.php 輸 入 自己的漢字名字，然後複製系統 所譯出來的片假名)

5. 生日日期
6. 性別
7. 郵便番號 (輸入 000-0000 便可)
8. 都道府縣 (選「その他」)
9. 住所地址 (用中文輸入)
10. 電話 (家中或手提電話)
11. 選「海外」
12. 選擇是否自動登入
13. 選擇是否收取宣傳電郵，如不想收取，則不在空格內打剔

Step5

　　Jalan 系統會立即傳送確認電郵至你剛輸入的電郵地址。打開電郵內的超連結 (此連結有效時間為 24 小時)，填寫個人資料並按確認 (藍色按鈕)。之後再檢查已輸入資料，如全部正確，按確認 (藍色按鈕) 便完成登記。

！ 訂房注意事項

- 訂房前需留意是否需要繳付訂金或全數金額，以及萬一需要取消預訂時訂金的安排 (如退還或留待下次使用)。

- 每間酒店或旅館都有其取消訂房的政策 (英文稱 Cancellation policy)，即在入住日前多少天取消就會收取指定金額。例如：入住前 7 天取消收取房租 30%，一至兩天前為 50%，當天取消或無通知下不入住 (no-show) 收取全數。

- 不論使用電郵還是透過訂房網站預訂房間，都要把確認信列印出來並隨身攜帶。

大阪住宿分區精選

　　大阪有不少酒店和民宿，它們有些價格便宜，有些富有特色，而大部分住宿都交通方便。**本部分住宿價格只供參考，一切以酒店公佈為準。**

新今宮 （便宜之選）/ 天王寺

　　新今宮是背包客或想入住便宜住宿的遊客最常會選擇的地方。該區有不少商務旅館，而這類旅館比背包旅舍便宜，格價約 ￥1,500~￥2,200(HK$114~167)，且能擁有私人空間。另外，新今宮就近南海電鐵、JR 和地下鐵，前往機場、難波、心齋橋和梅田等地都很方便。

中央集團旗下的旅館

　　新今宮的旅館除了有獨立經營的，也有來自集團的。中央集團是唯一一個在新今宮經營商務旅館的集團，在區內有 6 間旅館，雖然品牌上有所不同，但風格上的差異不大。另外，由於有不少外國遊客入住，所以這 6 間旅館的職員懂說英語，不用擔心語言問題。

　　這 6 間旅館中，Hotel Pivot、來山南 / 北館 (Hotel Raizan)、Hotel Mikado 屬於便宜等級，當中 Hotel Mikado 約 ￥2,400(HK$180) 便能享有單人房間，來山南 / 北館略貴一點，介乎 ￥2,600~￥3,800(HK$153~224) 不等。上述都是標準商務旅館，需共用洗手間和浴室，旅館提供毛巾、牙刷、牙膏、拖鞋等，房間設有雪櫃和電視。

　　若想住得更舒適，可考慮 Hotel Chuo Oasis 或 Hotel Chuo Selene，以 ￥4,000~￥5,500(HK$235~324) 價格，獲得較大的個人空間，並有私人衛浴設施。以下為中央集團部分旅館的介紹：

> 入住中央集團旗下的旅館，在該區的 Family Mart 可獲 9 折優惠。購買後只需保留收據，返回旅館向職員出示，便可獲現金回贈。

(a) Hotel Pivot 地圖 P.191

☑房間種類：日 / 西式單人 / 雙人房 (設有女性樓層)
☑浴室 / 廁所：公共獨立浴室或大浴場
☑特別設施：沐浴用品、牙膏、牙刷、拖鞋、洗衣乾衣、電視

　　Hotel Pivot 前身是 Hotel Chuo，經重新裝修後，一改原來和式風格，化身成以多彩霓虹燈為主的摩登設計。價錢雖比前身貴一點，但亦算便宜，而且有長期住宿優惠。

🏠 大阪市西成区太子 1-1-12
🚌 地下鐵御堂筋線「動物園前」站 3 號出口，或 JR 大阪環狀線「新今宮站」東出口
💲 一人一晚 ￥4,500~￥7,000 (HK$264~412)(設有長期住宿優惠)
📞 06-6647-7561
🌐 www.chuogroup.jp/chuo/ja/
🅱 預訂方法：官方網頁、樂天、Jalan

(b) 來山南 / 北館 (Hotel Raizan)

- ☑房間種類：日 / 西式 單人 / 雙人房
- ☑浴室 / 廁所：公共獨 立浴室或大浴場
- ☑特別設施：沐浴用 品、牙膏、牙刷、拖 鞋、洗衣乾衣、電視

 地圖 P.191

◀來山南館和北館屬同一幢，但分開兩個入口。南館房間分佈在高層，北館則在低層，故南館房間的窗外風景會比北館的為佳！圖為南館頂樓風景。

Info
- 🏠 大阪市西成区太子 1-3-3
- 🚉 地下鐵御堂筋線「動物園前」站2號或4號出口，或 JR 大阪環狀線「新今宮站」東出口
- 💲 一人一晚 ￥2,600～￥3,800(HK$153~224) (設有長期住宿優惠)
- 📞 06-6647-2195
- 📱 www.chuogroup.jp/raizan/ja/index.html
- 🅱 預訂方法：官方網頁、樂天、Jalan

(c) Hotel Mikado

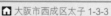 地圖 P.191

- ☑房間種類：日 / 西式單人 / 雙人房 (設有女性樓層)
- ☑浴室 / 廁所：公共獨立浴室或大浴場
- ☑特別設施：沐浴用品、牙膏、牙刷、拖鞋、洗衣乾衣、電視

Info
- 🏠 大阪市西成区太子 1-2-11
- 🚉 地下鐵御堂筋線「動物園前」站3號出口，或 JR 大阪環狀線「新今宮站」東出口
- 💲 一人一晚 ￥2,400～3,800(HK$141~224)
- 📞 06-6647-1355
- 📱 www.chuogroup.jp/mikado/tw
- 🅱 預訂方法：官方網頁、樂天、Jalan

(d) Hotel Chuo Oasis

- ☑房間種類：西式單人房及日 / 西式雙人房
- ☑浴室 / 廁所：在房間內
- ☑特別設施：沐浴用品、牙膏、牙刷、拖鞋、洗衣乾衣、電視

地圖 P.191

Info
- 🏠 大阪市西成区太子 1-9-15
- 🚉 地下鐵御堂筋線「動物園前」站2號或4號出口，或 JR 大阪環狀線「新今宮站」東出口
- 💲 一人一晚 ￥4,000～￥5,500(HK$235~324)
- 📞 06-6647-6130
- 📱 chuohotels.jp/oasis/ja/index.html
- 🅱 預訂方法：官方網頁、樂天、Jalan

(e) Hotel Chuo Selene

- ☑房間種類：西式單人房及雙人房、5 至 6 人共用房間 (需與陌生人共用)，設有女性樓層
- ☑浴室 / 廁所：在房間內
- ☑特別設施：沐浴用品、牙膏、牙刷、拖鞋、洗衣乾衣、電視

地圖 P.191

Info
- 🏠 大阪市西成区太子 1-1-11
- 🚉 地下鐵御堂筋線「動物園前」站 3 號出口，或 JR 大阪環狀線「新今宮站」東出口
- 💲 一人一晚 ￥4,200～￥5,500(HK$247~324)
- 📞 06-6647-2758
- 📱 www.chuogroup.jp/selene/zh
- 🅱 預訂方法：官方網頁、樂天、Jalan

Hotel Toyo

 旅館　地圖 P.191

- ☑ 房間種類：
  日式單人房及日 / 西式雙人房
- ☑ 浴室 / 廁所：公共獨立浴室
- ☑ 特別設施：電視

▶單人房間。

這旅館的房租比中央集團的便宜，￥1,768~￥2,199(HK$104~129) 便可有私人房間。其實在新今宮還有比這間更為便宜的，但是沒有網頁，而且服務對象為日本人，遊客較難預訂。因此，在網上能夠預訂，而且最低價的，非這裏莫屬，幾乎每一晚在門外都能看到「滿室」(沒有空房) 的告示。雖然價格便宜，但房間質素不俗，氣氛也不錯。

旅館近年還轉型，為了服務更多背包客，除了有懂英語的職員，也改裝了公共空間，讓房客能夠互相認識，並不時舉行活動，讓遊客能更了解大阪。

▲ 公共空間。

▲ 牆上的交通資訊。

▲接待處。

> **Info**
> 🏠 大阪市西成区太子 1-3-5
> 🚇 地下鐵御堂筋線「動物園前」站 2 號或 4 號出口，或 JR 大阪環狀線「新今宮站」東出口
> 💲 一人一晚 ￥1,768~￥2,199(HK$104~129)
> 📞 06-6649-6348　🖥 www.hotel-toyo.jp/cn　Ⓑ 預訂方法：官方網頁、樂天、Jalan

Super Hotel 天王寺

- ☑ 房間種類：西式單人 / 雙人 / 三人房 (設女性樓層 / 房間)
- ☑ 浴室 / 廁所：房內
- ☑ 特別設施：沐浴用品 (另有專為女性而設用品)、牙膏牙刷、拖鞋、電視、洗衣及乾衣機、溫泉
- ☑ 提供早餐

> **Info**
> 🏠 大阪市天王寺区逢阪 2-3-3
> 🚇 JR 大阪環狀線「天王寺」站北口或地下鐵御堂筋線「天王寺」站 7 號出口
> 💲 一人一晚 ￥8,000 (HK$471) 起
> 📞 06-4305-9000
> 🖥 www.superhoteljapan.com/cn/s-hotels/tennouji.html
> Ⓑ 預訂方法：官方網頁、樂天、Jalan

Super Hotel 日本橋

- ☑ 房間種類：西式單人 / 雙人 / 三人房 (設女性樓層 / 房間)
- ☑ 浴室 / 廁所：房內
- ☑ 特別設施：沐浴用品 (另有專為女性而設用品)、電視、洗衣及乾衣機
- ☑ 提供早餐

> **Info**
> 🏠 大阪市中央区日本橋 1-20-5
> 🚇 地下鐵堺筋線、千日前線或近鐵「日本橋」站 5 號出口
> 💲 一人一晚 ￥9,500 (HK$559) 起
> 📞 06-4397-9000
> 🖥 www.superhotel.co.jp/s_hotels/nihonbashi/nihonbashi.html
> Ⓑ 預訂方法：官方網頁、樂天、Jalan

難波 / 心齋橋 / 日本橋 / 長堀橋 （方便之選）

不少購物景點都集中在難波和心齋橋一帶，且就近地鐵站，方便前往大阪各區。如果喜歡購物、吃喝又想住不錯的酒店，這一帶是理想之選。旅行套票多會安排入住這裏的酒店。

First Cabin

 飛機客艙住宿　地圖 P.88

☑ 房間種類：全西式單人房間

☑ 特別設施：Sony Bravia LCD 電視 (26~32 吋)、免費上網、耳筒、個人淋浴間 (共用)

難波的 First Cabin 地理位置很方便，在地下鐵なんば (難波) 站 13 號出口直達酒店，不用怕日曬雨淋，而且即使乘夜機到來，晚上 11、12 時入住也較安全。要注意 First Cabin 必定為一人一房，且男女分流，若情侶或朋友入住都要分房睡。

針對性別上的保安

▲ 分流男女性。

▲ 輕觸式鎖匙卡。

在大堂 check-in 後，最大特點就是一早分流男性和女性。分隔男女的門必須用 Cabin 提供的輕觸式鎖匙卡，除了阻隔非住客，還限制了男性和女性互相進入異性的區域，對單身女性尤其安全。

「客艙」房間特色

1. 不能鎖的門與真鎖匙

每個客艙外面有「客艙」編號和飛機的圖案，而房門不能鎖上，First Cabin 除了提供大堂外的輕觸鎖匙，更提供一條真正鎖匙，在床下的抽屜可放私人財物，那就不用在沐浴時又要隨身帶備護照、錢包甚至平板電腦了！

▲ 405 號客艙。

2. 共用的浴室和洗手間

浴室和洗手間是共用的，沐浴設備在個人淋浴間，附有 Pola 的洗頭水、護髮素和皂液。當然也可以選擇大浴場。男士淋浴間外面設有化妝間，提供風筒、面紙和棉花棒，還有 SHISEIDO 的洗面皂液。可見 First Cabin 不只是單純的休息旅館。

◀ 照顧貼心。

設備齊全，

◀ 浴室。

3. 房內設施

▲ 房間空間感很大。

房間裏面有張很舒服的單人床，而房間空間對一個人來說不會太小。至於一般設施好像時鐘、充電器、WiFi 和鬧鐘都有，床上亦有睡衣褲和 2 條毛巾。房內還有一台 32 吋的 LCD 液晶電視，而酒店通常不會每間房都有 LCD 電視，就算有也未必像 First Cabin 般有 32 吋。為了使環境舒適和寧靜，First Cabin 內禁止使用手機和吸煙，若有需要，可使用 Cabin 的吸煙區和電話區。房間內看電視也需要配戴耳筒。

另外每房都附有緊急逃生用的 survival mask(防煙面罩)，這是連酒店都未必提供的救命用品。

◄ 視規定使用耳筒。為了保持環境安靜，看電

► 防煙面罩。

其他設施

First Cabin 其他設施還有手提電話充電器、洗衣乾衣機、按摩和 lounge，而在 lounge 可點食物和飲品。

► 可來這兒吃飯。

First Cabin
🏠 大阪市中央区難波 4-2-1
　　難波御堂筋ビル 3F
🚇 地下鐵御堂筋線「なんば」(難波) 站 13 號出口
💲 頭等艙：￥6,400
　　(HK$376)/ 晚、
　　￥900(HK$68)/ 小時
　　(需入住 2 小時或以上)
📞 06-6631-8090
🔖 first-cabin.jp
🅱 預訂方式：官方網頁、
　　樂天、Jalan

短評

First Cabin 是個很特別的概念，現時航空公司的新頭等客艙都講求私隱、空間、娛樂，甚至提供個人日用品，並不只是一張大座椅。雖然未坐過頭等位，但相信 First Cabin 的模式和舒適度與飛機很相似。

接近 ￥6,400~￥8,900(HK$376~524) 一晚的價錢或許算昂貴，但如果一個人來大阪旅行，能以這個價錢換到接近酒店級的舒適 (不計有沒有獨立浴室)、先進的視聽享受 (酒店通常是普通小電視) 和高度保安，還是值得一住。

東橫 Inn (難波)

☑ 房間種類：西式單人 / 雙人
☑ 浴室 / 廁所：房內
☑ 特別設施：沐浴用品 (另有專為女性而設用品)、電視、洗衣及乾衣機
☑ 提供早餐

🏠 大阪市浪速区元町 2-8-7
🚇 地下鐵御堂筋線「なんば」(難波) 站 5 號出口
💲 一人一晚 ￥7,200(HK$423) 起
📞 06-4397-1045
🔖 www.toyoko-inn.com/c_hotel/00054
🅱 預訂方法：官方網頁、樂天、Jalan

東橫 Inn (心齋橋西)

☑ 房間種類：西式單人 / 雙人
☑ 浴室 / 廁所：房內
☑ 特別設施：沐浴用品 (另有專為女性而設用品)、電視、洗衣及乾衣機
☑ 提供早餐

🏠 大阪市西区北堀江 1-9-22
🚇 地下鐵御堂筋線或長堀鶴見綠地線「心齋橋」站 8 號出口，或四つ橋線「四ツ橋」站 4 號出口 (兩地鐵站相連)
💲 一人一晚 ￥7,400(HK$435) 起
📞 06-6536-1045
🔖 www.toyoko-inn.com/c_hotel/00023
🅱 預訂方法：官方網頁、樂天

精選大阪最熱
計劃遊大阪
基本必識
交通攻略
行程示範

Ark Hotel 酒店

地圖 P.141

☑ 房間種類：單 / 雙人房 (兩張床或一張雙人床)

☑ 浴室 / 廁所：在房間內

酒店提供單人房及雙人房，單人房按房間面積分為 3 種 (10~11 平方米、13~14 平方米、16 平方米)，最近地下鐵長堀橋站，有地下通道直達心齋橋。

▲ 單人房。

Info
- 🏠 大阪市中央区島之内 1-19-18
- 🚇 地下鐵堺筋線或長堀鶴見綠地線「長堀橋」站 4 號出口
- 💲 一人一晚 ¥9,800~11,200 (HK$576~659)
- 📞 06-6252-5111
- 🖱 www.ark-hotel.co.jp/osaka
- 🅱 預訂方法：官方網頁、樂天、Jalan

ARTY Inn 酒店

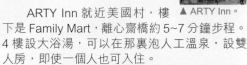
▲ ARTY Inn。

☑ 房間種類：西式雙人房 (兩張床或一張雙人床)

☑ 浴室 / 廁所：在房間內

☑ 特別設施：Spa、大浴場

ARTY Inn 就近美國村，樓下是 Family Mart，離心齋橋約 5~7 分鐘步程。4 樓設大浴湯，可以在那裏泡人工溫泉，設雙人房，即使一個人也可入住。

◄ 雙人房規格。
▶ 雙人房 (一張)

Info
- 🏠 大阪市中央区西心斎橋 2-17-3
- 🚇 地下鐵四つ橋線「四ツ橋」站 5 號出口步行 4 分鐘；或四つ橋線、千日前線、御堂筋線「なんば」(難波) 站 26 號出口步行 5 分鐘；或御堂筋線、長堀鶴見綠地線「心斎橋」站 7 號出口步行約 7 分鐘
- 💲 一人一晚 ¥6,900~¥10,900(HK$406~641)(房價或不包早餐)
- 📞 06-6211-8100
- 🖱 arty-inn.com/shinsaibashi/
- 🅱 預訂方法：官方網頁、樂天、Jalan

(攝影：Florence Au-Yeung)

Hotel Hillarys 酒店

地圖 P.88

☑ WiFi 上網

☑ 房間種類：西式單 / 雙人房 (兩張床或一張雙人床)、加大包沙發的雙人雙床房

☑ 浴室 / 廁所：在房間內

☑ 特別設施：少量單車租借、免費漫畫借閱及免費飲品 Bar

Hotel Hillarys 位於日本橋電器街，最近直達機場的南海電鐵なんば (難波) 站 (5 至 7 分鐘步程)，也離地下鐵御堂筋線なんば (難波) 站及堺筋線、千日前線日本橋站等只需步行約 10 分鐘，不論到機場或其他地區都方便。此外，從電器街也可以步行到難波、心齋橋一帶，住在這裏基本上每晚都可在附近找到美味的晚餐和購物。另外，酒店早餐以日式自助餐為主，雖然款式不多，但味道不錯！對於重視豐富美味的早餐、交通便利及住宿舒適的旅客而言，Hotel Hillarys 是合理的選擇。

◄ 酒店外貌。

▶ 雙人房。

▶ 日式自助早餐很不錯！¥850(HK$50)

Info
- 🏠 大阪市浪速区日本橋 3-4-10
- 🚇 南海電鐵「なんば」(難波) 站東出口步行 5 分鐘，或地下鐵千日前線或堺筋線「日本橋」站 5 或 10 號出口步行 7~9 分鐘
- 💲 一人一晚 ¥6,556(HK$386) 起 (房價或不包早餐)
- 📞 06-6630-0600
- 🖱 www.hillarys.jp
- 🅱 預訂方法：官方網頁、樂天、Jalan

(攝影：蘇飛)

出發前計劃

主要航班

預訂住宿

住宿分區精選

天滿（溫馨之選）

雖然天滿不算是熱門的住宿地點，也不是購物熱點，但就近大阪城、梅田、中崎町、中之島，前往大阪不同景點也算方便。

南洲民宿 民宿  地圖 P.228

☑房間種類：日式房間，房間不設浴室；另有獨立套房，內有小陽台、小廚房和浴室
☑免費特別設施：洗衣 (需自備洗衣粉)、電腦使用、單車
☑全部房間附送早餐

民宿是怎樣的呢？帶大家走進持田媽媽經營的南洲民宿。

南洲民宿交通很便利，就近地下鐵天神橋筋六丁目站，只需乘 2 個站便可到梅田，去難波、心齋橋也很方便。民宿近大阪城公園，可以一邊踩單車，一邊感受水都大阪風情。

這裏的狗也是民宿的特色，但怕狗之人不用迴避，因為牠的性格像貓多一點，沒有聽過牠吠叫，喜歡親近人。

早餐是持田媽媽親自炮製的，健康好吃，必須好好珍惜，更何況早餐是每天最重要的一餐呢！

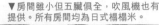
▼房間雖小但五臟俱全，吹風機也有提供。所有房間均為日式榻榻米。

▶電視是液晶顯示屏，可以接收數碼廣播或高清。

▲持田媽媽親手烹調的早餐，房租已包早餐。

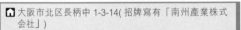

Info
🏠 大阪市北区長柄中 1-3-14(招牌寫有「南州產業株式会社」)
🚇 地下鐵堺筋線或谷町線「天神橋筋六丁目」站，或 JR「天滿」站
💲 每人每晚：2 人大房間 ￥3,600 (HK$212)，3 人大房間 ￥3,400(HK$200)
🕐 入住時間 15:00 後，退房時間 12:00 前
📞 06-6356-4142
🌐 www.mochi-3678.net
🅱 預訂方法：官方網頁
❗ 必須住 3 天或以上，而預訂後必須在入住前指定日數聯絡民宿再確認

▲ 枱面有電腦免費上網，如自備了電腦，可使用房間內的上網設施。

◀可以邊吃早餐邊看早上的新聞。

梅田

Hotel Dans Le Coeur  地圖 P.167

☑ 房間種類：西式單人 / 雙人 / 雙床 / 三人 / 小型套房
☑ 浴室 / 廁所：房內
☑ 特別設施：自助付款機、空中茶室、
☑ 美髮沙龍 La fith

Info
🏠 大阪府大阪市北区曽根崎 2-15-23
🚇 JR 大阪站步行約 6 分鐘；Osaka Metro 禦堂筋線「梅田站」步行約 5 分鐘；大阪地鐵谷町線「東梅田站」步行約 2 分鐘；阪急「大阪梅田站」步行約 6 分鐘；阪神「大阪梅田站」步行約 5 分鐘
💲 一人一晚 ￥6,125(HK$360) 起 📞 06-6311-1551
🌐 www.hotel-danslecoeur.jp
🅱 官方網站、Agoda、Booking.com

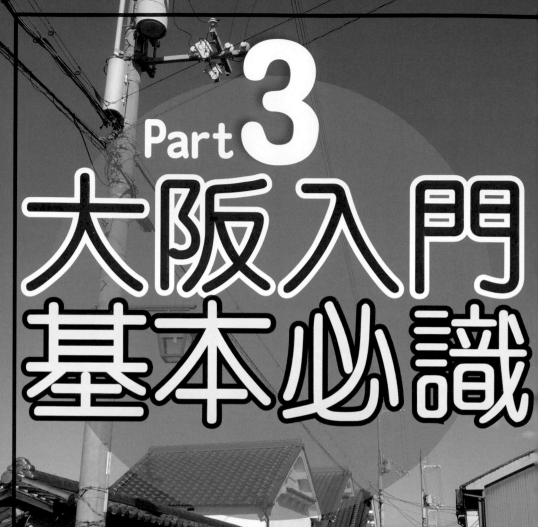

Part **3**

大阪入門基本必識

認識大阪

　　大阪的意思可以是「大阪府」或「大阪市」，而「大阪市」是「大阪府」的其中一個城市，屬於日本關西地區。而本書會集中介紹大阪市的景點，也會前往大阪府其他受歡迎的城市遊覽。

　　對很多人來說，大阪僅次於東京。雖然東京是日本的首都，也是個國際化的大都會，但在歷史上，大阪比東京悠久很多。大阪原叫「浪速」，後曾命名為「難波」和「大坂」，至 1870 年改成現今的名字。大阪曾於 645 年和 744 年成為首都，在 20 世紀初開始直至 1970 年代它都是日本人口最多──在世界上人口排第 6 的大城市！這個年代稱為「大大阪」時代，工業發展旺盛，吸引了沖繩人和韓國人前來工作。可是由 1970 年代起，大阪開始衰退，並由東京取代。

　　現在的大阪，既有「天下廚房」之稱，還保留了 20 世紀初現代化時的古典西方建築，但也留下經濟衰退帶來的社會問題，不過同時可看到大阪人自強不息，如新地標、新小店都反映這個城市的人在不斷努力。在大阪，可以在同一時空下看到它在不同年代呈現的面目，也許這就是這個地方的可愛之處。數年後再來的話，大阪應該會有更多變化、更多驚喜！

大阪府基本資料

面積	1,892.86 平方公里
人口	8,839,469
與香港的距離	2,494 公里
與台北的距離	1,742 公里
語言	日語
時差	比香港和台灣快 1 小時
氣候	屬溫帶氣候，冬天有機會下雪 夏天 7 至 8 月最熱，並較香港和台灣乾燥

大阪府及大阪市位置地圖

京都府

滋賀縣

兵庫縣

大阪府

大阪市

三重縣

奈良縣

和歌山縣

N

日本全境地圖

北海道

關西　東京

九州　四國

（大阪府及大阪市）

沖繩

© 跨版生活圖書出版

20 公里

© 跨版生活圖書出版

旅遊須知

精選大阪最熱 | 計劃遊大阪 | 基本必識 | 交通攻略 | 行程示範

入境簽證

香港旅客：持有效期超過 6 個月的香港特區護照或 BNO，可免簽證入境逗留 90 天。

台灣旅客：持有效期超過 6 個月的中華民國護照，可免簽證入境逗留 90 天。

中國內地：需申請簽證，詳見網址：www.cn.emb-japan.go.jp/consular/visa_shinzoku.htm

Info
中國駐大阪領事館
🏠 大阪市西區靭本町 3-9-2
🚇 地下鐵中央線或千日前線的「阿波座」站 9 號出口
06-6445-9481、06-6445-9482

國際觀光旅客稅及膠袋稅
日本於 2019 年起，向各入境旅客收取 ¥1,000 (HK$76) 的國際觀光旅客稅，2 歲或以下兒童及過境旅客則不在此列。另外，2020 年起落實膠袋收費政策，購物用膠袋會收取 ¥3~5(HK$0.2~0.3) 不等的膠袋稅。

TIPS 福

天氣

下表為大阪的 2022 年天氣統計 (大阪詳細天氣見 P.52~53)：

		1月	2月	3月	4月	5月	6月	7月	8月	9月	10月	11月	12月
氣溫 (℃)	平均	5.6	5.5	11.4	16.8	20.0	24.4	28.4	29.5	26.2	19.0	15.2	7.9
	最高	13.6	14.6	22.2	27.4	31.8	34.9	38.4	36.3	34.8	30.5	24.0	16.8
	最低	-0.1	-0.5	1.7	5.2	9.5	15.2	22.9	21.6	17.9	10.3	8.4	0.7
相對濕度 (%)	平均	61	57	62	63	61	69	72	70	70	65	69	59
降雨量 (mm)	合計	20.0	16.5	104.5	116	80.0	101	174	73.5	180.5	92.5	81.5	18.0
降雪日	日數	7	5	0	0	0	0	0	0	0	0	0	1

(資料來源：日本氣象廳 2022 年統計，www.jma.go.jp)

行程途中可能有下雨的時候，建議出發前在當地上網察看天氣情況。日本氣象協會推出了 2 款手機 App「tenki.jp」和「tenki.jp 登山天氣」，前者提供日本各地的天氣資訊，後者則提供山頂和登山路徑的天氣狀況，Apple 手機可透過 App Store 下載，而 Android 用戶需在日本下載，或透過手機版網頁 (tenki.jp) 查詢。

▶「tenki.jp」版面。

日元

日本硬幣包括 ¥1、5、10、50、100、500，而紙幣主要為 ¥1,000、5,000、10,000，還有極為罕見的 ¥2,000。現時，HK$1 約可兌換 ¥18，NTD 1 兌換 ¥4.5，唯匯率浮動不定，謹供參考。(匯率資料截至 2024 年 1 月)

轉腳插

日本的電壓是 100V，用兩腳平插，和香港的 220V 不同。香港旅客宜自備轉腳插，台灣旅客則可直接使用當地的插座。

▶日本的兩腳平插插頭。(攝影：Li)

上網及 WiFi

1. 租借 b-mobile sim 卡

到了日本想上網，除了在出發前申請數據漫遊服務外，也可以申請日本的 b-mobile sim 卡，有 5G 容量並享有 3G 或 LTE 的上下載速度。

b-mobile 提供外國人專用的 sim 卡，只需在其英文版網頁依照指示申請，提供住宿地址 (或降落機場的郵局，需收取 ¥370、HK$22 服務費) 和寄送日期便可，sim 卡寄送到有關地點後，服務會在翌日自動生效。

上網訂購 Visitor SIM 卡流程

b-mobile 網站：
www.bmobile.ne.jp/english

▲ 先到 b-mobile 的英文網站，在網頁中間的表格選擇 Visitor SIM Official site 下面的 "Online store"，即可透過 b-mobile 官網購買。

▲ 選擇需要 10 日 5GB 或 21 日 7GB 的 SIM 卡，並選擇於酒店或機場取卡。雖然大部分酒店都願意為客人收取包裹，但若選擇直接寄往酒店的話，需付 ¥520(HK$31) 手續費，以及最好先通知酒店比較安心。另外若選擇在機場郵政署 (Post Office) 取卡需要另付 ¥370(HK$22) 手續費，並要留意郵政署在不同機場的營業時間。

▲ 細看各項條款後，按 " Next "。

▲ 填上個人資料，包括姓名及酒店地址等，然後以信用卡付款。完成後便會收到電郵通知，最後到酒店登記入住時，酒店職員就會把卡轉交給你，或可在機場郵政署取卡。

◀ 每張 SIM 卡均有一個獨立編號，以供客人隨時到 b-mobile 的網站查詢剩餘用量，有需要的話可於數據用完後於網站充值再繼續使用。

各機場郵政署位置及時間可瀏覽：
www.bmobile.ne.jp/
english/aps_top.
html

精選大阪最熱

計劃遊大阪

基本必識

交通攻略

行程示範

2. Wi-Fi Router

若同時有多個朋友遊日,租借Wi-Fi Router可能更為划算,而租用Wi-Fi Router最方便及便宜的方法,就是直接從日本租借。以下以Japan Wireless為例。

Japan Wireless提供英文版本供海外人士租借Wi-Fi Router,以租借最便宜的95Mbps Router來計算,5日4夜的方案只需¥4,100(HK$295),連同¥500(HK$38)運費也不過¥4,600(HK$341),最多可同時連接5部裝置。預約方法亦非常簡單,只需填上收取Wi-Fi Router的日本地址(建議租借前先知會酒店麻煩代收取郵包),到酒店Check-in時酒店職員便會轉交郵包給你。

詳細租借 Wi-Fi Router 程序

▲先到 Japan Wireless 的網站,按"Products & Rates"。

▲網站會列出相關的 Wi-Fi Router,選取想要租借的型號後按下方 "Order"。

▲網站會列出可供租借的 Wi-Fi Router 型號。填妥下方表格,記住要輸入正確的電郵地址及入住酒店代表人的姓名。

▲輸入完畢後,網站會轉至 Paypal 讓你輸入信用卡資料付款,付款後只需等待確認電郵即可。

▲抵達酒店後,酒店職員便會把郵包轉交給你。

▲郵包內包括 Wi-Fi Router、USB 充電線、充電插座及備用電池,並附有一個藍色公文袋,待歸還時把所有配件放進去,再放入就近郵箱即可。

◀開啟 Wi-Fi Router 後,在手機搜尋 Router 並輸入貼在 Router 的密碼,即可在日本隨時隨地上網。

Japan Wireless 網站:
japan-wireless.com

3. 香港購買數據漫遊服務

除了啟用電訊公司提供的漫遊服務,還可以按個人需要選購漫遊數據,只需到電訊公司的手機app或網站即可購買,十分方便快捷。以3HK為例,其所提供的「自遊數據王 7日PASS」可於7日內以HK$98在多個國家地區使用4G或5G數據服務,無需更換SIM卡,可保留原本電話號碼,還能將數據分享給朋友。其他電訊公司亦提供類似計劃,詳細及各家公司的優惠可到其網站閱覽。

📄 3 香港 自遊數據王
web.three.com.hk/roaming/ric/index.html
csl. 數據漫遊日費
www.hkcsl.com/tc/data-roaming-day-pass/
smartone 漫遊數據全日通
www.smartone.com/tc/mobile_and_price_plans/roa ming_idd/data_roaming_day_pass/charges.jsp

4. 日本購買 sim 卡

除了 wifi 蛋，還可在關西機場的自動販售機購買 sim 卡，例如 SoftBank Global Rental Prepaid LTE SIM by for Travel，數據流量為 3GB(￥6,500、HK$382)，用完數據可網上增值。把 sim 卡放入電話後，設置手機上的 APN，再在網上辦理開通手機便可上網，操作方便。另外，在機場 1 樓還有家預付卡店 Telecom Square，提供 7 天 4G 3in1 SIM(￥6,000、HK$353) 和 30 天 5GB(￥8,000、HK$471) 的選擇。

> **SoftBank Global Rental**
> 📖 www.softbank-rental.jp
> **Telecom Square**
> 📖 sim.telecomsquare.co.jp

5. 免費 WiFi

如果對上網需求不太高 (如不需即時分享相片)，且本身擁有智能手機或平板電腦的話，可使用大阪市內的免費 WiFi 服務。以下簡單介紹市內提供免費 WiFi 服務的地方：

1. 觀光場所

在部分觀光場所，透過流動裝置選取 Osaka Free Wi-Fi 或 Osaka Free Wi-Fi Lite 連線便可享用免費 WiFi 服務。前者使用時間最長 1 小時，若繼續使用需再登入，不設登入次數限制；而後者只限 30 分鐘，且每天只能登入 8 次。登入時只需輸入電郵及按同意條款便可。

> 📖 ofw-oer.com/zh-tw (按 下 方「這裡是可以利用的場所」後可搜索在哪兒可使用免費 WiFi)

2. JR 車站

JR 車站有免費 WiFi，但需要先寄一封空白電郵到 jrw@forguest.wi2.ne.jp，以收取「訪問代碼」，來到 JR 車站便可登入時使用。登入後 8 天內有效，8 天後需重新登入。要注意，不是每個 JR 車站都提供免費 WiFi 上網，現時提供服務的 JR 站有：大阪站、大阪 Station City、新大阪站、ユニバーサルシティ (Universal City) 站、天王寺站、天王寺 MIO、JR 難波站、関西空港站和特急 HARUKA 號車廂內。

> 📖 www.westjr.co.jp/global/tc/wifi/

3. Starbucks

在 Starbucks 門外及室內範圍均可使用其免費 WiFi 服務，但需以電郵登記，登入次數和使用時間沒有限制。

> 📖 starbucks.wi2.co.jp/pc/index_en.html

退稅

在日本購物要加 10% 消費稅，但在個別大型電器店及百貨公司均設遊客退稅優惠，遊客於同一天在同一店鋪內消費滿 ￥5,000，便可憑護照到店內的退稅櫃位辦理手續退回稅項，退稅商品包括家電用品、服飾、裝飾品、皮包、鞋等。另外，藥妝品、食品、酒類、香煙、文具等，只要每人同一天在同一間店鋪內消費 ￥5,000~500,000 即可退稅，但要承諾不拆封物品，並在購買後 30 天內把物品帶離日本。免稅店只限有 "Japan・Tax-Free Shop" 這標示的店鋪。另外，要留意機場退稅只接受機場免稅店之購買商品。

除了液體退稅品需按規定寄艙，其他免稅物品可按需要寄艙或以手提行李帶出境。還有，以旅行支票退稅比較麻煩，需要手續費之餘，也只能在回到居住地後再親身前往托收。

大阪的天氣及節慶

冬天：1月至3月

- 氣溫 1~12℃ 不等；
- 部分日子會下雪；
- 2月中旬至3月中旬梅花盛放，可在大阪城公園看到。

1 月節慶
十日戎 日期：1月9日至11日 地點：今宮戎神社
どやどや 日期：1月14日 地點：四天王寺 內容：當天會有大批穿着兜襠布及頭巾，近乎裸體的年輕男性一起爭奪紙幣
大阪半馬拉松 日期：1月下旬 地點：視乎該年而定

2 月節慶
撒福豆 日期：2月1日 地點：通天閣
梅花節 日期：2月上旬至3月中旬 地點：万博記念公園

3 月節慶
雛祭（おひなまつり） 日期：2月下旬至3月上旬 地點：北船場

春天：4月至5月

- 4月已經是 10℃ 以上，20℃ 以下，像台灣和香港的冬天，而該月也是櫻花盛放的季節，賞櫻資料參考 P.24~25；
- 5月約 14~24℃，比台灣和香港的初夏略為涼快。

4 月節慶
野田藤花 日期：4月中旬至下旬 地點：野田區及福島區一帶
櫻祭 日期：3-4月櫻花期 地點：万博記念公園

▲了德院的藤花。

5 月節慶
大阪玫瑰節 日期：5月中旬至下旬 地點：中之島公園

（攝影：Gigi）

夏天：6月至9月

- 6月和9月氣溫為 20~27℃，溫度怡人；
- 7月和8月為全年最熱的月份，約 25~35℃ 不等。

6 月節慶
愛染祭 日期：6月30日至7月2日 地點：勝鬘院

7 月節慶
住吉祭 日期：7月海洋節至8月1日 地點：住吉大社
天神祭 日期：7月24至25日 地點：天滿宮及附近河川

8 月節慶	
万博公園向日葵節 日期：7 月下旬至 8 月上旬 地點：万博記念公園	**大阪薪能** 日期：8 月 11 至 12 日 地點：生國魂神社
高槻、攝津、豐中慶典活動 日期：8 月上旬週末 地點：高槻市立桃園小學操場、攝津市青少年 　　　運動廣場、豐島公園	**神火慶典活動、大一文字 / 大文字獻燈** 日期：8 月下旬 地點：五月山半山腰、池田市政廳周圍
花火大會 日期：8 月 地點：淀川兩岸	

▶河川流放 5 萬個 LED 燈，十分壯觀。(攝影：Gigi)

（攝影：Gigi）◀花火大會。

9 月節慶	
沖繩祭典 (エイサー祭) 日期：9 月 地點：千島公園	**岸和田祭** 日期：9 月 地點：南海電鐵岸和田站一帶

秋天：10 月至 12 月

- 10 月氣溫為 13~22℃，日間有陽光時感覺溫暖，但晚上較低溫，小心着涼；
- 11 月氣溫下降，全日氣溫為 10~17℃，若下雨的話，溫度更跌破 10℃ 以下，尤其在內陸地區，如奈良；
- 部分地區於 11 月上旬開始有紅葉，其他地區最快要到 11 月下旬；
- 12 月上旬部分地區仍有紅葉，下旬聖誕節氣氛濃厚。

10 月節慶
水都大阪 (中之島まんぷくクルーズ祭) 日期：不定，一般在 10 月或 11 月 地點：中之島
御堂筋大遊行 (御堂筋ランウエイ) 日期：10 月或 11 月 地點：御堂筋大道
堺祭 日期：10 月下旬 地點：堺市不同地區 (視乎各地官方公佈)

11 月節慶
神農祭 日期：11 月 22 至 23 日 地點：少彥名神社
牛滝山紅葉祭 日期：11 月 地點：大威德寺

12 月節慶
光之饗宴 日期：11 月下旬至 12 月 地點：大阪中之島

公眾假期及旅遊旺季

2024~25 年日本公眾假期

2024 年	2025 年	假期	備註
1 月 1 日	1 月 1 日	元旦	
1 月 8 日	1 月 13 日	成人節	為滿 20 歲的男女舉辦成人儀式
2 月 11 日	2 月 11 日	建國紀念日	
2 月 12 日	/	休日	建國紀念日補假
2 月 23 日	2 月 23 日	天皇誕辰	
/	2 月 24 日	休日	天皇誕辰補假
3 月 20 日	3 月 21 日	春分節	
4 月 29 日	4 月 29 日	昭和日	昭和天皇的生日
5 月 3 日	5 月 3 日	憲法紀念日	
5 月 4 日	5 月 4 日	綠之日	感謝大自然賜予豐富資源（這天很多公園都免費入場）
5 月 5 日	5 月 5 日	兒童之日	這天可看到很多飄揚的鯉魚旗
5 月 6 日	/	休日	兒童之日補假
7 月 15 日	7 月 21 日	海洋節	感謝海洋的恩澤，祝願國家繁榮
8 月 11 日	8 月 11 日	山節	
8 月 12 日	/	休日	山節補假
9 月 16 日	9 月 15 日	敬老節	
9 月 22 日	9 月 23 日	秋分節	
9 月 23 日		休日	秋分節補假
10 月 14 日	10 月 13 日	健康體育節	
11 月 3 日		文化節	紀念對日本文化作出貢獻的人（不少博物館都免費入場）
11 月 4 日	11 月 3 日	休日	文化節補假
11 月 23 日	11 月 23 日	勤勞感謝節	感謝國民的辛勤工作
/	11 月 24 日	休日	勤勞感謝節補假

日本、香港及台灣旅遊旺季

日本三大旅遊旺季：
- 4 月下旬至 5 月初（日本黃金周）
- 7 月下旬至 8 月下旬（尤其 8 月中旬時的中元節，或稱盂蘭盆節）
- 12 月下旬及過年（平安夜開始、過年至翌年 1 月 6 日）

香港及台灣旅遊旺季：

　　新年、復活節、暑假、聖誕節等假日期間，機票多會上漲。如果可以避免就趁旅遊淡季時看看航空公司或旅行社有沒有機票和酒店的推廣了。

遺失證件怎辦？

　　外遊時證件遺失，香港入境處的建議是先在當地報案（日本警方電話：110），索取遺失證明，然後往中國駐日領事館聯絡補領證件。入境處還有一條 24 小時熱線 (852)1868，可查詢遺失證件的問題和解決方法。

泡湯的基本禮儀：

1. 溫泉謝絕有紋身的人進入，來經的女生也應避免泡湯；
2. 在泡湯前要先洗淨身體，而一般溫泉都會提供洗頭水或沐浴露；
3. 泡湯時長髮的女生必須束好或用毛巾包好頭髮；
4. 不可以用毛巾圍着身體進入溫泉，一定要赤裸，否則日本人會視為不衛生。

（文字：Gigi）

日本防災小知識

1. 地震須知

　　日本處於地震帶，大小地震隨時都可能發生。為了減低地震帶來的影響，日本不少樓宇都設有防震設備，居民也會進行災難演習，事先預備地震後的後備物資，以便地震發生後能即時應對。當遊客在日本，遇上地震可以怎辦呢？

　　在投宿的地方，可留意有沒有椅子或桌子，一旦地震發生可躲進那裏，以免天花板或其他物件跌下來撞傷頭部；亦可留意緊急逃生路線，待地震盡快離開危險的地方。如在街上，盡量不要靠近巷子或大廈稠密的地方，應盡快到達空地，如公園、學校等，或到達註明「広域避難場所」的地方避難。在海邊時，亦應及早遠離海邊，尤其註有「地震／津波（海嘯）」(Caution Tsunami Hazard Area) 告示牌的地方。

2. 如何獲取即時地震資訊？

日本的電視台在地震發生後，會於畫面上公佈相關資訊，如在投宿的地方遇上地震，欲查詢地震強度，其中一個方法可以是看電視。

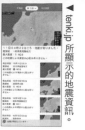

▲ 地震後，電視播放相關資訊（如紅圈所示），包括地震發生地點，以及震度。

▼ tenki.jp 所顯示的地震資訊。

此外，前面提及的 Apps "tenki.jp"（P.48）都有相關地震資訊，也有震前預報，但需要開設戶口，或直接輸入網址查看資訊。

若覺得 tenki.jp 不方便，現在有一個叫 yurekuru call 的 Apps，在地震即將發生時，軟體就會發出提示。除了能以英語顯示外，還可以設定地震警報。yurekuru call 適用於 iOS/Android（非日本用戶也可下載），免費下載。

雖然以現時的科技，地震在發生前半至一分鐘才能發出預報，但這短短的時間卻可以避免重大的人命傷亡。

3. 何謂震度？

在日本，地震嚴重的程度往往以一個叫「震度」的指標顯示，卻鮮少出現我們所熟悉的「黎克特制」或「芮氏」。「黎克特制」或「芮氏」表示地震規模，反映地震所發出的能量，而「震度」是地震的「烈度」，地震所釋放出的能量，傳到不同地點有不同的影響。一般來說，愈近震央，所感受到的地震愈強烈，影響也愈大；愈遠所感受到的較少。

「震度」這個指標在各地會有不同，如台灣有 8 級，麥加利地震烈度有 12 級，日本有自己的制度，分為 10 個，包括 0、1、2、3、4、5 弱、5 強、6 弱、6 強、7。7 為最嚴重，4 級起屬強以至烈震。例如我在東京感受過 5.2 級地震，震央來自千葉縣附近，最大震度為 4 級，東京離千葉有一段距離，故我所處的位置為 3，那時感覺地板左右少許搖動，但天花板的燈等物件沒有移動。

4. 輻射

日本東北地區於 2011 年 3 月 11 日發生大地震，令福島核電廠泄漏核輻射。 日本在各個地方設置輻射監察，並把每天的結果公佈於互聯網。出發前，可預先查詢其輻射是否超出水平。

 📖 日本各縣輻射水平：radioactivity.nsr.go.jp/ja

5. 緊急求助熱線一覽

緊急熱線	其他查詢熱線
• 火警及救護：119 • 日本救助熱線： 0120-461997 （或需固網電話才能撥通） • 警局：110（日語） / 03-3501-0110 （英語）	關西國際機場航班查詢： 0724-55-2500 （日語 / 英語）

注意！公共電話都提供緊急熱線

如不諳日語，需要英語，除了致電英語電話外，較簡單快捷的方法是：先打 110 或 119，然後第一句表示自己的身份，如：Watashi wa hongkongjin de su（我是香港人）/ Watashi wa tai wan jin de su（我是台灣人），對方便會轉駁至翻譯中心處理。

TIPS

填寫日本入境記錄

Visit Japan Web 提交資料

現時入境日本雖也可在搭飛機時填寫入境表格，但要走快速通道要用 Visit Japan Web 網上提交入境審查表格、海關申報表，然後在過海關時出示 Visit Japan Web 的 QR Code 就可以快速通道過關。Visit Japan Web 使用步驟如下：

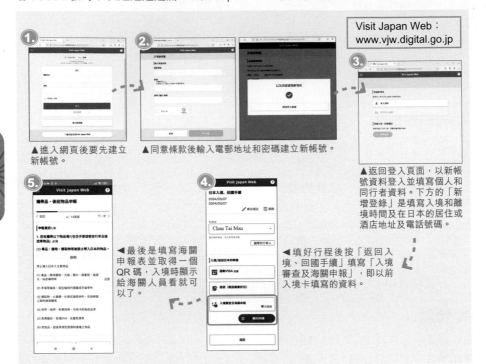

Visit Japan Web：
www.vjw.digital.go.jp

▲進入網頁後要先建立新帳號。

▲同意條款後輸入電郵地址和密碼建立新帳號。

▲返回登入頁面，以新帳號資料登入並填寫個人和同行者資料。下方的「新增登錄」是填寫入境和離境時間及在日本的居住或酒店地址及電話號碼。

◀最後是填寫海關申報表並取得一個 QR 碼，入境時顯示給海關人員看就可以了。

◀填好行程後按「返回入境、回國手續」填寫「入境審查及海關申報」，即以前入境卡填寫的資料。

入境表格：入境記錄卡及海關申告書樣本

外國旅客入境日本需填寫外國人入境記錄與海關申告書。其中外國人入境記錄於入境時與護照一起交給入境處職員便可，而海關申告書則於領取行李後離開時交給海關人員，每組旅客(如一家人)遞交一張便可。

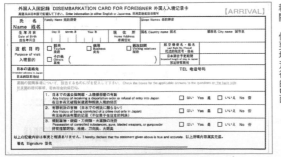

▲外國旅客入境日本需填寫外國人入境記錄。

▶海關申告書 A 面，如所攜帶的物品要報關，便要填背後的 B 面。

▶海關申告書 B 面。

省錢方案

　　雖然日本物價貴，但仍有不少途徑可以省旅費，包括交通費、住宿費、食宿費以至博物館入場費等。這並不是叫大家像去歐洲般每餐都吃麵包，或以步行取代交通費用，日本本身就有方法以便宜的價錢花費，節省旅費。

1. 省交通費（任乘車票省最多）

　　交通費一程至少都要超過 HK$10，如果按單程購票必定很貴！因此，留意自己的行程能否配上適合的任乘車票。日本早已推出多種任乘車票 (或叫通行證、pass)，種類繁多，使用得宜可以省下很多錢 (約 HK$200~400)。

　　一般來説，pass 很划算，例如有天的行程逗留在大阪，要乘地下鐵穿梭各區，單程車費至少 ¥190(HK$11)，一天走幾個地方實在不便宜，而且走得累時，為了省錢而走路真的很辛苦。因此，一張 ¥820(HK$48) 的地下鐵任乘車票就可以幫得上忙，如果按一程 ¥190(HK$11) 計，第 4-5 程已經回本。

Pass 的「遊戲規則」有很多種，簡單而言有以下幾種分法：

1. 時限： (a) 一天；(b) 多天 (連續日子 / 由旅客選其中日子)

2. 範圍： (a) 指定範圍；(b) 交通種類 (一種 / 多種)

3. 內容： (a) 只限搭乘交通工具；(b) 出示 pass 獲折扣優惠；
　　　　(c) 附贈券免費參觀景點

4. 資格： (a) 國內人士和旅客適用；(b) 只限旅客，需出示護照證明方可購買

　　正因為 pass 太多，而 pass 各有可取和限制，令旅程變得死板，為了省錢而令一張 pass 主導了行程計劃，實在得不償失，建議可以有以下的編排方法，兼顧省錢和旅遊樂趣：

1. 透過旅遊書和互聯網找出自己想去的景點。

2. 了解有甚麼 pass 可配合景點：
　　(a) 有些景點設有 pass，有些則沒有；
　　(b) 可能你想去的幾個地方，一張 pass 就可以；
　　(c) 亦有可能需要多張 pass；
　　(d) 更有可能一個地方有兩個或以上的選擇，到時要看看買哪個才划算。

3. 再調配參觀景點的先後次序，例如把幾個大阪景點放在同一天，然後用大阪地下鐵 pass，但當然不能安排太多景點，否則走馬看花吃不消。

　　另外要提醒的是：每張 pass 都有「銷售期限」，一般來説先定下一年發售期，一年後多會再繼續發售。買了 pass 後，車票有使用期限 (通常這個期限不影響大家旅遊，大約一個月左右)，在期限內選擇使用車票，而車票通過入閘機或站務人員後，票的背面會有記錄。故此，若買了一張使用三天，但可選擇日子分開使用的車票，只要當天坐了第一程車，票的背面便會有所記錄。更多 pass 資料參考 P.64。

2. 餐飲

　　在郊外、熱鬧景點、商業區吃飯，價錢在 ￥2,000~￥2,500 (HK$118~147) 之間，當然也有介乎 ￥1,000~￥1,500(HK$59~88) 的。至於約 ￥500，即 HK$38 內的餐飲不是不可能，至少在連鎖店如松屋、吉野家、すき家等都會有。這個價錢可以吃牛肉、鰻魚或咖喱飯等。部分店鋪更 24 小時開放。另外，平民區如新今宮的小型餐廳會較便宜，不妨留意一下。

松屋、吉野家

早餐：￥290~￥550(HK$22~42)，有納豆、香腸煎蛋、燒魚定食日式早餐連飯和味噌湯。

其他餐飲：

(1) 牛肉飯、咖喱飯：￥400~￥870(HK$24~51) 不等，有普通和大份量選擇。

(2) 定食：￥750~￥1,130(HK$44~66)，包括主菜、沙律、飯和味噌湯。

　　不夠的話可以再散叫沙律、燒魚、生蛋、味噌湯等等。

◀松屋。

> **info** 松屋：www.matsuyafoods.co.jp
> 吉野家：www.yoshinoya.com

▲在松屋吃咖喱豬肉加牛肉飯 (右圖)(￥830、HK$49)，以及牛燒肉定食 (左圖)(￥790、HK$46)。(攝影：蘇飛)

すき家

早餐：￥290~￥520(HK$17~31)，主要提供納豆、鮭魚定食日式早餐連飯和味噌湯，但選擇比松屋和吉野家多，最貴的是牛肉、納豆、鮭魚定食，份量較大。

其他餐飲：

(1) 牛肉飯、咖喱飯：￥400~￥920(HK$24~54) 不等，有普通和大份量選擇，甚至有牛肉加咖喱。

(2) 牛肉、納豆、鮭魚定食：￥420~￥870(HK$25~51)，價格一樣按大小份量而定，但分類方法是根據普通份量的 1.5、2、3 倍。不夠的話可以再散叫沙律、納豆、燒魚、生蛋、味噌湯等等。

> **info** www.sukiya.jp

Denny's

　　並非美國的 Denny's，這間是 7-11 旗下的，24 小時開放。食物主要是西式，亦有小部分日式。日本不少地方都有分店，但關西的分店不算多，而且都在偏遠地方，比較近的就在天王寺。

餐飲： 扒餐、定食等，有時在餐廳外還會有人派傳單推出優惠，例如 Denny's 50 週年紀念與名廚小倉知已合作的 ¥1,790(HK$105) 套餐，包括沙拉、湯、義大利麵。

價格： ¥800~¥1,810(HK$47~106)。

> 🏠 大阪市天王寺区南河堀町 3-31
> 🖥 www.dennys.jp

便利店早餐

　　如果想「多、快、好、省」，可以去便利店「自製」早餐！除了麵包，更有飯糰、杯麵、沙律，飲品方面包括牛奶、豆奶、果汁等。視乎配搭，價格 ¥200~¥300 不等 (HK$15~23)。便利店分佈密度比上述連鎖快餐店還要高，如要趕行程，可先在便利店買早餐，再在車上慢慢吃。

▲便利店早餐。

3.　特別日子入場優惠

　　除了買 pass 獲得博物館或寺院入場優惠外，大阪在以下 2 個大日子，部分地方設免費入場，不過 2 個日子都處於秋季：

文化之日（日期：11 月 3 日）

　　日本法定假期，不少博物館當天免費入場。

關西文化之日（日期：11 月其中連續 2 天，多在月中）

　　當地人最切身的文化日，遍及範圍比較大，並舉行於 11 月紅葉時期。在這個節日，不少景點或免費進場或減票價。文化日由 2003 年開始，參與文化日的景點數目由最初的 121 個增加至現在大約 400 個，以大阪為例的有：国立国際美術館、大阪城天守閣、大阪歷史博物館，當中部分景點是大阪周遊卡的範圍 (大阪周遊卡詳見 P.66~67)。

> 🖥 www.the-kansai-guide.com/ja/kansaibunka/

4.　關西超級大減價

　　在每年 12 月到翌年 2 月這段時間，包括大阪在內的關西地區有多達 6,000 間店鋪舉行大減價，遊客只需出示護照，便可獲得 7 至 95 折的優惠！

5.　住宿

　　最便宜住宿種類既不是青年旅舍 (Youth Hostel)，更不是膠囊酒店，而是有單人或雙人房間的商務旅館，一人一晚約 ¥2,500~¥5,500(HK$147~324)，部分旅館做外國人生意，因此會有説英語的職員，2 人以上可選連鎖酒店如東橫 Inn。(住宿詳見 Part 2「大阪住宿分區精選」P.39~45。

Part4
大阪市交通攻略

乘搭鐵路指南

日本的鐵路相當複雜，大阪地區也不例外。大阪的交通工具主要以地下鐵以及JR鐵路為主，以下簡單介紹大阪鐵路的特色。

一區有多個車站

首先，一個區域會有一個或以上的車站，不同我們身處的香港或台灣一般只有一個車站。因為日本有不少鐵路公司，其中最大的是Japan Railway(簡稱JR)，從前是國營，現在則私營化，仍維持龐大網絡。大阪府既有市營的地下鐵(交通局經營)，同時亦有大集團經營的鐵路(如南海、阪急、阪神、京阪、近鐵等)。

由於不同集團經營不同路線，所以從起點和目的地可能會有兩間或以上的鐵路公司可以選擇(好像新今宮到梅田可選擇JR或地下鐵)，而中間途經的地點會不同。

不同公司路線可以互通

除了多間公司經營不同路線的鐵路外，不同公司的鐵路可以互通，如大阪市營地下鐵的御堂筋線，它和私營鐵路北大阪急行線直通，即可在地下鐵梅田站直接坐車到北大阪急行線的千里中央站。一般購買單程票會包括另一家公司的範圍，要是沒包括，就在出閘前補車費差額吧！

在地下鐵御堂筋線，除了可以見到紅色的地下鐵，也有機會見到肉色的北大阪急行線；在堺筋線一樣可以看見咖啡色的阪急列車行走地下鐵路線。

注意行車方向、終點站和列車種類

在香港或台灣，不論乘坐港鐵還是捷運，終點站基本都不變，都是走畢整條路線，而且站站停。但在日本，由於鐵路網絡覆蓋廣泛和複雜，不同列車所經的站也不同，終點站也會不同。

所經車站不同造成列車速度也不同，**停每個站叫「普通」列車，其次還有途中不停某些車站的快車：快捷程度以「準急」、「急行」、「快速急行」、「特急」之類**的字眼表示，在月台可以查詢不同類列車停站的資料和時間表。

有些車站只有「普通」列車，為了縮短交通時間，乘客先乘「普通」列車到一個快車和慢車都停的站，然後到對面月台轉乘快車，至於快車轉慢車的道理也差不多。

▲ 私營鐵路月台顯示。

▲ JR的顯示。

其他特色

優先座席

一般在車廂的兩端位置都會將座位設為「優先座席」,讓傷健、年老、孕婦等可以優先坐下,乘客見到這些人士必須讓坐。

▲見到有需要的人士便要讓座啦。

不能講手提電話

車廂內禁止講電話,也不可以開鈴聲,只能傳送信息(就算只收訊息也宜調較至震機)。部分座位(如優先座席)或車廂甚至要求關上電話,盡量不影響其他乘客。

▲記得不准講電話。

女性專用車廂

日本的鐵路設有女性專用車廂,避免遭受車廂內其他男乘客性騷擾。這些專用車廂,有些只在繁忙時間設定為女性專用,有些全日都是女性專用。

▲香港沒有的女性專用車廂。

弱冷車廂

有車廂的空調溫度較高,如果怕冷的乘客,可以往「弱冷車廂」。即使沒有這類車廂,日本的室內空調大多不會比香港的冷。

入閘及出閘旁有人的通道

在車站不論是入閘還是出閘都會有一個較闊的閘機,旁邊還有工作人員。如果出入閘有問題的話,可向他們查詢。

▶圖中左邊為車站工作人員。

車廂內可否進食?

台灣和香港的列車都明確禁止飲食。然而日本的鐵路沒有指明可否進食,有乘客會在乘車途中進食,且在乘長途列車時較多,短途的地下鐵比較少見。無論如何,大前提是要顧慮身邊的乘客,不要弄髒車廂,吃的時候要安靜(不要有太大的咀嚼聲音,最好不要吃餅乾,有咀嚼聲之餘餅碎又容易弄髒車廂),人太擁擠,像上班時一點空間也沒有的話,最好不要進食,就算你覺得自己可以小心翼翼地吃喝,別人未必放心。

TIPS

車票種類

1. 單程票

日本的單程車票是一張細的背磁式車票，票上列出購票時間和票價，在出閘時車票會被收回，不能重用。

購買單程票步驟

1. 首先在購買單程票機上的列車路線圖，找出目的地的車資。

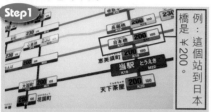

Step1

例：這個站到日本橋是￥200。

2. 在售賣機上投入相應的金額，每部機都有說明適用甚麼硬幣和紙幣。然後，售賣機顯示你所投入的價錢和可選擇的車票車資。按下你所選的車資便可。

Step2

例：有￥150、180車資選擇，如你去的地方是￥180，那麼按￥180。

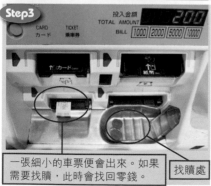

Step3

一張細小的車票便會出來。如果需要找贖，此時會找回零錢。

找贖處

TIPS

JR售票機可先選車資後付款，還提供選人數和按英語的介面。

補車費差額──精算機

旅行途中未決定去哪裏，可以先買一張最低票價的車票，到決定下哪個車站，才在該站的「精算機」補回車費的差額。

若買錯了車票，出閘時也可以補差額，但要注意的是，多付了車費，精算機是不會償還多餘的車資！

補差額方法

Step1

插入車票。

Step2

精算機替你計算差額，並以硬幣或紙鈔付款。

Step3

領取精算券並出閘。

2. 優惠車票

A. JR 關西地區鐵路周遊券

關西地區鐵路周遊券包括關西機場前往大阪、京都、神戶、奈良、姬路、和歌山、滋賀、敦賀、伊賀上野的關西機場特快 HARUKA 號，以及京都市營地鐵、京阪電鐵、阪急電鐵一日券。價格如下：

連續使用日數	成人 (12 歲以上)	兒童 (6-11 歲)
1 日	￥2,800(HK$164)	￥1,400(HK$82)
2 日	￥4,800(HK$282)	￥2,400(HK$141)
3 日	￥5,800(HK$341)	￥2,900(HK$171)
4 日	￥7,000(HK$411)	￥3,500(HK$206)

www.westjr.co.jp/global/tc/ticket/pass/kansai/

適用人士：

持有日本以外的政府等所發行的護照、具有符合「短期滯在 (Temporary Visitor)」之居留資格者，要注意不可以在同一使用期間內重複購買或兌換多張相同的票。

使用範圍：

可於使用期限內，無限次搭乘關西機場特快 HARUKA 號的普通車廂指定座席、JR 西日本在來線的新快車、快車、當地列車、西日本 JR 巴士 (僅地區內的路線巴士)，以及關西地區鐵路周遊券有效期間內的任何一天可以兌換及使用阪急電鐵·阪急京都綫一日自由乘車券、京都市營地下鐵·地下鐵一日遊通票、京阪電車·京都觀光一日券。

優點：

(1) 從關西機場到大阪需要 ￥2,410(HK$142)，可以優惠的價錢無限次搭乘關西機場特快 HARUKA 號和西日本 JR 在來線列車和路線巴士，若想往來關西機場或遊玩大阪以至周邊多個地區，是不錯的選擇。

(2) 可於周遊券使用期限內，使用阪急電鐵·阪急京都綫一日自由乘車券 ￥700(HK$41)，京都市營地下鐵·地下鐵一日遊通票 ￥800(HK$47)，京阪電車·京都觀光一日券 ￥1,000(HK$59)。

主要發售地點：

可向日本以外的售票地點購買兌換券 (MCO(Miscellaneous Charges Order) 或 E-TICKET)，或從網上系統 JR-WEST ONLINE TRAIN RESERVATION 預訂，抵達日本後，在車站內的綠色售票機或綠色窗口領取周遊券。

B. Enjoy Eco Card (大阪市 1 日乘車券：地下鐵 +New Tram+ 巴士)
エンジョイエコカード

大阪市內主要交通工具為地下鐵，單程地下鐵至少 ￥190(HK\$11)，要省錢就要購買這款包括地下鐵、New Tram(新電車) 和巴士的一日乘車券，若一天內乘 4~5 次便可回本。

適用人士：

任何人，不須出示護照。

subway.osakametro.co.jp/guide/page/enjoy-eco.php

票種類別：

A. 普通日子為 ￥820(HK\$48)，6~11 歲一律 ￥310(HK\$18)。

B. ￥620(HK\$36)，限假期、星期六及日使用。

範圍：

1. 大阪市營地下鐵 (Osaka Metro)

不包括御堂筋延線的北大阪急行線 M10 至 M8 車站 (緑地公園站至千里中央站)、堺筋線延線的阪急千里線 (柴島至北千里) 及中央線延線近鐵京阪奈線 C24 至 C30 車站 (荒本站至学研奈良登美学丘站)。持一日票往上述地方，需補車費差額。

2. New Tram(新電車)

指南港 Port Town 線 P09 至 P18 的車站 (コスモスクエア站到住之江公園站，見 P.252 地圖)。

3. 巴士

必須為市營巴士。

4. 觀光設施優惠

包括一般景點，如天王寺動物園、通天閣、国立国際美術館、空中庭園展望台、四天王寺、天保山大観覧車。

優點：

幾乎覆蓋大阪市熱門景點，而且還有景點入場優惠，適合不打算參觀很多需入場費的景點的遊客。

主要發售地點：

地下鐵自動售票機，購買步驟見下：

按「カード購入」→「エンジヨイエコカード」(星期一至五的車票) 或「エンジヨイエコカード 土日祝」(星期六、日及公眾假期的車票) → 付款。

使用提示：

Pass 不一定要在購買當天使用，可於平日買假日票，假日買平日票，決定哪天使用時，只要把票通過入閘機，入閘機便會在卡面記錄 pass 的使用日期。

乘搭鐵路指南

車票種類

有用交通網站及 Apps

機場往大阪交通

市內交通

C. 大阪周遊卡

　　如果計劃在大阪遊參觀很多需入場費 (如大阪城天守閣、通天閣等) 的景點,可考慮購買**包括 30 多個免費入場景點和交通任乘車票**的大阪周遊卡。

www.osp.osaka-info.jp/cht/

票種類別及詳情:

A. 1 日票

　　1 日票並無小童版發售,無論小童還是成人都是均一價 ¥2,800(HK$165)。此外,1 日票可自由搭乘大阪市營地鐵、新電車、巴士的所有路線以及主要大阪市區的阪急、阪神、京阪、近鐵和南海電鐵,但不能在關西機場南海車站中使用。

使用示例:

1. 乘搭凌晨航班,於日本時間早上 5 時到大阪;
2. 過關及購票後,乘南海電鐵到大阪區,在旅館放下行李;
3. 全天遊覽通天閣、梅田空中庭園、大阪城公園等景點。

▲購買周遊卡附送的旅遊指南。

B. 2 日連續使用票

　　2 日連續票包的交通任乘的範圍其實等於地下鐵任乘票的範圍,只是不能坐私營鐵路,市營地下鐵已覆蓋大部分區域。注意,使用 2 日票必須連續使用 2 天。

1 日票和 2 日票的分別:

	1 日票	2 日連續票
車票		
售價	¥2,800(HK$165) 起	¥3,600(HK$211) 起
大阪市 1 日乘車券的範圍:地下鐵、New Tram (南港 Port Town 線) 和市營巴士	✓	✓
大阪範圍內的私營鐵路如阪神電車、 阪急電鐵、京阪電鐵、南海電鐵、近鐵	✓	✗
免費進入 50 個景點各一次及部分景點 或食肆優惠	✓	✓
適用人士	任何人	任何人
出示護照	✗	✓

適用免費入場景點 (共 50 個，以下只列主要的)：

空中庭園展望台、大阪生活今昔館、上方浮世繪館、聖瑪麗亞號、Hep Five 摩天輪、大阪府咲洲庁舍展望台、大阪城西の丸庭園、大阪城天守閣、大阪歷史博物館、大阪國際和平中心、通天閣、天王寺動物園、四天王寺、鮮花競放館、長居植物園、大阪市立科學館。

發售地點：

2 日票及 1 日票

- 大阪市遊客指南中心：梅田及なんば (難波) 站內
- 關西國際機場旅遊服務中心 (1F 抵達大堂的 Travel Desk)
- 部分酒店

1 日票

- 阪急電鐵：梅田、十三、淡路站的各諮詢中心、阪急旅遊資訊中心大阪・梅田
- 阪神電車：梅田站至尼崎站、阪神難波線各站
- 京阪電車：中之島、淀屋僑、天滿橋、京橋的各車站事務室
- 近畿日本鐵道：大阪難波、近鉄日本橋、大阪上本町、鶴橋、今里、大阪阿部野、河堀口、北田辺、今川、矢田等站
- 南海電鐵：なんば (難波)、新今宮、住吉大社、堺、汐見橋、住吉東、堺東等站
- 部分酒店

周遊卡包括：

a. 一本周遊卡入場景點、地圖和優惠詳情的小冊子 (包括繁體中文版)。

b. 附於小冊子內，可用於多個景點的贈券和優惠券。

使用方法：

周遊卡不一定即日使用，可在限期內選定某一天使用。乘車時使用此卡入閘，入閘後卡上會記錄使用日期。

進入景點時，須向職員出示車票 (因為有使用日期) 和相關景點的贈券，換領入場券或直接免費入場。

周遊卡優點：

多個景點可免費入場，尤其可以進入大阪城、梅田空中庭園展望台以至乘坐較貴的聖瑪麗亞號 (只適用於白天航線，¥1,600、HK\$121，詳見 P.254)，一天內慢慢遊覽 2 至 3 個景點，已經很划算。

比起 1 日票，2 日票更加有用。如果想去的景點有不少的話，寧願多加 ¥800(HK\$60) 購買 2 日票。交通範圍方面，市營地下鐵已經足夠，2 天票的交通不會不方便。

▲卡背面顯示使用日期。

3. 輕觸儲值卡

▶（攝影：IKiC）

A. ICOCA

ICOCA 是關西腔「去吧！」(Let's go！) 的意思，吉祥物是鴨咀獸。它是一張儲值卡，用法如香港的八達通或台灣的悠遊卡，更可在部分店鋪購物，如松屋、Aeon 百貨或全家等。如果打算去大阪慢活或散步，不會一天內跑太多景點，不妨考慮選擇 ICOCA。但其實，沒必要在 ICOCA 和任乘車票之間限定自己只可選用其中一個，還是視乎需要，旅程中有些日子選用 ICOCA，有些則使用周遊卡或一日乘車券 (如想去不少博物館同時又想省旅費)。

發售地點：

JR 西日本車站車票自動售賣機。

> **ICOCA app**
> 下載手機 app，可在 app 內支付火車、巴士和購物費用，亦可在任何地方購買月票和充值。
> **TIPS**

費用：

- ¥2,000(HK$152)，包括 ¥1,500 面值及 ¥500 按金。

- 還可選購 ICOCA & HARUKA 套票，包含一張 ICOCA 以及由機場乘 JR 特急 HARUKA(はるか) 往關西的費用。套票的好處是可以以便宜的價錢乘 HARUKA，如往天王寺單程 ¥1,200(HK$71)(原價為 ¥1,700、HK$129)，加上 ¥2,000 的 ICOCA，即套票價錢為 ¥3,200(HK$188)。注意，往大阪的話，特急 HARUKA 只停天王寺站和新大阪站。若本身持有 ICOCA，可加錢購買套票。

餘額不足及增值：

如果在入閘前預計車資不足，可先用增值機 (入金機) 增值。假如入閘後才發現車票面值不夠支付該程車資，則需在出閘前到精算機增值，因為 ICOCA 不像香港八達通可以透支，每次增值至少 ¥1,000(HK$76)。

使用範圍及有效期：

JR 西日本範圍及關西的私鐵，即京都、 大阪、神戶、奈良、和歌山都通用，但不包新幹線，詳見 www.jr-odekake.net/icoca/area。有效期 10 年，於期內再增值便可繼續使用。

退還 ICOCA：

在 JR 車站退還時會退還 ¥500 按金，需留意有 ¥220 稱為「手數料」的款項，如果你的 ICOCA 餘額超過 ¥220，則會先扣 ¥220，再退餘額和按金，例如：

- 餘額大於或等於 ¥220(如 ¥340) 的退還款項：(¥340-¥220)+¥500=¥620。
- 餘額小於 ¥220 的退還款項：無論是 ¥0、100、105 等，都會退還 ¥500。

> **info ICOCA**
> www.jr-odekake.net/icoca

B. Suica

如果之前去過關東而持有 Suica(對上一次使用是 10 年內)，在大阪等關西地區乘搭 JR 時可以使用 Suica。

> **電子卡 PiTaPa 也能使用嗎？**
> 不可以。PiTaPa 的運作原理和信用卡差不多，是先記帳，然後在每月下旬於銀行戶口扣除車資，而且遊客不可以使用。
> **TIPS**

有用交通網站及 Apps

網站推介：查詢交通時間及到達方法

計劃行程時，需要預計車程及交通方法，日本有不少網站提供這類資料，例如 Yahoo! Japan(transit.yahoo. co.jp)。大家可在網站搜尋交通方法、乘車路線和時間。

◀ Yahoo!Japan 路線情報的網頁擷圖。

以下是該網站的日語翻譯，方便大家使用網站：

日語	中文
出発	出發地點或車站
到着	到達地或車站
経由	途中經過的車站
日時指定	日期及時間
運賃種別	付費方式，可選擇用 IC 卡或現金
歩く速度	步行速度，可選擇急いで (急速)、標準、少しゆっくり (有點緩慢)、ゆっくり (緩慢)
交通手段	乘坐的交通，可選擇飛機、新幹線、特急、高速巴士、路線巴士、渡輪
表示順序	排列方式，可選擇「到着が早い順」(到步時間較早)、「乗り換え回数順」(轉車次數較少)、「料金が安い順」(車費較便宜)
席指定	希望座位，可選擇指定席、自由席和 GREEN 車廂
運賃	車費
片道	單程
往復	來回

至於車站名稱，留意本書內的寫法。如遇日語字可用電腦操作系統 (如 Windows) 內置的日語拼音輸入法，有關拼音在本書「附錄」(P.340) 可找到。

實用交通旅遊 Apps 推介：

1. NAVITIME

日本以鐵路網複雜聞名，不同公司都有推出 Apps 和網站，讓人們在有需要時，點對點查詢最便宜或最快的交通資訊。Navitime 是其中一家公司，它開發了不同的 Apps，其中一個值得推薦的就是「NAVITIME」。

NAVITIME 提供主要路線搜尋，還配備了解決各種交通問題的功能，如路線導航、下載各區域路線圖、班次時間表、即時壅塞資訊等，只是部分功能需要付款，每月 ¥330-550(HK$19-32)。若不想付款，亦可以使用網頁版 www.navitime.co.jp。

▶ Navitime。

2. Google Maps

Google Maps 的日本地圖十分詳盡和準確，更可以查詢點到點的交通方法及步行時間。

3. Google 翻譯

因人工智能的發展，現時的即時翻譯軟件越來越準確，也可以對着圖片直接翻譯其中的文字，其表表者便是 Google 翻譯。唯一缺點是離線時無法即時翻譯，要拍下圖片有網絡時才可翻譯。

4. 是日日本

App 內超過 2,500 個景點，並詳細介紹每個景點的意義以及背後承載的故事，亦可以整理個人喜歡的景點、查看景點間的交通路線，方便規劃行程，還會提供當地的住宿建議。

5. 櫻のきもち

日本旅行少不了賞櫻，「櫻のきもち」由日本氣象株式會社推出，手機 App 內包括日本各地賞櫻熱點和開花情報，雖然是日語，但操作簡單，十分推薦下載。

機場往大阪交通

從關西國際機場到大阪市區有 3 個主要方法：2 條鐵路 (南海電鐵及 JR) 和巴士。鐵路主要分南海電鐵以及 JR，只要由機場 2 樓過天橋便可到関西空港站，往市區巴士站則在 1 樓大堂外面。

▲ 由入境大堂上 2 樓過天橋便可到達関西空港車站。(攝影：蘇飛)

▲ 這是一個共用車站，左邊藍色為 JR 入閘，右邊紅色為南海電鐵。

三者之中以南海電鐵和 JR 較多人使用。

1. 南海電鐵南海線（空港線）

www.nankai.co.jp/
traffic/railmap.html

南海電鐵是眾多交通工具之中，入大阪市區最便宜且最直接的路線，一線直達商務旅館齊集的新今宮，以及酒店與購物熱點的難波。在天下茶屋站可轉乘地下鐵堺筋線往日本橋及長崛橋站附近的酒店，なんば (難波) 站可步行至心斎橋筋、道頓堀及千日前，甚至通過地下通道往日本橋，或轉乘地下鐵御堂筋線往心斎橋、本町及梅田等站。

如選搭南海電鐵有以下 2 個選擇。

A. 空港急行

和普通地下鐵差不多，乘車時需看清楚是「普通」還是「空港急行」列車，「普通」車需停每個站，車程較長。

車費

關西國際機場←──→天下茶屋 / 新今宮 / 難波車費為：￥970(HK$57)。

行車時間

機場至難波約 48 分鐘。

路線

関西空港→ りんくうタウン (Rinku Town) → 泉佐野 → 貝塚 → 岸和田→ 春木 → 泉大津 → 羽衣 → 堺 → 天下茶屋 (可轉乘地下鐵堺筋線) → 新今宮 (可轉乘地下鐵御堂筋線或 JR) → なんば (難波)(可轉乘地下鐵、近鐵或阪神電車)

▲空港急行。

精選大阪最熱

計劃遊大阪

基本必識

交通攻略

行程示範

B. ラピート (Rapi:t)

ラピート的羅馬字串法為 Rapi:t，即 Rapid(快速) 的意思。這個名字是當年由公眾選出的，由於車身有「鐵人 28 號」的影子，所以亦可以此作稱號。設計這款列車的人，是京都建築師若林廣幸。雖然他住在京都，但生於 1949 年 (戰後) 的他，同時也受機械、科幻等動漫的影響。

列車最高時速有 120 公里，橢圓形的車窗意念來自飛機窗，但因為比機窗更圓的關係，南海電鐵官方指車窗設計更為人性化 (即近似人的臉型)。車外設計為海洋深藍色，裏面反而使用茶色格調，這種暖色調與車外的冷調成對比，茶色亦反映古典傳統的風格。車廂亦有飛機客艙的影子：例如有飛機座位 (比經濟艙更寬闊)、行李架和洗手間，更有電話和自動販賣機。

全部座位都是劃位 (指定席)，並要加 ¥520(HK$31)「特急料金」的劃位費用。持有 Kansai Thru Pass(關西周遊卡，適合穿梭關西大部分地區人士使用) 並欲在當天使用者，需補 ¥520(HK$31) 費用。

▲有「鐵人 28 號」影子的 Rapi:t。

►車廂比飛機座椅還要闊。

▲車廂為茶色設計。

▲車廂設有電話。

◄ Rapi:t 車票。

── 座位編號

── 開車時間

►車廂內行李架和座位編號。

TIPS

教你看懂車票

左圖是南海電鐵 Rapi:t 車票，上面顯示了開車時間及座位編號，乘客需往指定的座位乘坐。如圖中是乘坐下午 3 時 (15:00 発) 由難波站開出的列車，座位是第 3 卡 (3 号車) 的 37 號 (37 番) 座位。依車廂行李架看座位編號，便知 37 號是窗 D 位置。

車費

關西國際機場←──→天下茶屋 / 新今宮 / 難波車費為：

￥920+￥510(特急料金)＝￥1,430(HK$108)

註 1：南海電鐵在 2013 年開始推出為期一年的優惠車票，一般席 成人 ￥1,350(HK$79)，兒童 ￥680(HK$40)，特急席 成人 ￥1,560(HK$92)，兒童 ￥890(HK$52)，優惠會逐年延長，詳見： www.nankai.co.jp/traffic/otoku/kankutokuwari.html。

行車時間

機場至難波約 34~39 分鐘。

沿途車站

ラピート (Rapi:t) 分 β 和 α 班次，由機場往返難波 / 新今宮 / 天下茶屋都可選乘這兩種班次，兩者分別在於 β 加停「堺」和「岸和田」車站。

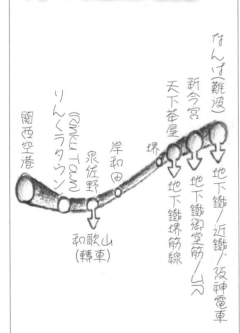

ラピート (Rapi:t) β 路線圖

関西空港 → りんくうタウン (Rinku Town) → 泉佐野 → **岸和田 → 堺 →** 天下茶屋 → 新今宮 → なんば (難波)

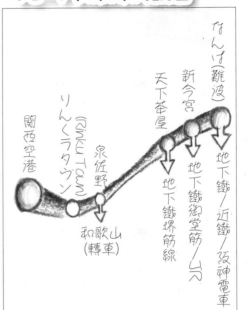

ラピート (Rapi:t) α 路線圖

関西空港 → りんくうタウン (Rinku Town) → 泉佐野 → 天下茶屋 → 新今宮 → なんば (難波)

2. JR 關空快速

JR 關空快速的車費雖比南海電鐵較貴，但覆蓋範圍比較廣闊，由關西國際機場經日根野往新今宮，然後行走 JR 大阪環狀線至京橋站，直達大阪站。

◀ JR 關空快速。

▲ 寬敞的車廂。

車費

機場往返大阪/天滿為 ¥2,410(HK$142)；往返新今宮則為 ¥1,080(HK$64)。

行車時間

機場往返大阪 66~71 分鐘；天滿為 69 ~ 74 分鐘；新今宮為 50 ~ 56 分鐘。

路線

関西空港 → りんくうタウン (Rinku Town) → 日根野 → 熊取 → 東岸和田 → 和泉府中 → 鳳 → 三国ケ丘 → 堺市 → 天王寺 → 新今宮 → 大正 → 弁天町 → 西九条 → 大阪 → 天滿 → 桜ノ宮 → 京橋

JR 關空快速路線圖

往京都、神戶等及地下鐵 (轉車)

環球影城 (轉車)

大阪
天滿
桜ノ宮
京橋
西九条
地下鐵
地下鐵
地下鐵
弁天町
大正
新今宮
天王寺
堺
三國ケ丘
鳳
和泉府中
東岸和田
熊取
和歌山 (轉車)
日根野
りんくうタウン (Rinku Town)
関西空港

3. 巴士 (Kansai Airport Limousine)

　　巴士是另一個由機場通往市區的方法，可直達心齋橋、難波、梅田以至環球影城及天保山等地區，但不及鐵路便宜。以下介紹往大阪的主要路線。

www.kate.co.jp/pc/index_h.html

▲巴士外型。

▲ 車票在抵埗大堂 (Arrival) 內的 1 樓巴士售票處 (12:00~21:00) 或大堂外的巴士站旁的售票機發售。

巴士路線

路線 1：機場 ⟷ 難波 Osaka City Air Terminal (OCAT)

　　有地下通道 Namba Walk 及 OCAT Walk 連接地下鐵なんば (難波) 站。

車費： 單程車費成人￥1,100(HK$65)，小童￥550(HK$32)，來回車票￥1,900 (HK$112)，有效期為 14 天。

車程： 約 50 分鐘。

	關西國際機場 1 號客運大樓	難波 OCAT
開出時間	一般為每小時的 42 分	一般為每小時的 10 分
服務時間	9:42~20:45	6:10~19:09
上車位置	11 號泊車位置	Osaka City Air Terminal

路線 2：機場 ⟷ JR 大阪站前（梅田）

　　主要途經 Hotel New Hankyu(新阪急ホテル) 和 Herbis Osaka(ハービス大阪)。

車費： 單程車費成人￥1,600(HK$94)，小童￥800(HK$47)，來回車票￥2,900 (HK$171)，有效期為 14 天。

車程： 約 50~70 分鐘。

	關西國際機場 1 號客運大樓→ JR 大阪站前	Herbis Osaka → 機場	Hotel New Hankyu → 機場
開出時間	一般每小時約有 3 班 *	一般每小時約有 3 班 #	一般每小時約有 3 班 #
服務時間	6:50~23:45	4:53~21:23	5:05~21:35
上車位置	5 號泊車位置	Herbis Osaka	Hotel New Hankyu

* 另設部分班次由 2 號客運大樓開出，上車位置為 1 號泊車處。

部分班次以 2 號客運大樓為總站。

乘搭鐵路指南

車票種類

有用交通網站及 Apps

機場往大阪交通

市內交通

路線 3：機場 ⟷ 天保山（海遊館）及環球影城

途經大阪凱悅酒店，前往的景點有天保山海遊館及環球影城。

車費： 單程成人車費 ¥1,600(HK$94)，兒童 ¥800(HK$47)；來回車票 ¥2,900 (HK$171)，有效期為 14 天。

車程： 約 60 ~ 70 分鐘。

	關西國際機場 1 號客運大樓 → 海遊館、環球影城	環球影城 → 機場	天保山海遊館 → 機場	Hyatt Regency Osaka → 機場
開出時間	9:50、10:10、10:40、11:10、11:40、12:10、13:00、13:40、13:55、14:20、14:50、15:30、16:50、17:10	11:10、11:55、12:40、13:20、13:40、14:10、14:30、15:10、16:00、16:20、17:20、19:00	11:23、12:08、12:53、13:33、13:53、14:23、14:43、15:23、16:13、16:33、17:33	11:33、12:18、13:43、14:03、14:33、14:53、15:33、16:23、16:43、17:43
上車位置	3 號泊車位置	環球影城	天保山海遊館	大阪凱悅酒店

路線 4：機場 ⟷ 近鐵上本町、心齋橋

近鐵上本町站在日本橋的東面，大部分班次經該站的 Sheraton Miyako Hotel Osaka(シエラトン都ホテル大阪)，另有班次途經心齋橋的酒店 (Hotel Nikko Osaka「ホテル日航大阪」)，但只有兩班，而由心齋橋出發往機場則有 4 班班次。

車費： 單程車費成人 ¥1,600(HK$94)，小童 ¥800(HK$47)，來回車票 ¥2,900 (HK$171)，有效期為 14 天。

	關西國際機場 → 近鐵上本町、心齋橋及大阪
開出時間	7:25~21:05 由 1 號客運大樓開出，約每小時 1 班
經心齋橋班次	1 號客運大樓：15:45、18:55
上車位置	1 號客運大樓：7 號泊車位置，2 號客運大樓：8 號位置
	近鐵上本町、心齋橋及大阪商務園區 → 往關西國際機場*
近鐵上本町 開出時間	5:30~ 21:00，約每小時 1 班
心齋橋開出時間	7:30、15:05

乘搭鐵路指南

車票種類

有用交通網站及 Apps

機場往大阪交通

市內交通

市內交通

要暢遊大阪市，主要乘坐地下鐵 (Osaka Metro) 以及 JR。地下鐵有多條路線，例如御堂筋線、谷町線、中央線等共 9 條路線，各路線以不同顏色標示，當中以紅色的御堂筋線 (包括北大阪急行線) 較為常用，可連接到不少景點。至於前往大阪府景點的交通，會於相關篇章再介紹。

1. 地下鐵御堂筋線 + 北大阪急行線

御堂筋線為大阪市營地下鐵歷史最悠久的路線，1933 年已經開辦，當年只有梅田站至心齋橋站一段。其後經過多次延長，成為今天的樣子。與此同時，這條市營地下鐵連接北大阪急行線私營鐵路，可到綠地公園站的日本民家集落博物館，也可在千里中央站轉乘單軌鐵路 (大阪 Monorail)。

▲ 動物園前站。

每個月台都設有路線圖，每站附有車站編號。

乘北大阪急行線注意事項 (詳見 P.306)

地下鐵 → 北大阪急行線 (例子：梅田站 → 綠地公園站)

在地下鐵站一般可以買到單程票直接往綠地公園站，但如果使用大阪市 1 日乘車券或大阪周遊卡，出閘前必須補車費差額 (計算江坂至綠地公園的車費：￥100、HK$6)，只要將車票交予出閘通道的職員便可，那裏的精算機未必能計算該車票的差額。

北大阪急行線 → 地下鐵 (例子：綠地公園站 → 梅田站)

在售票機買一張綠地公園站 → 江坂站車票 (￥100、HK$6)，使用單程票入閘，出閘時經過近職員的閘開通道，將單程票和任乘車票給他看，他便會讓你出閘。

TIPS

2. JR 大阪環狀線

往新今宮比較適用，也可由西九條站轉車往環球影城。另外，由新今宮往梅田 (在 JR 大阪站下車) 只要 ￥190(HK$11)，比乘坐地下鐵 (即動物園前站至梅田) 前往 (￥240、HK$18) 便宜，並設有部分特快班次經西九條及弁天町站往梅田，約需 11~17 分鐘。

3. 觀光巴士

自 2016 年春天起，名為 Osaka Wonder Loop 的雙層觀光巴士於大阪市內行走，駛經道頓堀、新世界、心齋橋、梅田等主要地區，讓乘客乘坐一條巴士線便可感受大阪水都不同特色，車廂設有 WiFi。車票為 ￥2,500(HK$190) 起，包括 24 小時內任乘 (例如從下午 1 時到翌日相同時間) 及旅遊指南。旅遊指南設有紙本和網上版本，有中、英文版本。

地下鐵御堂筋線乘車指南

北大阪急行線 ●—— 千里中央 ◇ ●→ 單軌鐵路(大阪Monorail)→万博記念公園

列車走畢急行線的4個站,繼續往南前往御堂筋線的各個站,反之亦然(即由中百舌鳥站出發,向北行駛過了江阪,直接進入綠地公園,並以千里中央為總站)。

桃山台 ⬡

綠地公園 ⬡ ●→ 連接公園內的日本民家集落博物館

—— 江坂 ◯

東三国 ⬡

新大阪 ⬡ [JR] → 新幹線 → 日本其他城市,如東京

西中島南方 ⬡

中津 ⬡

梅田 ⬡ [JR]

- 大型百貨、購物
- JR環狀線 → 西九條 → USJ環球影城
- 阪急電鐵 → 池田(拉麵博物館)、寶塚
  (手塚治虫記念館)

可步行到中之島 ●— 淀屋橋 ⬡

本町 ⬢⬢ ⬡ 本町

- 地下鐵-中央線 → 谷町四丁目(大阪城公園及大阪歷史博物館)、大阪港(海遊館)
- 另外,乘中央線可在コスモスクエア站前往展望台,並在該站轉乘南港ポートタウン(南港Port Town)線

心齋橋、南船場、美國村等購物區 ●— ⬢⬡ 心斎橋

購物、飲食熱點 ● ⬢⬢ ⬡ なんば(難波)
配合地下道更可到日本橋(堺筋線) -
轉乘南海電鐵→關西國際機場 -
可轉乘南海本線、近鐵線 -

大國町 ⬢ [JR]

動物園前 [JR] ⬢
- 新今宮一帶的商務旅館
- JR大阪環狀線→西九條→環球

天王寺 ⬢ — 四天王寺及天王寺動物園
[JR]

昭和町 ⬡

西田辺 ⬡

長居 [JR] → 長居植物園 ⬡

あびこ(我孫子) ⬡

北花田 ⬡

新金岡 ⬡

なかもず
(中百舌鳥) ⬡

圖例

● 地下鐵中央線
● 地下鐵長堀鶴見綠地線
● 地下鐵四つ橋線
● 地下鐵谷町線
● 地下鐵堺筋線
● 地下鐵千日前線
◯ 地下鐵與北大阪急行線共用車站
[JR] 可轉乘JR
※ 茶色字為部份鐵路換乘詳細資料
橙色字為該站景點

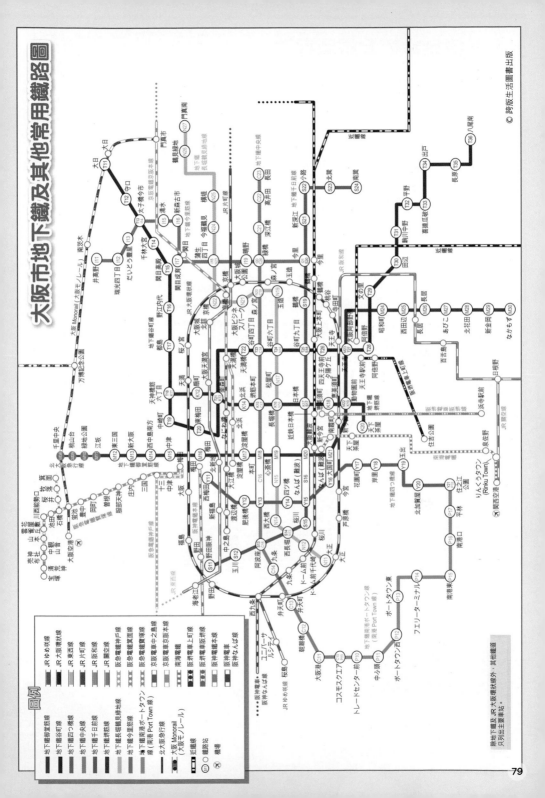

大阪市地下鐵及其他常用鐵路圖

© 跨版生活圖書出版

79

Part **5**
輕鬆
行程示範

行程1 大阪新手經典行程 4日3夜

若是第一次來大阪的話，可選擇到比較著名的區域或景點參觀。

Day 1 機場→大阪→道頓堀

乘早機於下午抵達大阪，往旅館安頓好後，前往道頓堀看固力果的廣告，乘船遊覽道頓堀川，品嘗大阪不同美食，感受大阪的熱鬧。

◀乘觀光船遊覽道頓堀川。

Day 2 梅田→大阪灣

乘搭地下鐵到梅田，在 Grand Osaka Front 商場、阪急百貨店購物，也可以到 Grand Osaka Front 內的 Panasonic 展覽館看看大阪品牌的科技發展。

下午去大阪灣一帶，可選擇乘搭聖瑪麗亞號，或遊覽海遊館、大阪文化館，如晚上有時間，可返回梅田藍天大廈的室外觀景台看看大阪夜景。另外，這天也可選擇整天到環球影城遊玩。

Day 3 大阪城→新今宮/阿倍野

到大阪城參觀，並前往大阪歷史博物館，了解大阪歷史，那裏有不少歷史場景，值得參觀。

下午到新今宮，前往通天閣看看大阪日間景色、到阿倍野一帶的商場，甚至是該區的防災中心體驗地震。晚上到阿倍野 Harukas 300 晚餐及欣賞大阪夜景。

Day 4 心齋橋/道頓堀→りんくうタウン站 (Rinku Town)→回家

最後一天可在心齋橋購物，或重遊道頓堀品嘗更多美食。回機場途中，可前往りんくうタウン站 (Rinku Town) 購物才回家。

行程2 大阪下町懷舊之旅 4日3夜

大阪是一個高度現代化的城市，她也曾經歷高度工業化，吸引了不少外來人前來，形成不少平民社區。

Day 1 機場→新今宮

第一天乘坐早機到大阪，並下榻於新今宮的便宜旅館。安頓好後，在附近的地方逛。新今宮是大阪的老區之一，並同時有著名的景點如通天閣。這區的咖啡店、街道都很舊式，與日本其他城市有點不同。

Day 2 中崎町

前往繁華梅田附近的中崎町，那是一個保留二戰前建築的社區，有別於其他大阪老社區，進駐了不少有風格的商店，令舊社區眼前一亮！你可在這裏嘆咖啡、慢步感受這個地區。

◀在中崎町吃水果蛋糕「フルーツタルト」，單點 ¥700(HK$53) 起。

Day 3 大正、鶴橋

大正和鶴橋是兩個很特別的社區，由沖繩人和韓國人組成。這是因為當年大阪工業化，吸引了他們前來尋找工作，令來自兩地的人口增加。在那裏當然有不少沖繩和韓國的美食和物產。

Day 4 空堀→回家

最後一天來到了空堀，這個地區保留了不少二戰前的建築，如今這個地區有了不同的發展，例如把三座舊建築「練」、「萌」、「惣」活化成購物景點。此外，這裏也有不少人形公仔售賣。遊覽過空堀，前往機場乘搭航機回家。

地道精華美食遊 4日3夜

Day 1　心斎橋筋商店街→泡湯→通天閣→黑門市場

搭乘早機，於下午抵達大阪，先到全長 580 米的心斎橋筋商店街購物，可到附近的明治軒吃蛋包飯或かに道楽吃午餐。之後可到新世界ラジウム温泉泡湯，休息一下。

快黃昏時，往黑門市場，掃走黃昏時做大特價的刺身、壽司或海鮮。晚上可步行到道頓堀一帶，看看河川景色或吃碗拉麵。

Day 2　天王寺站→中崎町站→梅田

在地下鐵天王寺站下車，先在 Bien Sûr 享受一頓寧靜的早餐，然後遊覽天王寺動物園，除可親近動物，還可購買與動物相關的可愛手信。遊玩完往尼泊爾美食及雜貨店わのわカフエ，品嘗豐富滋味的午餐。

下午可在全大阪最高的 Abeno Harukas 或地下街 Via あべの Walk 逛逛，順便在附近的やまちゃん買出色的章魚燒。乘地下鐵谷町線往中崎町，選一間特色餐廳吃晚餐，飯後可到梅田，在梅田藍天大廈的空中庭園展望台欣賞璀璨夜景。

▶ 在 Bien Sûr 享受簡單的早餐，連飲品 ¥420(HK$32)。

Day 3　中之島→難波、日本橋/空堀

吃過早餐出發往中之島，在中之島內可乘京阪電車來往各景點。中之島內有大型公園、科學館、美術館，可隨意遊覽。下午茶建議到 Moto Coffee，可對着河川景色喝咖啡。

晚上可到難波、日本橋一帶吃飯及閒逛、購物。如想特色一點，可坐地下鐵前往空堀一帶(松屋町站)，買人形公仔做手信，遊覽一下經活化的老房子，並在 Center Ingrowth 享受晚餐。

▲在空堀增村人形屋所展示的人形。

Day 4　大阪城/大阪灣→回家

最後一天，視乎你想了解更多大阪的歷史，還是想活潑一點。若對前者有興趣，不妨到大阪城，慢慢參觀天守閣或大阪歷史博物館，如遇櫻花盛開季節，更可到西の丸庭園。

如想行程好玩一點，可出發到大阪灣，參觀海遊館──全球最大的城市室內水族館，然後可坐聖瑪麗亞號或到天保山 Market Place 購物及吃午餐(裏面有個動物樂園，可與動物嬉戲)。

然後坐地下鐵到新今宮、なんば(難波)或天下茶屋站，轉乘南海電鐵往關西機場。抵達機場若有時間，還可以繼續血拼。

▲海遊館。

行程④ 歷史古韻及寺院巡禮 5 天 4 夜

Day 1 機場➡四天王寺➡通天閣➡ジャンジャン橫丁

搭乘早機,於下午抵達大阪,參觀有多年歷史的四天王寺,然後到通天閣看大阪的景色,再經過ジャンジャン橫丁,看看老大阪以及牆上 20 世紀初大阪的舊照片。

Day 2 岸和田市➡大阪城公園

早上前往岸和田市,遊覽岸和田城,這個城曾是江戶時代大阪以南的重要據點,步行遊走附近一帶景點,在五風莊吃傳統和風料理。下午回市內,參觀大阪城公園,雖然現在的建築不是原裝的,但透過了解現時的建築風格,可看到大阪城所反映的兩個重要年代。

▶大阪城公園。

▶岸和田城的天守閣。

Day 3 近つ飛鳥博物館➡富田林

來到近つ飛鳥博物館,除可欣賞這座由大阪建築師安藤忠雄所設計的建築外,還可以了解日本古墳時代、日本古時與朝鮮之關係的歷史。

下午,到富田林,那裏有完整的江戶時代寺內町,參觀一下舊街道、舊住宅,了解當時的情況。

▶富田林的舊街道。

Day 4 万博記念公園➡中之島

早上參觀万博記念公園,包括 EXPO '70 博物館。1970 年是大阪歷史上的一個重要年代,當年一個國際活動「世界博覽」也在大阪舉行,世界各國均前來參展,而世界博覽結束後,場地保留下來並改建成万博記念公園。

遊走完公園,可到公園附近的大型商場 EXPOCITY,裏面有特色博物館、遊樂場,可體驗豐富節目。午後可到中之島,這區作為政府及商業重地,也保留古典歐陸建築,如大阪市中央公会堂、圖書館,從中可見大阪市明治、大正時期推行現代化的西式程度。有空的話,可前往適塾,這間學校是大阪大學的前身,具多年歷史,至今仍保留了學校的日式建築。它是歷史文化遺產,現時為博物館。

Day 5 大阪生活今昔館➡天満宮➡天満天神繁昌亭➡回家

最後一天,參觀大阪生活今昔館,了解昔日大阪社區及人們生活的狀況。然後參觀天満宮了解「日本孔子」菅原道真。若有時間,可到天満天神繁昌亭看大阪文化表演:落語。然後到機場乘飛機回家。

行程5 親子玩樂有趣之旅 5天4夜

Day 1　機場➔大阪灣➔聖瑪麗亞號➔海遊館➔摩天輪/WTC Cosmo Tower

乘坐凌晨機，日出時份抵達機場，前往旅館放好行李後，前往大阪灣，先乘搭 11:00 的聖瑪麗亞號，看看大阪的港灣。然後，參觀世界最大的室內水族館：海遊館。在海遊館消磨了差不多整個下午後若還有時間，可乘坐天保山摩天輪，或在南港最高的建築物 WTC Cosmo Tower 的展望台(大阪府咲洲庁舍展望台)，觀賞大阪灣的日落景致。

Day 2　大阪舞洲海濱公園、舞洲工場、環球影城

早上先到大阪舞洲海濱公園看花，再到舞洲工場，看看工廠的特別建築，也可預約 10:00 參觀內部了解處理垃圾的工序，或者直接前往環球影城，玩裏面的機動遊戲及觀賞巡迴表演。回程時途經 Universal Citywalk Osaka 的大阪章魚燒博物館，吃些章魚燒才返回旅館休息。

▲舞洲工場。

◀環球影城的哈利波特的魔法世界。

Day 3　万博記念公園

早上前往万博記念公園，看看岡本太郎的「太陽之塔」，並到裏面的 EXPO '70 博物館了解當年大阪舉辦世博的事跡。其餘時間，可以參觀公園內其他設施，如日本庭園、自然文化園等，甚至在公園內野餐。有時間可到公園附近的 EXPOCITY 遊玩。

Day 4　宝塚市立手塚治虫記念館➔宝塚大劇場➔安藤百福發明紀念館

如果你喜歡手塚治虫的漫畫，就不要錯過宝塚市立手塚治虫記念館，裏面有很多關於手塚的物品，然後可順道往宝塚大劇場，看看海報，留意全是女演員，即使男性角色也由她們扮演。

▲自製杯麵。

下午可乘阪急電鐵寶塚線前往池田，遊覽安藤百福發明紀念館，了解杯麵歷史和自行製作杯麵。返回池田站途中如經過一風堂，可進去試試地道拉麵，或作為晚飯。

▲在わのわカフエ吃到的甜品。

Day 5　阿倍野防災中心➔通天閣、天王寺動物園➔回家

早上前往阿倍野防災中心，這裏是了解地震，並學習如何應對災害的地方，所得到的知識不只適用在地震上，還有其他自然和人為災難。透過半小時至一小時的有趣課程，必定印象深刻。有時間的話，可到附近的餐廳わのわカフエ，了解店主在尼泊爾的經歷，品嘗她煮的地道尼泊爾菜式。

下午可到天王寺動物園和通天閣，然後回家，這樣就結束 5 天 4 夜的大阪旅程。

行程6 悠閒慢活之旅 5天4夜

Day 1 機場→大阪→空堀

乘早機於下午抵達大阪,往旅館安頓好後,前往空堀享受一下咖啡和下午茶,並順道看看雜貨店。

Day 2 箕面公園→ Spa World

前往大阪北面的箕面公園,吸收大自然靈氣,途中可以到楓来坊吃午餐。

▲楓来坊提供的「狩人絵巻」(¥1,800,HK$137)。

下午或傍晚,到新今宮的 Spa World,把體力和心靈上的勞累掃清光!

Day 3 南船場、堀江→梅田

南船場和堀江一帶有一些具品味的商店(如 D&Department Project Osaka)、百貨和餐廳(如 Doors House),慢慢走,除了看有甚麼可以買外,還可以了解他們所推廣的生活方式。黃昏至傍晚,可到梅田的藍天大廈以及 Grand Front Osaka——那裏有個開至深夜的美食廣場,除了美食,更可與朋友慢慢談天,增進感情。

Day 4 中之島→住之江

中之島是大阪的人文藝術區,可參觀建於地底的国立国際美術館,再到 Graf Studio 看看 6 個來自不同背景的創辦人所帶來的家具,以及要傳遞的生活風格。有時間的話,逛逛中之島公園也不錯。

晚上,可到住之江的露天溫泉スパスミノエ休息或放空。

Day 5 阪堺電車遊→回家

最後一天,可搭乘阪堺電車到住吉大社,或到堺市租借單車遊覽,以輕鬆健康的方式結束大阪的行程。

行程7 浪漫櫻花自然寫意之旅 6天5夜

Day 1 機場→道頓堀

第一天來到大阪先輕鬆一下,在旅館安頓好後,在道頓堀一帶吃拉麵、紅豆湯,看固力果的廣告,乘船遊覽道頓堀川,感受大阪的熱鬧。

Day 2 大阪城公園

在大阪城公園賞櫻,晚上有興趣也可到公園內的西の丸庭園賞夜櫻。

▶夜櫻,需收費¥500(HK$38)。

Day 3 毛馬桜之宮公園、造幣局一帶

在毛馬桜之宮公園和造幣局一帶賞櫻,晚上可到心斎橋筋商店街逛逛及吃飯。

◀造幣局外的櫻花通道開滿櫻花。(攝影:蘇飛)

Day 4 日本環球影城

在日本環球影城暢玩一整天。

Day 5 箕面公園→新今宮

早上前往箕面公園享受行山樂趣,可在楓来坊吃飯,返回阪急電鐵箕面站時,有興趣可到站內的足湯,先讓雙腿放鬆放鬆。

這天應該比較疲累,回到新今宮後,在新世界ラジウム温泉或 Spa World 泡泡湯,紓緩疲勞,晚上在這一帶或前往天王寺找吃。

Day 6 万博記念公園→回家

早上可在黑門市場找吃,然後到万博記念公園賞櫻及遊覽園內不同設施,感受自然之美,然後回家。

Part 6

難波
日本橋
道頓堀

6.1
難波
日本橋

　　難波 (なんば)、日本橋、道頓堀及心齋橋等都是來大阪自由行第一個遊玩的地方。這一帶是購物、美食的熱點，當中，難波以大型商場為主，日本橋以動漫和電器為題，道頓堀最具大阪特色，心齋橋則是時尚潮流區。本章會先介紹難波以及日本橋。

前往方法 ▶▶▶

1. 乘地下鐵、近鐵或南海電鐵，在「日本橋」站、「なんば」站*、「難波」站*下車。
2. 透過 Namba Walk 地下街前往難波 (なんば) 站或日本橋站，可省下難波往日本橋的 ¥200(HK$15) 車費，且路程不會太遠。

*「なんば」站即難波站，不同鐵道的叫法有所不同。

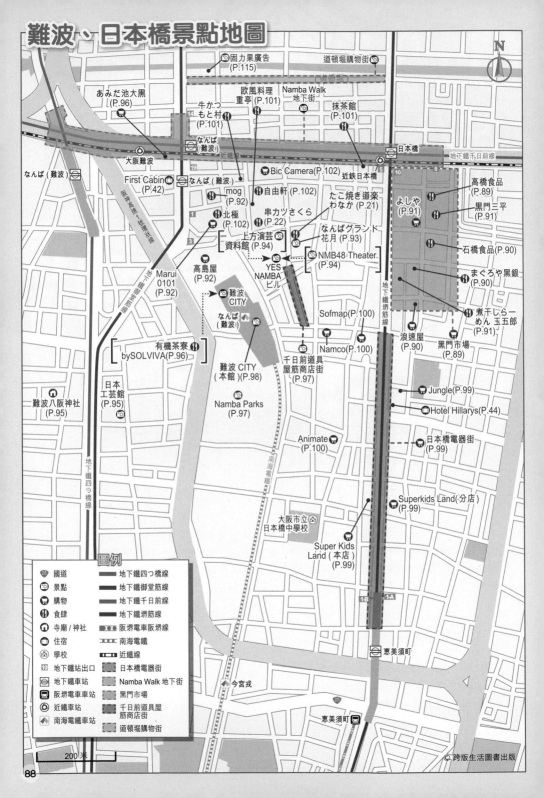

難波、日本橋景點地圖

固力果廣告 (P.115)
道頓堀購物街
《道頓堀》

あみだ池大黒 (P.96)
欧風料理 重亭 (P.101)
Namba Walk 地下街
抹茶館 (P.101)

牛かつ もと村 (P.101)

なんば (難波)

大阪難波

日本橋
地下鐵千日前線

なんば (難波)

First Cabin (P.42)
なんば (難波)
Bic Camera(P.102)
近鉄日本橋

mog (P.92)
自由軒 (P.102)

高橋食品 (P.89)
よしや (P.91)
黑門三平 (P.91)

北極 (P.102)
串カツさくら (P.22)
たこ焼き道楽 わなか (P.21)
なんばグランド 花月 (P.93)

石橋食品 (P.90)

Marui 0101 (P.92)
高島屋 (P.92)
上方演芸 資料館 (P.94)
YES NAMBA ビル
NMB48 Theater (P.94)

まぐろや黒銀 (P.90)

煮干しらーめん 玉五郎 (P.91)

難波 CITY
Sofmap(P.100)

有機茶寮 bySOLVIVA(P.96)
なんば (難波)
Namco(P.100)
浪速屋 (P.90)
黑門市場 (P.89)

難波八阪神社 (P.95)
日本 工芸館 (P.95)
難波 CITY (本館)(P.98)
千日前道具 屋筋商店街 (P.97)

Namba Parks (P.97)

Jungle(P.99)
Hotel Hillarys(P.44)

Animate (P.100)
日本橋電器街 (P.99)

Superkids Land(分店) (P.99)

大阪市立 日本橋中學校
Super Kids Land (本店) (P.99)

圖例

圖示	說明	圖示	說明
	國道		地下鐵四つ橋線
	景點		地下鐵御堂筋線
	購物		地下鐵千日前線
	食肆		地下鐵堺筋線
	寺廟 / 神社		阪堺電車阪堺線
	住宿		南海電鐵
	學校		近鐵線
	地下鐵站出口		日本橋電器街
	地下鐵車站		Namba Walk 地下街
	阪堺電車車站		黑門市場
	近鐵車站		千日前道具屋 筋商店街
	南海電鐵車站		道頓堀購物街

今宮戎

惠美須町

惠美須町

200 米

©跨版生活圖書出版

黑門市場 水果、海產選擇多多 地圖 P.88

　　黑門市場原本叫「圓明寺市場」，後因圓明寺發生火災便叫黑門市場，亦有「浪速の台所」(大阪廚房)的稱號。黑門市場可追溯至日本著作《攝陽奇觀》，裏面描述1822年左右每個早上有賣魚商人聚集這兒的繁華事跡。市場的規格雖然和商店街差不多，但其實是個街市，售賣日常生活食材。根據官方網站的資料，有約30%的店鋪都是售賣新鮮魚類，其次有肉、水果等，總共約有150間店鋪。不妨來這兒吃頓豐富的早餐或晚餐，也可買些海產和新鮮水果回酒店大快朵頤。

▲壽司新鮮好吃。(攝影：福岡女孩 Yumeko)

▲到了下午5點黑門市場已有部分店鋪關門。(攝影：蘇飛)

▶有些店壽司還會有半價優惠。(攝影：福岡女孩 Yumeko)

▲市場內有很多抵食海產。(攝影：福岡女孩 Yumeko)

 地下鐵千日前線、堺筋線「日本橋」站10號出口
🕐 視乎各商店而異，到晚上多會關門
📞 06-6631-0007　📧 www.kuromon.com

TIPS

部分食物到了黃昏以半價出售，相當划算。

黑門市場精選美食

濃郁豆漿 高橋食品 地圖 P.88

▶聞名。高橋食品以豆類製品

　　高橋生產豆類製品，若想試試豆類質素，可以試豆漿。豆漿的水的比例較一般少，糖份也不多，這樣才能真正嚐到豆漿的味道。這濃郁的口感和味道有些人覺得好，有些人未能習慣，不過既然便宜，大可先親自品嘗才下定論。

▶豆漿 (￥100起、HK$6)，日文叫「豆乳」。

🏠 大阪市中央区日本橋1-21-31
🕐 9:00~16:00　休 星期日
📞 06-6641-4548

浪字紅豆小饅頭 浪速屋 〔地圖 P.88〕

▲浪速屋以紅豆饅頭作為賣點。

紅豆小饅頭 (そば餅) 是浪速屋的賣點，每個小饅頭的包裝上都有一個「浪」字。「浪速」指「大阪」，表示這些饅頭來自大阪。小饅頭的紅豆餡十分豐富，分 8 個及 10 個盒裝，也可單買。若覺得好吃，可以買給親友作手信。

◀包裝上有個「浪」字。

▲紅豆小饅頭 (一個 ¥146、HK$11)。

🏠 大阪市中央区日本橋 2-10-1
🕐 9:00~17:00
休 星期日
📞 06-6641-4727

黑門必吃關東煮 石橋食品 〔地圖 P.88〕

石橋於 1974 年創店，至今已有 50 年，一直使用傳統關東煮的烹調方法，湯頭十分鮮美帶有甜味，材料有薯仔、白蘿蔔、魚板、竹輪、雞蛋等，每款都煮得非常入味。

▲石橋食品。

◀如果不懂日文，可以按照餐牌號碼點餐。

▲白蘿蔔 ¥130(HK$8)，油豆腐 ¥130 (HK$8)，牛筋 ¥180(HK$11)。

🏠 大阪市中央區日本橋 2-2-20
🕐 09:00~18:00
休 星期日及國定假日
📞 06-6632-0433
🔗 kuromon.com/zh/ishibashi/

(圖文：福岡女孩 Yumeko)

黑鮪魚紅色刺身 まぐろや黑銀 〔地圖 P.88〕

黑銀提供刺身飯，價錢便宜，推介赤身飯 (ネギトロ丼)，「赤身」的「赤」在日語中為紅色，這款飯的魚是黑鮪魚。店方會給刺身飯加上

▲黑銀帶來美味刺身。

醬油，但刺身本身已很鮮味，沒有腥味，醬油或許是為了令這道菜更美味吧！

◀赤身飯 (ネギトロ丼)
(¥1,200、HK$71)。

🏠 大阪市中央区日本橋 2-11-1
🕐 9:00~21:00
休 不定休
📞 06-4396-7270

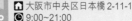

零食大本營 よしや ｜ 🎣 地圖 P.88

よしや於 1964 年在大阪開業，至今有超過 36 間分店遍及大阪、京都、奈良及兵庫四地，售賣超過 200 個零食品牌，包括 KitKat、伊藤園、日清、明治等等。價格有昂貴也有便宜，最便宜的可低至 ￥60(HK$5)。

▶よしや有大量零食供顧客選擇。

Info
🏠 大阪市中央区日本橋 1-21-9
🕐 9:00~20:00
🈺 1 月 1 日至 3 日
📞 06-4396-7890　🌐 www.okashi.jp

新鮮海產 黑門三平 ｜ 🎣 地圖 P.88

黑門三平提供各類新鮮水產，價格合理，一直以來深受台灣及香港遊客歡迎。單是試過北海親子丼便知道其新鮮程度，不過如果飯是暖的話就更好了。

◀黑門三平一直為港人及台灣人所熟悉。

▲北海親子丼 (￥1,320、HK$78)，包括冷飯及味噌湯，而冷飯上鋪滿三文魚和魚子。

Info
🏠 大阪市中央区日本橋 1-22-5
🕐 9:30~17:00　📞 06-6634-2611
🌐 www.kuromon-sanpei.co.jp

平凡中的驚喜 煮干しらーめん 玉五郎 ｜ 🎣 地圖 P.88

玉五郎除了提供一般湯拉麵，還供應需要一邊加湯一邊吃的粗沾麵，價格約在 ￥600~￥1,000(HK$46~76)。拉麵的湯底十分重要，而玉五郎的魚干醬油湯底不太油膩，也沒有魚腥味，豬肉還帶鮮甜味。不妨來這裏點一碗看來平平無奇卻充滿驚喜的拉麵！另外，在這兒點餐要在門外的自動售票機購票，操作簡單，省卻言語不通的問題。

▲拉麵店外。

▲店員悉心烹調拉麵中。

◀想吃甚麼就在這兒買票，取得票後拿給店內職員。
拉麵店外的自動售票機，

▲餐廳內。

推介

Info
🏠 大阪市中央区日本橋 2-4-21
🕐 11:00~21:00　🈺 星期日
📞 06-6631-0033
🌐 www.genki-factory.com/shoplist/tamagoroh

▲特製煮干しらーめん (￥900、HK$68)，美味！

（攝影：蘇飛）

地圖 P.88

大型百貨公司 高島屋

1831 年飯田新七在京都創建高島屋,並以自己岳父的出身地近江國高島郡 (現滋賀縣高島市) 命名,當初主要售賣二手服裝和棉料織品。現時已發展為大型百貨公司,大阪難波是總店。連地庫總共有 10 層:地庫 1 樓是食品類;2 至 5 樓是男女服裝、首飾、手袋、鞋等;6 樓是廚房、睡房、嬰兒用品和美術裝飾;7 至 9 樓是食肆,同時 7 樓會定期舉辦不同的展覽。

聖誕節時的燈飾。

▲ 南海難波站一出就是高島屋,其註冊商標是用日本的異體字「髙」。

> 🏠 大阪市中央區難波 5-1-5
> 🚇 地下鐵千日前線、御堂筋線、四つ橋線「なんば」(難波)站,或阪神、近鐵「大阪難波」站,或南海「なんば」(難波)站
> 🕐 時間:10:00~20:00,星期五、六 10:00~20:30;餐廳區 11:00~23:00
> 🈺 不定期休息
> ☎ 06-6631-1101
> 🌐 www.takashimaya.co.jp/osaka

(圖文:Gigi)

丸井旗下百貨公司 Marui 0101

地圖 P.88

位於難波的 0101 是時裝百貨公司,售賣各款男裝女裝、化妝品、雜貨、首飾等,一些有名的品牌,如 DHC、skinfood、Heather、Porter、Lowrys Farm 均可在這裏找到。0101 總共有 7 層,8 至 11 樓則是戲院 TOHO cinema。

▲ 0101 連 TOHO cinema 總共有 11 層。

▲ 0101 直接連接地下鐵難波站,交通方便。

> 🏠 大阪市中央區難波 3-8-9
> 🚇 地下鐵千日前線、御堂筋線、四つ橋線「なんば」(難波)站,或阪神、近鐵「大阪難波」站 1 號出口
> 🕐 平日 11:00~20:00
> 🈺 不定期休息
> ☎ 06-6634-0101
> 🌐 www.0101.co.jp/085

(圖文:Gigi)

棉花糖班戟 mog

地圖 P.88

一般班戟店的配料大部分以忌廉、水果、雪糕為主,mog 的則是以棉花糖為主打。班戟本身不算出眾,上面鋪上微微燒焦的棉花糖令賣相加分。只是要先全部吃掉上層的棉花糖,才可以吃下層的班戟,最底層的班戟已蘸不了醬料,加上棉花糖的味道太甜,令班戟味道顯得比較淡。除棉花糖班戟外,還有忌廉班戟和水果班戟等。

▲ 棉花糖班戟。

▲ 仿木製的門口像是鄉村小店。

> 🏠 大阪市中央區難波 3-7-9 南華会館ビル 1F
> 🚇 地下鐵千日前線、御堂筋線、四つ橋線「なんば」(難波)站,或阪神、近鐵「大阪難波」站
> 🕐 9:30~21:00(最後點餐 20:20)
> ☎ 050-5304-0796
> 🌐 mog.foodre.jp

(圖文:Gigi)

難波、道頓堀 心齋橋 梅田 新今宮、天王寺 天滿、大阪城 大阪灣 富田林、堺市 鐵道遊

令你開懷大笑 なんばグランド花月 🎦 地圖 P.88

🏠 大阪市中央区難波千日前 11-6
🚇 南海電鐵「なんば」(難波)站東出口,或地下鐵御堂筋線或千日前線「なんば」(難波)站3號出口步行5分鐘
💲 劇場門票:視乎各喜劇而定
📞 06-6641-0888
🌐 www.yoshimoto.co.jp/ngk
❗ 購票方法:於網上 (id.yoshimoto.co.jp) 或在售票處即場購買

なんばグランド花月大樓由日本喜劇界著名的吉本興業經營,以「搞笑的殿堂」為目標。平日每天有2場劇場,假日會增至3或4場。一些傳統幽默的演藝,如落語、漫才、講談、浪曲等都可在這裏觀賞得到。除了劇場,在花月大樓內還設有店鋪,欣賞完劇場,不妨在商場內購物。

▲ なんばグランド花月大樓內有以喜劇為主題的劇場,以及食肆和商店。

花月大樓精選店鋪

🎁 手信齊全
よしもと・大阪みやげ ココモよってぇ屋

在なんばグランド花月2樓有間手信店「よしもと・大阪みやげ ココモよってぇ屋」,提供不同種類的大阪地道手信,包括褲、零食、杯具等,還有食倒太郎的手信、大阪語及關西語的產品,連章魚小丸子的產品也有。

▶ 大阪語襪子。

▼ 有關大阪語的手信。

▲ 來這兒搜羅各種手信。

◀▼ 各款章魚小丸子的商品。

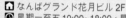
▲ 關西語的膠布(￥378、HK$29)和撲克牌(￥540、HK$41)。

🏠 なんばグランド花月ビル 2F
🕐 星期一至五 10:00~18:00、星期六、日及公眾假期 9:00~18:00
📞 06-6648-4678
🌐 yotteya.jp

(攝影:Gigi)

▲ 食倒太郎的手信。

牛肉烏冬走烏冬　千とせ

▶ 肉吸い (￥800、HK$45)、可加飯 (小或蛋 (￥50、HK$4)。或蛋 (￥160、HK$12、大￥190、HK$14)。

千とせ開店有 50 年，當初以牛肉烏冬聞名，深受吉本興業的演員歡迎。「肉吸い」為主打料理，以半熟蛋代替烏冬，肉汁鮮甜，但因份量較少，不足以作一餐，宜追加飯或蛋。另可點普通的牛肉烏冬 (￥800、HK$47) 或咖喱烏冬 (￥900、HK$53)。

◀ 11 點一開門已有顧客排隊。

「肉吸い」即走烏冬，起源自吉本新喜劇的演員花紀京因宿醉，只想吃小份量的餐點，點餐時叫了「牛肉烏冬走烏冬」，當年的店主就開始以此為招牌料理。

🏠 大阪市中央区難波千日前 11-6 なんばグランド花月 1F
🚇 南海電鐵「なんば」(難波) 站東出口；或地下鐵「なんば」(難波) 站 3 號出口步行 5 分鐘
🕐 11:00~20:00(最後點餐：19:30)
📞 06-6633-2931
🌐 www.chitose-nikusui.com/chitose

(圖文：Gigi)

大阪女子組合　NMB48 Theater

 地圖 P.88

由於 AKB48 大受歡迎，人數極多女子組合的模式為商人帶來龐大收益，令女子組合越來越多，例如 NMB48。NMB 即 Namba(難波)，代表大阪的女子組合，與 AKB48 一樣有眾多成員，在難波有她們的劇場，不定期作現場表演。

◀ NMB48 是代表大阪的女子組合，她們有自己的劇場。

🏠 大阪市中央区難波千日前 12-7 YES.NAMBA ビル B1
🚇 南海電鐵「なんば」(難波) 站東出口
💲 一般 ￥4,480(HK$264)，中小學生 ￥2,980(HK$175)
🌐 www.nmb48.com/theater　📞 06-6643-7848
🎫 公演時間及網上購票：
ticket.akb48-group.com/home/top.
php?mode=&gr=NMB48

京阪傳統演藝　上方演芸資料館

 地圖 P.88

「上方」是江戶時代人們對大阪和京都的通稱，這資料館展示了關於京阪兩地的演藝資料，包括有關落語、漫才、講談、浪曲等演藝的書籍和多媒體資料，如曾在電視播放的 3,000 個節目。

▶ 資料館保存了不少珍貴的地道傳統演藝資料。

▲ 下午時電視播放的落語表演。

現在大阪的電視仍會播放有關上方演藝的節目，通常在早上或中午看到。

🏠 大阪市中央区難波千日前 12-7 YES.NAMBA ビル 7 樓
🚇 南海電鐵「なんば」(難波) 站東出口
🕐 10:00~18:00
🚫 星期三及四 (假期除外)，12 月 29 日至 1 月 3 日
💲 免費　📞 06-6631-0884
🌐 wahha-kamigata.jp

獅子頭神社 ❥ 難波八阪神社　 地圖 P.88

難波八阪神社原命為「難波下之宮」，供奉難波一帶的土神，後因疫症流行而供奉祇園牛頭天王。不過因為神社不符合明治維新時期神佛分離的法例，便於 1872 年遭到廢除。1974 年重建本殿，成為新的難波八阪神社。現時供奉的是素盞鳴尊、奇稻田姬命、八柱御子命。神社最吸引人的是「獅子舞台」（正名為「獅子殿」），高 12 米、闊 11 米，大大個獅子頭在神社裏面，而它的口是一個舞台。至於獅子頭存在的原因，可能與牛頭天王有關（造出一座像牛頭的獅子），但真正原因無從稽考。

▲獅子殿（獅子頭）與人比較起來，人顯得特別渺小，獅子頭十分震撼。

▲獅子殿內的舞台。

◀與獅子頭比較，本殿造型沒甚麼特別。

> 綱引神事：每年 1 月第 3 個周日在這裏會舉行。傳說，素盞鳴尊用計斬殺了為禍人間的八岐大蛇，後來人們把繩紮成像大蛇的粗繩，進行拔河活動，藉此紀念並祈求財產、健康等平安。此活動已被大阪市政府定為「指定無形民俗文化財」之一。

TIPS

Info
- 🏠 大阪市浪速区元町 2-9-19
- 🚇 南海電鐵「なんば」（難波）站北出口步行 6 分鐘
- 📞 06-6641-1149
- 🌐 nambayasaka.jp

認識日本傳統工藝 ❥ 日本工芸館　 地圖 P.88

工芸館展示了日本傳統的工藝品和民藝品。這裏的工藝品是指以超過 100 年歷史的技術手工所生產的生活用具，例如陶瓷器、漆器、木工、金工、染織物料等；民藝品則是庶民使用的生活用具，以實用和樸素為主。內有手信店售賣各式工藝品和民藝品，連沖繩的琉球玻璃都有，非常特別。

▲工芸館在大廈中間，並不顯眼。

Info
- 🏠 大阪市浪速区難波中 3-7-6
- 🚇 南海電鐵「なんば」（難波）站，或地下鐵千日前線、御堂筋線「なんば」站步行 10 分鐘
- 🕐 10:00~17:00（最後入場：16:30）
- 休 星期一、每月第二個星期二，展覽替換期間，年末年始
- 💲 成人 ¥500(HK$38)，大學生及高中生 ¥300(HK$23)，初中生及小學生 ¥150(HK$11)；持大阪市 1 日乘車券（エンジョイエコカード）可享 9 折
- 📞 06-6641-6309
- 🌐 www.nihon-kogeikan.or.jp

（圖文：Gigi）

▲門口擺放的工藝品。

難波、道頓堀 心齋橋 梅田 新今宮、天王寺 天滿、大阪城 大阪灣 富田林、堺市 鐵道遊

健康食材來自本地農場
有機茶寮 bySOLVIVA

地圖 P.88

有機茶寮 bySOLVIVA 與本地農場合作，提供最新鮮的有機蔬菜食材，是優質選擇之一。

▶健康食材：茄子。

▲薯茸。

▲玄米飯糰。

🏠 大阪市中央区難波 5-1-60 なんば CITY 南館 1F
🚇 南海電鐵「なんば」(難波) 站
🕐 10:00~22:00　📞 06-6644-2782
🌐 www.solviva.net/restaurants/namba.html

和、洋菓子專門店 あみだ池大黑

地圖 P.88

店家售賣傳統的和菓子以及洋菓子，和菓子以岩粔籹 (岩おこし)和粟粔籹 (粟おこし)最有名氣，兩款都以米為原材料，混入生薑、芝麻、砂糖，再風乾製成。粟粔籹比較易咬，口感像米通，比較甜和硬；岩粔籹的米會磨得更加碎，咬起來比較硬。洋菓子方面，以「北堀江プチエトワール」為名物，是一款外形有點像小星星的脆餅，裏面是空心的，非常鬆脆。兩款菓子都曾獲得 Monde Selection 品質大賞的銀賞。

▶店鋪位於難波地下街。

◀北堀江プチエトワール，有楓葉和巧克力味，20 個裝 ￥1,080(HK$82)。

▲粟粔籹 (粟おこし)，口感像米通，10 個裝 ￥756(HK$57)。

岩粔籹和粟粔籹

TIPS
最早於彌生時代已經有這兩款和菓子的記載，但當時的米較貴，一直以來都是貴族的食品。直到江戶時代，在大阪能以較便宜的價錢買米而開始盛行。

🏠 大阪市中央区難波 2-1-13 Namba Walk 1 番街南通り B9 出口前
🚇 地下鐵千日前線、御堂筋線或四つ橋線「なんば」(難波) 站步行 2 分鐘
🕐 10:00~21:00　🛑 單月份的第 3 個星期三
📞 06-6213-2591　🌐 daikoku.ne.jp

(圖文：Gigi)

鐵路站的美麗花園 Namba Parks

地圖 P.88

Namba Parks 由南海電鐵規劃，是難波最大型的購物廣場、食肆及花園，旁邊還有高 30 層的辦公大樓 Parks Tower。Namba Parks 的特色在於把大部分的空間綠化成大小不同的花園，因此在不同層數都有機會經過這些綠化設施，空氣質素良好，而且可選擇在室外還是室內往不同層數。如去過東京的六本木的話，可能會覺得這座建築眼熟，因為這裏也是由六本木的設計師 Jon Jerde 規劃的。

▲ 籠罩在夜色中美麗的 Namba Parks 2 樓西口廣場。

▲ 從升降機可俯望 2 樓室外空間。

▲ 從 2 樓室外往上看的景致。

🏠 大阪市浪速区難波中 2-10-70
🚇 南海電鐵「なんば」(難波) 站南出口
🕐 商場 11:00~21:00，餐廳 11:00~23:00
📞 06-6644-7100　www.nambaparks.com

廚具展 千日前道具屋筋商店街

地圖 P.88

一般商店街都以賣潮物或日常生活用品為主，但千日前道具屋筋商店街則以售賣廚房用品為主，如刀、鑊、碗等等，一應俱全，店鋪的規模也比較大。道具街雖然售賣廚具，好像平平無奇，但可以從中了解日本人生活習慣，除可欣賞他們所用的杯碟款式外，更可看到我們平常沒用過的廚具。

如果由南海電鐵なんば站往道頓堀途中，不選擇經過鐵道車站的室內通道，就可順道來到這裏。但要留意，商店比較早關門，大概在晚上 6 至 7 時。　　　　(攝影：蘇飛)

▲ 各式碗碟。

▲ 動物及食物造型的鑰匙圈。

◀ 這個用來製作章魚燒，其設計和火鍋差不多，只是加了設一塊章魚燒的板。

◀ 從杯子設計可見日本人的細心。(￥390、HK$30)

▲ 動物木匙，十分可愛！(￥200、HK$15)。

🏠 南海電鐵「なんば」(難波) 站東出口
🕐 視乎各商店而異，多數在晚上 6 至 7 時關店
🌐 www.doguyasuji.or.jp

千萬不要把「千日前道具屋筋商店街」和「千日前商店街」混淆，後者是潮物和食肆的街道，比較近道頓堀。

購物必去！難波 City

地圖 P.88

難波 City(Namba City) 是位於日本大阪市中央區難波地區的一座大型購物商場和娛樂複合體，與南海電鐵「難波站」連結，約有 240 間商店，包含時尚品牌、化妝品、家居用品、書店、咖啡店等，可滿足旅客不同購物需求。若購物累了，可到餐廳區享用美食，如有日本料理、國際美食、咖啡店和快餐店。另外，難波 City 場內亦有一些

娛樂設施，旅客可以選擇在電影院觀賞最新電影或在遊戲中心享受電競遊戲。

◀ 商場與南海電鐵「難波站」連結。

> 🏠 大阪市中央区難波 5-1-60
> 🚇 與南海電鉄「難波站」連結，或地下鉄御堂筋線・千日前線「難波站」下車，步行約 2 分鐘
> 🕐 11:00~21:00　📞 0666442960
> 🌐 www.nambacity.com

▲ 商場裝潢簡約。

(圖文：福岡女孩 Yumeko)

難波 City 內精選商店

健康又美味的蔬菜料理 musi-vege+café

musi-vege+café 是主打健康蔬菜料理的餐廳兼咖啡店，餐單有多款菜式選擇，兩餸一配菜再加紅米飯和豆腐湯都是 1,280~1,080(HK\$75~64)，像是辣蛋黃醬蝦、茄子櫛瓜佐黑醋汁等菜式都是人氣之選，美味、健康又實惠的套餐十分受日本 OL

的喜愛，而且再加點飯後甜點也不會有罪惡感。

◀ 餐廳櫥窗擺放菜式的模型。

> 🏠 難波 City 本館 1F
> 🕐 11:00~22:00(LO 21:00)
> 📞 06-6633-8839
> 🌐 www.moriguchi-sangyo.co.jp

▲ musi-vege+café 可以堂食亦可外賣。

給職業女性舒適的衣着 NATURAL BEAUTY BASIC

NATURAL BEAUTY BASIC 以「comfortable」為概念，推出多款穿着舒適的女性時裝，帶出女性柔和的美又不失職業女性的幹練，而且裝飾配合流行趨勢，亦配搭容易。

◀ NATURAL BEAUTY BASIC。

> 🏠 難波 City 本館 1F
> 🕐 11:00~21:00　📞 06-6644-2670
> 🌐 www.instagram.com/naturalbeautybasic_official

(圖文：福岡女孩 Yumeko)

難波、道頓堀 心齋橋 梅田 新今宮、天王寺 天滿、大阪城 大阪灣 富田林、堺市 鐵道遊

動漫尋寶天堂 日本橋電器街

地圖 P.88

　　從前來到日本橋電器街，可找到不少電器、電腦以至動漫和玩具。近年多了 Maid Café，並以動漫及玩具產品為主，電器店則越來越少。街上店鋪一直伸延至近惠美須町的通天閣。

Info
🚇 地下鐵千日前線、堺筋線「日本橋」站 5 號出口
🕐 視乎各商店而異，一般 11:00~19:00
🌐 www.nippombashi.jp

▶ 日本橋電器街基本上是一條大街，一直沿着走就可以。

暢遊電器街

齊集各式玩具及模型 Super Kids Land

地圖 P.88

　　Super Kids Land 絕非浪得虛名，在裏面可找到各式各樣和最新的日本玩具及模型。在日本橋分別設有本店(總店)和分店，本店規模很大，5 層玩具店單是模型就有 4 層，模型十分齊全，包括小型汽車、直升機、鐵道、飛機、高達、超人等。分店(ジョーシン日本橋店)規模也不小，共有兩層。

▲ Super Kids Land 本店。

	本店	分店 (ジョーシン日本橋店)
🏠	大阪市浪速区日本橋 4-12-4	大阪市浪速区日本橋 5-9-5
🚇	地下鐵堺筋線「惠美須町」站 1-B 出口步行 3 分鐘	地下鐵堺筋線「惠美須町」站 1-B 出口步行 6 分鐘，或南海電鐵「なんば」(難波)站步行 4 分鐘
🕐	10:00~20:00	
📞	06-6634-0041	06-6634-1211
🖥	shop.joshin.co.jp/shopdetail.php?cd=1746	shop.joshin.co.jp/shops/?id=1901

▲分店同樣有不少玩具。

超合金、美少女模型 Jungle

地圖 P.88

　　如果你是動漫迷，Jungle 可能很適合你！Jungle 集合了不少日本動漫模型如超合金、聖鬥士星矢、美少女戰士、高達等，種類繁多，甚至可能找到你昔日追看的卡通人物！

▶店內售賣與日本動漫有關的玩具。

▲門口放了兩個比人更高的機械人，尤如門神。

▶ Jungle

Info
🏠 大阪市浪速区日本橋 3-4-16
🚇 南海電鐵「なんば」(難波)站東出口步行 5 分鐘
🕐 12:00~20:00(星期六、日及公眾假期提早至 11:00 開始營業)
📞 06-6636-7444
🌐 www.jungle-scs.co.jp

(攝影：蘇飛)

難波、道頓堀 心齋橋 梅田 新今宮、天王寺 天滿、大阪城 大阪灣 富田林、堺市 鐵道遊

🎁 動漫迷朝聖地 Animate 地圖 P.88

Animate 是日本最大的動漫連鎖店，在日本橋設有兩層的分店，售賣同人誌 CD、DVD 產品，是動漫迷必去的地方。

◀ Animate 是日本大型動漫連鎖店。

ℹ️
🏠 大阪市浪速区日本橋西 1-1-3
　アニメイトビル 1~2F
🚇 南海電鐵「なんば」(難波) 站步行 5 分鐘
🕐 11:00~20:00　📞 06-6636-0628
💻 www.animate.co.jp/shop/nipponbashi

🎁 電子產品連鎖店 Sofmap 地圖 P.88

Sofmap 是日本電子產品連鎖店之一，來自東京的秋葉原，店內還有二手商品、影片和唱片發售。在大阪日本橋的分店有 5 層，以新舊影片、雜誌和唱片為主。

ℹ️
🏠 大阪市浪速区日本橋 3-6-18
🚇 地下鐵堺筋線「日本橋」站 5 號出口步行 6 分鐘
🕐 11:00~20:00　💻 www.sofmap.com
📞 050-3032-9888

體驗最新電子遊戲 Namco 地圖 P.88

Namco 是日本有名的電視遊戲及街機遊戲生產商，如流行遊戲《太鼓の達人》。他們還開設遊戲中心，讓人隨時都可以體驗到最新的遊戲設備。Namco 分店集中在日本，海外只有在香港的分店。日本店鋪規模固然比香港大得多，其中日本橋店的共有 3 層，有近 20 款最新遊戲。如果你喜歡電玩，Namco 是個好選擇。

▲ Namco 有大量的電子遊戲。

ℹ️
🏠 大阪市浪速区難波中 2-1-17 コスモビル 1~3F
🚇 南海電鐵「なんば」(難波) 站步行 1 分鐘；或地下鐵御堂筋線「なんば」(難波) 站，按站內指示通往南海電鐵部分
🕐 9:00~24:00　📞 06-7656-3885
💻 bandainamco-am.co.jp/game_center/loc/nipponbashi/

自己燒牛肉 牛かつ もと村 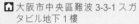 地圖 P.88

牛かつ只有一款菜單──炸牛肉定食，特別之處在於需自己煎。桌上會有一個石燒爐，上菜時炸牛肉表面已炸，但內裏是生的，煎熟牛肉後，客人可按自己的喜好再蘸上豉油、芥辣、岩鹽等食用。定食分 130 克 (￥1,930、HK$114) 和 260 克 (￥3,060、HK$180)，飯可免費加一碗，追加椰菜和味噌湯需加 ￥100(HK$8)，牛肉追加 130 克需 ￥1,130(HK$64)，65 克則需 ￥700(HK$41)。店員可為老人家和小孩先行煎熟，以免危險。

🏠 大阪市中央區難波 3-3-1 スガタビル地下 1 樓
🚇 地下鐵千日前線、御堂筋線、四つ橋線「なんば」(難波) 站，或阪神、近鐵「大阪難波」站
🕐 11:00~22:00(最後點餐 21:00)
📞 06-6643-3313
🌐 www.gyukatsu-motomura.com

(圖文：Gigi)

▲店鋪位於地下 1 樓，需看清楚招牌。　▲在石燒爐上自行燒牛肉。

源自海外的抹茶店 抹茶館  地圖 P.88

抹茶館 (Maccha House) 最先於新加坡及香港開店，當初成立旨在宣揚傳統抹茶文化，至今已有 10 間海外分店。抹茶館採用京都老店「森半」的抹茶，主要售賣抹茶飲品和甜品，並未提供主食，

其中最有人氣的是宇治抹茶 Tiramisu，忌廉芝士上鋪有抹茶粉，最底層是 Tiramisu，口感軟乎乎又有濃厚的抹茶味。

▲排隊如假日前往需

◀◀宇治抹茶 Tiramisu，￥1,100(HK$65)、配飲品 ￥1,400(HK$82)，其盛器為日本傳統盛酒器皿「枡」，也用於計算米和豆，用以盛載 Tiramisu 更添日本古風。從下攪拌底層的 Tiramisu 會更加好吃。

(圖文：Gigi)

🏠 大阪市中央區千日前 2 丁目 1-15 Namba Walk 2 番街
🚇 地下鐵千日前線、御堂筋線、四つ橋線「なんば」(難波) 站 14 號出口，或阪神、近鐵「大阪難波」站
🕐 11:00~22:00(最後點餐 21:30)
🚫 Namba Walk 休息日子休息　📞 06-6214-5635
🌐 www.create-restaurants.co.jp/shop/index.php?controller=FrontCrShop&action=shop_show&id=1528&lang=ja

自家製漢堡扒 欧風料理 重亭 地圖 P.88

1946 年開業，為家庭式的平民洋食店，以傳統味道和良好招待為宗旨。店中的招牌料理是自家製漢堡扒，混合碎牛肉和豬肉，約重 200 克，配菜有少量椰菜和意粉，可選擇加大份量。為配合日本人口味，特製的牛肉燴醬充滿照燒汁的味道。另有豬排 (￥1,200、HK$90)、雞排 (￥1,150、HK$86) 和蛋包飯 (￥800、HK$60) 等料理。

🏠 大阪市中央区難波 3-1-30
🚇 地下鐵御堂筋線、四つ橋線或千日前線「なんば」(難波) 站 11 號出口步行 5 分鐘
🕐 11:30~15:00、16:30~20:00
🚫 星期二 (公眾假期照常營業)
📞 06-6641-5719
🌐 www.jyutei.com

▲店鋪門口。

(圖文：Gigi)

▲漢堡扒 (ハンバーグステーキ)￥1,130(HK$86)，另有加大份量270克(￥1,700、HK$129)和360克(￥2,260、HK$171)。

難波、道頓堀｜心齋橋｜梅田｜新今宮、天王寺｜天滿、大阪城｜大阪灣｜富田林、堺市｜鐵道遊

多種口味的冰棒 ◆ 北極　◎ 地圖 P.88

北極於 1945 年創業，當年剛好是二次世界大戰結束時，附近商店街沒有零食店，店主便利用貴重的砂糖製造冰棒，但以較便宜的價格出售。多年來，北極的冰棒已變成受歡迎的大阪特產，而售價則由起初 ￥20，在 60 多年間升了 ￥150，即￥170(HK$10) 起。冰棒的口味多元化，有牛奶、抹茶、橘子、鳳梨、可可、番薯和士多啤梨等味道。最受歡迎的是牛奶味，吃過後有透心涼的感覺。

▲ 北極的冰條是二戰後大阪特產。

▲ 冰棒的包裝。

▲ 牛奶味（￥170、HK$10）。

▲ 我較喜歡可可味冰棒，朱古力味濃烈（￥170、HK$10）。

> 🏠 大阪市中央区難波 3-8-22
> 🚇 地下鐵御堂筋線、千日前線或四つ橋線「なんば」(難波) 站 1 號出口
> 🕐 11:00~20:00
> ☎ 06-6641-3731
> 🖥 www.hokkyoku.jp

蛋＋飯＝絕配 ◆ 自由軒　◎ 地圖 P.88　必吃

自由軒已有 100 年歷史，有名的是咖喱飯，飯沒有肉，只有一隻生蛋黃放在飯上，卻大受歡迎。客人不需攪拌咖喱汁，因為咖喱汁已滲進每粒飯內，咖喱帶點辣，每口飯都覺得咖喱汁很入味。若想增加口感，可把生蛋黃攪勻，令飯更滑更好吃。這個飯在織田作之助的《夫婦善哉》裏都有出現，吸引不少人慕名而來。店內除了這款招牌咖喱飯，還有其他選擇和配搭。

◀ 招牌咖喱飯，售￥980(HK$58)。

▲ 要試試自由軒啊！

> 🏠 大阪市中央区難波 3-1-34
> 🚇 地下鐵御堂筋線、四つ橋線或千日前線「なんば」(難波) 站 11 號出口
> 🕐 11:00~20:00
> 休 星期一
> ☎ 06-6631-5564
> 🖥 www.jiyuken.co.jp

有電無電產品都找得到 ◆ Bic Camera　◎ 地圖 P.88

在東京、關西及北海道等地都設有分店的 Bic Camera，在大阪難波只有一間店鋪。Bic Camera 不是只賣相機，它除了是大型 3C 店 (即出售電腦、手機、家庭電器等產品) 外，更有售不用電的東西，如旅行用品、眼鏡等。各式各樣的產品分佈在共 6 層的難波分店裏。

> 🏠 大阪市中央区千日前 2-10-1
> 🚇 地下鐵御堂筋線、四つ橋線或千日前線「なんば」(難波) 站 19 號出口，或穿過 Namba Walk B21 出口
> 🕐 10:00~21:00　☎ 06-6634-1111
> 🖥 www.biccamera.com

6.2
道頓堀

▲道頓堀的運河有橋連接,圖為太左衛門橋,原為木橋,但遭空襲炸毀變成普通橋,後因舉辦「水都大阪」活動,便把橋回復昔日面貌。

　　遊走這一帶經常會聽到途人說廣東話或國語,若乘早機,逛道頓堀可能是晚上的第一個景點。

　　道頓堀的歷史可追溯到 1612 年安井道頓在這裏興建運河的事跡,三年後建成便以他名字命名。道頓堀不大,主要是一條街道和運河,北面是心齋橋筋商店街,穿過這條商店街可通往心齋橋其他區域如南船場、美國村;南面是千日前商店街。另外,道頓堀是「大阪廚房」的集中地,有不少中低價食肆,當中不少是本店 (即總店)。繁忙的街道,加上特別的店鋪裝飾,令小小的道頓堀變得有趣。

前往方法 ▶▶▶
乘地下鐵御堂筋線、四つ橋線、千日前線「なんば」(難波) 站。

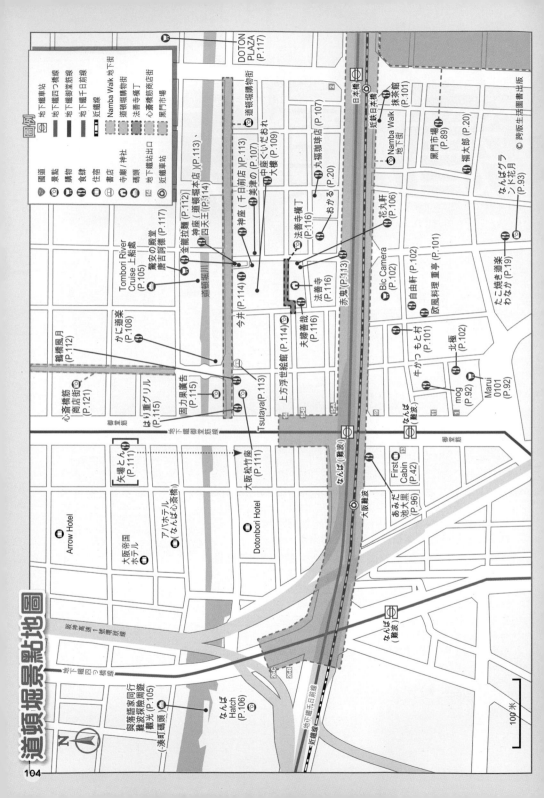

道頓堀景點地圖

乘船遊運河 Tombori River Cruise 地圖 P.104

☑ 持大阪周遊卡免費搭乘

在道頓堀除了購物、品嘗美食外，還可以遊運河。觀光船在驚安的殿堂 唐吉訶德 (P.117) 外的上船地出發，由導遊介紹沿岸風光。導遊能說簡單英語，也會問候來自不同地區 (如台灣及香港) 的遊客，態度親切、說話風趣，難怪不少遊客都要和導遊拍照！船程約 20 分鐘，在下午和晚上服務，晚上坐它看夜景很美。

▲ Tombori River Cruise 所使用的觀光船。

▲ 船沒有上蓋，方便乘客看風景。

🏠 上船及購票位置：「驚安の殿堂」外
🚇 前往上船位置：地下鐵御堂筋線、四つ橋或千日前線「なんば」(難波) 站 14 號出口
　路線：觀光船遊經日本橋、相合橋、太左衛門橋、戎橋、道頓堀橋、新戎橋、大黑橋、深里橋及浮庭橋
🕐 船航程約 20 分鐘，11:00~21:00，每小時 00、30 分
休 停航日子：12 月 29 日至 1 月 3 日，其他日子詳見官網
💲 成人 ¥1,200(HK$68)，學生 ¥800(HK$47)，小學生及小童 ¥400(HK$30)，2 名小學生以下同行其中一位免費，第 2 名收小童價格
📞 050-1807-4118　❗ 船班或因天氣狀況停航
🔗 www.ipponmatsu.co.jp/cruise/tombori.html

在向途人揮手。

▲ 坐遊船時看到的夜景，乘客

邊看表演邊遊船
與落語家同行難波探險周遊觀光 地圖 P.104

落語家と行く なにわ探検クルーズ

大阪由河川組成，若想以遊船河的形式遊覽大部分河川，可考慮「與落語家同行難波探險周遊觀光」的導覽形式 (落語是日本傳統表演藝術，詳見 P.235)。這個導覽有兩個賣點：

1. 帶你遊走大阪市內不同河川，包括道頓堀川、木津川、堂島川、東橫堀川；

2. 由落語家帶路：落語家本來在劇場內表演說笑，但這次他化身導遊，在船上一邊介紹大阪風光，一邊透過落語表演講述大阪的文化。

這趟船程似乎比較適合日語能力較高者，其實不會日語者，也可在船上透過觀察乘客的反應以及落語家身體語言，而有所得著。在不同季節坐觀光船，能看到不同風景，例如在春天能觀賞櫻花。

🚇 環球城市港口：從 JR 夢咲線環球影城站步行約 5 分鐘；TUGBOAT_TAISHO：從 OsakaMetro 長堀鶴見綠地線，JR 大正站步行 5 分鐘
　川の夢咲線中之島一周路線：環球城市港口→大阪京瓷巨蛋→中之島→大阪市中央公會堂→大阪城→TUGBOAT_TAISHO；中之島一周路線：由 TUGBOAT_TAISHO→安治川水門→中之島→大阪市中央公會堂→大阪城→大阪京瓷巨蛋→TUGBOAT_TAISHO
🕐 船程約 1 小時 30 分鐘，每天班次不同，宜先至官網查看
💲 成人 ¥3,500(HK$206)，學生 ¥2,000(HK$118)，小學生及其他小童 ¥1,000(HK$59)，2 名小學生以下同行其中一位免費 (不佔座位)，第 2 名收小童價格
📞 06-6441-0532 (可電話預約)
🔗 www.ipponmatsu.co.jp/cruise/naniwa.html (可透過網頁查詢空位及預約)、www.ipponmatsu.co.jp
❗ 船服務可能因天氣狀況而停航

▲ 坐着觀光船，在飽覽大阪風光之餘，還可看到落語家的表演。

難波、道頓堀　心齋橋　梅田　新今宮、天王寺　天滿、大阪城　大阪灣　富田林、堺市　鐵道遊

齊來看音樂會 なんば Hatch　◉ 地圖 P.104

乘搭觀光船遊道頓堀川時，會看到一座八角形建築物，這建築名為「なんば Hatch」，是一個可容納 1,500 名觀眾的表演場地，裏面不時舉行 hiphop、R&B 等音樂會，經常人多到要站着看表演。なんば Hatch 外有個廣場，不少年輕人在這兒跳舞，也有情侶在拍拖或欣賞夜景。廣場設有湊町碼頭，「與落語家同行難波探險周遊觀光」(P.105) 的觀光船會在這裏停泊。

▲なんば Hatch 的建築十分特別。

▲廣場有不少年輕人在辦活動或休息。

▲ Hatch 外的廣場。

🏠 大阪市浪速区湊町 1-3-1
🚇 地下鐵御堂筋線、四つ橋或千日前線「なんば」（難波）站 26-B 出口
☎ 06-4397-0572　🌐 www.namba-hatch.com

超大的豬軟骨拉麵 花丸軒　◉ 地圖 P.104　推介

花丸軒長期以來都是一間十分受歡迎的拉麵店，而且 24 小時營業，總能找到較少人的時段，不用排隊就可進店用膳。對很多人來說，花丸軒最大特色是在紫菜上印字的幸福拉麵 (しあわせラーメン，¥1,000、HK$59)，但於我而言，店家的招牌名物慢煮豬軟骨拉麵 (トロコツ 1 本のセラーメン) 則更得我歡心。因為很多拉麵店所提供的拉麵，大多只有幾片肉，通常要加錢才滿足自己一餐所需的份量，而這碗卻有大大件的豬軟骨，令人十分滿足。

▲花丸軒門外。

▲餐廳內。

◀慢煮豬軟骨拉麵，¥1,250(HK$74)。

🏠 大阪市中央区難波 1-2-1
🚇 地下鐵御堂筋線「なんば」站 14 號出口步行 5 分鐘
🕐 24 小時
☎ 06-6213-0131
🌐 arakawa-fs.jp/shop/hanamaruken-namba-houzenji

黑咖啡秘方 丸福珈琲店  地圖 P.104

丸福珈琲店擁有多家分店，它於 1935 年開業，創辦人伊吹貞雄研究出獨特的咖啡秘方，煮成香濃的黑咖啡。位於

▲建築懷舊的丸福咖啡店。

千日前的是總店，店內為傳統西式裝潢，客人可以享受香濃的黑咖啡和甜點。有興趣的話，可買咖啡作為手信，帶回家再享受一番。125ml 的樽裝要 ¥408(HK$24)，價格雖昂貴，但看到如此傳統的包裝，還是值得一買！

▲可以配搭一些西式點心喝咖啡。

🏠 大阪市中央区千日前 1-9-1
🚇 地下鐵御堂筋線、四つ橋線或千日前線「なんば」(難波) 站 15 號出口，或穿過 Namba Walk B26 出口
🕐 8:00~23:00(星期一至五 8:00~11:00 提供特價早餐)
休 1 月 1 日　📞 06-6211-3474
🌐 www.marufukucoffeeten.com

◀ 125ml 咖啡樽裝 (¥ 408、HK$24)。

超人氣大阪燒 美津の  地圖 P.104

在大阪，有不少店舖都可吃到大阪燒，最受歡迎的看來是「美津の」，在 1945 年二次世界大戰結束之年創業。想吃美津の就得排隊，而排隊時可以先看餐牌和點餐，以便有位時不用等太久就可以享用美食。店內眾多大阪燒中，推介「美津の燒」，配料豐富，有豬肉、蝦仁、花枝、章魚等等，有菜也有肉，每一啖都有不同口感！

▶ 不到 12 點就需要輪候入座。

🏠 大阪市中央区道頓堀 1-4-15
🚇 地下鐵御堂筋線、千日前線或四つ橋線「なんば」(難波) 站 14 號出口
🕐 11:00~22:00(最後點餐 21:00)
📞 06-6212-6360
🌐 www.mizuno-osaka.com

▶ 美津の燒不便宜 (¥ 1,500、HK$88)，但份量大！最上層的綠色部分是紫菜粉。

流心芝士蛋糕 PABLO  地圖 P.120

PABLO(パブロ) 的流心芝士蛋糕，只要一切開便流出軟軟的芝士，配上楓糖漿和雲呢拿雪糕，容易入口，芝士味不會太膩，餅底鬆化，堪稱絕妙甜品。可惜芝士蛋糕只能保存半天，如想買手信，可以買餅乾和朱古力。芝士蛋糕因應季節每月推出不同口味，如提子、桃、芒果、栗子和草莓等，還有全熟蛋糕供應。

▲抹茶芝士蛋糕 Set (¥ 930、HK$71)。

▶流心芝士蛋糕 Set(¥ 1,180、HK$69)。

🏠 大阪市中央区心斎橋筋 2-8-1
🚇 大阪市營地鐵御堂筋線「心齋橋站」6 號出口步行約 6 分鐘
🕐 11:00~21:00　📞 06-6211-8260
🌐 www.pablo3.com

(圖文：Gigi)

「豪」一頓蟹宴 かに道楽 地圖 P.104

大家到了道頓堀就會被這間店吸引，因為店外有一隻大蟹，一看就知道吃甚麼。蟹每日由北海道空運到大阪，再製成不同形式的蟹宴，如火鍋、壽司等。かに道楽有多間分店，道頓堀的則是總店。食店分室內餐廳和外面的小賣部，由於一餐很貴，如果不想花太多錢，可在餐廳外的小賣部吃 ¥1,000(HK$59) 的炭火燒螃蟹腳。

店內的蟹宴十分昂貴，若想優惠一點可吃午餐，約 ¥2,000~¥11,000(HK$118~674)。以名為「茜」的午餐為例，包括凍和熱的蟹、芝士配蟹、蛋配蟹及蟹壽司，店員已把蟹切開，方便進食。餐廳在門口設中英文餐牌。店內套餐常變，宜先參閱官網。

▲かに道楽。

▶ 在店外小賣部買的炭火燒螃蟹腳 (¥1,000、HK$59)。

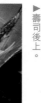

▶ 壽司後上。

▲ 芝士配蟹，芝士很香。

▲ 蛋配蟹，裏面的蛋很滑。

▲ 午餐「茜」(¥2,700、HK$220)。

◀凍和熱的蟹。

🏠 大阪市中央区道頓堀 1-6-18
(TSUTAYA 書店對面)

🚇 地下鐵御堂筋線、四つ橋線或千日前線「なんば」(難波) 站 14 號出口

🕐 11:00~22:00

☎ 06-6211-8975

🌐 douraku.co.jp

復活的食倒太郎 中座くいだおれ大樓

中座くいだおれビル 地圖 P.104

說到中座くいだおれ大樓，一定要提食倒太郎。「くいだおれ (食い倒れ)」意即大阪有太多美食，為了吃到美食，花光積蓄也願意。食倒太郎是餐廳「大阪名物くいだおれ」的小丑，它戴着圓形粗框眼鏡，每天都在打鼓，其形象深入民心。餐廳結業後，食倒太郎便於中座くいだおれ大樓復活。商場門擺放了食倒太郎，遊人可自由與太郎合照。商場內的花紋、升降機都有食倒太郎的樣子或影子，甚至連牆身和天花板都可找到它。

中座地面共 6 層、地下有一層，裏面有不少餐廳。

▲食倒太郎。

▲商場內的 Gallery 訴說着大阪的故事。

▲商場外部，花紋是食倒太郎的影子。

> 🏠 大阪市中央区道頓堀 1-7-21
> 🚇 地下鐵御堂筋線、千日前線或四つ橋線「なんば」(難波) 站 14 號出口
> 🕐 各店鋪營業時間不一　📱 nakaza-cuidaore.com

大樓內購物、美食推介

🎁 手信集合地 なにわ名物 いちびり庵

來到いちびり庵，可找到不少與大阪相關的手信，如通天閣枝裝水、大阪版大富翁 (￥5,184、HK$393)， 以及食倒太郎的手信，包括 T 恤、鑰匙扣、撲克牌、大阪常識卡等等。

▲醒目的手信店招牌。

▲食倒專櫃。

▲食倒太郎 T 恤。

▲￥540(HK$41) 的大阪常識卡，可以作為認識大阪的入門玩意。

> 🏠 中座くいだおれ大樓 1F
> 🕐 11:00～19:30
> 📞 06-6212-5104
> 🌐 www.ichibirian.com

難波、道頓堀 心齋橋 梅田 新今宮、天王寺 天滿、大阪城 大阪灣 富田林、堺市 鐵道遊

買零食尋回憶 固力果專門店　ぐりこ・や

很多人都喜歡吃的固力果，如 Pocky、Pretz 等，是由大阪起家的，最初在道頓堀附近的堀江設立工場，不久成為了膾炙人口的商品。固力果已有 90 多年歷史，在道頓堀設霓虹燈廣告看板，又開設固力果專門店。專門店前的慢跑先生，是該公司剛成立時的糖果包設計。店內售賣具有特色的慢跑先生復刻食品和手信，還有其他陪伴不同世代成長的產品。此外，可與店外的電動慢跑先生拍照，每 30 分鐘閃亮一次。

▲店鋪門口。

▲店外的電動人形牌，每 30 分鐘閃亮一次。

▲ビスコ（餅），￥500(HK$38) 一盒。

▲ ￥1,000(HK$76) 一盒，內有固力果先生毛巾以及各式各樣的食品。

為何以慢跑先生作為包裝？

固力果的創辦人江崎利一在家附近的神社，看見小孩跑步雙手舉起的姿勢，認為這個充滿活力、健康、成功的形象跟有營養的糖果很合襯，所以決定以此作為包裝設計。

TIPS

Info

🏠 中座くいだおれ樓 1F
🕐 10:00～22:00
📞 06-6484-0240
🌐 www.glico.com/jp

歌舞伎表演場地 ❀ 大阪松竹座  地圖 P.104

　　道頓堀的街道上有一座比較西式的建築物，是 1923 年興建的劇場「大阪松竹座」。在那個年代，建築物風格傾向歐陸色彩。後來，建築物於 1997 年翻新成現在的模樣，讓約 1,000 名觀眾同時觀賞歌舞伎的精彩表演。

▶松竹座為大阪歌舞伎表演場地。

> 🏠 大阪市中央区道頓堀 1-9-19
> 🚇 地下鐵御堂筋線、四つ橋線或千日前線「なんば」(難波)站 14 號出口步行 1 分鐘
> 📞 06-6214-2211
> 🖥 www.shochiku.co.jp/play/theater/shochikuza

名古屋味噌炸豬排 ❀ 矢場とん 地圖 P.104

　　發源自名古屋的矢場とん，於 2016 年初次進駐關西大阪。店鋪創立於 1947 年，正值戰後物資貧乏，初代店主在大排檔喝酒時，不經意把炸肉串蘸進味噌雜鍋，發現異常好吃，經過反復研究和試驗後，成功製出名古屋獨有的味噌炸豬排。店內採用的味噌經過一年半天然釀製，味道濃郁可口；並採用來自南九州的優質豬肉，不用拍打也美味柔軟。味噌味道濃厚，吃下時可能會覺得有點蓋過炸豬排本來的味道。

▲一般炸豬扒是淋醬汁，然而在名古屋卻是淋味噌，みそかつ丼(味噌炸豬扒飯)，單點 ¥1,400(HK$82)，加椰菜為 ¥1,450(HK$85)。

> 🏠 大阪市中央區道頓堀 1-9-19 大阪松竹座ビル地下 1 樓
> 🚇 地下鐵千日前線、御堂筋線、四つ橋線「なんば」(難波)站 14 號出口，或阪神、近鐵「大阪難波」站
> 🕚 11:00～22:00　　📞 06-6214-8830
> 🖥 www.yabaton.com

(圖文：Gigi)

▲店鋪的招牌人物ぶーちゃん歡迎你進店。

▲鉄板とんかつ(鐵板炸豬扒)，單點 ¥1,500(HK$88)；定食 ¥2,150(HK$126)，配有味噌湯和白飯，加蔥需 ¥54(HK$4)。

傳統大阪燒專門店 鶴橋風月 地圖 P.104

鶴橋風月創業超過 60 年，在大阪有超過 40 間分店。店家的大阪燒以椰菜為主菜，配搭豬肉、牛肉、蝦和墨魚等食材，而職員會在客人面前親自炮製大阪燒，手法純熟，等待約 20 分鐘便完成。大阪燒可選擇小份量，適合食量較小的女性。除大阪燒外，另一名物為「モダン燒き」，即大阪燒上加上蛋麵，是一個介乎於大阪燒和廣島燒之間的組合。店內提供中文菜單，不懂日文的旅客也可點菜。

▲ 等待大阪燒煮熟。

🏠 大阪市中央區道頓堀 1-9-1 ベルスードビル 3F
🚇 地下鐵御堂筋線、四つ橋線或千日前線「難波 (なんば)」站 14 出口步行約 3 分鐘
🕚 11:00~23:00 (最後點餐時間為 22:20)
☎ (06) 6212 5990

▲ 完成後自行加上燒汁和沙律醬。　　▲ 大阪燒煮熟後呈微微燒焦。

配菜任添 金龍拉麵 金龍ラーメン 地圖 P.104

金龍拉麵的招牌有一大條金龍，而且座位特別，需要跪着吃 (其實食客一般側着坐就算了)，是道頓堀的標記之一。拉麵款式不多，只有醬油拉麵 (¥800、HK$47) 和叉燒拉麵 (¥1,100、HK$65)，配料有泡菜、韭菜、大蒜，可無限添加，建議調味後才吃。

▶ 店鋪的特色就是大大條金龍，可作為拍攝對象。

◀ 叉燒拉麵 (¥1,100、HK$65)。

🏠 大阪市中央区道頓堀 1-7-26
🚇 地下鐵御堂筋線、四つ橋線或千日前線「なんば」(難波) 站 14 號出口，或穿過 Namba Walk B20 出口
🕚 24 小時　☎ 06-6211-6202

難波、日本橋

道頓堀

No. 1 拉麵 神座 地圖 P.104 必吃

▲ 神座的總店夾在金龍拉麵和四天王拉麵之間的巷子裏。

神座曾被日本 Yahoo 選為大阪府內第 1 位的拉麵店，總店由四天王和金龍拉麵之間的小巷進入，分店則在千日前。最多人去的是分店，除了容易找到外，分店設有自動售賣機和國語廣播，方便遊客。總店雖沒有售賣機，但附餐牌，可向侍應按圖索驥，且人流較少，建議前往。神座設有人氣拉麵榜，可按排名點餐。我點的叉燒拉麵，菜和叉燒的份量都剛好，湯底也算清甜。如果在深夜吃，一個麵會便宜一點。

▲ おいしいラーメン，深夜吃只需 ¥673(HK\$40)。

	道頓堀本店	千日前分店
🏠	大阪市中央区道頓堀 1-7-2	大阪市中央区道頓堀 1-7-3
🚇	地下鐵御堂筋線、四つ橋線或千日前線「なんば」(難波) 站 14 號出口，或穿過 Namba Walk B20 出口	
🕐	11:00~23:00	星期一至四 10:00~ 翌日 7:30 星期五 10:00~ 翌日 8:30 星期六 9:00~ 翌日 8:30 星期日 9:00~ 翌日 7:30
📞	06-6926-8808	06-6213-1238
🌐	www.kamukura.co.jp	

▲ 拉麵店的人氣榜。

大型書店 Tsutaya 地圖 P.104

Tsutaya 是大型書店，位於心斎橋筋商店街入口附近，售賣書、CD、DVD 等，首兩層更設有 Starbucks，顧客可在第 2 層邊喝咖啡，邊取書閱讀。咖啡店內不得攝影，一於放下相機專心閱讀吧！

🏠 大阪市中央区道頓堀 1-8-19
🚇 地下鐵御堂筋線、四つ橋線或千日前線「なんば」(難波) 站 14 號出口
🕐 10:00~22:00
📞 06-6214-6262
🌐 store-tsutaya.tsite.jp/store_locator/detail/4900.html

► 6 層的大型書店。

冬夏特色章魚燒 赤鬼 地圖 P.104

赤鬼專賣章魚燒，售價是 8 個 ¥720(HK\$42)、12 顆 ¥1,080(HK\$64)，還有新口味如高湯、蔥柑橘醋、濃厚芝士，如果 4 種口味都想試可以選擇 4 種口味拼盤，各 4 粒 ¥1,600(HK\$94)。

🏠 大阪市中央区道頓堀 1-2-3
🚇 地下鐵御堂筋線、四つ橋線或千日前線「なんば」(難波) 站 14 號出口，或穿過 Namba Walk B20 出口
🕐 11:00~22:00
休 星期三 (假日照常營業)
📞 06-6211-0269
🌐 www.doutonbori-akaoni.com

► 美味的章魚燒。

▲ 赤鬼店外裝飾。

難波、道頓堀 心齋橋 梅田 新今宮、天王寺 天滿、大阪城 大阪灣 富田林、堺市 鐵道遊

油豆腐烏冬 🎏 今井 | 地圖 P.104

今井是日本和式風格，店外更有柳樹襯托，飲食環境舒適。最出名的是油豆腐烏冬麵（きつねうどん），配上豆腐皮，而湯底是以北海道出產的海帶（昆布）和九州出產的鰹魚熬出來的高湯。油炸過的豆腐吃起來帶甜味，但不是加糖造成的甜。除了烏冬，還可選擇火鍋。

▲油豆腐烏冬麵 ¥880(HK$52)。

> 🏠 大阪市中央区道頓堀 1-7-22
> 🚇 地下鐵御堂筋線、四つ橋線或千日前線「なんば」（難波）站 14 號出口，或穿過 Namba Walk B20 出口
> 🕐 11:30~21:30(最後點餐：21:00)
> 休 星期三 ☎ 06-6211-0319 🖳 www.d-imai.com

滋味四元素 🎏 四天王 | 地圖 P.104

何謂「四天王」？即拉麵的 4 種元素，包括湯底、麵、叉燒及醬汁。只要掌握好以上元素（當中湯底是經長時間熬煮的豬骨湯），便堪稱為一碗完美的拉麵。不過並非每碗拉麵都具備這 4 個元素，而這間四天王提供叉燒麵、蔬菜麵和炒飯等選擇。有些拉麵餐還包括一隻切開的蛋。

▶四天王。(攝影：蘇飛)

▲醬油玉拉麵。雖然沒肉但有大量蔬菜，加上醬油和湯就份量十足，不會太單調 (¥870、HK$51)。　▲這個餐所附的蛋。

> 🏠 大阪市中央区道頓堀 1-7-1
> 🚇 地下鐵御堂筋線、四つ橋線或千日前線「なんば」（難波）站 14 號出口，或穿過 Namba Walk B20 出口
> 🕐 11:00~24:00
> ☎ 06-6212-6350

欣賞木版畫 🎏 上方浮世繪館 | 地圖 P.104

☑持大阪周遊卡免費入場

所謂「浮世繪」，是日本 17 世紀江戶時代的木版畫，題材多樣化，有美人、武者、樂器、靜物、風景等。館內展出的是大阪和京都的浮世繪，由於兩地在當時也叫上方，所以這間博物館叫作「上方」，館內的浮世繪，題材多以歌舞伎為主。

◀館外有隻可愛的貓咪。

> 🏠 大阪市中央区難波 1-6-4
> 🚇 地下鐵御堂筋線、四つ橋線或千日前線「なんば」（難波）站 14 號出口，或穿過 Namba Walk B16、B18 出口
> 🕐 11:00~18:00(最後入場：17:30)
> 休 星期一（遇公眾假期則改為星期二）
> 💲 成人 ¥700(HK$41)，高中生 ¥500(HK$29)，中小學生 ¥300(HK$23)，憑大阪市 1 日乘車券，入場費有折扣
> ☎ 06-6211-0303 🖳 kamigata.jp/kmgt

歷久不衰跑步先生 固力果廣告

地圖 P.104

這個霓虹廣告可說是道頓堀的標誌，就在心斎橋筋商店街 (P.121) 出口對面。這個廣告是第5代，從 1935 年已經在這裏賣廣告了，後分別在 1955、1963 及 1972 年換新設計，但所謂設計，還是回歸選手跑出的樣子。到了 1998 年，廣告換成現在的模樣，背後加入大阪的主要景點如大阪城、通天閣。除了這個固力果先生，若返回道頓堀的街道，就會發現有間固力果專門店，外面也有他 (詳見 P.110)。

不過，這個第 5 代固力果廣告已在 2014 年 8 月 17 日退休，並於 10 月換上這個新霓虹廣告。

▲最新第 6 代慢跑先生廣告，新舊的慢跑先生其實差不多，不同的主要是後面的背景。(攝影：飛行茉莉)

> 📍 地下鐵御堂筋線、四つ橋線或千日前線「なんば」(難波) 站 14 號出口，或穿過 Namba Walk B18 出口

老字號牛肉專門店 はり重グリル

地圖 P.104

はり重グリル於 1919 年開業，是老字號的的牛肉專門店，店中只提供牛肉料理，如炸牛肉排、漢堡、牛肉意粉、牛肉三文治、牛肉炒飯、鐵板餐等，大部分料理的牛肉都採用極上黑毛和牛。這次點了燉牛肉，肉汁充滿濃厚牛肉味，牛肉不會太韌，幾乎入口即溶。

▲店鋪門口。

▲可選配飯或麵包。

◀入口即溶的燉牛肉 (ビーフシチユー，¥2,420、HK$142)。

▶店鋪裝潢充滿昭和舊式風格。

> 🏠 大阪市中央区道頓堀 1-9-17
> 🚇 地下鐵御堂筋線、四つ橋線或千日前線「なんば」(難波) 站 14 號出口步行 2 分鐘
> 🕐 11:30~22:30(最後點餐：21:15)
> 休 星期二 (公眾假期、公眾假期前夕及 12 月照常營業)
> 📞 06-6211-5357
> 🌐 www.harijyu.co.jp

(圖文：Gigi)

難波、道頓堀 心齋橋 梅田 新今宮、天王寺 天滿、大阪城 大阪灣 富田林、堺市 鐵道遊

石板路 法善寺橫丁 地圖 P.104

法善寺橫丁這條小路由石板鋪成，給人懷舊的感覺。在橫丁內有法善寺及一些食店，而夫婦善哉便是其中一間。法善寺就在上方浮世繪館對面，裏面供奉不動明王。善信拜祭時會向不動明王淋水，經過 400 多年的洗體，不動明王佈滿青苔，變成綠色。

▲古色古香的法善寺橫丁。

▲善信都來法善寺拜祭不動明王。

🏠 大阪市中央区難波 1-2-16
🚇 地下鐵御堂筋線、四つ橋線或千日前線「なんば」(難波) 站 14 號出口，或穿過 Namba Walk B16 或 B18 出口

甜蜜的祝福 夫婦善哉 地圖 P.104

夫婦善哉在 1883 年開業，有多年歷史，兩碗紅豆湯賣 ￥815(HK$48)，就算一人前來點紅豆湯，也是上兩碗，不能單點。每碗紅豆湯各有一粒湯圓，湯圓味道清淡，而紅豆湯較甜，覺得太甜的話就用鹽。店內放了不少關於織田作之助在 1940 年發表與店名同名小說《夫婦善哉》的海報和資料，就是這部著作令店鋪生意大增。無論與情人或伴侶前來，還是獨自前來，希望紅豆湯都能為你帶來甜蜜感。

▲室內環境。(攝影：蘇飛)

▲兩碗紅豆湯，從筷子數量可反映是一人獨享的。

▶每份紅豆湯都附有一小片店鋪特製的鹽昆布，吃完紅豆湯再吃昆布能中和甜味，別忘了吃啊！(攝影：蘇飛)

▲夫婦善哉。

🏠 大阪市中央区難波 1-2-10
🚇 地下鐵御堂筋線、四つ橋線或千日前線「なんば」(難波) 站 14 號出口，或穿過 Namba Walk B18 出口
🕙 10:00~22:00
🌐 sato-res.com/meotozenzai/store/0662116455/

便宜產品應有盡有 驚安の殿堂 唐吉訶德

ドン・キホーテ 地圖 P.104

▶ 唐吉訶德提供大折扣啊！

　　驚安の殿堂 唐吉訶德的分店遍及全日本，是間提供大折扣的百貨店，而且營業至凌晨 3 點。道頓堀店售賣的貨品種類包羅萬有，例如電器、玩具、日用品、美容等等。另外，遊客買電器、名牌、相機可以免稅，更可使用銀聯卡付款。

info
🏠 大阪市中央区宗右衛門町 7-13
🚇 地下鐵御堂筋線、四つ橋線或千日前線「なんば」(難波) 站 14 號出口
🕐 11:00~3:00　📞 0570-026-511　📱 www.donki.com

驚安の殿堂 ドン・キホーテ的免稅規定

　　在ドン・キホーテ購物金額 (折扣後) 不含稅滿 ¥5,000(HK$294)、含稅滿 ¥5,500(HK$324) 以上就可以免稅。如果購買商品屬消耗品如食品、藥品、化妝品等，退稅後需要封裝在免稅專用袋裡，離開日本後才可開封或使用，否則出境時會被海關補收消費稅，而家電、名牌商品、衣物首飾等則不需要。退稅時出示護照或上陸許可證，只有購買產品的本人才能進行免稅手續。另外，ドン・キホーテ正舉行退稅優惠，購物免稅後滿 ¥10,000(HK$558) 以上可額外獲得 5% 的折扣，只需結賬時將優惠券頁面出示給收銀員，詳情可參閱網站：www.djapanpass.com/coupon/0000000803。

TIPS

▲ 商品封裝在免稅專用袋內。　▲ 第 3 步取回已退稅商品。　▲ 第 2 步領取退稅稅金。　▲ 第 1 步準備護照和收據。

免稅商場 DOTON PLAZA 地圖 P.104

　　2017 年 4 月開幕的 DOTON PLAZA 是免稅商場，主要以旅客為目標顧客。商場總共 3 層，1 樓是餐廳、首飾店、旅行用品店等；2 樓主要售賣化妝品和手信，另有租借和服服務和茶道體驗；3 樓是藥房和家庭用品店。商場有直通巴士來往關西機場，每日 11 班次，交通方便，費用只需 ¥1,200(HK$91)。商場內更有為旅客提供寄存行李、兌換日元、觀光指南等服務。

▶ 設於 1 樓的兌換機。

▲ DOTON PLAZA

▼ 2 樓的日本藝術畫廊。

info
🏠 大阪市中央區島之內 2-15-10
🚇 地下鐵堺筋線、千日前線「日本橋」站、或近鐵「日本橋」站 6 號出口
🕐 8:00~1800，餐飲 7:00~23:00，各店鋪營業時間不一
🚫 不定休　📞 06-6212-6161　📱 www.dotonplaza.com

(圖文：Gigi)

Part 7
心齋橋
堀江
靱公園
南船場
空堀

7.1 心齋橋

心齋橋就在地下鐵なんば(難波)站的下一個站,這一帶人山人海,就像香港的銅鑼灣和旺角一樣。這兒可找到心齋橋筋商店街、PARCO商場,也可到美國村這個年輕人愛到的潮流區域逛逛。

前往方法 ▶▶▶

1. 乘地下鐵御堂筋線或長堀鶴見綠地線到「心齋橋」站。
2. 乘地下鐵四つ橋線在「四ツ橋」站,或御堂筋線、四つ橋線或千日前線「なんば」(難波)站,再步行5~15分鐘往景點。

心齋橋景點地圖

圖例

縣道	住宿		地下鐵四つ橋線
國道	P 停車場		地下鐵長堀鶴見綠地線
景點	郵局		地下御堂筋線
購物	地下鐵車站		美國村
食肆	地下鐵站出口		心斎橋筋商店街
書店			道頓堀購物街

大阪SAUNA DESSSE (P.126)

大阪南船場郵便局

（南船場）

御堂筋

長堀通

心斎橋 ⊖

地下鐵長堀鶴見綠地線

長堀通

四ツ橋

心斎橋 ⊖

心斎橋 PARCO (P.124)

阪神高速1號環狀線

ヴィアイン 心斎橋

OPA(きれい館) (P.128)

OPA(本館) (P.128)

だいけん アメリカ村店 (P.21)

カステラ銀装 (P.122)

Daimaru (大丸百貨) (P.125)

The Maling (P.122)

明治軒 (P.123)

元祖 ice dog & soft cream (P.127)

甲賀流 (P.128)

Big Step (P.128)

PABLO (P.107)

地下鐵四つ橋線

大阪戎橋郵便局

ABC Mart (P.123)

GU (P.122)

心斎橋筋商店街 (P.121)

ARTY Inn (P.44)

P

ラーメン まこと屋

ニューライト (P.128)

大阪帝国ホテル

北極星 (P.127)

Wego (P.121)

美國村 (P.127)

驚安の殿堂 唐吉訶德 (P.117)

固力果廣告 (P.115)

道頓堀川

かに道楽 (P.108)

道頓堀購物街

地下鐵御堂筋線

御堂筋

四つ橋筋

200 米

© 跨版生活圖書出版

購物精華地帶 心斎橋筋商店街

 地圖 P.120

心斎橋筋商店街可説是心齋橋的心臟地帶,全長 580 米,貫通難波的道頓堀和心齋橋,難波那邊除了有道頓堀的美食,更可連接千日前商店街,心齋橋那邊則有地下鐵站和 Crysta 地下街。因此想慢慢逛難波、心齋橋、日本橋及長堀橋這四個區域,幾乎不需日曬雨淋。商店街有各種店鋪,可找到潮流服飾、皮鞋手袋、化粧品、藥房、食肆等,是年輕人購物熱點。但店鋪約 20:30~21:00 休息,若打算預留晚上逛商店街的話,建議 18:00 吃飯再過去,或逛完才吃晚飯。

▶ 万菓堂。

▶ 心斎橋筋商店街其中一個入口。(攝影:蘇飛)

◀ 商店街內店鋪林立。

▲ 商店街內總是人來人往。

ℹ️ 🚇 地下鐵御堂筋線或長堀鶴見綠地線「心斎橋」站 6 號出口,或御堂筋線、四つ橋線或千日前線「なんば」(難波) 站 14 號出口
🌐 www.shinsaibashi.or.jp

心斎橋筋商店街設有免費上網,名稱是 shinsaibashi。 TIPS

商店街精選店鋪

雜誌潮流指標 Wego

 地圖 P.120

Wego 在日本很有名,是連鎖潮流服飾店,每月都有多份雜誌刊登由他們引入的商品。Wego 也為藝人提供服飾,而 Wego 旗下的員工都會穿上這些服飾,並在網誌上展示如何配襯和打扮。服飾店有時提供優惠折扣活動,例如部分分店全部貨品半價或售賣夏日福袋等。

▶ Wego 心斎橋分店的規模十分大。

ℹ️ 🏠 大阪市中央区心斎橋筋 2-5-5 Shinsaibashi GATE 2F~5F
🚇 地下鐵御堂筋線、千日前線或四つ橋線「なんば」(難波) 站 15-B 出口
🕙 10:00~22:00　📞 06-4708-1655　🌐 www.wego.jp

心齋橋蜂蜜蛋糕 カステラ銀裝 地圖 P.120

　　店家主打蜂蜜蛋糕，蛋糕表層細膩結實，分原味和抹茶味，個人較喜歡抹茶味，味道芳香，抹茶味重。另會推出季節限定口味，如巧克力、柚子、櫻花、栗子、黑豆等。這間心齋橋總店更會現場製作蜂蜜蛋糕，每天在窯爐細心焗製，兩件 (￥730、HK$43)，還有禮盒裝。

▲カステラ銀裝。

▲ 2 件 ￥730 (HK$43)，另有 5、8、12 及 16 個裝禮盒。

Info
🏠 大阪市中央区心斎橋筋 1-4-24
🚇 地下鐵御堂筋線或長堀鶴見綠地線「心齋橋」站 6 號出口
🕐 10:30~18:30　　休 星期日
☎ 06-6245-0021　　🖥 www.ginso.co.jp

(圖文：Gigi)

比 Uniqlo 更便宜的選擇 GU 地圖 P.120

　　在日本有不少便宜的流行時裝品牌，Uniqlo 可說是街知巷聞的例子，而 GU 也是不錯的選擇，部分貨品甚至比 Uniqlo 便宜。作為大眾化品牌，GU 提供男、女及童裝，選擇不會比 Uniqlo 少，價格也便宜。以男裝來說，外套由 ￥2,999 至 ￥5,999(HK$176~353)，其他長褲和衣服不用 ￥3,000(HK$176) 便可買到，同類衣服可能比在香港買到的更便宜！

▲ GU 的衣物很優惠，可考慮多買幾件。

Info
🏠 大阪市中央区心斎橋筋 2-1-17
🚇 地下鐵御堂筋線、千日前線或四つ橋線「なんば」(難波)站 15-B 出口
🕐 11:00~21:00　　☎ 06-6484-3304
🖥 www.gu-japan.com

挑一對有氣質的鞋 The Maling マリング靴店 地圖 P.120

　　The Maling 以紳士鞋及婦人鞋為主，也有小部分休閒運動鞋，品牌包括 MODE KAORI、SAYA、Pinky&Dianne 等。店鋪有時會大特價。

◀ The Maling

Info
🏠 大阪市中央区心斎橋筋 1-4-18
🚇 地下鐵御堂筋線或長堀鶴見綠地線「心斎橋」站 6 號出口
🕐 11:00~20:00　　☎ 06-6251-7515
🖥 the-maling.com

🎁 比專門店更便宜 ABC Mart 🎏 地圖 P.120

ABC Mart 是日本大型連鎖鞋店,以運動和休閒鞋為主,還有上班和童裝鞋,品牌包括 adidas、New Balance、PUMA 等。鞋款較多,比專門店略便宜,還不時有減價優惠。

► ABC Mart

info
- 🏠 大阪市中央区心斎橋筋 2-8-3
- 🚇 地下鐵御堂筋線或長堀鶴見綠地線「心斎橋」站 6 號出口
- 🕐 11:00~21:00
- ☎ 06-6213-6281
- 🌐 www.abc-mart.net

濕潤蛋包飯 🍳 明治軒 🎏 地圖 P.120

1926 年創立的明治軒,超過 80 年來一直以蛋包飯作為主打。想多吃一點,可選擇附炸肉的套餐,如配上 5 串牛肉串 (オムライス＆串 5 本セット)。蛋包飯的飯粒口感略濕,但不至於湯飯那種濕,對於怕飯太乾的人來說,這種濕潤的口感很不錯。炸牛肉串整體來說算好吃,但沒到很甘香味美的程度。店內餐牌提供英語,並有附圖。

▲ 明治軒於 1926 年創立。

▲►蛋包飯配 5 串牛肉串 (オムライス＆串 5 本セット)(￥1,350、HK$79)。

info
- 🏠 大阪市中央区心斎橋筋 1-5-32
- 🚇 御堂筋線或長堀鶴見綠地線「心斎橋」站 6 號出口
- 🕐 平 日 11:00~15:00、17:00~20:30(最後點餐 20:00,星期二提早半小時)
- 休 星期三 (遇公眾假期改為星期四)
- ☎ 06-6271-6761
- 🌐 www.meijiken.com/meijiken.html

地圖 P.120

多元化的購物城　心齋橋 PARCO

心齋橋 PARCO(Shinsaibashi PARCO) 是位於日本大阪市中央區心齋橋地區的一個著名購物商場，樓高 14 層，場內融合不同元素，還包括多間餐廳和咖啡廳，譬如各種日本料理、西式餐廳、韓國酒店、甜品咖啡店，還有各具特色的居酒屋。另外，7 樓整層樓都是無印良品，有無印良品旗下企劃、貼近生活的日用品品牌「Found MUJI」以及打造生活基礎的家居品牌「無印良品 IDÉE」。

🏠 大阪府大阪市中央區心斎橋筋 1 丁目 8-3
🚇 御堂筋線心斎橋站，步行約 2 分鐘
🕐 10:00～20:00
📞 0677117400
🔗 shinsaibashi.parco.jp

▲心齋橋 PARCO。

▲ B2F 的心齋橋霓虹燈食堂街。

▲ 6F 的 POP CULTURE SHINSAIBASHI 有多間周邊店都有大型模型可以拍照。

(圖文：福岡女孩 Yumeko)

心齋橋 PARCO 精選店鋪

🎁 夢想就是當一個小孩子！ 蠟筆小新官方商店動感百貨公司
クレヨンしんちゃんオフィシャルショップ アクションデパート

6 樓 POP CULTURE SHINSAIBASHI 有多間人氣動漫角色周邊商品店，像是蠟筆小新、哥斯拉、Ultraman 等，還有吉卜力橡子共和國。蠟筆小新的周邊店以主角野原一家經常光顧的「動感百貨公司」為藍本，店內擺放多座大模型，光是進去看看已令人童心大動。

◀特大的小白公仔。

◀除了周邊商品，也有展示蠟筆小新的漫畫單行本。

▲小新的本名是野原新之助喔。

▲小新的父母，野原廣志和美冴。

🏠 心齋橋 PARCO 6F
🕐 10:00～20:00
📞 06-6241-0303

心齋橋

堀江

靭公園

南船場

空堀

一口一章魚 踊りだこ

　　踊りだこ的章魚燒每粒都放了一隻飯蛸章魚，表面可以看到小章魚的腿好像纏住整粒章魚燒，有章魚燒醬、關西風高湯醬油、岩鹽等口味，還可以選擇炸章魚燒或俄羅斯轉盤 (其中一個是芥末味)，增加口感變化和趣味性。

▶ 店舖已有多個節目採訪過。

> **Info**
> 🏠 心齋橋 PARCO B2F
> 🕐 11:00~22:00(L.O. 21:00)
> 📞 06-6281-0988
> 📱 odoridako.com

性價比最高 魚屋の呑めるすし屋

ニューすしセンター

　　魚屋の呑めるすし屋提供廉價又美味的壽司，約 ￥100~400(HK$6~24) 左右一碟，刺身拼盤也才 ￥1,000 (HK$59)，酒過三巡喝多了也不怕自己點得太多而心痛錢包。

▶ 魚屋の呑めるすし屋。

> **Info**
> 🏠 心齋橋 PARCO B2F
> 🕐 11:00~22:00
> 📞 06-6786-8580

酒 & 音樂 TANK 酒場 / 喫茶

　　TANK 酒場 / 喫茶主要提供咖啡、果汁和酒，餐枱是由木板、酒瓶膠箱、卡板車組成，可以站着喝酒也可以坐到吧台前，偶爾會舉辦活動或有 DJ 在場，是一間風格自由奔放的酒吧，配合心齋橋霓虹燈食堂街內的氣氛，像夜市一樣熱鬧，十分適合和朋友一起聚會。

▶ 餐枱是由木板、酒瓶膠箱、卡板車組成。

▲ 店面有種和洋融合的感覺。

> **Info**
> 🏠 心齋橋 PARCO B2F
> 🕐 11:00~23:00　📞 06-6786-8150
> 📱 www.instagram.com/tanksakaba/

(圖文：福岡女孩 Yumeko)

超級百貨公司 Daimaru (大丸百貨) 🎥 地圖 P.120

　　大丸百貨心齋橋有約 300 年歷史，於 2019 年重新裝修，保留之前的歐式建築特色，增添了多種現代藝術元素，讓到訪客人感到歷史與現代的融合。分為本館、南館，本館與心齋橋 PARCO 相連，百貨公司內匯聚來自日本海內外名牌化妝品、日本美食，還有寶可夢主題餐廳、JUMP SHOP 等日本動漫商店。

▶ 北館。

> **Info**
> 🏠 大阪市中央区心斎橋筋 1-7-1
> 🚇 地下鐵御堂筋線或長堀鶴見綠地線「心齋橋」站 6 號出口
> 🕐 10:00~20:00　休 1 月 1 日
> 📞 06-6271-1231
> 📱 www.daimaru.co.jp/shinsaibashi

大阪新時代時尚浴場 大阪 SAUNA DESSSE
大阪サウナでっせ

地圖 P.153

大阪 Sauna Dessse 是大阪市知名的日式桑拿和溫泉浴場，於 2023 年 4 月開幕，館內以大阪「水之都」的美譽為設計靈感，將各間桑拿房和浴場以「河流」的概念相連，打造出受人喜愛的溫泉設施，而且館內有 8 間桑拿房，每間都有不同的概念，客人可根據自己的性別、身體狀況以及當時的心情去選擇。另外，溫泉水有助紓解壓力，舒緩肌肉疲勞，客人可選擇室內浴池、露天浴池和各種不同的溫泉水療。

▲儲物櫃上有可愛的插畫。

▲浴場還出品自家設計的連帽衣。

◀裝潢簡約時尚。

◀可以吃到咖喱關東煮。

▶浴場旁邊有小食部，出售一些食物和飲料。

◀泡完溫泉當然要來一瓶凍牛奶，還有多款口味。

info

🏠 大阪府大阪市中央区南船場 3 丁目 6-18 ケーズビル心斎橋 4F
🚉 從心齋橋站步行 3 分鐘，在心斎橋筋商店街內
🕚 11:00~21:00　📞 0642564137　📱 desse.osaka
💲 6:00~9:00/11:00~17:00 ￥1,500(HK$88)；0:00~6:00 ￥2,600(HK$153)；22:00~6:00 ￥3,700(HK$218)；無時間限制套餐 ￥3,700(HK$218)

(圖文：福岡女孩 Yumeko)

潮物買不停 美國村

 地圖 P.120

在 1970 年，美國村一帶以入口美國服飾為主，並因而得名，時至今日已成為年青人的潮流飾物購物之地，無論是大型百貨店或小型服裝店都可找到。即使對潮流品牌沒興趣，也可以看看街

🚇 地下鐵御堂筋線或長堀鶴見綠
地線「心斎橋」站 7 號出口
📱 americamura.jp

道上富有特色的塗鴉、藝術、設計。這兒還可找到特色美食。

▲想買潮流服飾，這裏都可找到。

第一碟蛋包飯 北極星

 地圖 P.120

必吃

很多人都愛吃的蛋包飯，原來就在大阪這間北極星誕生。1925 年，當時餐廳位於汐見橋附近(難波西面)，還未改名為「北極星」。那時餐廳的人見經常來光顧的小高先生因腸胃問題只能點較容易咀嚼的食物，如飯、菜之類，而不能有其他選擇，便為他想出了蛋包飯。蛋包飯就是蛋包着飯和食材，外面再澆上一些汁(如番茄醬)，看似簡單，其實配搭和汁的選料都很考究。多年來，蛋包飯吸引了無數人前往品嘗。

▶圖為比較多汁的雞肉蛋包飯(チキンオムライス，¥ 1,080、HK$64)。

▲北極星。

🏠 大阪市中央区西心斎橋 2-7-27
🚇 地下鐵御堂筋線、四つ橋線或千日
前線「なんば」(難波)站 14 號出口，建議先在道頓堀過橋，於心斎橋筋商店街前轉左，經過御堂筋大街的下一個街口再轉右，下一個街口轉左，直走可見
🕐 11:30~21:30
🈺 12 月 31 日至 1 月 1 日
📞 06-6211-7829
📱 hokkyokusei.jp

餐廳貼心設計

• 雨傘架設置鎖，避免有人取錯或偷傘子；

• 餐廳採用日式榻榻米風格，客人進餐廳後要先脫鞋，坐在地上進食，而餐廳設有儲物櫃給顧客放鞋，並提供寫上號碼的木鎖，確保物件安全。

◀儲物櫃和傘架。

 TIPS

原創雪糕熱狗 元祖 ice dog & soft cream

 地圖 P.120

元祖アイスドッグ & ソフトクリーム

店鋪前身為髮型屋，店主荒井榮子自行研發了雪糕熱狗，並取得專利，便把店鋪改裝成甜品店。雪糕由北海道牛奶和忌廉製成，味道濃郁，而熱狗新鮮焗製，上面搽上健康的綿實油，帶出麵包的香味。熱乎乎的麵包配上冷冰冰的雪糕，一冷一熱的感覺非常過癮。

🏠 大阪市中央区西心斎橋 1-7-11
🚇 地下鐵御堂筋線或長堀鶴見綠地線
「心斎橋」站 7 號出口步行 10 分鐘
🕐 11:00~21:00 🈺 不定期休息
📞 06-6281-8089 📱 ice-dog.net

▲雪糕熱狗(アイスドッグ，¥450、HK$26)。
(圖文：Gigi)

▲元祖 ice dog & soft cream。

心斎橋

堀江

靭公園

南船場

空堀

難波、道頓堀 心齋橋 梅田 新今宮、天王寺 天滿、大阪城 大阪灣 富田林、堺市 鐵道遊

潮流時裝集聚地 OPA | 地圖 P.120

時裝百貨店 OPA 的顧客對象為 18~35 歲女性。店內品牌多不勝數，顧客能在裏面掌握最新潮流資訊，挑選最合適她們的時裝，甚受女性歡迎。OPA 分店遍及東京、京都、神戶，還有上海。美國村店的規模很大，分本館及きれい館，其中本館連地庫共 13 層，きれい館也有 6 層。

◀ 年輕女生常來光顧 OPA。

Info
🏠 本館：大阪市中央区西心斎橋 1-4-3
きれい館：大阪市中央区西心斎橋 1-9-2
🚇 地下鐵御堂筋線或長堀鶴見綠地線「心斎橋」站 7 號出口
🕐 商店 11:00~21:00，餐廳約 11:00~23:00
☎ 06-6244-2121
💻 www.opa-club.com/shinsaibashi

男裝集中地 Big Step | 地圖 P.120

Big Step 是當地年輕人其中一個喜愛到的地方，有時裝、雜貨、餐廳和戲院。其中時裝店的主要對象為男性，品牌包括 DISSIDENT、Costa Libre、古着屋 KINJI 等。

◀ Big Step 主打男裝。

Info
🏠 大阪市中央区西心斎橋 1-6-14
🚇 地下鐵御堂筋線或長堀鶴見綠地線「心斎橋」站 7 號出口
🕐 服裝 11:00~20:00，餐廳 11:00~23:00
☎ 06-6258-5000
💻 big-step.co.jp

便宜有特色的章魚燒、葱燒蝦餅 甲賀流 | 地圖 P.120

甲賀流在美國村已經營超過 40 年，主要售賣章魚燒。它的章魚燒除了價錢便宜外，更會在章魚燒上加上大量葱，口味特別。另外，葱燒蝦餅 (ねぎたこせん) 也是它的特色之一！建議先試燒蝦餅，鬆脆的蝦餅夾着章魚燒和葱，令人回味無窮，覺得好吃的話，才選其他菜式。

▲ 葱燒蝦餅 (ねぎたこせん，一個 ￥230、HK$17)，是其他章魚燒店沒有的。

▶ 甲賀流是在美國村起家的章魚燒店。

Info
🏠 大阪市中央区西心斎橋 2-18-4
🚇 地下鐵四つ橋線「四ツ橋」站 5 號出口
🕐 10:00~20:30　☎ 06-6211-0519
💻 www.kougaryu.jp

咖喱汁份量夠！ ニューライト | 地圖 P.120

除了到自由軒 (P.102) 吃咖喱飯外，還可以選擇在二ユーライト吃。相對自由軒，二ユーライト比較平民化，店鋪沒有很精心的佈置，只貼滿不同人士的簽名，以及藝人的海報。咖喱飯 (カレーライス) 只要 ￥600(HK$35)，價格便宜，但咖喱汁的份量絕對足夠，且咖喱夠辣，是吃咖喱的不錯之選。

▲ 餐廳裝潢和價格很平民化。

◀ 二ユーライト以咖喱飯為主打。

▲ 咖喱飯 (カレーライス) 的汁份量十足 (￥600、HK$35)！

Info
🏠 大阪市中央区西心斎橋 2-16-13
🚇 地下鐵御堂筋線、四つ橋線或千日前線「なんば」(難波) 站 26-D 出口
🕐 11:00~21:00(公眾假期提早至 20:00 關門)　☎ 06-6211-0720

7.2 堀江

心齋橋、難波的西面是堀江區,就近河川,在古時曾為運送木材的交通樞紐。
二次大戰後,堀江逐漸發展成今天大阪其中一個時尚地區。

前往方法 ▶▶▶

乘地下鐵千日前線「桜川」站、四つ橋線「四ツ橋」站,或千日前線、長堀鶴見綠
地線「西長堀」站即可,如果遊覽當天在心齋橋、難波購物,可向西步行 10~15 分鐘。

有趣木藝擺設 うっど工房  地圖 P.130

　　由祖父創業，一直到子孫繼承的うっど工房，利用店鋪作為工場，出售手工木藝作品以及入口的木公仔。

　　作品的對象主要以小童為主，以這些木工作品佈置小孩的房間應該很不錯！即使家裏沒有小孩，但以這些擺設裝飾家居，也能增加一點活潑的氛圍。

▶うっど工房已經營了三代。

▲▶店鋪售賣不同種類的木工藝，有些由店主親手製作，有些從外國進口。

▲貓頭鷹相架（￥3,000、HK$228）。

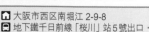

◀售價視種類而言，有些不會太貴。

▲動物裝飾和筆座，由￥1,100至￥2,100(HK$83~159) 不等。

 info
🏠 大阪市西區南堀江 2-9-8
🚇 地下鐵千日前線「桜川」站 5 號出口，或四つ橋線「四ツ橋」站 6 號出口
🕐 14:30~20:00
🈵 星期三　📞 06-6531-6748

健康班戟店 Micasadeco & Cafe

地圖 P.130

一般的班戟店都是比較甜和膩，而 Micasadeco & Cafe 則是主打少鹽少糖的班戟，味道雖清淡但較健康，怕肥的女生也可放心食用。班戟口感彈牙，不失本身的滋味。如覺得不夠甜，可以自行加楓糖漿。Cafe 另外供應午餐和晚餐，提供沙律、三文治、意粉、有機米飯等較清淡的菜式，晚上提供多款水果雞尾酒，可與朋友慢慢暢飲。

◀ Sticky Plain Pancakes(もちもちブレーンパンケーキ)，￥850(HK$64)，用木盤上班戟，造型可愛。

▶ 門口不太顯眼，有住家感覺。

🏠 大阪市中央區浪速區幸町 1-2-8 Minatomachi82bld 1F
🚇 地下鐵千日前線、御堂筋線、四つ橋線「なんば」(難波) 站、或阪神、近鐵「大阪難波」站
🕐 咖啡店星期一至五 9:00~17:00(最後點餐 16:00)，星期六、日 9:00~18:00(最後點餐 17:00)
📞 06-6561-1191
🌐 micasadecoandcafe.com

(圖文：Gigi)

小孩及女生的尋寶地帶 Art House

地圖 P.130

Art House 設有兩層，地面售賣受小童及女生歡迎的手作和畫作，例如明信片、書籍、手機殼等。二樓則展示藝術家的作品，不定期更換主題。

🏠 大阪市西區北堀江 1-12-16
🚇 地下鐵四つ橋線「四ツ橋」站 6 號出口步行 1 分鐘，或御堂筋線、長堀鶴見綠地線「心齋橋」站沿指示連接「四ツ橋」站，走約 8 分鐘
🕐 11:00~ 星期五 19:00，星期六日~ 18:00，週二 17:00
休 星期三、四　📞 06-4390-5151
🌐 art-house.sub.jp

▲ Art House 的外部裝潢很能吸引小孩。

超大古風市區樂園 空庭溫泉

地圖見便攜大地圖(背面)

地圖見便攜大地圖(背面)

空庭溫泉 (Soraniwa SPA) 於 2019 年 2 月開幕，位於大阪市港區弁天町 Osaka Bay Tower 內，佔地近 18 萬呎，號稱是關西最大的溫泉樂園。整個樂園充滿日本古代風，附有安土桃山時代 (織田信長和豐臣秀吉統治的年代) 風格的購物街，遊客可穿上浴衣逛購物街和品嚐美食。樂園內有約 1,000 坪的超大型日本庭園，種滿四季花草樹木，景色優美。

▶ 有多個室內和戶外溫泉區。

▲ 空庭溫泉入口。

◀ 超大戶外日本庭園。

▶ 遊客可享受 7 種岩盤浴。

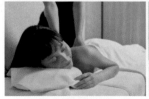

▲ 啟樂院有約 30 張床，提供按摩服務。

▲◀ 樂園內可品嚐各種美食。

Info

🏠 大阪市港區弁天 1-2-3

🚇 大阪站 (梅田站) 乘 Osaka Metro 到弁天町站，2A 出口步行 5 分鐘；關西機場 JR 關西空港站乘關西快線至 JR 弁天町站北口出站後，前往右邊的樓梯；另空庭溫泉與環球影城和難波 OCAT 之間有免費接駁巴士

🕐 11:00~23:00 (最後入場 22:00)

🚫 每月其中一個星期三，詳見官網

💲 平日成人 ¥2,790 (HK$164)，兒童 ¥1,320 (HK$78)；周末假期成人 ¥3,010(HK$177)，兒童 ¥1,430 (HK$84)

📞 06-7670-5126

🌐 solaniwa.com

(文字：蘇飛　圖片：日本國家旅遊局 JNTO)

側邊標籤： 心齋橋　堀江　靭公園　南船場　空堀

7.3 靱公園

　　靱公園位於本町至肥後橋地鐵站之間、心齋橋的西北面，曾作為軍用機場，後來發展成為一個供公眾休憩的空間。公園周圍有不少食店和咖啡店，氛圍十分悠閒，但由於肥後橋那邊商業大廈林立，故不論平日還是假日，都有不少人前來歇息一下，成為大阪的一個重要的社區。

前往方法 ▶▶▶
乘地下鐵御堂筋線、中央線或四つ橋線往「本町」站。

居民歇息的好地方 靱公園

地圖 P.135、156

公園由一條大馬路分隔，前身為軍用機場，曾於二戰期間被美軍徵用。公園於1955 年落成及開放予公眾，是附近居民的休憩和運動場所，設有草地、網球場、羽毛球場等，還有玫瑰園，每年 5 月都可欣賞到玫瑰花開盛況。由於附近是商業區，不少上班一族在午餐時間也會經過並前往附近的餐廳、咖啡店用膳，甚至買過來野餐。每逢星期六、日，這裏更是人山人海，在草地上休息甚至搭帳篷度過一個下午的都有。

▶公園內的樹木長得十分茂盛。

▶玫瑰園。

Info
🏠 大阪市西區靱本町
🚇 地下鐵四つ橋線「本町」站 28 號出口步行約 3 分鐘
💻 www.osakapark.osgf.or.jp/utsubo

靱公園景點地圖

大阪市立科學館 (P.163)
中之島（中之島）
国立国際美術館 (P.163)
肥後橋
Graf Studio (P.161)
江戸堀 木田讃岐うどん (P.136)
土佐堀川
Interior Bookworm Cafe(P.139)
TAKAMURA Wine & Coffee Roasters(P.138)
Ghar(P.136)
花乃井公園
大阪科學技術館 (P.138)
靱公園 (P.135)
江戸堀公園
Chashitsu Japanese Tea & Coffee + Hello Life (P.137)
雑喉場橋
阿波座
地下鐵中央線
本町

圖例

- 🛣 國道
- 🛣 縣道
- 📷 景點
- 🛒 購物
- 🍴 食肆
- ✉ 郵局
- 🚇 地下鐵車站
- 🚃 京阪電車站
- ▬ 地下鐵四つ橋線
- ▬ 地下鐵千日前線
- ▬ 地下鐵中央線
- ▭ 京阪電車中之島線

100 米

© 跨版生活圖書出版

心齋橋
堀江
靱公園
南船場
空堀

米芝蓮烏冬　江戶堀　木田　讚岐うどん

地圖 P.135

木田於 2017 年得到米芝蓮推介，以提供冷、熱烏冬為主。這裏最受推介是冷烏冬。無論你是本地人，還是遊客，第一次光顧可能覺得等候上菜的時間很久，但長時間的等待十分值得，除因烏冬可口外，老闆非常親切，每次都會親自端上主菜，並教客人如何吃到最美味的烏冬：甜豉油、檸檬汁等不能和麵條混在一起，入口時每次兩條麵條，更不能咬斷。

必吃

◀店外。

▲冷烏冬(生じょうゆ、￥800、HK$47)。

◀麵條彈牙可口。

🏠 大阪市西區江戶堀 1-23-31
🚇 地下鐵四つ橋線「肥後橋」站 9 號出口步行 4 分鐘
🕐 星期一至五 11:00～16:30、星期六 11:00～14:30
🚫 星期日及公眾假期
📞 06-6441-1139
🌐 sites.google.com/view/edoborikida/

大排長龍的咖喱店　Ghar

地圖 P.135　推介

每天營業的咖喱餐廳 Ghar，提供了數款菜式，並以數字表示不同等級的辣度，數字愈大，辣度愈高。我點了用 15 種香料炮製的雞肉咖喱餐(チキチキカレー)，辣度屬第 4 級，據店員稱 4 級不是最高等級，視日後餐單而定，可能還有 5、6 級⋯⋯而其他套餐如牛、蔬菜、綠咖喱等則介乎 1 至 2 級。個人認為 4 級的辣度是：一入口舌尖已感受到辣，但不會辣得吃不下，且有一點點麻的感覺，只是不太明顯。當然這只是我主觀看法，不太吃辣但又想挑戰的話，建議選 1 級最小辣度試試看。

◀チキチキカレー(￥900，HK$53)，咖喱內的是雞肉。

▲ Ghar 很多時候都是人山人海。

▲店內座椅不多。

🏠 大阪府大阪市西區京町堀 1-9-10-103
🚇 地下鐵四つ橋線「本町」站 28 號出口步行約 8 分鐘
🕐 11:30～14:30
🚫 不定休
🌐 ghar-curry.com

心齋橋 堀江 靭公園 南船場 空堀

品嚐咖啡、茶的好地方
Chashitsu Japanese Tea & Coffee + Hello Life

地圖 P.135

Chashitsu Japanese Tea & Coffee 與 Hello Life 在同一樓宇。1 樓是 Chashitsu 的吧枱及用餐座位，牆邊有提供客人閱讀的圖書閣，書本由 Hello Life 提供。Hello Life 是幫助年輕人就業的私人機構，2、3 樓是他們舉辦活動和提供資訊的地方。頂樓是 Chashitsu 的工場。

Chashitsu 選用的食材十分地道，茶葉來自奈良平城京和宇治平等院之間的和束町，咖啡豆來自長岡京的 Unir 咖啡店。店內較吸睛的是 Ohagi Burger，即迷你漢堡，它不是熱烘烘的鹹點，而是甜點菓子類，如「おはぎバーガーよもぎ」就是用綠茶飯糰夾着紅豆。店內的飲品也不賴，如抹茶ヴィエナコーヒー，把抹茶忌廉放咖啡上並混在一起，十分有心思。也可以點包括了迷你漢堡及飲品的「おやつセット」套餐。這裏逢周末有便當售賣，加 ¥200 可配茶，適合帶到對面靭公園野餐。

▲ Chashitsu 與 Hello Life 位於同一幢樓宇。

▼ 抹茶ヴィエナコーヒー（¥540、HK$32），將抹茶味忌廉放在咖啡上並混在一起，造出抹茶香配咖啡的口感。

▲ 二樓有關這座樓宇及 Hello Life 的資訊。

◀ 一樓的圖書閣。

▶おはぎバーガーよもぎ，綠茶飯糰夾着紅豆（¥300、HK$18）。

Hello Life

Hello Life 認為社會制度未能令年輕人有良好就業機會和愉快的工作環境，所以設立場所幫助他們。其獨特及富同理心的理念，成功贏得 2014 年的 Good Design Award。

TIPS

▶周末限量售賣的便當（¥700、HK$53），設計上易於攜帶。

🏠 大阪市西区靭本町 1-16-14

🚇 地下鐵御堂筋線、中央線、四つ橋線「本町」站 28 號出口步行 10 分鐘

🕐 11:00~18:00(最後點餐時間為 17:30)，星期六、日 12:00~17:00

休 每月第 2 個星期二　　chashitsu.jp

了解科學和生活的關係

地圖 P.135

大阪科學技術館

科學技術館於 1963 年落成，館內主要探討科學與日常生活的關係，例如輻射、聲音、各種發電方式、環保議題、太空科技、海洋資源等。透過展板、圖表、短片、遊戲、模型等不同形式來認識科學及科技在日常生活的重要性。雖然介紹語言以日語為主，但透過生動的圖畫和照片，仍不難明白箇中原理和訊息，適合小朋友和不明白為甚麼要認識科學的人到訪。

▲大阪科學技術館。

▶入口放着的是技術館的吉祥物。

▶透過不同形式的展覽，向訪客介紹各種科學原理跟生活的關係。

▲有時也會有特別的專題展覽，如靭公園附近的生態。

🏠 大阪市西区靱本町 1-8-4
🚇 地下鐵四つ橋線「本町」站 28 號出口步行約 3 分鐘
🕐 10:00~17:00（星期日及公眾假期提早至 16:30 關門）
🚫 夏期、冬期及每月第 1 及第 3 個星期一
💲 免費　☎ 06-6441-0915
🌐 www.ostec.or.jp/pop

酒和咖啡

地圖 P.135

TAKAMURA Wine & Coffee Roasters

這裏不只是咖啡店，也是一個超大的酒賣場。1 樓展示了不同種類的酒，也設有咖啡吧售賣咖啡及少量座位。如想找更好的空間，可以上 2 樓看看，有沙發讓客人慢慢地閒坐和品嚐咖啡。

▲店外。

◀▲有咖啡豆及蔬果售賣。

► Short size Latte
（￥410，HK$24）。

▼ 2樓咖啡用餐區
的座椅和沙發十分
舒適。

▲ 1樓為賣場，2樓為用餐區。

TAKAMURA Wine & Coffee Roasters
- 大阪市西区江戸堀 2-2-18
- 地下鐵四ツ橋線「肥後橋」站 2 號出口步行 10 分鐘
- 11:00～19:30，咖啡吧最後點單時間 19:00
- 星期三
- 06-6443-3519
- takamuranet.com

集合不同海外設計雜誌 地圖 P.135
Interior Bookworm Cafe

　　咖啡店座落在商業大廈的地面，細小的空間除了為上班族提供咖啡、茶類飲品外，也售賣英語設計雜誌，包括著名的 Dwell、Monocle、Wallpaper 等，前幾年的珍貴期刊都有機會找到。

▶▶擺放了不少設計雜誌。

▲細小的咖啡店，就只有
街上這個窗口提示大家
咖啡店的位置。

- 大阪市西区京町堀
  1-4-16 センチュリー
  ビル 1 階
- 地下鐵四つ橋線「肥
  後橋」站 7 號出口步
  行 2 分鐘
- 12:00～17:00
- 星期二、六及日
- 06-6147-7447
- www.facebook.com/
  InteriorBookwormC
  afe2013

▲用餐空間。

▲ Hot Long Black
（￥450，HK$26）。

南船場

URBAN RESEARCH

從地下鐵心斎橋站往北走，是稱為南船場的小區域。南船場既像心斎橋筋商店街般有不少購物商場和百貨，也有具品味的設計商店，如 Marimekko、Urban Research 等。由於遠離道頓堀和心斎橋，所以南船場步伐較慢、遊人較少，可以慢慢散步，深入了解和細味不同店鋪的商品，或享受午餐或下午茶⋯⋯

前往方法 ▶▶▶

乘地下鐵御堂筋線或長堀鶴見綠地線到「心斎橋」站即可，或中央線、御堂筋線、四つ橋線「本町」站，或中央線、堺筋線「堺筋本町」站。

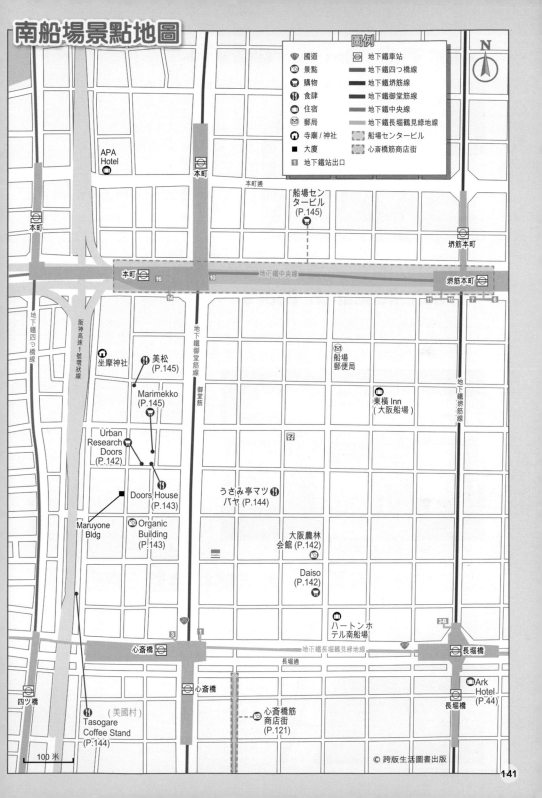

南船場景點地圖

¥108 商店 Daiso 地圖 P.141

Daiso 的分店遍及日本及台灣等地，大部分貨品以 ¥108(HK$8) 出售，相當便宜。坐落南船場的心齋橋店位於地面三樓，售賣文具、生活用品，每逢節日如萬聖節、情人節及聖誕節等更有相關產品，讓顧客能挑選合適的物品慶祝節日。

▲ Daiso 所賣的生活用品都很便宜。

> 🏠 大阪市中央区南船場 3-10-3 3F
> 🚇 地下鐵御堂筋線或長堀見綠地線「心齋橋」站 1 號出口
> 🕐 9:00~21:00　📞 06-6253-8540
> 💻 www.daiso-sangyo.co.jp

大阪創立的時裝品牌 Urban Research Doors 地圖 P.141

Urban Research 是大阪地道時裝品牌，分店超過 70 間，於 1989 年創立，以 Design your lifestyle 為名。他們主打休閒服裝，適合各類人士，尤其是年輕人，一直深受歡迎，其服裝也見於流行雜誌，成為日本人氣品牌之一。Urban Research 旗下有多個品牌，Urban Research Doors 是其中一個。以 Doors 為名，寓意大門打開，發現新的價值，告別一味追求效率的沉悶生活方式，服裝簡約之餘富有個人色彩。

▲ Urban Research Doors 的時裝給人悠閒時尚的感覺。

> 🏠 大阪市中央区博労町 4-4-6
> 🚇 地下鐵御堂筋線或長堀鶴見綠地線「心齋橋」站 3 號出口
> 🕐 11:00~20:00　📞 050-2017-9049
> 💻 www.urban-research.co.jp/shop/store4/3_52/

從三菱辦公室變成 大阪農林会館 地圖 P.141

農林会館原為三菱商事大阪支店，於 1930 年落成，設有一層地庫，以及地上 6 層。由於當時從事農業、糧食事務，故以「農林会館」為名。後來，三菱集團離開，這兒便成為集辦公室、雜貨店及餐廳於一身的複合大樓，而昭和年代的建築風格亦得以保留。

▲ 農林会館前身為三菱辦公室。

> 🏠 大阪市中央区南船場 3-2-6
> 🚇 地下鐵御堂筋線或長堀鶴見綠地線「心齋橋」站 1 號出口
> 📞 06-6252-2021
> 💻 www.osaka-norin.com

有機健康美味 Doors House 地圖 P.141

Urban Research Doors 除了經營時裝外，還在大阪開設了餐廳，選用當地有機蔬菜，套餐少肉多菜，廣受着重健康的人士歡迎。午餐選擇不多，但會不定期替換或加入菜式。午餐一律 ￥900(HK$68)，星期六、日及公眾假期 ￥1,200(HK$91)，其中「玄米ごはんの小鉢のプレー」有味噌湯、當季蔬菜、蓮藕、冬瓜、牛油果、牛肉可樂餅、南瓜、玄米飯等。另有甜品套餐提供，一律 ￥500(HK$38)。

▲ Doors House 由時裝品牌 Urban Research Doors 經營。

<table>
<tr><td>🏠 大阪市中央区博労町 4-4-4</td></tr>
<tr><td>🚇 地下鐵御堂筋線或長堀鶴見綠線「心斎橋」站 3 號出口，就在 Urban Research Doors 旁</td></tr>
<tr><td>🕐 11:30~20:00　休 不定休　☎ 06-6241-2061</td></tr>
<tr><td>❗ 晚餐需 2 人同行及於 2 日前以電話預約</td></tr>
<tr><td>🌐 www.urdoors.com/dining-cafe</td></tr>
</table>

▲ Doors House 只提供兩至三個套餐選擇，套餐可能在不同季節或時間替換，有時同一套餐內的食物也會改變，例如圖中的「玄米ごはんの小鉢のプレー」是秋天供應的，到了冬天，除玄米飯外的其他食物可能會有變更 (午飯 ￥900、HK$68)。

南船場地標 Organic Building 地圖 P.141

一提到南船場，除了令人想起有品味的咖啡店或時裝店外，還有這座名為 Organic Building 的大樓。橙紅色建築引人注目，而外牆有 132 個盆栽，並由特設的灑水系統自動灌溉。大樓「讓發展與自然共存」的建築想法，來自意大利建築師 Geatano Pesse，在 1993 年落成，現為一間企業的總部。

▲門口寫上了 Organic Building，現為企業總部。

<table>
<tr><td>🏠 大阪市中央区南船場 4-7-21</td></tr>
<tr><td>🚇 地下鐵御堂筋線或長堀鶴見綠線「心斎橋」站 3 號出口</td></tr>
</table>

▲橙紅色的 Organic Building 十分吸引，難怪成為南船場的地標。

心斎橋 堀江 韌公園 南船場 空堀

品嘗來自多國的咖啡豆 🎏 地圖 P.141
Tasogare Coffee Stand

在南船場的 Tasogare Coffee Stand，最大特色是來自不同國家的手沖咖啡，餐牌上有詳細介紹，譬如每種咖啡的國家、烘焙程度、味道等，每杯均一價 ¥400(HK$30)。店內牆身貼有世界各地的相片，讓大家順道了解不同國家。

▲ Tasogare Coffee Stand。

◀▲店內。

► 淺度烘焙的 Costa Rica 咖啡，¥400 (HK$30)。

▲餐牌詳細介紹豆的來源、烘焙程度、味道。

▲牆身有咖啡豆來源地國家的照片。

Info
🏠 大阪市中央区南船場 4-13-15 1F
🚇 地下鐵御堂筋線「心斎橋」站 1 號出口步行 5 分鐘
🕙 10:00~18:00
🚫 不定休　📞 06-6224-0930
🌐 tasogarecoffeestand.com

暖入心的雜錦烏冬 うさみ亭マツバヤ 🎏 地圖 P.141

這家提供炸豆腐皮烏冬的餐廳，炸豆腐皮烏冬 (きつねうどん) 是開業初期的菜式，期後經歷二戰時，為了讓人得到溫飽，加推雜錦烏冬 (おじやうどん)，成為至今受歡迎的烏冬。雜錦烏冬以方型的鐵器盛載，端上來是熱烘烘的，裏面有雞、豆腐卜、蛋黃、魚、冬菇、魚片等。烏冬的麵條來自九州，相當彈牙，湯底也甜。吃完整個餐後，身心感到溫暖，是冬天值得一吃的菜式！

必吃

▲雜錦烏冬 (おじやうどん，¥820、HK$48)。

▲うさみ亭マツバヤ是炸豆腐皮烏冬的創始店。

Info
🏠 大阪市中央区南船場 3-8-1
🚇 地下鐵御堂筋線或長堀鶴見綠地線「心斎橋」站 1 號出口
🕙 星期一至四 11:00~19:00 星期五、六 11:00~19:30
🚫 星期日及公眾假期
📞 06-6251-3339

心齋橋

堀江

靭公園

南船場

空堀

芬蘭品牌 **Marimekko** 地圖 P.141

Marimekko 是芬蘭的設計公司，知名度高，在海外如香港都設有分店。在 1951 年創立品牌，希望透過一系列的產品找出新的生活方式，產品包括時裝、包包、家具 (如杯、坐墊套)。

info
- 🏠 大阪市中央区博労町 4-4-2
- 🚇 地下鐵御堂筋線或長堀鶴見綠地線「心斎橋」站 3 號出口
- 🕐 11:30~20:00　📞 06-6120-2305
- 📱 www.marimekko.jp

▲ Marimekko 是芬蘭的設計品牌。

午餐吃平價割烹料理 **美松** 地圖 P.141

日本一般的割烹料理價錢較貴，美松則提供價廉物美的割烹料理午餐定食，只需 ¥1,000~¥3,000(HK$59~176) 左右，其中最便宜的是葫蘆便當 (美松の瓢箪弁當)，以葫蘆盛裝，分開 4 層，設計創新。晚餐則比較貴，約 ¥5,500~¥7,700 (HK$324~453) 左右。

果凍。最後有甜品咖啡▶

午餐定食：葫蘆便當 (¥1,000、HK$59)。

江戶時代，天皇住在京都，京都和大阪一帶稱為上方，上方料理又稱為割烹料理。至江戶後期，主要的高級料理統稱為「割烹」。TIPS

當日主菜是秋刀魚和燒玉子、炸豬肉、鹽燒鯖魚和小松菜。▶
分開 4 層的葫蘆，料理每天不同，

info
- 🏠 大阪市北久宝寺町 4-2-4
- 🚇 地下中央線或四橋線「本町」站步行 5 分鐘
- 🕐 11:30~14:30、17:30~23:30，最後點餐 22:30
- 🚫 星期日 (公眾假期照常營業)
- 📞 06-6241-8099　📱 mimatsu-osaka.com

(圖文：Gigi)

橋下長1公里的室內商店區 **船場センタービル** 地圖 P.141

在本町站與堺筋本町站之間的橋底下，有個長達 1 公里、高達 4 層 (還有兩層地庫) 的商店區，稱為「船場センタービル」(Semba Center Bldg)，裏面共分 10 個館，共有 800 間店鋪，主要售賣衣物、雜貨，風格比較平民化，另外也有餐廳。

info
- 🏠 大阪市中央区船場中央 2-3-6
- 🚇 地下鐵中央線、御堂筋線、四つ橋線「本町」站 10、16 號出口，或中央線、堺筋線「堺筋本町」站 6、7、10、11 號出口
- 🕐 9:00~18:00(餐廳 9:00~22:00)，各店營業時間 不一
- 📞 星期日、公眾假期 (12 月除外) 及 12 月 31 日至 1 月 3 日
- 📱 semba-center.com/foreign/ch.html

▲ 船場センタービル屬平民化商店區。

7.5 空堀

▲空堀有不少傳統舊屋。

　　從地圖看來，空堀就在大阪城的東南面，離大阪城不遠。戰國時期，著名的豐臣秀吉為了守住大阪城，便選了在空堀這裏興建無水外溝，所以《豐臣公主》的小說和電影場景都在這一帶發生。另外，空堀是二次世界大戰中，大阪其中一個沒受太大破壞的區域，不少戰前建築能都夠保留下來，而有些建築(如「練」、「惣」、「萌」等)得以活化，成為公眾關注的景點，吸引更多遊客前來。

前往方法 ▶▶▶

　　搭乘地下鐵長堀鶴見綠地線至「松屋町」站，或長堀鶴見綠地、谷町線「谷町六丁目」站即可。

可能是世界上最小的男廁

　　遊覽空堀，會見到一個非常細小的男廁，裏面只有一個企位尿兜，它可能是全世界最小的男廁。(位置見地圖 P.151)

TIPS

空堀第一座重建改造的建築 ✿ 惣 📍地圖 P.151

相對「練」(P.148)，「惣」是第一群被改造的建築，於 2002 年開幕，原本是兩座於 1868 至 1912 年間興建的長屋，比「練」更歷史悠久。在活化更新後，惣的兩座建築被打通，成為購物點。雖然將兩座房屋合併起來，但空間比「練」還細小，總店鋪數目 10 間也不到。

Info
🏠 大阪市中央区瓦屋町 1-6-2
🚇 地下鐵長堀鶴見綠地線「松屋町」站 3 號出口步行 5 分鐘
🕐 11:00~19:00　　休 星期三 (假日除外)
💻 www.so-karahori.com

▶「惣」的建築外形，感覺懷舊。

🏠★「惣」內精選店鋪★

🎁 咖啡店 + 雜貨 Crydderi Café 📍地圖 P.151

Crydderi Café 不僅是咖啡店，更是雜貨店。裏面只有一張長桌子，需與其他人同坐，給客人互相交流的機會。店鋪利用牆身和牆邊的空間放置商品，令牆身看起來多姿多采！每次進來，因為牆身擺放了新商品，所以會看到不一樣的風景，令人想再次前往。店鋪還有一個室外空間，不過被牆身包圍，想靜一下的話，這個細小空間頗為適合。甜品方面，可以點選蛋糕套餐 (ケーキセット，￥920、HK$54)，包括店主親手造的精選蛋糕 (每日不同) 和紅茶或咖啡。若看不明餐單，會說英語的店主很樂意幫忙。

▲ 咖啡店的室內空間就是這樣，只有一張長桌。

▲ 室外空間。

Info
🏠「惣」1F
🕐 11:00~19:00(最後點餐：18:30)，午餐時間為 11:30~14:30
休 星期三 (假日除外)
📞 06-6762-5664
💻 www.crydderi-cafe.com

▲▶各式各樣的雜貨。

心齋橋 / 堀江 / 靭公園 / 南船場 / 空堀

日本傳統人物模型　增村人形屋 地圖 P.151

「人形」(figure) 指人物模型，日本的傳統人形，人物會穿着和服或軍人服裝，甚至有特定的場景模型。日本人形有很多種類，如五月人形、市松人形等。製造人形是一門學問，故有人形師專門製造這些人形。增村人形屋專賣由具經驗的人形師所設計的人形，商店像百貨公司一樣大，有數層高。除了人形，還售煙花、水槍等玩具。

◀ 精細的人形。

▲ 增村人形屋全層都賣人形。另外，增村在大阪有多間分店，位於松屋町的為 3 號館。

Info
- 🏠 大阪市中央区松屋町 8-5
- 🚇 地下鐵長堀鶴見綠地線「松屋町」站 1 號出口旁
- 🕐 10:00~19:00(其餘分店為 9:00~18:00)
- ☎ 06-6763-1788
- 🖥 www.masumuradoll.co.jp

從神戶移過來的建築　練 地圖 P.151

「練」不是空堀原有的建築物，而是在 1920 年把神戶的宅邸移到這裏重新興建。整個移築時間共花了 6 年，於 2003 年開幕，打造成以咖啡廳、雜貨店為主的購物小廣場。由於本來是宅邸，故 15 間店同時擠在「練」內，購物空間難免有點窄，但這裏人流不多，不會感到擁擠。

◀ 「練」就在松屋町站出口不遠處。

◀ 店鋪空間不大。1 樓有 13 間店，2 樓有 2 間。

▲ 入口是一個半室外空間。

▲ 古色古香的樓梯。

◀ 2 樓的走廊。

Info
- 🏠 大阪市中央区谷町 6-17-43
- 🚇 地下鐵長堀鶴見綠地線「松屋町」站 3 號出口步行 1 分鐘
- 🕐 約 11:00~20:00，各店營業時間不一
- 休 星期三 (假日除外)
- 🖥 len21.com

「練」內精選店鋪

🎁 手作質感皮包 Follow

　　Follow 主要生產棕色或黑色皮包，工場就在店內，由員工親手用心製造，造出來的皮包很有質感。

▶ Follow 的皮包由店員親手製作。

▶ 店內的製作間。

▶ 錢包和皮包。

Info

🏠 「練」1F
📞 06-6761-1308　🕐 11:00~20:00
休 星期三（假日除外）
📖 r.goope.jp/follow/

現代建築與直木三十五 🎏 萌 地圖 P.151

　　「萌」不像「練」(P.148) 或者「惣」(P.147) 有歷史背景，因為它是由一座現代建築改建而成的。要算它的特色和吸引日本人之處，就是裏面的「直木三十五記念館」，而「直木賞」便是以直木三十五之名而命名的文學獎項。「萌」共有 9 間小店，售賣鞋、家具、手作、潮流服飾等。

直木賞

> 　　「直木賞」根據日本著名小說家「直木三十五」來命名，這個獎項是直木的朋友菊池寬為紀念他，於他死後翌年 (1935 年) 而設立。獎項每年頒發兩次，截至 2022 年共舉辦了 168 次，如東野圭吾的小說《嫌疑犯 X 的獻身》曾獲此獎項。

TIPS

▶ 相對「練」或「惣」，「萌」建築物本身沒有歷史價值，但植爬在建築外牆，感覺很現代。

Info

🏠 大阪市中央区谷町 6-5-26
🚇 地下鐵谷町線、長堀鶴見綠地線「谷町六丁目」站 4 號出口步行 5 分鐘，或長堀鶴見綠地線「松屋町」站 5 號出口步行 5 分鐘
🕐 11:00~19:00，部分店鋪營業至 22:00
休 星期三（假日除外）
📖 www.ho-karahori.com

「萌」內精選店鋪

了解大阪名作家 直木三十五記念館

直木三十五是大阪有名的小説家，連日本文學獎「直木賞」也以他命名。在館內可以看到他部分的原稿和作品，如《源九郎義経》、《光、罪と共に》等。

◀記念館外展示直木賞得獎作品。

info
- 🏠「萌」2F
- 🕐 11:00~17:00
- 休 星期三 (假日除外)
- 💲 ￥500(HK$29)
- ☎ 06-6767-1906
- 🌐 naoki.roku-hara.com

日式年輕版唐樓 Jitsuwa Bldg

実和ビル　📷 地圖 P.151

Jitsuwa Bldg(實和大樓) 就像香港銅鑼灣集合了不同小店的唐樓，但是空間比唐樓大，樓齡又較年輕，且內外有以大自然為主題的牆畫，令建築物具有個性。現時大樓共有 5 層，有雜貨店、咖啡店、髮型屋，是當地年輕人其中一個愛去的地方。

▲ Jitsuwa Bldg 有雜貨店、咖啡店、髮型屋。

▲▶樓梯間也有牆畫，有花和樹，展現了大樓的活力。

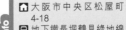

◀大樓的牆畫。

info
- 🏠 大阪市中央区松屋町 4-18
- 🚇 地下鐵長堀鶴見綠地線「松屋町」站 3 號出口步行 2 分鐘

拜祭樹木的神社 ➡ 榎木大明神 ┃ 地圖 P.153

又名「阿巳 (エノキせん)」的榎木大明神是一座小小的神社，在《豐臣公主》的小說中出現過，拜祭的對象原來是一棵超過 650 年樹齡的槐木，其名為「白蛇大明神」。榎木大明神有個故事，就是在二戰空襲時，大火燒到這裏便停了，即神社東面一帶沒有受影響。有人詮釋這是大明神的保佑，認為是奇蹟，於是每年春天都會感謝祂。

▶神社外張貼了與它有關的新聞。

▲榎木大明神身後的槐木有650歲了。

🏠 大阪市中央区安堂寺町
2-3
🚇 地下鐵長堀鶴見綠地線「松屋町」站5號出口步行3分鐘

心齋橋

堀江

靭公園

南船場

空堀

空堀景點地圖

榎木大明神
(P.151)

地下鐵長堀鶴見綠地線 長堀通

谷町六丁目

增村人形屋
(P.148)

松屋町

練 (P.148)

萌 (P.149)

谷町六丁目

南高等學校

桃園幼稚園

松屋町筋

Jitsuwa Bldg
(P.150)

山田醫院

田中小兒科
男廁 (P.146)

旧ヤム邸
(P.152)

地下鐵谷町線

惣
(P.147)

Crydderi Café
(P.147)

最中屋一吉
(P.152)

圖例

🔶	縣道
🔘	景點
🍴	食肆
🛍	購物
⛩	神社
🚹	男廁
➕	診所
🏫	學校
🔢	地下鐵站出口
🚇	地下鐵車站
▬	地下鐵長堀鶴見綠地線
▬	地下鐵谷町線

50 米

© 跨版生活圖書出版

客製化咖喱飯店 旧ヤム邸 地圖 P.151

2011 年在空堀商店街起家的旧ヤム邸，座落在樓齡超過 130 年的老房子中，每天提供不同的咖喱組合套餐，顧客可以任選兩款，並選擇配以日式玄米飯還是黃飯，如此配搭出最合顧客口味的客製化菜式，售價為￥1,300 (HK$76)。

◀ 店外佈置花了心思。

▲左邊是雞咖喱、右邊是吞拿魚，右邊的吞拿魚咖喱加了胡椒，使味道突出。

▶店內細小的用餐環境。

> 🏠 大阪市中央区谷町 6-4-23(空堀商店街內)
> 🚇 地下鐵長堀鶴見綠地線「松屋町」駅 3 號出口步行 8 分鐘
> 🕐 午餐 11:30~14:30；晚餐星期二至六 18:00~21:30(最後點餐時間 21:00)，星期日 18:00~21:00(最後點餐時間 20:00)
> 🚫 星期一及每月第 2 個星期二
> 📞 06-6762-8619
> 📱 kyuyamutei.web.fc2.com

自己弄餡料的和菓子 最中屋一吉 地圖 P.151

最中餅是日本傳統的和菓子，在盒形的餅內放入紅豆餡，餅盒有圓形亦有梅花形。而屋一吉最大的特色是，購買時餅和餡是分開的，由客人親手在餅上放上不同味道的餡料。每個餅約￥230~260(HK$17~20) 不等，可加入如胡麻胡桃、牛蒡、無花果等餡料。店家亦會推出季節限定味道，如夏天的抹茶雪糕＋紅豆餡 (豆乳アイス)。餡餅最多只能儲藏 5 至 7 天，所以在買回來後最好立即食用或即場試吃。店內亦有包含 5 款餡料的 5 個裝售賣，約￥1,200~1,300(HK$91~99) 不等，可在行程結束前買回家做手信。

▲ 抹茶雪糕＋紅豆餡 (豆乳アイス)，￥370(HK$28)。

▲ 有不少味道餡料可供選擇。

▲◀ 店裏店外。

> 🏠 大阪市中央区谷町瓦屋町 1-2-3
> 🚇 地下鐵長堀鶴見綠地線「谷町六丁目」站步行 5 分鐘
> 🕐 星期三至四、六 11:00~18:30；星期二、五、日及公眾假期 11:00~17:00
> 🚫 星期一
> 📞 06-6762-2553
> 📱 www.hitoyoshi-monaka.jp

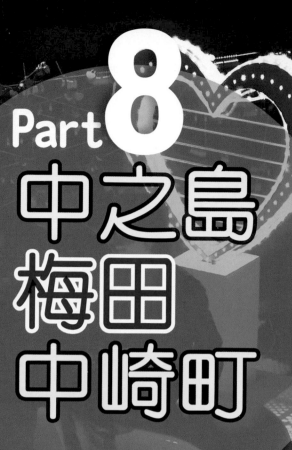

Part8 中之島 梅田 中崎町

8.1 中之島

由南面的難波到北面的梅田，中間會經過兩條川(堂島川和土佐堀川)，而這兩條川之間有個修長的島，那便是中之島。中之島是商業區，由明治維新開始已是經濟活動的重要地方，至今仍保留了不少歐陸文藝復興式的建築物。島上可找到百年歷史的大阪府立中之島図書館、展示中日韓陶瓷作品的大阪市立東洋陶磁美術館，以及建築外貌獨特的国立国際美術館。除了訴說歷史，中之島的地形也顯示了大阪的水都特色。

前往方法 ▶▶▶

乘搭地下鐵御堂筋線、京阪電車京阪本線前往「淀屋橋」站，或地下鐵堺筋線、京阪電車京阪本線前往「北浜」站，或地下鐵四つ橋線「肥後橋」站。

* 由御堂筋線「淀屋橋」站可在地下道步行往「北浜」站。

中之島內交通 ▶▶▶

要遊走中之島若不想只靠步行，可乘京阪電車的中之島線。中之島線共有 4 個車站——なにわ橋、大江橋、渡辺橋及中之島終點站，方便人們來往中之島各景點。

外形奇特內部型格　大阪中之島美術館

地圖 P.156

　　2022年2月，大阪出現了建築別具特色的新地標：大阪中之島美術館。美術館由著名建築師遠藤克彥設計，外壁為全黑色的方形，形象突出。美術館在1980年代已構思，期間經過多番更改設計和規模，終在約40年後才完工開放給公眾。美術館館藏超過6,000件，共有5層樓，3樓是典藏庫，4樓是館藏品展示區，5樓為特展區，館內也有餐廳、咖啡、禮品店等。　　（文字：蘇飛）

> 🏠 大阪市北區中之島4-3-1
> 🚇 京阪電車中之島線渡邊橋站2號出口步行約5分鐘；Osaka Metro四橋線肥後橋站4號出口步行約10分鐘
> 🕐 星期二至日10:00~17:00　🌐 nakka-art.jp
> 🚫 星期一(若週一為假日順延至下一天)
> 💲 1樓及2樓免費，4樓及5樓按個別展覽收費

▲ 館前廣場豎立的是美術館的守護神。(©Osaka Convention & Tourism Bureau)

▲ 美術館內部。(©Osaka Convention & Tourism Bureau)

親子必訪名師建築　童書之森 中之島

こども本の森 中之島
地圖 P.156

　　童書之森 中之島在中之島公園 (P.157) 內，2020 年夏天才開幕，樓高 3 層的建築由名建築師安藤忠雄設計，以其一貫清水混凝土作建築物料，內裏 360 度的書牆，一進去就被書海包圍。這裏不同於傳統的圖書分類，有「漂亮的東西」、「未來會怎樣」、「生與死」等課題，讓小孩學習更多關於生活、人生等課題。館內有各種語言書籍，所以父母不妨帶子女參觀「書本森林」。注意需提早在官網預約。

▶「美麗的事物」圖書架。

▲童書之森 中之島。

▲ 可自由坐在梯間閱讀。

▲360度書牆。

▲特意設計成小孩都可從不同角度拿到書本。

> 🏠 大阪市北區中之島1-1-28
> 🚇 京阪電車「なにわ橋」站3號出口；或地下鐵御堂筋線或京阪電車「淀屋橋」站1號出口
> 🕐 9:30-17:00　🚫 逢星期一、年末年始、整理書籍期間
> 📞 06-6204-0808　🌐 kodomohonnomori.osaka

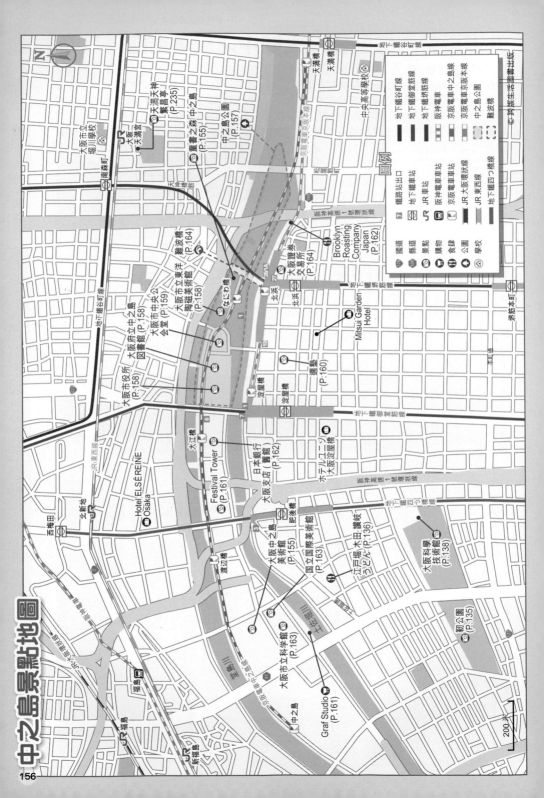

木造車站 中之島線沿線車站

地圖 P.156

中之島線的車站與大阪市其他鐵路不同,在裝潢和能源方面都花了不少心思,其中なにわ橋站的出入口由大阪建築師安藤忠雄設計,出口的空曠地方種了樹木和放置了類似蜂巢狀的太陽能採光系統。室內則是弧型天花板及牆身部分安裝了 LED 燈,晚上看起來是藍色的,加上牆身比較滑,開了 LED 燈後的效果像藍色的水,正好配合大阪是水都的特色。

▲木造車站。

其餘三個車站的出入口統一使用防垢的木材和玻璃,分別象徵中之島的樹木和大阪川流不息的水。車站內外表現了日本傳統和自然的特色,晚上採用偏黃的柔燈光。車站室內部分沿用木材及配搭灰色,令人聯想到中之島的中央公会堂顏色上的配搭。

▲車站內同樣採木材風格。

▲太陽能採光系統。

▶なにわ橋站的弧型天花,晚上看起來像藍色的水。

> Info
> 1. 京阪電車中之島線「なにわ橋」站、「大江橋」站、「渡辺橋」站或「中之島」站
> 2. 地下鐵御堂筋線「淀屋橋」站 1 號出口,或地下鐵堺筋線「北浜」站 1A,或京阪電車京阪本線「北浜」站 26 號出口

各展風姿的玫瑰 中之島公園

地圖 P.156、228

公園長 1.5 公里,即由中之島東面的盡頭到圖書館,再由島南面的長廊至肥後橋,範圍極大,嚴格來説,大阪市立東洋陶磁美術館、大阪市中央公会堂都屬於公園內。建於 1891 年,是大阪最早建成的公園,園內景色怡人,如 5 至 10 月可觀賞多種玫瑰。如時間不夠,可到美術館後的玫瑰園 (中之島バラ園)。在難波橋附近的廣場區有時會舉辦活動,如聖誕節曾舉辦「光之饗宴」燈飾活動。

▶人們也喜愛在草地活動和休息。

▲中之島公園

▶玫瑰花。

盛放的月份。

海▶假日時這裏人山人海,尤其在五月玫瑰

◀中之島バラ園 (玫瑰園)。

> Info
> 🏠 大阪市北区中之島 1
> 🚇 京阪電車中之島線「なにわ橋」站 1 號出口,或地下鐵堺筋線「北浜」站 1A,或京阪電車京阪本線「北浜」站 26 號出口,或地下鐵御堂筋線「淀屋橋」站 1 號出口
> 🌐 www.osakapark.osgf.or.jp/nakanoshima

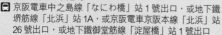

歷史悠久　大阪府立中之島図書館

地圖 P.156

▼建築外觀。

這個採用巴洛克式建築風的圖書館在 1904 年啟用，已有 100 年歷史，內藏 50 萬本古文書、大阪相關文獻和商務書籍。圖書館雖然設有大正門，但是關閉不開放，入口在左邊的側門，接待處的職員會指示前往儲物櫃放下私人財物，然後經過樓梯參觀圖書館內其他設施。

內部拍攝申請

如想拍攝圖書館內部，可先和地面接待處職員查詢，再依指示前往 2 樓申請。攝影地方只限中央大堂，拍照時不能發出任何快門聲、不能拍攝人和使用閃光燈。職員會給你「攝影許可證」，拍攝完畢後交還。

TIPS

▲ 拍攝期間需戴上此證。

🏠 大阪市北区中之島 1-2-10
🚇 京阪電車中之島線「なにわ橋」站 1 號出口，或地下鐵堺筋線「北浜」站 1A，或京阪電車京阪本線「北浜」站 26 號出口步行 5 分鐘
🕐 星期一至五 9:00~20:00，星期六 9:00~17:00
🚫 星期日及公眾假期、3、6、10 月的第 2 個星期四以及年尾年初，個別休館日請參閱官網
📞 06-6203-0474
🌐 www.library.pref.osaka.jp/site/nakato

走進公務員辦公室　大阪市役所

地圖 P.156

原址為建於 1921 年的舊市役所，現時的大阪市役所在 1985 年落成，是市政府公務員上班的地方。市役所的建築原本是歐陸式，最後被拆除重建為現今模樣，最底層的大堂開放參觀，不時會有展品展出。

🏠 大阪市北区中之島 1-3-20
🚇 京阪電車中之島線「大江橋」站 5 或 6 號出口，或地下鐵御堂筋線「淀屋橋」站 1 號出口步行 5 分鐘
🕐 星期一至五 9:00~17:30　📞 06-6208-8181
🚫 星期六、日及公眾假期，12 月 29 日至 1 月 3 日
🌐 www.city.osaka.lg.jp/somu/page/0000004215.html

找尋中國古代陶器　大阪市立東洋陶磁美術館

☑ 持大阪周遊卡免費入場

地圖 P.156

在這個美術館內，除了展示日本和韓國的古代陶瓷作品外，還有中國的，展品年代由漢代至明代都有，極具歷史和觀賞價值。常設展內，中國和韓國的佔了大部分，兩國各有 3 個和 4 個展區，而日本則只有一個。

博物館亦設有專題展覽，可事先查詢，根據自己興趣而選擇是否參觀。

🏠 大阪市北区中之島 1-1-26
🚇 京阪電車中之島線「なにわ橋」站 1 號出口，或地下鐵堺筋線「北浜」站 1A，或京阪電車京阪本線「北浜」站 26 號出口，或地下鐵御堂筋線「淀屋橋」站 1 號出口
🕐 星期二至星期日 9:30~17:00
🚫 星期一（遇公眾假期順延至星期二）、12 月 28 日至 1 月 4 日、展覽替換期間休息
💲 成人 ￥1,400(HK$82)，高中、大學生 ￥700(HK$41)
📞 06-6223-0055　🌐 www.moco.or.jp

中之島

梅田

中崎町

邊喝咖啡邊賞河川景色 **Moto Coffee** 地圖 P.156

Moto Coffee 最大的賣點，莫過於它坐落在就近車站、靠近河邊的最佳位置，及其室外用餐空間。天氣不錯時在外面一邊欣賞河川景色，一邊與朋友聊天及用餐就最好不過了；即使一個人，也能靜靜閱讀或放鬆。室外座位有限，建議進入餐廳前，先在餐廳外的難波橋看看座位情況，並考慮當時的天氣狀況。餐廳提供餐包、蛋糕和咖啡／茶，例如香濃的 cappuccino(カプチーノ)，以及甜薯杏仁脆餅 (さつまクロッカン)。

▲ 啡色和白色是 Moto Coffee 的風格。喜歡晚上在中之島公園喝咖啡的話，可在這兒買咖啡前往享受。

◀ 從餐廳可望到堂島川。

▲ 法式甜點さつまクロッカン (￥250、HK$19)，熱烘烘、很香甜。

◀ Cappuccino(カプチーノ，￥630、HK$37)。

Info
- 🏠 大阪市中央区北浜 2-1-1
- 🚇 地下鐵堺筋線或京阪電車本線「北浜」站 26 號出口對面
- 🕐 11:00~18:00（最後點餐：17:30）
- 📞 06-4706-3788
- 🌐 shelf-keybridge.com/jp/moto

····································

文藝復興建築 **大阪市中央公会堂** 地圖 P.156

這個公會堂建於 1918 年，採用文藝復興歐陸式建築，內有音樂廳和餐廳。建築物後來進行修復，於 2002 年重新開放，並加強防震。在中之島幾個歐陸建築之中，以公會堂最有代表性。

Info
- 🏠 大阪市北区中之島 1-1-27
- 🚇 京阪電車中之島線「なにわ橋」站 1 號出口，或地下鐵堺筋線「北浜」站 1A 出口，或京阪電車京阪本線「北浜」站 26 號出口步行 5 分鐘
- 🕐 9:30~21:30
- 🌐 osaka-chuokokaido.jp

▲ 採用文藝復興歐陸式建築的中央公會堂。

江戶時代學校 適塾

地圖 P.156

地圖 P.156

適塾是一間在江戶時代末期(19世紀)的學校,也是大阪大學的前身,其創辦人為著名醫生暨教育家緒方洪庵。當時,日本還未推行高等及西式教育,且教育尚未普及於民間,故緒方設立這所學校,傳授醫學和最新科技,讓來自日本各地的學生都能學到最新的知識。為了吸收西方科學(因為很多文獻尚未有日語翻譯版本),學生還需要學習荷蘭語,所以在適塾內,能看到珍貴的日荷字典。

▲適塾是大阪大學前身,也是從前學生吸收西方知識的重要地方。

適塾內人材輩出,顯示於一萬日元紙幣正面的人物福澤諭吉便曾入讀適塾。隨着明治時代(1868至1912年)現代化技術和制度的引入,適塾需要跟從政府的步伐,先轉型為大阪醫學校,然後是府立醫科大學,到後來的大阪大學。

現時適塾是歷史文化遺產,成為一座博物館,館內保存了當時緒方和學生使用過的物品,從中可了解適塾的運作,以及百多年前的學生如何學習。

▲庭園。

◀▲內部。

▲適塾外有創辦人緒方洪庵的銅像。

Info

🏠 大阪市中央区北浜3-3-8
🚇 地下鐵堺筋線或京阪電車京阪本線「淀屋橋」站19號出口步行1分鐘
🕙 10:00~16:00
🚫 星期一(假日除外),公眾假期翌日(逢星期六照常開放),年末年始(12月28日至1月4日)
💲 成人 ¥270(HK$16),大學生和高中生 ¥140(HK$11),初中生及小學生免費
📞 06-6231-1970
🌐 www.osaka-u.ac.jp/ja/guide/about/tekijuku/property.html

難波、道頓堀、心齋橋、梅田、新今宮、天王寺、天滿、大阪城、大阪灣、富田林、堺市、鐵道遊

中之島新地標 Festival Tower 地圖 P.156

Festival Tower 的原址為有 50 年歷史的日本傳媒朝日新聞大樓，2008 年 12 月遭拆除後計劃建兩座比從前更高的多用途大樓，第一座於 2012 年末完成，而第二座已於 2017 年開幕。Festival Tower 有 37 層，並有兩層地庫，設有辦公室、醫療中心、餐廳、商場和劇場，而 Festival Tower West 則有 40 層，內有酒店、美術館等，成為中之島的新地標。

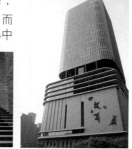

Info
- 🏠 大阪市北区中之島 2-3-18
- 🚃 京阪電車中之島線「渡辺橋」站 12 號出口，或地下鐵四つ橋線「肥後橋」站 4 號出口直達，或地下鐵御堂筋線「淀屋橋」站 7 號出口步行 5 分鐘
- 🕐 各店鋪及劇場開放時間不一
- 🏠 www.festival-city.jp

▲大樓內劇場的入口，十分華麗。

▲ Festival Tower

中之島

梅田

中崎町

由 6 個專業人士打造的生活品牌 Graf Studio 地圖 P.135、156

Graf 的 6 個創辦人來自 6 個不同背景：建築師、產品設計師、木匠、家具工、藝術家和廚師。他們發揮各自所長，創立 Graf 這個生活品牌，售賣廚具、家具、雜貨等，產品設計簡單且有質感。他們還設有小小的咖啡廳，能吃到不錯的甜點，包括大大份的藍莓可麗餅 (クレープ)。透過這兒的傢俱和餐飲，或可看到他們 6 人心中的生活理念是甚麼，甚至能讓你的生活態度得到啟發，值得前往。

▲ Graf Studio 由 6 個來自完全不同背景的人組成。

▲裏面所賣的生活雜貨，也許反映了他們一些共同理念。

▶藍莓可麗餅 (クレープ、¥500、HK$38)。

Info
- 🏠 大阪市北区中之島 4-1-9
- 🚃 地下鐵四つ橋線「肥後橋」站步行 10 分鐘，京阪電車中之島線「中之島」站步行 8 分鐘
- 🕐 11:30～18:00
- 休 星期一 (如遇假日順延至星期二)、年末年始 (每年不同)
- 📞 06-6459-2100
- 🏠 www.graf-d3.com

▶這裏還提供有吃的，我想就是想想他們的在話，傳達甚麼生活理念。感受或他們不提供他們的。他們的理念

來自紐約的咖啡店 地圖 P.156
Brooklyn Roasting Company Japan

　　Brooklyn Roasting Company 來自紐約，於 2010 年成立，在美國營運兩年後即進駐大阪現址，現時在大阪和東京皆有分店。要説這裏的特色，就是河岸的室外位置可欣賞中之島 (中之島中央公會堂) 景致。當有水上巴士駛過時，咖啡店客人和船上的乘客更會互相揮手示好！

▲ Latte(￥480，HK\$36)。

◀ 有河景看。

▲門口

Info
- 🏠 大阪市中央区北浜 1-1-9
- 🚇 地下鐵堺筋線、京阪電車本線「北浜」站步行 2 分鐘
- 🕐 星期一至五 8:00~20:00(最後點餐時間 19:30)；星期六、日及公眾假期 8:00~19:00(最後點餐時間 18:30)
- 📞 06-6125-5740
- 🌐 brooklynroasting.jp/location/kitahama

過百年歷史　日本銀行大阪支店 (舊館)

地圖 P.156

▲ 建於 1903 年的銀行舊館。

　　在車來車往的街道上，有一座巨大的文藝復興風格建築，那就是建於 1903 年的日本銀行大阪分店。不過這是舊館，它後面還有新館，兩館新舊並存，舊館曾於 1980 年至 1982 年間因為老化及地基下沉問題，進行了復修工程。

大阪支店旁的郵筒

　　這個郵筒是 1971 年日本郵便局為郵政服務市民 100 年而設的。郵筒上有個看到人們將地球舉起了的雕塑，而郵筒上寫着「郵便は世界を結ぶ」(郵遞連繫了世界)，喻意所有人都可以透過郵政服務和全世界溝通，彷彿能把地球舉起。

▲ 銀行旁的郵筒。

TIPS

Info
- 🏠 大阪市北区中之島 2-1-45
- 🚇 京阪電車中之島線「大江橋」站 6 號出口，或地下鐵御堂筋線「淀屋橋」站 7 號出口
- 📞 預約：06-6206-7742 (兩星期前致電)
- 🌐 參觀詳情：www3.boj. or.jp/osaka/guide/tour-index.html

建於地底 国立国際美術館

地圖 P.135、156

　　国立国際美術館共有 3 層，均建於地底，由香港國際金融中心 (IFC) 的美國建築師 Cesar Pelli 所設計。地下建築設有三層外壁，用來防水及控制溫度和濕度，以解決室內可能出現水壓和入水的問題。受竹林自然環境及其生命力的啓發，在東京度身訂做不銹鋼架作為建築物外形，由室外深入至地底，但看來像一支支鋼架由地底向上生長。館內不是密封建築，有陽光時，室內大堂和紀念品售賣的地方還能採自然光，感覺舒適。展館展示現代建築，不時有專題展覽，是美術愛好者的好去處。

🏠 大阪市北区中之島 4-2-55

🚉 京阪電車中之島線「渡辺橋」站 2 號出口，或地下鐵四つ橋線「肥後橋」站 3 號出口

🕐 星期二至四、日 10:00~17:00(最後入場：16:30)，星期五、六 10:00~21:00(最後入場：20:30)

🚫 星期一 (遇公眾假期改為星期二休館)，2023 年 9 月 11 日至 2024 年 2 月 5 日，部分日子按需要休館，展覽替換期間休息

💲 ・常設展成人 ￥430(HK$33)，大學生 ￥130(HK$10)，高中生或 18 歲以下、老人及傷殘人士免費；專題展覽另計入場費
　・憑大阪市 1 日乘車券 (エンジョイエコカード)，常設展 ￥220(HK$17)，大學生 ￥70(HK$5)
　・持大阪周遊卡參觀常設展及特別展收團體費用

📞 06-6447-4680　🌐 www.nmao.go.jp

▲ 美術館的建築，有人説像蝴蝶，我則覺得像翼龍的龍骨架，你覺得像甚麼呢？美術館附近的設計有日本庭園的影子，不妨留意一下。

認識科學原理 大阪市立科學館

地圖 P.156

☑持大阪周遊卡免費參觀展示場

　　大阪市立科学館就在国立国際美術館旁，共有 5 層展館，主要介紹天文、化學 (物質方面)、物理學、電子、能源等 5 個範疇，地庫還有天象廳。館內設有餐廳，提供輕食。

▶大阪市立科学館。

🏠 大阪市北区中之島 4-2-1

🚉 京阪電車中之島線「渡辺橋」站 2 號出口，或地下鐵四つ橋線「肥後橋」站 3 號出口

🕐 星期二至日 9:30~17:00(最後入場：16:30)，餐廳 10:45~16:30(最後點餐：16:00)，天象廳最後放映為 16:00

🚫 星期一 (遇公眾假期改為星期二休館)、公眾假期翌日、年末年始，以及臨時休館日 (詳見官網)

💲 ・展示場成人 ￥400(HK$30)，高中生及大學生 ￥300(HK$23)，初中生或以下免費；天象廳成人 ￥600(HK$46)，高中生及大學生 ￥450(HK$34)，3 歲至初中生 ￥300(HK$23)
　・憑大阪市 1 日乘車券 (エンジョイエコカード)，天象廳入場享八折折扣，展示場不設優惠

📞 06-6444-5656

🌐 www.sci-museum.jp

▲展館介紹不同科學原理，並有遊戲讓小童寓學習於娛樂。

▲內部。

◀介紹大阪市電力應用。

發現大獅子 難波橋

地圖 P.156

難波橋又稱「獅子橋」，因為有獅子像矗立橋頭。這條人車共用的橋位於地下鐵堺筋線北浜站及大阪證券交易所對面，穿過中之島來往大阪南北。難波橋與天神橋、天滿橋合稱「浪華三大橋」。在 1915 年建造，並在 1975 年修補成為今天的樣子。

◀從中之島那邊拍攝的難波橋。

▲難波橋的獅子像。

地下鐵堺筋線「北浜」站
1A，或京阪電車京阪本
線「北浜」站 26 號出口

經濟活動中心 大阪證券交易所

大阪取引所

地圖 P.156

在 19 世紀，這一帶已經是證券交易場地，而這座交易所建於 1935 年，並在 2002 年重建成現時的模樣，主要正門得以被保留。交易所前身為「堂島米會所」，是江戶時期稻米和穀物交易的集中地。大樓前有個銅像，它是大阪經濟之父五代友厚。他是日本證券交易所的創辦人，也在大阪建立不少公司。

▲證券交易所外貌，圖由難波橋尾拍攝過去。

遊客可從大樓的升降機到 4 樓的證券所 (Osaka Securities Exchange)，參觀那裏的歷史展覽和交易所場地，但參觀前警衛有可能要求留下個人資料 (如姓名、護照編號)，只要是「見學」(參觀) 一般都可以進入參觀 (需提前預約)。

▲重建後，交易所在風格上有少許不同了，因為只有正門被保留，其他部分比較新。

◀設有小型展覽，讓訪客多了解大阪經濟歷史。

▲門外有大阪經濟之父五代友厚的雕像。

▲地面大堂正門華麗的一面。

🏠 大阪市中央區北浜 1-8-16
🚇 地下鐵堺筋線「北浜」站 1B 出口，或京阪電車京阪本線「北浜」站 27 或 28 號出口
🕐 星期一至星期五 10:00~14:00　📞 06-4706-0800
🛇 星期六、日及公眾假期　🌐 www.jpx.co.jp

8.2 梅田

　　梅田位於難波北面，是一個商業和購物區，從難波只需乘搭地下鐵御堂筋線，短短 15 分鐘可達。這裏有不少百貨公司和商場。近年來，Osaka Station City 和 Grand Front Osaka 相繼開幕，成為新的地標，這些新地標已超越購物層次，不只是商場或百貨，而是一個新打造的社區！

前往方法

1. 地下鐵御堂筋線「梅田」站、谷町線「東梅田」站、四つ橋線「西梅田」站。
2. 阪急電鐵「梅田」站，或阪神電車「梅田」站，或 JR 大阪環狀線「大阪」站。
*區內交通見後頁。

難波、道頓堀、心齋橋、梅田、新今宮、天王寺、天滿、大阪城、大阪灣、富田林、堺市、鐵道遊

由大阪站變成大社區 Osaka Station City

地圖 P.167

◀南北廣場連接南門大廈往來梅田車站，方便乘客來往梅田區域，也可找個位置坐下來休息。

JR 大阪站原本只是個大型車站，但 JR 鐵路公司將它重新規劃，建造北門和南門大廈，並有車站廣場連結，把它打造成一個大型社區，名為 Osaka Station City，成為梅田大受歡迎的景點。北門大廈內有大型百貨公司 Isetan(三越伊势丹)、商場 Lucua，以及全關西最大的電影院；南門大廈則為 Daimaru(大丸百貨)。

▲ Daimaru(大丸百貨)。

▲ Isetan(三越伊势丹)。

JR 大阪環狀線「大阪」站，或地下鐵御堂筋線「梅田」站 (依地下通道指示前往)

10:00~20:00，視乎各店鋪及設施而定

osakastationcity. com

梅田另一地標 Grand Front Osaka

地圖 P.167

▲商場內。

Grand Front Osaka 坐 落 在 Osaka Station City 北門大廈旁，在 Yodobashi Umeda 對面，從 JR 大阪站有天橋連接。Grand Front Osaka 包括 4 座大樓，由商店、食肆、餐廳、辦公室、酒店、公 寓、Knowledge Capital 及 Panasonic Center 組成。

在 商場 內，可找到連鎖商店如 HMV、無印良品、Urban Research。 這裏還

▲ Grand Front Osaka 也重視綠化。

特設 3 個美食區：包括集合日本美食的 Umekita Dining，擁有咖啡店、零食店、賣酒商店等的 Umekita Cellar，以及集世界料理於一身並開至凌晨 4 點的 Umekita Floor。

▶ Umekita Floor，其中一個美食區。

▲ Grand Front Osaka 全景。　(相片由 Grand Front Osaka 提供)

大阪市北区大深町 4-1

JR 東海道本線「大阪」站，或地下鐵御堂筋線「梅田」站 (依地下通道指示前往)

視乎各店鋪及設施而定，一般約 10:00 後營業

06-6372-6300

www.grandfront-osaka.jp

Grand Front Osaka 內重點漫遊

知識型經濟展覽中心 Knowledge Capital

Knowledge Capital 的目的，就是要推動知識型經濟發展，並使大阪成為真正的 Knowledge Capital。Knowledge Capital 內的 B1 層至 3 樓為 The Lab.，大眾可在裏面參觀科技展覽、在咖啡店品嘗美食或閱讀具啓發性的書籍、參與工作坊，也可到 Future Life Showroom，透過概念商店感受未來技術發展和生活。其中在科技展覽裏，公眾可以發表自己的想法，這些想法可能會成為日後的新產品或服務。

▲ The Lab. 設有咖啡店。
（相片由 Grand Front Osaka 提供）

▲ The Lab. 透過展覽形式，讓公眾了解創意和科技如何結合，改善我們的生活。

> **Info**
> 🏠 Grand Front Osaka
> 　　北館 B1F~6F
> 🕐 約 10:00~21:00，
> 　　各店、鋪及設施營
> 　　業時間不同
> 🔗 kc-i.jp/tw

盡享各式杯中物 世界啤酒博物館、世界紅酒博物館
世界のビール博物館、世界のワイン博物館

這兩間博物館其實是餐廳，分別擁有來自世界 35 個國家、超過 200 款的啤酒和紅酒，收藏豐富，更有很多外面不常見的酒類。店內提供各種伴酒小菜，可享用午餐或晚餐。注意，兩間博物館並非共同經營，如想同時享用啤酒和紅酒，需要分開進場及付款。

▶ 澳洲的白啤酒 Edelweiss。
（¥1,274、HK$97）

▲ 世界紅酒博物館。

▲ 世界啤酒博物館。

（圖文：Gigi）

> **Info**
> 🏠 大阪市北區大深町 3-1 Grand Front Osaka 北館 B1
> 🕐 11:00~23:00(最後點餐：22:00)
> 📞 06-6371-6968　🔗 www.zato.co.jp
> ⚠ 未成年請勿喝酒

仙台牛舌 牛タン炭焼 利久

 地圖 P.167

仙台牛舌專門店利久於大阪也有分店，就在 EKI MARCHÉ Osaka 內，採用與仙台一樣的材料，讓客人能品嘗同樣的味道。牛舌本身較厚韌，很難烹調，利久採用獨特的醃製法，令牛舌變得柔軟，再用炭火燒烤，就算是厚切的牛舌也可以輕易咬開，充滿鹽醃炭燒味，容易入口。牛舌定食分普通和極品燒，極品燒即加厚的牛舌，另有牛舌 & 芋煮定食 ￥2,662(HK$157) 和牛舌丼定食 1,760(HK$104) 等。

▲牛舌極品燒 (牛たん極み焼き)，定食 3 枚 6 切 ￥3,333(HK$195)。

▲牛タン炭燒 利久。

(圖文：Gigi)

🏠 大阪市北区梅田 3-1-1 JR 大阪駅エキマルシエ大阪 (EKI MARCHÉ Osaka 內)
🚃 JR「大阪」站中央南口步行 1 分鐘
🕐 11:00~23:00(最後點餐：22:30)
📞 06-6343-0910　🌐 www.rikyu-gyutan.co.jp

百貨店內的博物館 DAIMARU Museum

 地圖 P.167

大丸ミュージアム

購物途中想悠閒一下，不妨到大丸百貨 15 樓的博物館參觀，博物館不定期有展覽，過去曾展出巴黎與大阪的藝術物語、法國畫家庫爾貝畫展、漫畫家羽海野千花的原畫展、畢加索展覽等。由於不是經常有展覽，宜出發前在官網查看。(圖文：Gigi)

▲博物館位於 15 樓。

🏠 大阪市北区梅田 3-1-1 DAIMARU 15F
🚃 JR 大阪環狀線「大阪」站，或地下鐵御堂筋線「梅田」站 (依地下通道前往)
🕐 10:00~20:00　休 沒有展覽時休息
💲 每次展覽收費不一，成人 ￥1,000~￥2,000(HK$59~118)，高中生 ￥700~900(HK$41~53)，中小學生 ￥500~900(HK$29~53)
📞 06-6343-1231　🌐 www.daimaru.co.jp/museum

乘摩天輪欣賞大阪美景 Hep Five

地圖 P.167

Hep 由阪急 (Hankyu) 集團規劃，全寫為「Hankyu Entertainment Park」。Hep Five 商場連地庫共有 10 層，售賣潮流服飾。另外，可在 7 樓乘摩天輪觀賞大阪景色，摩天輪轉一圈約 15 分鐘。

▲共有 10 層，可慢慢逛。

▲摩天輪。(攝影：Gigi)

🏠 大阪市北区角田町 5-15
🚃 阪急電鐵「梅田」站，或地下鐵御堂筋線「梅田」站範圍內依指示沿連接通道前往阪急電鐵「梅田」站
🕐 商店 11:00~21:00，餐廳 11:00~22:30，摩天輪 11:00~22:45，各商店及餐廳營業時間不一
休 詳見官網
💲 摩天輪成人 ￥600(HK$35)，幼稚園或以下免費，阪急阪神 Odekake Card 可減 ￥100(HK$6)
📞 06-6313-0501，06-6366-3634(摩天輪)
🌐 www.hepfive.jp

關西最大的美妝店 @ cosme Osaka

地圖 P.167

@ cosme 第 1 間大阪分店「@ cosme OSAKA」於 2023 年 9 月在 LUCUA 1100 3 樓隆重登場！大阪旗艦店是僅次於東京分店屬全日本第二大的，店內陳設 500 多個品牌、超過 12,000 種商品，包括 CHANEL、SUQQU、athletia 等世界知名品牌。另外，分店位處 LUCUA 1100 場內，同樣能享受免稅優惠。女孩們事不宜遲，趕緊去逛逛吧！

► @ cosme Osaka。

▲店內排列多款化妝品、護膚品。

▲▼►店內有多個美妝品牌的專櫃。

▲店內還有位置可以慢慢試。

🏠 大阪府大阪市北区梅田 3-1-3
　 ルクア イーレ 3F
🕐 10:30~20:30
📞 06-4980-2971
💻 www.cosme.net/store/shop/osaka/

（圖文：福岡女孩 Yumeko）

中之島

梅田

中崎町

手帕專門店 にじゆら　地圖 P.167

にじゆら專賣手帕，手帕有不同顏色和風格。該品牌在大阪府堺市有一個染工場，由職人用心把顏色染在布料上，成為珍貴的產品。每條手帕 ¥1,728(HK$131)，圖案精美，且經過細心設計，所以不算很貴，買給朋友盡顯心意。

▲部分手帕提供相關介紹。　　　　▲手帕有不少款式。

info
- 🏠 大阪府北区梅田 3-1-3 大阪 LUCUA 9F
- 🚇 地下鐵谷町線「中崎町」站 4 號出口步行 4 分鐘
- 🕐 11:00~19:00
- 休 年末年始
- ☎ 06-7492-1436
- 🌐 www.nijiyura.jp

大型書店 Maruzen & Junkudo　地圖 P.167

這間書店由 Maruzen(丸善) 和 Junkudo(ジユンク堂) 合營，規模龐大，設有地庫 1 層及地上 7 層。

每層提供一至兩種書籍或產品，書籍及雜誌主題眾多，包括電腦、社會、藝術、人文等。書店設有位置擺放任何與大阪有關的書，如旅遊書及其他與大阪相關的歷史、文化、建築等書籍，而店內還有大阪建築師安藤忠雄的專櫃。即使不會日語，也可以透過看看書中大阪的圖片，加深對這個城市的認識。

◄ Maruzen & Junkudo 共有 8 層。

info
- 🏠 大阪市北区茶屋町 7-20 チヤスカ茶屋町
- 🚇 阪急電鐵「梅田」站步行約 5 分鐘，或地下鐵御堂筋線「梅田」站範圍內依指示沿連接通道前往阪急電鐵「梅田」站
- 🕐 星期一至五 10:00~22:00，星期六、日及公眾假期 9:00~22:00
- 休 詳見官網　☎ 06-6292-7383
- 🌐 honto.jp/store/detail_1570065_14HB320.html

年輕人的商場 NU chayamachi　地圖 P.167

NU chayamachi (NU 茶屋町) 以木板及綠化為主要格調，商場分為兩座建築物，設有數十個時尚及食肆品牌，如 Starbucks、大阪品牌 muse、上海料理龍福小籠堂等，兼具本地及國際特色。商場具有較多潮流品牌，成為當地年輕人常去的地方之一。

▲ NU chayamachi 有多個來自本土及外地的時尚及食肆品牌。

info
- 🏠 大阪市北区茶屋町 10-12
- 🚇 阪急電鐵「梅田」站或地下鐵御堂筋線「梅田」站 1 號出口，步行約 4 分鐘
- 🕐 11:00~21:00(食店約營業至 23 :00，Tower Records 至 23:00)
- 休 12 月 31 日至 1 月 1 日，個別日子休業，出發前宜至官網查看
- ☎ 06-6373-7371
- 🌐 nu-chayamachi.com

超鬆軟人氣班戟 幸福班戟 地圖 P.167

幸福班戟曾接受多間日本電視台和雜誌的介紹，極具人氣，就算平日去也要等20 分鐘。店中用新鮮雞蛋代替發酵粉，加上採用紐西蘭的蜂蜜和北海道牛奶製成的牛油，令班戟入口即溶，非常鬆軟，充滿蛋味。而且班戟上大多放有雪糕和自家製的穀物片，香脆可口。班戟口味眾多，包括芝士藍莓、紅茶、熱朱古力等，不同分店會有不同的期間限定口味，如梅田店的Tiramisu、蜜瓜和桃味等。注意，每份班戟即叫即做，點餐後約需等 20 分鐘。

▶熱朱古力班戟，¥ 1,380(HK$81)。

Info

🏠 大阪府大阪市北区堂山町 4-7 1F
🚇 大阪市營地鐵谷町線 / 東梅田站東北檢票口地下街 M-10 出口即到
🕐 平 日 11:00~20:00(最 後 點 餐 19:15)，星期六、日及公眾假期 10:00~20:30(最後點餐 19:40)
🚫 不定期休息　📞 06-6313-8888
🏠 magia.tokyo

(圖文：Gigi)

關西最大店 Loft 地圖 P.167

Loft 在全國有眾多分店，其中位於梅田的是關西最大面積分店，一共樓高 8 層，售賣各種美容用品、家庭用品、擺設、旅行用品、文具等；7 樓是文教堂 JOY，售賣影音和書籍；8 樓是島村樂器，售賣音樂用品。店裏售賣的精品種類五花八門、款式齊全、精緻可愛，是購買手信給親朋好友的最佳地方。

◀ 梅田 Loft

▲ Loft 內售賣各種實用的家庭用品。

◀ 會因應季節推出期間限定的產品。

Info

🏠 大阪市北區茶屋町 16-7
🚇 阪急線「梅田」站茶屋町口，或地下鐵御堂筋線「中津」站 8 號出口
🕐 11:00~21:00　📞 06-6359-0111
🏠 www.loft.co.jp/shop_list/detail.php?shop_id=143

(圖文：Gigi)

Part 8

阪急梅田購物地 阪急三番街

地圖 P.167

阪急三番街分南北館，地下及地上各兩層。2 樓與阪急梅田站直接連接，地面那層是高速巴士站，交通位置十分方便。內裏有餐飲、購物、服裝、生活用品、雜貨、書店等各種商店，應有盡有，總共超過 270 間店鋪。於 2018 年翻新開放的北館 B2F Umeda Food Hall，面積有近 5 個籃球場，是一個有逾千個座位的美食廣場，遊客尋食就更容易了！(圖文：Gigi)

▲ ▶ 與阪急梅田站直接連接的阪急三番街。

🏠 大阪市北区芝田 1-1-3
🚇 阪急電鐵「梅田」站，或地下鐵御堂筋線「梅田」站範圍內依指示沿連接通道前往阪急電鐵「梅田」站，或 JR「大阪」站御堂筋北口
🕐 餐廳 10:00~23:00，購物 10:00~21:00
🚫 詳見官網　☎ 06-6317-3303
🌐 www.h-sanbangai.com

阪急三番街內美食推介

甘辣有勁的咖喱飯 Indian Curry
インデアンカレー

地圖 P.167

日本的咖喱一向不辣，此店的獨特之處就在於甘辣的咖喱。店主敬白的母親受到印度烹飪老師的指導，學會烹調傳統的印度辣味咖喱，再因應日本人愛吃甜的口味，調製出這種甘辣的咖喱，並於 1947 年創店，再到她兒子接棒繼續經營。不過咖喱飯很少肉，而且可以説除了辣味外就甚麼味道都沒有，不能嘗辣的最好不要點，亦有不辣的牛肉燴飯 (￥730、HK$43)。

▲ 印度咖喱飯 (インデアンカレー) ￥830(HK$49)。咖喱飯可以選擇加大份量 (￥50、HK$4) 或加蛋 (￥50、HK$4)。

▲ 店鋪門口的標誌是印度大叔。

🏠 阪急三番街南館 B2
🕐 11:00~22:00
☎ 06-6372-8813
🌐 www.indiancurry.jp

(圖文：Gigi)

高級雪糕 Cremia Silkream

地圖 P.167

Silkream 是雪糕專門店，售賣雪糕、芭夫、新地等各式甜品，其中店鋪的招牌雪糕為 Cremia(プレミアム生クリームソフト)。此雪糕採用北海道的牛奶，且牛奶成分特別的多，味道極致香濃，被譽為高級雪糕。普通的雪糕筒一般是用威化餅，但 Cremia 則用窩夫餅，比普通的厚實且香脆可口。雪糕外形並非呈螺旋形，而是垂直的波浪形，更顯高級感。

◀ 被譽為高級雪糕的 Cremia(￥580，HK$34)。

🏠 阪急三番街南館 B2F
🕐 11:00~22:00
🚫 1 月 1 日，2、5、9、11 月第三個星期三
☎ 06-6372-8764
🌐 www.nissei-com.co.jp/silkream-osaka/

(圖文：Gigi)

地圖 P.167

🎁 鬆弛熊專門店 Rilakkuma Store

可愛的鬆弛熊於日本及香港極具人氣，深受女生歡迎，大阪市內只有梅田一間專門店，售賣各種鬆弛熊的精品，店鋪會定期推出限定商品，粉絲不能錯過。

◀可與鬆弛熊合照。

▶毛公仔讓人愛不釋手。

▲另有售鬆弛熊的朋友黃小雞的精品。

▶各款造型可愛的銀包和卡套。

▶專門店門口。

🏠 阪急三番街北館 1 樓
🕙 10:00~21:00
休 不定期休息
📞 06-6372-7708
🌐 www.san-x.co.jp/blog/store

（圖文：Gigi）

中之島
梅田
中崎町

平民化美食天地 新梅田食道街

地圖 P.167

新梅田食道街共有兩層，近 JR 大阪環狀線大阪站，與周圍的新式建築呈現了新舊對比，食物種類也比較平民化。食道街早於1950 年營業，當時為了讓日本國鐵 (即 JR 的前身) 職員退休後可以在裏面自行創業。隨着年代變遷，店鋪數目增至百多間，提供中華料理、日式、韓式等餐飲。

🏠 大阪市北区角田町 9-26
🚇 地下鐵御堂筋線「梅田」站 9 號出口，或阪急電鐵「梅田」站，或 JR 東海道本線「大阪」站 (實際位於 JR 高架路底下，由 JR「大阪」站經過天橋到阪急電鐵「梅田」站途中會見到)
🕙 視乎各間餐廳而異　📞 06-6312-1869
🌐 shinume.com//lang/ch

新梅田食道街內美食推介 ⭐

少見的章魚甘露煮 たこ梅 北店

▶店鋪門口。

たこ梅創業於 1844 年，現在的店主岡田哲生已經是第五代，店內主要提供關東煮。關東煮有很多食材，而店中的章魚甘露煮 (たこ甘露煮) 和鯨魚關東煮比較少見。章魚甘露煮採用瀬戶海的章魚，以秘傳醬汁醃製，章魚甜美，不少名人均慕名而來，如作家織田作之助，他的《夫婦善哉》曾出現章魚甘露煮。

▲水菜 1 串 (￥250、HK$19)。

▲章魚甘露煮 (たこ甘露煮)，兩串￥800(HK$47)。

🏠 大阪市北区角田町 9-26 新梅田食道街 1F
🕙 平日 16:00~22:50，星期六、日及公眾假期 15:00~22:50，最後點餐 22:30　📞 06-6311-5095
休 12 月 31 日至 1 月 1 日　🌐 takoume.jp

（圖文：Gigi）

購買精美文具 阪急百貨店 📷 地圖 P.167

▲ 現時的百貨店於 2012 年重新開幕。

▲ 百貨店地庫，與梅田站連接。

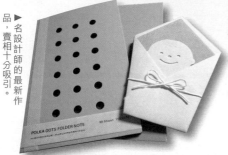
▶ 名設計師的最新作品，賣相十分吸引。

在阪急電鐵梅田站的阪急百貨店有多年歷史，早在 1929 年於梅田開設本店，經營多年後清拆重建成現今的模樣。新百貨設地庫兩層及地面 12 層，規模很大，售賣時裝、雜貨、文具和玩具等。值得一提的是，10 樓文具部不時展出日本名設計師的作品，這些文具在展出期間才發售，下次光臨時，可能是另外的作品。文具精美，是手信最佳選擇之一。

Info
- 🏠 大阪市北區角田町 8-7
- 🚇 阪急電鐵「梅田」站依指示前往，或地下鐵御堂筋線「梅田」站步行 2 分鐘
- 🕐 10:00~20:00，餐廳約 11:00~22:00，各店營業時間不一
- 🚫 1 月 1 日
- 📞 06-6361-1381
- 🌐 www.hankyu-dept.co.jp/honten/

以中年男性為對象 Hankyu MEN's 📷 地圖 P.167

Hankyu MEN's 在阪急百貨店對面，針對中年男士的需要，售賣時裝、西裝、音響、美容，還有隨身配件如手機保護套、錢包等。

▲ Hankyu MEN's

Info
- 🏠 大阪市北区角田町 7-10
- 🚇 阪急電鐵「梅田」站步行約 1 分鐘，或地下鐵御堂筋線「梅田」站範圍內依指示沿連接通道前往阪急電鐵「梅田」站
- 🕐 11:00~20:00，星期六、日及公眾假期 10:00~20:00
- 🚫 1 月 1 日
- 📞 06-6361-1381
- 🌐 www.hankyu-dept.co.jp/mens/chinese-02/index.html

無遮擋看大阪風光 梅田藍天大廈 📷 地圖 P.167

梅田スカイビル

▶ 日間的梅田藍天大廈。

來到梅田藍天大廈，主要是在 173 米高的空中庭園展望台 360 度飽覽大阪風光。大廈的結構有點像凱旋門 (大阪的凱旋門由兩棟大廈組成，空中庭園置於兩大廈之上)，但這大廈的空中庭園是一條圓環型的迴廊。

Info
- 🏠 大阪市北區大淀中 1-1-88
- 🚇 地下鐵御堂筋線「梅田」站 5 號出口，或阪急電鐵「梅田」站茶屋町口，或 JR「大阪」站中央北口，由阪急或 JR 站步行約 10 分鐘 (不論是地下鐵還是阪急梅田站，建議先在車站依指示步行到地下鐵梅田站的 5 號出口，步行到街口左轉，直走見行人隧道，穿過去，一出即達。雖然也可由阪急站出口，但阪急站沒有出口編號，若未去過不建議由該站出發前往)
- 🌐 www.skybldg.co.jp/tw/

梅田藍天大廈內必到必吃

盡覽無敵景色 空中庭園展望台 　地圖 P.167

☑ 持大阪周遊卡免費

　　無論購票或是憑大阪周遊卡入場，都會獲得一張圓形的紙張，寫着「173」，而展望台的圓環部分位於 173 米高。在展望台的頂層室外部分，拍照不用受玻璃阻隔影響拍攝效果。另外，展望台地面鋪了夜光石，到了晚上，地面會發出點點光芒，給人天上地下都滿佈星星的感覺。展望台設有特色情侶座，並透過不同的陳設和活動為情侶營造浪漫氣氛，好像頂層的 Lumi Deck、173 (40 樓) 的設施，而 39 和 40 樓的室內有不少單人或情侶座，大家可以一邊談心，一邊欣賞風景。

▲單人座。由於大阪以北的城市沒大阪般繁盛，加上有伊丹機場的關係，所以看到的大廈不會太高，而梅田大廈的高度本身亦有所限制。

▲梅田北面的夜色。

▲ 有淡淡螢光的夢幻星光大道「Lumi Sky Walk」。(相片提供：©Osaka Convention & Tourism Bureau)

▲ Lumi Deck。情侶坐上去，地面的燈色會有所變化。

🏠 梅田藍天大廈 39F、40F 及頂樓平台
🕐 一般：09:30~22:30(最後入場：22:00)
　• 1 月 1 日 5:00~22:00，可看新一年第一個日出
　• 12 月 31 日延長至翌日凌晨 1:00，可參與倒數
　• 夏天、秋天部分日子會延長開放時間
🚫 每年不定，詳見官網；頂樓部分視乎天氣情況或不開放
💲 成人 ￥1,500(HK$76)
　4 歲～小學生 ￥500(HK$38)
　4 歲以下免費
　• 憑大阪 1 日乘車券 (エンジョイエコカード) 可有 9 折優惠
🔗 www.kuchu-teien.com

舒適行程安排

　　選擇晴朗的日子，大約下午至晚上時段參觀。舉個例，如果當天日落時間是 6 時，那麼預算下午 5 時左右抵達。大概晚上 7 至 8 時離開，並於梅田吃晚飯才回住處。這個安排較舒適，又能拍到較多及較好的相片。如果不知日落時間，展望台內有提示牌。

古色古香的食街 滝見小路　地圖 P.167

滝見小路是條小食街，位於梅田藍天大廈地庫，有多間食肆，特別之處是食街的裝潢呈現昭和時期的模樣，有派出所、狗、車，甚至稻荷大神等等。在空中庭園飽覽景色後，可以在這裏吃晚餐。

◀食街內的「稻荷神社」。

▲食街裝潢別有心思。

Info
🏠 梅田藍天大廈 B1F
📱 www.takimikoji.jp

食街推介 1

專吃大阪燒 きじ 必吃

為甚麼這間位於食街的きじ這麼熱鬧？全因店主木地崇巖さん風趣好客，又會説英語和國語，更不介意和大家拍照。在這裏不只吃到好吃的大阪燒，更能感受到大阪人的友善和幽默。きじ有不同的大阪燒，包括豚玉、滝見燒等，不過餐單只有日語沒有圖片，點餐前可問問老闆。

▶右邊是店主木地崇巖さん。

▲大阪燒。在這兒用餐每人平均消費約 ￥800(HK$61)。

▲大阪燒要放在鐵板上，然後用鏟切開一小塊，再拿到碟上吃，千萬不要把整塊大阪燒移到碟上吃。

Info
🏠 梅田藍天大廈 B1F 滝見小路內
🕐 11:30~21:00
休 星期四及每月第 1、3 個星期三
📞 06-6440-5970

食街推介 2

便宜好吃的炸豬排 喝鈍 推介

▲豬排多汁，與飯分開上枱。

要數便宜又滋味的豬排飯，喝鈍是表表者。豬排飯 (かつどん) 只售 ￥800(HK$47)，比在其他店吃划算。豬排現點現炸，炸好後放在金屬碟內，加上汁、洋蔥和滑蛋，豬排新鮮又熱烘烘，加上蛋後口感滑嫩。建議吃時，把汁淋在肉上，令肉更香甜。

▼豬排飯 (￥800 · HK$47)。

▲喝鈍提供便宜的炸豬排飯，但沒有因為價低而不好吃。

Info
🏠 梅田藍天大廈 B1F 滝見小路內
🕐 11:00~15:00，17:00~21:00（星期二休息）
📞 06-6440-5933

中之島 / 梅田 / 中崎町

任食當地牛肉 国産牛焼肉食べ放題あぶりや
地圖 P.167

在梅田站附近有一家限時兩小時、任食日本當地牛肉的店鋪。任食放題約￥4,280(HK$252)，而小童及 50 歲或以上人士會比較便宜。除了國產牛外，還可以吃到豬的不同部位。放題會供應菜和沙律，飯後更可以選一個甜品。餐廳設有中文菜單。

► 採用國產牛肉。

🏠 大阪市北区曽根崎 2-15-20 SWING うめだ 4F
🚇 地下鐵谷町線「東梅田」站或 JR 大阪環狀線「大阪」站
🕐 17:00~22:00；週末及假期 12:00~14:00，16:00~23:00
休 1 月 1 日　📞 06-6361-1129
🌐 aburiya.1dining.co.jp

(攝影：Tina&Fai)

多元化大型商場 Yodobashi Umeda Tower
地圖 P.167

在地下鐵梅田站一出，便是商場 Yodobashi Umeda Tower，場內店鋪種類甚多，還設有飲食店街。後於 2019 年結集「Yodobashi Camera Multimedia 梅田店」、「Links Umeda」、「Hotel Hankyu RESPIRE OSAKA」，以應有盡有的複合商場的姿態隆重開幕，成為梅田的新地標。

🏠 大阪府大阪市北区大深町 1-1
🚇 OSAKA METRO 御堂筋線梅田站北口，步行約 2 分鐘
🕐 09:30~22:00 各店鋪營業時間不一

(圖文：福岡女孩 Yumeko)

▲ Yodobashi Umeda Tower。

7 層電子天堂 Yodobashi Camera Multimedia 梅田店
ヨドバシカメラ マルチメディア梅田　地圖 P.167

Yodobashi Camera Multimedia 是一家知名的日本電子商品連鎖店，提供各式各樣的家電、相機、電腦、手機、家庭娛樂產品、遊戲和其他消費電子產品，而且價格較優惠，還經常進行促銷和特賣活動。特別是電子產品和相機相關商品，通常都能以較為實惠的價格買到心儀的產品。Yodobashi Camera Multimedia 亦提供免稅服務，免除消費稅後，令購物更划算。

◄ 店內分成不同區域。

► 店內還有出售動漫、遊戲 Figure。

► 店家會因應時節進行特銷。

🏠 Yodobashi Umeda Tower 內
🕐 09:30~22:00
📞 06-4802-1010
🌐 www.yodobashi.com/ec/store/0081/

(圖文：福岡女孩 Yumeko)

難波、道頓堀、心齋橋、梅田、新今宮、天王寺、天滿、大阪城、大阪灣、富田林、堺市、鐵道遊

時尚購物城 Links Umeda
リンクスウメダ

地圖 P.167

Links Umeda 於 2019 年 11 月正式開幕，從地上 8 樓至地下 1 樓共 9 層，賣場總面積約 17,273 坪，共有 200 間店舖進駐，時尚、飲食及各種便利服務一應俱全。Links Umeda 就近大阪站、梅田站，位置交通方便，容易安排到行程之中。而 1 樓的 UNIQLO 很大間，有足足 2,300 平方米，店內男裝、女裝、童裝款式齊全，包你能選中一款合心水的。

▲▶場內有各種不同的商店。

▲ Links Umeda 與 Yodobashi Camera Multimedia 梅田店相連。

info
🏠 Yodobashi Umeda Tower 內
🕐 09:30~22:00
💤 依各店鋪不同，詳情請參閱官網資訊
📞 06-6486-2225
🌐 links-umeda.jp

（圖文：福岡女孩 Yumeko）

⭐ Links Umeda 內精選商店 ⭐

🍊 水果甜點的美味魔法 GO・HO・U・BI PARLOR

GO・HO・U・BI PARLOR 提供當季新鮮水果製作的芭菲和水果塔，每一款裡的水果都如寶石般裝飾滿整個甜品，芭菲還加入柔滑的奶油和鬆脆的餅乾令口感豐富起來。另外，搭配水果的鬆餅和法式吐司亦是美味之選。

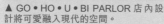

▶看起來很好吃的甜點。

▲ GO・HO・U・BI PARLOR 店內設計將可愛融入現代的空間。

info
🏠 Links Umeda 2F
🕐 10:00~21:00
📞 06-6131-7170
🌐 gohoubi-parlor.net

🎁 為自己度身訂製 Maker's Watch Knot

Knot 在 2014 年始於吉祥寺的一間小公寓，是日本定製手錶的先驅，無論錶或錶帶都有着代表日本的理念，如在錶帶製造中使用日本傳統皮革手藝「栃木レザー」。客人可在多款錶面和錶帶中找到最適合自己的手錶，亦能享受製作過程的樂趣，價錢約 10,000(HK$588) 起。

◀店內擺放各式各樣的手錶配件，總能組合出最適合自己的手錶。

info
🏠 Links Umeda 2F
🕐 10:00~21:00
📞 06-6147-3425
🌐 knot-designs.com

（圖文：福岡女孩 Yumeko）

買阪神虎隊手信　阪神百貨店

 地圖 P.167

▲阪神百貨店。

　　阪神百貨店連地庫共 13 層，是大型百貨公司，就在阪神電車梅田站上。百貨店屬於擁有以甲子園為基地的棒球隊「阪神虎隊」(Hanshin Tigers) 的那個大集團，在 8 樓設有阪神虎隊專賣店。另外，要注意，這間是「阪神」百貨店，而非「阪急」百貨店。

🏠 大阪市北區梅田 1-13-13
🚇 阪急電鐵「梅田」站，或地下鐵御堂筋線「梅田」站範圍內依指示沿連接通道前往阪急電鐵「梅田」站
🕐 約 10:00~20:00(一些樓層在部分日子營業至 21:00，詳見官網)，餐廳則 11:00~22:00
🚫 1 月 1 日　📞 06-6345-1201
🌐 www.hanshin-dept.jp

TIPS

- 購物超過 ¥5,000(HK$759)，可在 2F 行李寄存處退消費稅。
- 2F 設有兌換日元（限美金）服務。
- 如果買了太多戰利品想寄回家，2F 有郵寄物品服務。
- 持護照可在店內使用免費 WIFI，可在 B1F 詢問處和 2F 行李寄存處辦理。

阪神百貨店內美食推介

食物種類豐富齊全 阪神食品館

　　2022 年 4 月阪神食品館經翻新後再度開幕，位處阪神百貨地下 1 層，裡面分作 6 大區域，分別為客人提供各種各樣的食物，包括新鮮食材區、熟食區、酒類區、和菓子區、西式甜點區、麵包區等，進駐多間著名店家，像是義大利傳統點心「Gelsomina」、咖哩仙貝專賣店「咖哩之口」等。各式各樣的特色美食、甜點依舊十分吸引遊客和美食家。

▶館內有售不同國家的食物。

▲館內還有售可愛的餐具和廚房用品。

▲館內聚集多間商店。

🕐 10:00-20:00
📞 06-6345-1201

(圖文：福岡女孩 Yumeko)

猶如小型社區

地圖 P.167

西梅田 Osaka Garden City

　　Osaka Garden City 不只是一座建築物，而是一個規劃──自 90 年代以來，把舊有西梅田貨物車站，發展為商廈和商場。整個 Osaka Garden City 有多個建築，商場部分包括 The Hilton Plaza、Herbis Plaza、Breeze 等，並興建 Garden Avenue 地下通道連接梅田其他地方及車站，無論地下通道還是地面都有綠化或裝潢及藝術裝置。

▲ Osaka Garden City 內有不同商店。

▶地下通道環境優美。

🚇 地下鐵御堂筋線「梅田」站範圍內依指示沿連接通道前往
🌐 www.osaka-gardencity.jp

難波、道頓堀、心齋橋、**梅田**、新今宮、天王寺、天滿、大阪城、大阪灣、富田林、堺市、鐵道遊

走進 Osaka Garden City 的商場

時尚品味中心 The Hilton Plaza　地圖 P.167

The Hilton Plaza 分為東翼 (East) 和西翼 (West)，連地庫設有 10 層，售賣雜誌、家具、雜貨、名牌時裝等，而且有旅行社、牙醫診所和美容服務。

◀ 西翼。

Info
- 東翼：大阪市北区梅田 1-8-16
  西翼：大阪市北区梅田 2-2-2
- 地下鐵四つ橋線「西梅田」站 4-A 或 4-B 出口
- 商店約 11:00~20:00，餐廳約 11:00~23:00，各商店及餐廳營業時間不一
- 休 1 月 1 日及 6 月第 1 個星期一
- 06-6342-0002　www.hiltonplaza.com

購買時尚手信及欣賞劇場
Herbis Plaza ent、Herbis Plaza　地圖 P.167

Herbis Plaza ent 屬於 Herbis Plaza，兩個商場內大部分店鋪同樣以時尚和舒適的生活品味為主，如在 ent 的 2 樓有北歐雜貨家具專門店 BoConcept(ボーコンセプト)，4 樓則有 SonyStore(ソニーストア 大阪)，可以體驗最新的商品。ent 具有多間頂級品牌的旗艦店、專門店以及食肆，並在 7 樓設有大阪四季劇場 (ハービス PLAZA)。商場裝潢有心思，外面設有休憩走廊和公共藝術。另外，在 Herbis Plaza 還有咖啡館、室內裝飾及孩童服飾等店。

◀ 場外的標誌。

◀ Herbis Plaza ent 商場。

◀ 由此進入大阪四季劇

	Herbis Plaza	**Herbis Plaza ent**
🏠	大阪市北区梅田 2-5-25	大阪市北区梅田 2-2-22
🚌	地下鐵四つ橋線「西梅田」站北口	
🕐	商店 11:00~20:00，餐廳 11:00~22:30（各店時間不一）	商店 11:00~20:00，餐廳 11:00~23:00，美容及學校 11:00~21:00（各店時間不一）
休	不定期 (詳見官網)	
📞	06-6343-7500	
📱	www.herbis.jp	

探訪 12 米大木偶 BREEZÉ BREEZÉ　地圖 P.167

BREEZÉ BREEZÉ 主攻女性服飾，也有餐廳，商場的吉祥物是 12 米的木偶公仔ブリ CH(Buri-chan)。ブリ CH 到過世上不少地方，最後在大阪這個商場找到安身之地，但仍會不時離開去旅行，遊客到訪時有可能會找不到它。

◀ ブリ CH 的生日在 10 月 3 日。

◀ 女性商場大幅海報打女性牌。

▲ 表示女性服飾商品。

Info
- 大阪市北区梅田 2-4-9
- 地下鐵四つ橋線「西梅田」站 10 號出口走約 3 分鐘
- 店鋪約 11:00~21:00，餐廳 11:00~23:00，各店營業時間不一
- 休 1 月 1 日及 2 月 15 日
- www.breeze-breeze.jp

8.3 中崎町

中崎町在梅田的東面,從梅田只需步行 10~15 分鐘即達。雖然距離商業大樓和購物地帶林立的梅田不遠,但兩個地方的風格大相逕庭。中崎町比較寧靜,主要為舊屋,讓個性雜貨店和咖啡店能夠進駐。在這裏逛一會,然後在咖啡店坐坐,度過一個寫意的下午。

中崎町能保留舊建築,究其原因,是二戰期間大阪不少地區遭受破壞,這裏卻完好無缺。時至今日,原有的建築物沒有被清拆,也沒重建成像梅田或難波這些潮流地區,而是讓市民自由決定這裏的發展,開設小店、咖啡店等。

▲雖然中崎町街道予人簡樸的感覺,但其實街上有精彩的小店。

前往方法 ▶▶▶

1. 乘地下鐵谷町線至「中崎町」站。
2. 從 JR 大阪環狀線「大阪」站,或阪神電車、阪急電鐵、地下鐵御堂筋線的「梅田」站,步行 10~15 分鐘。

在舊空間品嘗輕食 うてな喫茶店

地圖 P.188

難波、道頓堀、心齋橋、梅田、新今宮、天王寺、天滿、大阪城、大阪灣、富田林、堺市、鐵道遊

◀うてな喫茶店很低調，在街上隨時錯過這店的存在。

在中崎町的街上走，稍一不留神便會錯過這間咖啡店。咖啡店外觀沒有特別的裝飾，招牌的字很細小，驟眼一看還以為是保留昔日風格的民房。店內同樣是舊日本風，書櫃上有不少 1950、60 年代的攝影集、天文和動物書籍，而老闆在專心弄甜點給顧客，客人則在閱讀和享受食物。

在這個空間，步伐是慢一點的、是悠然的。店主似在把一個時代定格，讓大家置身在那個時光中，並以咖啡店的形式呈現讓人細味。咖啡店提供甜品和飲品，雖然店主很忙，但他也願意和客人聊一兩句，不如從叫他用簡單英語介紹只有日語的餐牌開始吧！

▲朱古力蛋糕 (チヨコレートケーキ，￥350、HK$27)。

◀ Mocha(エチオピア・モカ，￥500、HK$38)。

◀客人在專心看書。

▶書架上有不少珍藏。

▲在暖和的燈光下好好消磨下午吧！

🏠 大阪市北区中崎西 1-8-23
🚇 地下鐵谷町線「中崎町」站 4 號出口步行 3 分鐘
🕐 12:00~19:00
休 星期一、二 (假日除外)
☎ 06-6372-1612

平民價咖啡店 Salon de AManTo 天人  地圖 P.188

一個叫西尾純的街頭藝人，得到老婆婆答應租售具 120 年歷史的屋子，以及改裝看來沒有用的垃圾，加上此消息一傳開便得到區內的人幫忙，令他開咖啡店的願望得以實現。因此，這間咖啡店可說是社群攜手創造的。

Salon de AManTo 天人不只是咖啡店那麼簡單，有時會提供活動促進社區成員間的交流。沒有活動時，咖啡店以比市面較便宜的價格招徠，讓更多人來到這個空間享受並與人交流。

▲ 一般咖啡店的食物不便宜，但這間咖啡店的食物價錢較為平民化。

這次嘗了番茄牛肉飯 (ハヤシライス)，只需 ￥600(HK$35)，有點像在香港吃到的，味道不錯。店內提供免費 WiFi。

◀▼ 咖啡店內很多傢俱不是買回來的，而是善用舊資源，令咖啡店充滿個性。

▲ 番茄牛肉飯 (ハヤシライス，￥600、HK$35)。

info
- 🏠 大阪市北区中崎西 1-7-26
- 🚇 地下鐵谷町線「中崎町」站 2 號出口步行 3 分鐘
- 🕐 12:00~22:00
- ☎ 06-6371-5840
- 📱 amanto.jp

如同繪畫般的蛋糕 太陽ノ塔本店 地圖 P.188

太陽ノ塔令我想起万博記念公園裏岡本太郎設計的藝術作品，但在中崎町，太陽ノ塔則是咖啡店。從店內家具看來，咖啡店應走懷舊風格，但牆身沿用了黃色、紅色、綠色等鮮艷顏色，讓人感到有活力。我最欣賞的是這裏的蛋糕，賣相富有心思，也較健康，很適合女生前來。

▲太陽ノ塔本店。

◀紅茶。

▶店內有沙發座位。

info
- 🏠 大阪市北区中崎 2-3-12
- 🚇 地下鐵谷町線「中崎町」站 2 號出口步行 1 分鐘
- 🕐 9:00~22:00
- ☎ 06-6374-3630
- 📱 taiyounotou.com/home

推介

▲水果蛋糕 (フルーツタルト)，花紋很吸引，水果也新鮮，單點 ￥990(HK$58) 起。

動物手信集中地 Only Planet

地圖 P.188

▲在 Only Planet 可找到與動物相關的商品。

日本有很多以動物為主題的手信，但散佈於不同的地方，要找到特別想要的動物，有時要碰運氣。這間 Only Planet 集中了各種動物造型的商品，以木製的居多，賣相和質感都很不錯。有甚麼動物呢？兔、長頸鹿、貓、熊貓、熊⋯⋯種類很多。老闆很友善，也能說流利的英語，相信他能夠幫助你找到最愛的動物手信！

◀店主。

◀店鋪細小，但種類包羅萬有。

◀大大小小的錢包，由 ¥300 到 ¥1,800(HK$23~137) 不等。

▶很可愛的小型熊貓和羊仔，放在辦公室桌上適合不過（¥756、HK$57）。

▲由大型的長頸鹿、鶴，到小型的動物或袖珍商品都有！

▼動物吊飾（¥630、HK$48）。

Info
🏠 大阪市北区中崎 3-1-6
🚇 地下鐵谷町線「中崎町」站 2 號出口步行 1 分鐘
🕐 11:00～18:00
📞 06-6359-5584
💻 onlyplanet.web.fc2.com

與貓玩樂的咖啡店 🐾 貓の時間

地圖 P.188

貓の時間不只屬於貓，也屬於來訪者。顧客來到這兒可以放鬆一下，讓可愛的貓兒給自己帶來愉快的心情。這裏的貓有十多隻，在和室與貓玩過後，可以在這裏的咖啡店部分休息一下，喝喝飲品。若你打算與貓玩耍 (1 小時內) 和喝飲料，他們設有套餐價 (平日 ￥1,200、HK\$71，星期六、日及假期 ￥1,300、HK\$76)。不論你家裏有沒有養貓，都可來到這兒，花一點時間了解貓的性格，和牠們玩耍。

◀這裏有很多貓，要知道牠們的的名字和來歷，可看看這本資料冊。

▲在和室內，人們可以選擇休息，甚至與貓建立感情。

▼牠們真可愛！

▲ 橙汁和藍莓乳酪 (三毛貓ドリンク，Orange and blueberry yogurt taste drink，原價 ￥450、HK\$34)。

▶若你付 ￥1,200(HK\$71) 玩貓和喝飲料，店員給你這個色彩繽紛的環，讓咖啡店職員知道你不需再額外付費。

▲ ▶貓の時間的咖啡店部分，有日語及英語餐單。

🏠 大阪市北区黒崎町 5-16 HEART ビル 2F
🚇 地下鐵谷町線「中崎町」站 1 號出口步行 5 分鐘
🕐 星期三至日 11:00~18:00 (星期一、二休息)
💲 平日 ￥1,200(HK\$71)；星期六、日及公眾假期 ￥1,300 (HK\$76)，以上收費均送一杯飲品
📞 06-6359-3700
🖥 www.nekonojikan.com

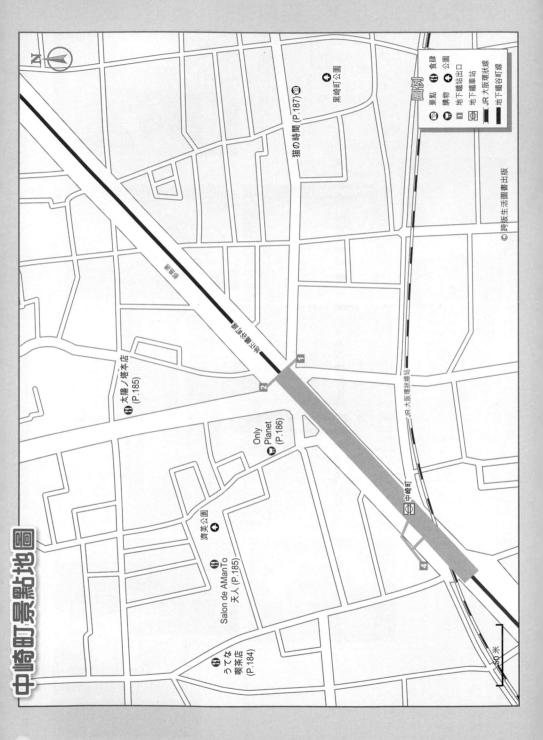

中崎町景點地圖

N

猫の時間 (P.187) ⑩

黑崎町公園

京都線

梅田ノ茶屋町出口

太陽ノ塔本店
(P.185)

Only
Planet
(P.186)

清美公園

Salon de AManTo
天人 (P.185)

うてな
喫茶店
(P.184)

中崎町

JR 大阪環狀線站

圖例

⑩ 景點　⑪ 食肆
🛍 購物　✚ 公園
🚇 地下鐵站出口
🚉 地下鐵電車站
━━ JR 大阪環狀線
━━ 地下鐵谷町線

50 米

Part **9**

新今宮（西成區）
天王寺
阿倍野
長居、平野
鶴橋

9.1 新今宮
（西成區）

新今宮站或動物園站一帶，在大阪市的行政區上稱為「西成區」。對部分日本人來說，這一區很危險，但對旅客而言，這一區是背包客的天堂，因為只要￥1,700~￥2,200(HK$129~167) 便可下榻，比背包旅館的床位還要便宜。但也有旅客覺得新今宮有點複雜，倒不如多付點錢住民宿或酒店。

的確，大阪某些地區可能與一般人對日本的印象 (乾淨、現代化、價格高昂) 有點出入。在西成區內，很容易在自動販賣機見到 ￥50 的飲品，有些建築物有點老舊，與在區內看到的阿倍野新地標 Abeno Harukas 有很大差距。這區的貧困人口比較多，曾經是日僱工種集中地。雖然市民生活較困難，但不會無故攻擊路人或搶劫，所以治安方面不會有很大的問題。

除了平價住宿，這裏還有遊客必到的通天閣，以及可以吃到傳統大阪美食的通天閣本通，還可以到新世界 Spa World 泡溫泉。

▲「動物園前一番街」的招牌已經褪色，長年沒有重新上色。

▲ ￥50 的飲料不難看到。

前往方法 ▶▶▶

1. 乘地下鐵御堂筋線、堺筋線前往「動物園前」站，或地下鐵堺筋線「惠美須町」站。

2. 乘 JR 大阪環狀線前往「新今宮」站，或南海電鐵「新今宮」站。

要說比較小心的地區，應該是飛田遊廓，或稱飛田新地。那邊妓院林立，但妓院在日本是不合法的，故一般以「飛田料理組合」作為稱呼，街上店門大開，內有小姐坐着。飛田遊廓這區不歡迎觀光客，拿起相機就會遭到阻止，甚至有危險。不過紅燈區離旅館較遠，基本上在新今宮亂走，都很難走到那兒。

TIPS

新今宮（西成區）景點地圖

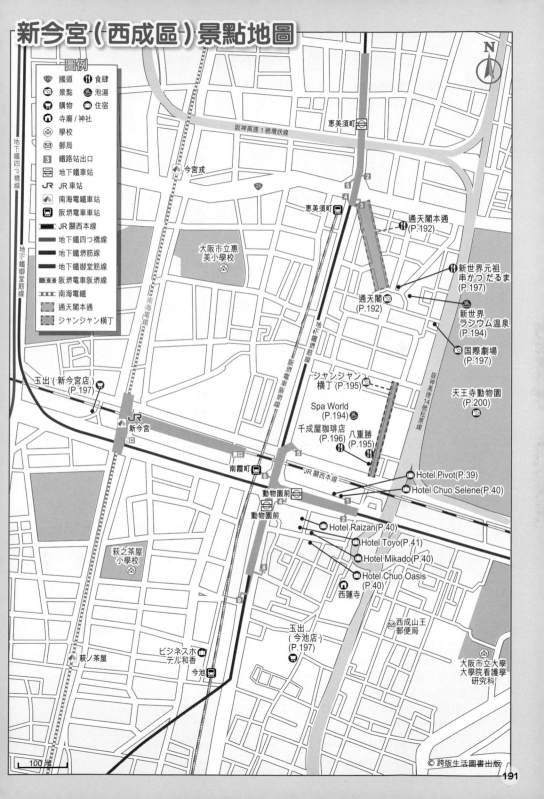

圖例

- 🚫 國道
- 🏛 景點
- 🛒 購物
- ⛩ 寺廟／神社
- 🏫 學校
- ✉ 郵局
- ③ 鐵路站出口
- Ⓜ 地下鐵車站
- JR JR車站
- 🚃 南海電鐵車站
- 🚃 阪堺電車車站
- ▬ JR關西本線
- ▬ 地下鐵四つ橋線
- ▬ 地下鐵堺筋線
- ▬ 地下鐵御堂筋線
- ▬ 阪堺電車阪堺線
- ▬ 南海電鐵
- ▬ 通天閣本通
- ▬ ジャンジャン横丁
- 🍴 食肆
- ♨ 泡湯
- 🏨 住宿

N

阪神高速 1 號環狀線

惠美須町

今宮戎

惠美須町

大阪市立惠美小學校

地下鐵四つ橋線

地下鐵御堂筋線

南海電鐵

地下鐵堺筋線

阪堺電車阪堺線

阪神高速 14 號松原線

通天閣本通 (P.192)

新世界元祖串かつ だるま (P.197)

通天閣 (P.192)

新世界ラジウム温泉 (P.194)

国際劇場 (P.197)

天王寺動物園 (P.200)

玉出（新今宮店） (P.197)

ジャンジャン横丁 (P.195)

Spa World (P.194)

千成屋珈琲店 (P.196)

八重勝 (P.195)

JR 新今宮

南霞町

JR 關西本線

動物園前

動物園前

Hotel Pivot(P.39)

Hotel Chuo Selene(P.40)

Hotel Raizan(P.40)

Hotel Toyo(P.41)

Hotel Mikado(P.40)

Hotel Chuo Oasis (P.40)

西蓮寺

萩之茶屋小學校

玉出（今池店） (P.197)

西成山王郵便局

萩ノ茶屋

ビジネスホテル和香

今池

大阪市立大學大學院看護學研究科

100 米

© 跨版生活圖書出版

特色地道美食 ❀ 通天閣本通 📷 地圖 P.191

由地下鐵「惠美須町」站 3 號出口，一出可見通天閣本通，這條路一直連接前往通天閣，路兩旁開滿特色的地道食店，是這一帶的覓食好去處。

◀ 女孩 Yumeko）。（攝影：福岡地標永垂不朽的大阪

▲ 特色食店。

▲ 前面就是通天閣本通入口。

📮 地下鐵堺筋線「惠美須町」站 3 號出口，見通天閣本通入口

🌐 tsutenkaku-hondori.com

預報天氣 ❀ 通天閣 📷 地圖 P.191、199

☑ 持大阪周遊卡免費入場

建於 1912 年的通天閣原本像巴黎鐵塔那麼高，後來因為二戰資源短缺被解體供應鋼鐵，如想看到通天閣昔日風光可到大阪生活今昔館 (P.236)。當時通天閣附近有個叫月之園的遊樂場，現已變成充滿傳統氣息的商店街。雖然通天閣不算高，但在新今宮這一帶的平民區，要離遠見到通天閣並不困難。此外，日立電器一直以來支持這座塔，用它預報天氣。晚上這一帶很冷清，日間則有不少人到來遊覽。

從不同角度拍攝通天閣：由於通天閣附近的大廈密度低，可考慮在周圍不同地方拍攝通天閣，拍出不同效果！

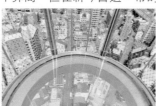
▼ 難波。

▲ 玻璃觀景台不禁令人心驚驚。（攝影：福岡女孩 Yumeko）

▶ 景色美麗。（攝影：福岡女孩 Yumeko）

▼ 從通天閣本通拍攝。

▲ 從天王寺動物園拍攝。

TOWER SLIDER

通天閣於 2022 年 5 月推出一條由 3 樓展望台至 1 樓、高約 22 米、長約 60 米的大型透明管道滑梯「TOWER SLIDER」，在單純欣賞大阪市景之中加入刺激元素，吸引不少喜愛新奇玩意的年輕人注目。TOWER SLIDER 收費：成人（高中以上）¥1,000(HK$59)，兒童（5歲~初中生）¥500(HK$29)

（撰文：福岡女孩 Yumeko）

🏠 大阪市浪速区惠美須東 1-18-6

🚇 地下鐵堺筋線「惠美須町」站 3 號出口即見

🕐 10:00~20:00（最後入場：19:30）

💰 成人（高中生以上）¥900 (HK$53)，5 歲~中學生 ¥1,760~2,695(HK$104~159)

📞 06-6641-9555

🌐 www.tsutenkaku.co.jp

新今宮（西成區）

天王寺、阿倍野、長居

平野

鶴橋

通天閣的 4 大特色

1. 天氣預報

通天閣頂部的燈分別以白、橙和藍色代表晴、陰和雨天，預報天氣。由於一天的天氣很複雜，不能單以三種情況表示，因此預留兩格霓虹燈報告較詳細的天氣情況。如上格是白色，下格是橙色，則表示該天主要是天晴，但間中陰天，或先是晴天，然後才陰天。

▶可預報天氣的通天閣。

2. 晚上的通天閣

早晚的通天閣很不同，晚上會亮燈，而且會轉色，主要顯示黃、燈、白三種暖色。晚上冷清的新今宮一帶最能突顯通天閣。

3. 幸運之神 Billiken

通天閣有一尊 Billiken 金像，它是幸運之神，也是美國密蘇里州三間大學的吉祥物，但不是日本土產的神。它的手很短，不能摸腳板底，只要替它摸，便會為你帶來好運。1908 年美國藝術家 Florence Pretz 在夢中遇見它並將之畫出，翌年生產這洋娃娃，在當地大受歡迎，不過僅持續了一至兩年的時間。直到 1920~1930 年它以首飾、雕像等形式出現，重新掀起熱潮。Billiken 的雕像最初在遊樂場月之園出現，但遊樂場在 1923 年結業後便不知所蹤。直到 1980 年重新打造一個可愛 Billiken 的雕像，就是現在大家所看到的模樣。

▲ Biliken 金像。（攝影：Gigi)

▲電梯裡的 Billiken。（攝影：福岡女孩 Yumeko)

4. 日本七福神

通天閣的黃金展望台除了受歡迎的幸運之神 Billiken，還有來自日本民仰信仰的七福神、惠比壽、大黑天、毘沙門天、壽老人、福祿壽、辯才天、布袋和尚七尊神像置於窗前面向中央處的 Billiken。惠比壽是日本神話中的海神，大黑天、毘沙門天來自印度，壽老人、福祿壽、辯才天、布袋和尚則來自中國，各自代表不同的福氣，長壽、財運、五穀豐收等。

▶七福神的大黑天，賜予五穀豐收的神。（攝影：福岡女孩 Yumeko)

仰望通天閣泡湯 新世界ラジウム温泉

地圖 P.191

▲新世界ラジウム温泉就在通天閣旁。

日本有不少公共澡堂 (浴場)，如在通天閣旁的新世界ラジウム温泉。這家澡堂經營超過 50 年，最大賣點是它的露天溫泉區可以仰望通天閣。這裏的溫泉不是天然溫泉，而是在熱水中加入二氧化碳，成為「人工碳酸泉」，適合高血壓、疲勞、關節痛的人，也有美肌效果。

錢湯與溫泉

這個溫泉嚴格來說應叫錢湯。溫泉指天然的泉水，而錢湯只是一間提供熱水的小屋，針對以前的人家裏沒私人浴室而設，但兩者有時無明確的分野。錢湯愈細小，入場費便愈便宜，約 ￥400~￥600(HK$30~46)。兩者都是先洗澡後浸浴，禮儀及程序無太大分別。另外，這些公共澡堂的價格一般不包毛巾及沐浴用品，需自備或購買或租借。

TIPS

Info

🏠 大阪市浪速区恵美須東 1-4-13
🚇 地下鐵堺筋線「惠美須町」站 3 號出口
🕕 6:00~24:00
🚫 1 月 1 日、每月第 2 及第 4 個星期四
💲 成人 ￥490(HK$29)
　　小學生 ￥200(HK$12)
　　幼稚園生 ￥100(HK$6)
☎ 06-6641-3093
🖥 www.radium.co.jp

泡多國溫泉 Spa World

スパワールド世界の大温泉

地圖 P.191、199

Spa World 是大阪最大規模的溫泉，內有歐洲 (羅馬、地中海、芬蘭等) 和亞洲 (日本及中東) 的溫泉、水上樂園、桑拿浴。溫度最高為 40 度，與一般熱水差不多。

▲ Spa World 有兩個溫泉區，男女輪流替換。

我最喜歡盆浴，水溫約 30 到 35℃，有水湧出來替身體按摩。要注意，歐洲和亞洲區只會分配給一個性別，如男性只能到歐洲區，到了其他月份換成男性只可泡亞洲區，出發前可瀏覽官網了解當月的安排。Spa World 內設有餐廳，如和 dining 清乃及 BABAN BABAN BURGER。

▲食肆 Gourmet Court，提供小吃和烏冬，客人可在此休息。

Info

🏠 大阪市浪速区恵美須東 3-4-24
🚇 地下鐵御堂筋線、堺筋線「動物園前」站 5 號出口，或 JR 大阪環狀線「新今宮」站東面出口，或南海電鐵「新今宮」站步行約 10 分鐘
🕙 10:00~ 翌日 8:45(8:45~10:00 不能使用)
💲 • 12 歲或以上成人 ￥7,000(HK$118)，12 歲以下小童 ￥1,200(HK$71)，凌晨 24:00~ 早上 5:00 加收 ￥1,300(HK$99)
　　• 週末假期 12 歲或以上成 ￥2,500(HK$147)，12 歲或以下小童 ￥1,500(HK$88)
　　• 持大阪市 1 日乘車券 (エンジョイエコカード) 可減 ￥200(HK$8)
☎ 06-6631-0001
🖥 www.spaworld.co.jp/china

回顧通天閣的變化
ジャンジャン横丁

地圖 P.191、199

這條商店街連接動物園前站和通天閣，街道的牆上貼了這一帶的舊照片，從中可回顧通天閣一帶的變化。在商店街可找到老餐廳、日用品店，還可看到老人在下棋，旅遊的步伐忽然變慢了。

▶ 街上訴說着這一帶的歷史。

▶ ジャンジャン横丁可通往通天閣。

ℹ️ 🚇 地下鐵御堂筋線或堺筋線「動物園前」站 1 號出口

▲ 通天閣的 Billiken 像出現在横丁入口。

漫遊ジャンジャン横丁

客似雲來 八重勝

地圖 P.191、199

八重勝是串炸店，到了晚上，人們都會在店外排隊等候入座。早餐及午餐雖然不用等位，但同樣客似雲來。

推介這兒的串炸 (串かつ)，炸得甘香，在吃之前可以看到店員先把預備好的串炸沾上醬汁，然後沾粉放進油中炸，新鮮滾熱辣地送到客人面前。小心燙到啊！

吃過串炸後，別忘記吃桌上甜甜的西洋菜。餐廳提供英語餐牌。

推介

▶ 串炸 (串かつ)(Beef/ 牛肉共 3 串，￥390、HK$23)，醬汁只能沾一次，否則會被視為沒禮貌。

ℹ️
🏠 大阪市浪速区恵美須東 3-4-13
🕐 10:30~20:30
休 星期四及每月第 3 個星期三
📞 06-6643-6332

難波、道頓堀　心齋橋　梅田　新今宮、天王寺　天滿、大阪城　大阪灣　富田林、堺市　鐵道遊

新今宮咖啡老店 千成屋珈琲店

地圖 P.191

新今宮有不少老咖啡店，老一輩的人都喜歡光顧這些咖啡店，閱報、看電視並享受咖啡。千成屋是其中一間，原由3位婆婆經營，現已由第四代經營者接手。在第四代接手後，店內經過改裝但仍保留了老咖啡店的味道。咖啡店水準不錯，有幸於改裝前光顧，當時點了多士、咖啡和抹茶蛋糕，多士令人懷念香港的茶餐廳，不過牛油比較少，而抹茶蛋糕在慢慢咀嚼中，可感受其濃香味道，所以不要急着吃。咖啡店提供英語餐牌。

▶千成屋舊貌。

▲改裝前有售的多士。

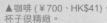
▲咖啡 (￥700、HK$41)，杯子很精緻。

▲在店改裝前有售抹茶蛋糕。

◀▲店內裝潢比較西式。咖啡店營業超過60年，過去很受西方影響，但長期經營下，比起正宗西式咖啡店較為平民化。

復活的千成屋

2016年，千成屋的第三代店主因年老、體力不繼而難以支持開店，於是在夏天結業，結業消息傳出後，年幼時在附近成長的白附先生覺得千成屋是新今宮的集體回憶，於是決定與店主接洽，繼承這一間老店。(文字：IKiC)

TIPS

Info

🏠 大阪市浪速区恵美須東 3-4-15
🕐 11:30~19:00，星期六、日及公眾假期 9:00~19:00
📞 06-6645-1303
🖥 www.sennariya-coffee.jp

名物串炸 新世界元祖串かつ だるま 地圖 P.191

だるま是其中一間較為著名的大阪串炸店，店家在 1929 年於大阪新世界起家，現時分店大多位於大阪市，少量在姬路和東京，在海外亦有分店。だるま十分受歡迎，晚餐時間更需要排隊入座。店家會準備中、英文餐單給遊客，日本店員亦略懂英語，也有外國人在這裏工作，同時店內有介紹食用的禮儀，讓遊客融入傳統的用餐環境之中。如果對點菜無從入手的話，可以選擇他們的套餐 (Special daruma Combo)，當中包括 9 至 15 種串炸，價錢由 ￥1,760~￥2,695(HK$104~159) 不等。

▲供遊客看的餐單。

▲店外不少人在排隊。

► 套餐提供前菜，冰茶需額外付費。

▲ジャンジャンセット(Special daruma Combo Janjan)，有 9 種串炸。

> **Info**
> 🏠 大阪市浪速区恵美須東 1-6-8
> 🚇 地下鐵堺筋線「恵美須町」站 3 號出口
> 🕐 11:00~22:30(最後點餐：關門前半小時)，12 月 31 日 20:00 關門
> 休 1 月 1 日
> ☎ 06-6643-1373
> 🔗 www.kushikatu-daruma.com

超便宜補給、食材 玉出 地圖 P.191

日本物價高昂眾所皆知，連日本人都有這感覺。在當地，一些品牌專門推出廉價貨品，讓大眾都負擔得起。玉出是廉價商店之一，它賣的食物和飲料除了比便利店便宜外，還不時以 ￥1 價推廣，達到「激安」(極低價) 的目的！對於該區的平民，玉出幫了他們不少，而對住在這裏的旅客來說，若需簡單補給或想在旅館煮食，玉出提供便宜選擇。

> **Info**

	今池店	新今宮店
🏠	大阪市西成区太子 2-3-7	大阪市西成区花園北 1-1-10
🚇	地下鐵御堂筋線「動物園前」站 2 號或 8 號出口步行 5 分鐘	地下鐵御堂筋線、堺筋線「動物園前」站 6 號出口步行 5 分鐘，或南海電鐵、JR 大阪環狀線「新今宮」站西口
🕐	8:00~21:00	24 小時
☎	06-6647-6333	06-6631-6117
🔗	www.supertamade.co.jp	

▲玉出以「激安」為賣點，提供超便宜的貨品。圖為新今宮店。

傳統電影院 国際劇場 地圖 P.191

国際劇場是一間比較懷舊的戲院，除了播放西方電影令它稱得上為「國際」外，外面的宣傳廣告其實是手繪圖。戲院人煙稀少，若想安靜地看一齣電影不妨前往，可利用外面的自動售票機買票。

▲外表雖不起眼，但不妨進去看電影。

> **Info**
> 🏠 大阪市浪速区恵美須東 2-1-32
> 🚇 地下鐵堺筋線「恵美須町」站 3 號出口走約 3 分鐘
> 💲 票價成人 ￥1,000(HK$76)，大學生及中學生 ￥700(HK$53)，小童 ￥500(HK$38)，65 歲或以上長者 ￥800(HK$61)
> ☎ 06-6641-5931
> 🔗 上映電影：movie.walkerplus.com/th204/schedule.html
> ❗ 18 歲以下者不可入場觀看 22:00 後結束的電影

9.2 天王寺 阿倍野 長居

　　天王寺和阿倍野在商務旅館林立的新今宮東面，可從那邊步行 10 分鐘或乘地下鐵前往。天王寺的動物園和四天王寺都是著名景點，而阿倍野近年有很多大型百貨公司及商場落成，Abeno Harukas 更是大阪最高的大廈，成為大阪新興的商區及購物區，也是難波南面繁華熱鬧的地帶。另外，這一帶還有動物園、美術館、防災中心，尤其防災中心可讓人了解到日本人如何推行災難意識教育。

　　至於長居，離天王寺比較近，相隔數個地下鐵站，這兒有賞花勝地長居植物園以及適合親子遊的大阪市立自然史博物館。

前往方法 ▶▶▶▶

- 天王寺、阿倍野
  1. 地下鐵谷町線「天王寺」站、「阿倍野」站、「四天王寺前夕陽ヶ丘」站，或御堂筋線「天王寺」站。
  2. JR 大阪環狀線「天王寺」站，或近鐵「大阪阿部野橋」站，或阪堺電車「天王寺駅前」站、「阿倍野」站。
- 長居
  地下鐵御堂筋線「長居」站，或 JR 阪和線「長居」站。

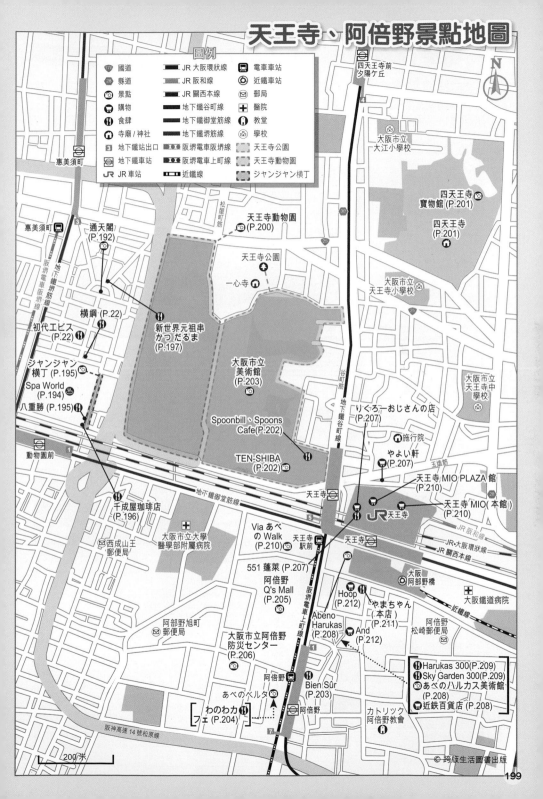

圖例

國道	JR 大阪環狀線	電車車站	
28 縣道	JR 阪和線	近鐵車站	
景點	JR 關西本線	郵局	
購物	地下鐵谷町線	醫院	
食肆	地下鐵御堂筋線	教堂	
寺廟 / 神社	地下鐵筋線	學校	
3 地下鐵站出口	阪堺電車阪堺線	天王寺公園	
地下鐵車站	阪堺電車上町線	天王寺動物園	
JR JR 車站	近鐵線	ジャンジャン横丁	

惠美須町

四天王寺前
夕陽ケ丘

大阪市立
大江小學校

惠美須町

通天閣
(P.192)

四天王寺
寶物館 (P.201)

天王寺動物園
(P.200)

四天王寺
(P.201)

天王寺公園

一心寺

大阪市立
天王寺小學校

横綱 (P.22)

初代エビス
(P.22)

新世界元祖串
かつ だるま
(P.197)

ジャンジャン
横丁 (P.195)

大阪市立
美術館
(P.203)

大阪市立
天王寺中
學校

Spa World
(P.194)

八重勝 (P.195)

りぐろ〜おじさんの店
(P.207)

施行院

やよい軒
(P.207)

Spoonbill、Spoons
Cafe(P.202)

動物園前

TEN-SHIBA
(P.202)

天王寺 MIO PLAZA 館
(P.210)

天王寺

天王寺 MIO(本館)
(P.210)

千成屋珈琲店
(P.196)

地下鐵御堂筋線

JR 天王寺

JR 阪利線

Via あべ
の Walk
(P.210)

天王寺
駅前

天王寺

JR・大阪環狀線

大阪市立大學
醫學部附屬病院

JR 關西本線

西成山王
郵便局

551 蓬萊 (P.207)

大阪
阿部野橋

大阪鐵道病院

阿倍野
Q's Mall
(P.205)

Hoop
(P.212)

やまちゃん
(.本店)
(P.211)

阿部野旭町
郵便局

大阪市立阿倍野
防災センター
(P.206)

Abeno
Harukas
(P.208)

And
(P.212)

阿倍野
松崎郵便局

Bien Sûr
(P.203)

阿倍野

Harukas 300(P.209)	
Sky Garden 300(P.209)	
あべのハルカス美術館	
(P.208)	
近鉄百貨店 (P.208)	

あべのベルタ

わのわカ
フェ (P.204)

阿倍野

カトリック
阿倍野教會

阪神高速 14 號松原線

200 米

© 跨版生活圖書出版

買可愛動物娃娃 天王寺動物園

地圖 P.191、199

☑ 持大阪周遊卡免費

動物園是天王寺的著名景點，遠離難波大廈林立的地區，在園內不會覺得來到石屎森林，反而予人大自然的感覺。園內動物的種類很多，大約有 230 種，例如斑馬、

長頸鹿、獅子、老虎、大象、樹熊、北極熊，還有鳥類、哺乳類、爬蟲等。參觀完有興趣的話，可以買些可愛的動物手信回家。與動物園比鄰的是天王寺公園，裏面有美術館，在動物園遊玩完後不妨前往。另外，在動物園也可看到通天閣。

◀動物園入口。(攝影：蘇飛)

▼大象。

▲樹葉餅 (￥650、HK$49)，可愛又好吃。(攝影：蘇飛)

▲睡覺中的獅子，剛好在玻璃旁，可以近距離拍攝。

▼斑馬與長頸鹿。

▶動物抱抱娃娃，由￥630至￥750 (HK$48~57) 不等。(攝影：蘇飛)

▶近距離接觸綿羊，最受小朋友歡迎。(攝影：蘇飛)

◀草泥馬一隻￥857(HK$65)。(攝影：蘇飛)

🏠 大阪市天王寺区茶臼山町 1-108

🚇 1. 地下鐵堺筋線「惠美須町」站 3 號出口步行約 5~10 分鐘，或堺筋線、御堂筋線「動物園前」站 1 號出口步行約 5~10 分鐘

2. 地下鐵谷町線「天王寺」站 5 號出口或 JR 大阪環狀線「天王寺」站，步行約 10 分鐘，需先入天王寺公園，再依指示步行

🕐 9:30~17:00(最後入園：16:00)，5 月及 9 月的星期六、日及公眾假期 9:30~18:00(最後入園：17:00)

🚫 星期一 (如遇假期順延至星期二)、年末年始 (約 12 月 29 日至 1 月 1 日)，其他臨時休園日詳見官網

💲 ・成人 ￥500(HK$38)，中小學生 ￥200(HK$15)
・憑大阪的 1 日乘車券 (エンジョイエコカード)，成人 ￥450(HK$26)

📞 06-6771-8401

🖥 www.tennojizoo.jp

側邊欄：難波、道頓堀　心齋橋　梅田　新今宮、天王寺　天滿、大阪城　大阪灣　富田林、堺市　鐵道遊

日本首座佛寺 四天王寺  地圖 P.199

☑ 持大阪周遊卡免費參觀中心伽藍、本坊庭園

公元 6 世紀時，聖德天皇篤信佛教並將之傳入日本，引起部分人反對而引發戰爭，勝利後便興建首座佛寺—四天王寺。所謂「四天王」是指四個建院願景：「依渴仰、斷惡修善、速証無上、大菩提所」，當時還設立敬田院、施藥院、療病院及悲田院實踐以上宗旨。修煉佛法的敬田院後變成四天王寺學園；關懷病人的施藥院和療病院變成四天王寺病院 (醫院)；收容老人的悲田院則成為多個老人院。

天王寺經歷過多次災害損毀及重建，但模樣和原貌沒有大分別。最近一次重建在 1963 年至 1979 年年間，保留飛鳥時代的建築特色。每年 4 月 22 日是聖德太子的聖靈日，在石舞台上會有舞樂表現，重現古代祭典。天王寺內還設有寶物館，但不是經常開放，想參觀的話便要瀏覽官網。

除了參觀四天王寺本身的建築外，每月的 21、22 日 (8:30~16:00)，這裏還會舉行**骨董市集**，約 300 個店家到場來售賣舊物件甚至古董，包括了一般的衣物、唱片和家具等。

石舞台和六時堂

◀六時堂前的石舞台是重要文化財產，每年 4 月 22 日都會舉行聖靈日表演舞樂。

五重塔

▶高 39.5 米的五重塔，需付費參觀，塔內不能拍照。

▲四天王寺下的骨董市集。

西大門

▲ 西大門以西所賣西門以設有西樂意門前叫的品，是大有通的，往

▲餐具

▲甚至有機會找到意想不到的寶藏。

🏠 大阪市天王寺区四天王寺 1-11-18
🚇 地下鐵谷町線「四天王寺前夕陽ケ丘」站 4 號出口 (地下鐵御堂筋線或 JR 大阪環狀線於「天王寺」站轉乘谷町線)
🕐 開放時間：

景點	中心伽藍 (五重塔、中門等)、寺內的堂、庭園 [*1]	六時堂
時間	4~9月 8:30~16:30 [*2]，10~3月 8:30~16:00 [*3]	8:30~18:00 [*4]

[*1] 庭園提前半小時休息　[*2] 每月 21 日 8:00~17:00
[*3] 每月 21 日 8:00~16:30(10 月 21 日至 17:00)
[*4] 每月 21 日 8:00~18:00

💲 • 中心伽藍：成人 ¥300(HK$23)，高中生及大學生 ¥200(HK$15)，初中生及小學生免費
• 庭園：成人 ¥300(HK$23)，小學生至大學生 ¥200(HK$15)
• 寶物館：成人 ¥500(HK$38)，高中生及大學生 ¥300(HK$23)，初中生及小學生免費
• 持大阪市 1 日乘車券，中心伽藍和庭園減 ¥100(HK$8)，寶物館成人 ¥200(HK$15)、大學生及高中生 ¥100(HK$8)

📞 06-6771-0066　🌐 www.shitennoji.or.jp

拍攝提示——倒影

拍攝時，主體固然重要，但身邊的事物、環境也一樣重要，因為這都是構成圖片的重要因素。好像拍攝六時堂時，可以留意一下池上的倒影，拍出一幅對稱的圖畫。

TIPS

難波、道頓堀、心齋橋、梅田、新今宮、天王寺、天滿、大阪城、大阪灣、富田林、堺市、鐵道遊

天王寺公園入口區 ➤ TEN-SHIBA

地圖 P.199

てんしば

▲ TEN-SHIBA 入口。

TEN-SHIBA 原是天王寺公園入口區域，連接公園、動物園和阿倍野購物區。在天王寺動物園開園 100 年，園方將該範圍賦予新的名字和生命，並增設了草地、咖啡店、餐廳等設施，更會不定期舉辦音樂會等活動，成為十分適合於假日放鬆心情的地方，既能遠離人群但又仍然在市中心內。TEN-SHIBA 細緻的規劃更在 2016 年獲得了 Good Design Award！

◀▲ 園內及店家。

Info
- 🏠 大阪市天王寺区茶臼山町
- 🚇 地下鐵谷町線「天王寺」站 21 號出口
- 🕐 7:00~22:00(餐廳及商店營業時間不一)，部分區域 24 小時開放
- 🖥 www.tennoji-park.jp

咖啡店暨雜貨店 ➤ Spoonbill、Spoons Cafe

在 TEN-SHIBA 內的 Spoonbill，是一家花店、雜貨店、時裝店、咖啡店，店內植物處處，讓人忘卻城市的嘈雜。咖啡店每天推出兩至三款包類小食 (￥480，HK$36)，如果加配飲品可享有減￥50 的折扣。

地圖 P.199

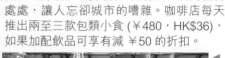

▲ Spoonbill 不只是咖啡店，更是雜貨店和花店。

▲ 猶如置身森林的咖啡店。

▶ 採訪當天有 Scrambled eggs with Seaweed & Teriyaki Chicken，麵包內有雞肉和炒蛋。

▲ 衣物和 Tote Bag。

Info
- 🏠 大阪市天王寺区茶臼山町 5-55
- 🕐 11:00~20:00
- 📞 06-6796-9186
- 🖥 www.spoon-bill.jp/tennoji

館藏豐富 大阪市立美術館 地圖 P.199

美術館位於天王寺公園正中央，而美術館所在的西式建築原為住友家族的居所，後來家族把大屋捐贈出來。館內主要展示中國和日本 8,000 多件的傳統美術作品。(目前維修中，預計 2025 年春季重開。)

- 🏠 大阪市天王寺区茶臼山町 1-82(天王寺公園內)
- 🚌 1. 地下鐵堺筋線「惠美須町」站 3 號出口步行約 5~10 分鐘，或堺筋線 / 御堂筋線「動物園前」站 1 號出口步行約 5~10 分鐘
  2. 地下鐵谷町線「天王寺」站 5 號出口或 JR 大阪環狀線「天王寺」站，步行約 10 分鐘，需先入天王寺公園，再依指示步行
- 🕐 9:30~17:00(最後入場：16:30)
- 休 星期一 (如遇假期順延至星期二)、年末年始 (約 12 月 28 日至翌年 1 月 4 日)、展覽替換期間休息
- 📞 06-6771-4874
- 🌐 www.osaka-art-museum.jp
- ❗ 館內嚴禁拍照

▲內有 8,000 多件美術品。

在麵包店享受寧靜早餐 Bien Sûr ビアンシュール 地圖 P.199

位於 Q's Mall(P.205) 對面的 Bien Sur，一樓賣麵包，樓上則是咖啡店，提供早餐。早餐是多士連蛋及咖啡，多士烤得恰到好處，牛油充足。與新今宮相比，在這區吃早餐，環境比較寧靜，並禁煙，可以邊吃早餐邊看書。

▲ Bien Sur 包店及咖啡店。

▲ Bien Sur 同時經營麵包。留意付款單上的夾，讓人會心微笑。

▲用餐環境十分寧靜。

▲ 多士連蛋及咖啡 (blended coffee)，簡簡單單的早餐 (¥420、HK$32)。

- 🏠 大阪市阿倍野区阿倍野筋 2-4-44
- 🚇 地下鐵谷町線「天王寺」站、「阿倍野」站，「阿倍野」站較近
- 🕐 9:00~20:00
- 📞 06-6624-2294

尼泊爾美食及雜貨 わのわカフェ

地圖 P.199

這間尼泊爾咖啡店わのわカフェ (WanoWa Cafe) 經營數年便被大阪市政府選為優秀餐廳。店主曾在尼泊爾生活，她把尼泊爾當地手作和美食帶到咖啡店，餐飲如咖喱飯 (￥880、HK$52) 搭配尼泊爾奶茶 (￥430、HK$25)。這裏沒有英語餐單，但食客可麻煩店主以英文推介美食。有機會的話，更可能遇上她的媽媽來捧場！

推介

◀▲ 甜品，市面沒有售賣。

▲ 從餐廳裝潢及佈置可見，這裏很適合單人或兩人前往。

▲ 牛肉咖喱 (ビーフカレー) 配乳酪 (右圖)，￥880(HK$52)。

▲ 餐具十分別緻。

▲ 店主除經營餐廳外，還因為曾在尼泊爾生活，便引入當地的手作和文化，例如音樂。

▲ 這些物品尤為珍貴，客人能買到心頭好之餘，還可以了解一下尼泊爾文化。

▲ 手作筆袋 (￥500、HK$38)，色彩配搭很不錯！

◀ 餐廳內的燈飾有尼泊爾的文字。

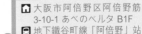
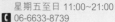

info

🏠 大阪市阿倍野区阿倍野筋 3-10-1 あべのベルタ B1F
🚇 地下鐵谷町線「阿倍野」站 7 號出口
🕐 星期一至四 11:00~20:00，星期五至日 11:00~21:00
📞 06-6633-8739
🌐 www.wanowa.jp

天王寺大型購物區 阿倍野 Q's Mall

あべのキューズモール

地圖 P.199

在眾多購物商場中，Q's Mall 比較多人提及。這間阿倍野 Q's Mall 進駐了為人熟悉的連鎖商店，例如販賣時裝的 Shibuya 109、文具雜貨店 Hands 等。頂樓設有餐廳，部分更是露天空間，恍如空中花園，客人在此可慢慢用餐。

於室外。
部分餐廳的用餐環境設

► Q's Mall 是天王寺一個大商場。

Info
🏠 大阪市阿倍野区阿倍野筋 1-6-1
🚇 地下鐵谷町線 / 御堂筋線「天王寺」站，或近鐵「大阪阿部野橋」站，或阪堺電車「天王寺駅前」站、「阿倍野」站
🕐 約 10:00~21:00(餐廳延至 23:00)，各店營業時間不一
📞 06-6556-7000　📱 qs-mall.jp/abeno

▲室外用餐環境舒適。

Q's Mall 內美食推介

份量大 昔洋食みつけ亭

店名中的「洋食」令人想起西菜，「昔」即過去，「昔洋食」指懷舊的西菜，自 19 至 20 世紀日本步入現代化，學習西方文化，從而傳入西菜，餐廳提供此風格的料理。餐廳提供一系列西菜，包括蛋包飯，份量不少。

► 昔洋食みつけ亭只在關西設有分店，且分店數目不多。

► コンビ (¥1,430、HK$84)，漢堡扒和蛋包飯的份量不少。

Info
🏠 Q's Mall Q-416 號鋪
🕐 11:00~22:00
📞 06-6632-3225
📱 www.mitsuya.co.jp/brand/bra_mitsuketei.html

體驗地震
大阪市立阿倍野防災センター

地圖 P.199

日本是位於地震帶的島國，多年來都務求從各方面減低地震帶來的傷亡，而震後的緊急應對是其中一環，這間阿倍野防災中心正好提供這方面的速成班。中心設有不同的免費防災課程，包括救火、報案、地震體驗等，時間為 30~100 分鐘不等。防災中心的設立原本針對當地市民 (只有日語講解)，但同樣歡迎外國人。對於很少感到強烈地震的香港人來說，透過地震體驗便可了解地震是怎麼一回事，還可提升預防不同災害的意識。

▲防災中心的宗旨是介紹地震前後，減低災害影響和傷害的方法。

▶學員需練習如何報警，向警方和消防員提供最準確的資訊。

▲裏面除講解地震，還會介紹與地震相關的災害，如海嘯。

▼地震體驗。

震度7地震体験コーナー

▲防災中心營造震後場景，十分迫真！

▲地震可能引發火災，所以學員需要練習使用滅火筒。

4 個課程的分別

防災中心基本上不會同時提供全部 4 個課程，因為不同課程需在不同日子和時間進行。4 個課程中，A 課程最全面，時間也最長，共 1 小時 40 分鐘；D 則最短，只有 30 分鐘。對於住在地震帶的人來說，A 或 B 課程最有用，因為在防災知識和技巧方面最全面，但對於其他人，C 或 D 已經很足夠。所有課程都有強烈地震體驗，讓人們對地震有基本認識。

TIPS

🏠 大阪市阿倍野区阿倍野筋 3-13-23

🚇 地下鐵谷町線「阿倍野」站 1 或 7 號出口，或御堂筋線、谷町線「天王寺」站 12 號出口，或 JR 大阪環狀線「天王寺」站

🕐 10:00~18:00

休 星期三，每月最後星期四 (如遇假日順延至翌日)，年末年始 (約 12 月 28 日至翌年 1 月 4 日)

📞 06-6643-1031

💻 www.abeno-bosai-c.city.osaka.jp/tasukaru/

❗ 參觀體驗課程需以電話預約，然後列印填寫「予約申込書・体験シート」(預約申請書・體驗記錄)，郵寄或傳真給中心

新今宮（西成區）

日賣 14 萬個的中華豬肉包 551 蓬萊

地圖 P.199

551 蓬萊是連鎖店，在大阪有多間分店。它以中華豬肉包最受歡迎，胖嘟嘟的包內有豐富的豬肉和洋葱，一日平均賣出 14 萬個，包皮有香濃的麵粉香，肉餡不會太結實，但個人認為豬肉包有點油膩。店鋪還售賣其他中華食物，如燒賣 (12 個 ￥660、HK$39，20 個 ￥1,100、HK$65)、燒餃子 (10 個 ￥360、HK$21，15 個 ￥540、HK$32)、糖醋肉丸 (10 個 ￥380、HK$22)。所有食品都是現場製作，保證新鮮。

▲店鋪外大排長龍。

▶豬肉包 (豚まん)，一個 ￥290 (HK$17)，兩個 ￥420(HK$25)。

小心燙口！豬肉包裏非常熱，要

info
🏠 JR 大阪環狀線「天王寺」站內 (不需入閘)、出中央口
🕐 10:00~21:00　📞 06-6771-3081
🌐 www.551horai.co.jp/shop/list/24/

(圖文：Gigi)

天王寺、阿倍野、長居

令人難忘的秘製餅底鬆軟芝士蛋糕
りくろーおじさんの店

地圖 P.199　推介!!

店家的芝士蛋糕全部新鮮烤製，每次只會烤 12 個，很快就售罄，下一批要等上 30 分鐘。蛋糕採用由丹麥進口的芝士、品質良好的雞蛋、新鮮牛奶，最特別的是秘製的餅底有加州葡萄乾，令蛋糕帶有些微甘酸味。蛋糕只能雪藏 3 天，放進雪櫃後最好先用微波爐加熱才進食，蛋糕會更加鬆軟。大阪眾多芝士蛋糕中，個人認為這裏的芝士蛋糕最好吃，質感有如棉花糖，柔軟順滑，一試難忘！

▶芝士蛋糕即場製作。

◀如要購買芝士蛋糕，必須排新鮮隊芝士蛋糕，等候。

▲蛋糕在焗好後，會印上品牌標誌的大師伯伯，蛋糕直徑長 18 厘米，適合多人一起分享 (￥965、HK$57)。

info
🏠 JR 天王寺站 Entree Marche 內 (不需入閘)、出中央口
🕐 09:00~20:00
📞 0120-57-2132
🌐 www.rikuro.co.jp

(圖文：Gigi)

平野

鶴橋

定食連鎖店 やよい軒

地圖 P.199

連鎖店やよい軒提供各式日式早餐和定食。顧客可先在餐廳內的自動售票機點選想要的食物及餐飲，然後把機器列印出來的食票交予店員處理。早餐從早上 10 時開始供應，由最便宜 (￥370、HK$28) 的納豆定食，到有蛋或魚的套餐共 3 種。

▲やよい軒。

▶納豆定食 (￥370、HHK$28)。

info
🏠 大阪市天王寺区悲田院町 9-19
🚇 地下鐵谷町線或御堂筋線「天王寺」站，或 JR 大阪環狀線「天王寺」站，或近鐵「大阪阿部野橋」站
🕐 10:00~ 翌日 3:00(星期日至 23:00、星期五 17:00~23:00)
📞 06-6776-9611　🌐 www.yayoiken.com/ch

全大阪最高 Abeno Harukas 地圖 P.199

▲ Abeno Harukas 是大阪最高的大廈。

▲觀景台日景。(攝影：Gigi)

Abeno Harukas(阿倍野 Harukas) 是大阪最高的大廈，由地庫5層及地上60層組成，足足有300米高。大廈內有百貨公司「あべのハルカス近鉄本店」，還有美術館、食肆、酒店和觀景台，是大阪近年的地標，在新今宮商務旅館一帶都可清楚看到。

Info
- 🏠 大阪市阿倍野区阿倍野筋 1-1-43
- 🚇 地下鐵谷町線或御堂筋線「天王寺」站，或近鐵「大阪阿部野橋」站，或阪堺電車「天王寺駅前」站
- 🕐 約 10:00~20:00，各設施營業時間不一
- 📱 www.abenoharukas-300.jp/tc

★ Abeno Harukas 內精選景點 ★

📷 古今日外 あべのハルカス美術館 地圖 P.199

◀美術館展場入口。

美術館在 Harukas 的 16 樓，館內展示不同主題的藝術作品，從傳統到現代的藝術都有涉及，過去亦曾舉辦過奈良東大寺、西大寺寶物展，又曾與吉卜力合作。除了關於日本的展覽外，館內更有西方的作品可欣賞，甚至曾與大英博物館等的海外博物館合作舉辦展覽。

Info
- 🕐 星期二至五 10:00~20:00，星期六至一及公眾假期 10:00~18:00
- 🈶 部分星期一，展覽替換期間，年尾年初
- 💰 成人 ¥1,600(HK$94)，大學、高中生 ¥1,200(HK$71)，初中、小學生 ¥500(HK$38)
- 📱 www.aham.jp

🔄 擁有最大的飲食街 近鉄百貨店 地圖 P.199

▼▲12至14樓的飲食街

▲大坂通的店外有介紹店家與大阪的歷史和特色。

近鉄百貨店本部高 14 層，當中 12 至 14 樓為全日本最大的飲食街，內有 2,800 個座位和 44 間餐廳，當中大坂通更有屹立大阪多年的店鋪，店外有簡介它們的歷史和特色。

Info
- 🕐 地庫 2 樓至地面 3 樓 10:00~20:30，4 至 11 樓 10:00~20:00，12 至 14 樓飲食街 11:00~23:00，地庫 2 樓あべの市場食堂 10:00~22:00，各店鋪營業時間不一，詳見官網
- 📞 06-6624-1111
- 📱 abenoharukas.d-kintetsu.co.jp

一望無際觀景台 Harukas 300　地圖 P.199　推介

Harukas 300 在 58 至 60 樓，同時有室內及室外的觀景台。在 Harukas 16 樓購票後乘搭升降機至最高樓層，就可觀賞到大阪城市的廣闊景致，包括天王寺、通天閣及大阪城等，遊客可依指示乘電梯到 59 和 58 樓，在四周有玻璃包圍的室外範圍（沒有上蓋），可以找個位置坐下來，或在旗下咖啡店 (Sky Garden 300) 一邊用餐一邊賞景。

▶大阪城市景色。

▼ 60 樓屬迴廊形式設計，可望到另一邊。

▼日落景色。

◀玻璃有介紹哪個方向可看到哪個大阪的名勝。

◀供人拍照的心型圖案。

▲▶ 60 樓的觀景台。

▲59 樓的室外位置。
▶ 59 樓還有一些位置供人坐下來慢慢欣賞大阪美景。

🕐 9:00~22:00
💲 成人 ￥1,800(HK$106)，12~17 歲 ￥1,200(HK$91)，6~11 歲 ￥700(HK$53)，4~5 歲 ￥500(HK$38)
🖥 www.abenoharukas-300.jp/observatory

觀景台上的咖啡店 Sky Garden 300　地圖 P.199

Harukas 在 58 樓設有咖啡店 Sky Garden 300，店內除了景觀不錯外，還有不同的小食供應，例如有瀨戶內產小海老のガーリックシュリンプ (Setouchi Garlic Shrimp)，新鮮出爐很香！特色飲品如スカイブルーラテ (Sky Blue Latte Ramune/Yogurt)，飲品上層不是雪糕而是乳酪。

▶咖啡店環境。

▲瀨戶內產小海老のガーリックシュリンプ (Setouchi Garlic Shrimp，￥580、HK$44)。

▶スカイブルーラテ (Sky Blue Latte Ramune/Yogurt，￥700、HK$41)。

🕐 9:30~22:00
📞 06-4399-9181

地圖 P.199

閒遊地下室內購物區 ✦ Via あべの Walk

Via あべの Walk 位於 Q's Mall 和地下鐵天王寺站之間，三者互相連結，共有地面 2 層、地下一層，共有差不多 70 間店鋪，與其說它是購物廣場，倒不如說是一條集餐飲、生活雜貨、美容等生活層面的購物區。

◀ Via あべの Walk 入口。

> 🏠 大阪市阿倍野区阿倍野筋 1-6-1
> 🚇 地下鐵谷町線或御堂筋線「天王寺」站，或近鐵「大阪阿部野橋」站，或阪堺電車「天王寺駅前」站、「阿倍野」站
> 🕐 視乎各店而異
> 📱 viaabenowalk.jp

以全新面貌登場 ✦ 天王寺 MIO

地圖 P.199

天王寺 MIO 位於大阪市天王寺一帶，鄰近通天閣，與天王寺站相連，分為本館與 PLAZA 館。於 2023 年 2 月進行翻新，3 月以新面目開幕，現時有 30 間新店進駐、多間店鋪已進行翻新，5 樓還進駐「宜得利 EXPRESS」，專賣傢俱、室內家品裝飾，讓天王寺 MIO 成為該區最新的購物商場。而且天王寺 MIO 位處交通樞紐，不論是前往關西機場還是去 JR 新大阪車站都十分方便，旁邊更是阿倍野 HARUKAS。

◀ 天王寺 MIO 外觀。

▲▶ 4 樓的星巴克窗外可以看見通天閣。

▲ 5 樓的「宜得利 EXPRESS」，專賣傢俱、室內家品裝飾。

▲ 進駐 MIO 的店家。

> 🏠 プラザ館：大阪市天王寺区悲田院町 10-39
> 　本館：大阪市天王寺区悲田院町 10-48
> 🚇 地下鐵谷町線或御堂筋線「天王寺」站，或近鐵「大阪阿部野橋」站，或阪堺電車「天王寺駅前」站
> 🕐

PLAZA 館		本館	
商店	11:00~21:00	商店	11:00~21:00
餐廳	11:00~23:00	餐廳 (10 樓)	11:00~22:00
M2F 餐廳食品層 (B1 樓)	10:00~22:00	餐廳 (11 樓)	11:00~23:00

> * 各店營業時間不同。
> 🚫 部分日子休息 (休息日子部分店鋪仍營業)，詳見官網
> 📞 本館 06-6770-1000
> 📱 www.tennoji-mio.co.jp

（圖文：福岡女孩 Yumeko）

新今宮（西成區）　天王寺、阿倍野、長居　平野　鶴橋

MIO 美食推介

健康美味 さち福や

さち福や提供各類日式定食，如早餐有主菜、飯、味噌湯和沙律，當中推介烤鮭魚定食，魚烤得適中，沒有腥味，食材新鮮。

▲さち福や。

Info	
🏠 MIO プラザ館 M2F	
🕐 8:00~22:00(最後點餐：食物 21:00、飲品 21:30)	
休 MIO 休息日子休息	☎ 06-6773-3272

▲其中一款早餐定食：烤鮭魚定食 (鮭の炙り焼定食，￥1,300、HK$76)。

甜品任食放題 Sweet Paradise
スイーツパラダイス

Sweet Paradise 主打甜品放題，供應超過 30 款的甜品，包括蛋糕、慕斯、布甸、朱古力、Tiramisu、蘋果批、馬卡龍、泡芙等，可盡情挑選，一次過滿足食多款甜品的願望。除甜品外，餐廳也供應意粉、咖喱、沙律、湯等其他副食，不愛吃甜品的人也不用擔心。

▶ 進店前先在門口購買食券。

▲多款甜品任君選擇，甜品會定時替換。

另一邊供應咖喱和湯類。

Info	
🏠 MIO 11F	
🕐 10:00~22:00(最後點餐 21:30)	
💲 大人 ￥1,490(HK$88)，4 歲至小學生 ￥1,040(HK$61)，限時 70 分鐘	
休 MIO 休息日子休息	☎ 06-6775-4180
🌐 www.sweets-paradise.jp	

(圖文：Gigi)

▲價錢包括飲品任飲。

10 多種材料的章魚燒
やまちゃん（本店）

地圖 P.199

賣章魚燒的やまちゃん起源於阿倍野，特點是運用 10 多種食材如昆布 (海帶)、雞骨、蔬菜、水果等，從早上 4 時開始花 4 小時，製成獨特而美味的章魚燒！

▲やまちゃん於阿倍野創業。

▶ 8 個章魚燒 (ヤング，￥720、HK$42)

Info	
🏠 大阪市阿倍野区阿倍野筋 1-2-34	
🚃 地下鐵谷町線或御堂筋線「天王寺」站，或近鐵「大阪阿部野橋」站，或阪堺電車「天王寺駅前」站	
🕐 星期一至六 11:00~23:00　星期日及公眾假期 11:00~22:00	
休 每月第 3 個星期四及元旦	
☎ 06-6622-5307	
🌐 takoyaki-yamachan.net	

Part 9

生活博物館 ❀ And 🎏 地圖 P.199

And 的意思為「Abeno Natural Days」，標誌為一個人輕鬆舒適的坐姿，看了令人想到簡單、慢活的生活態度，以及不造作、不浮誇、低調的生活風格。商場共有 6 層，品牌包括 Urban Research Doors、生活雜貨 Loft 等。這些店鋪都能告訴遊客——何謂生活。

◀ And 這個商場反映了一種簡單舒適的生活風格和態度。

Info
🏠 大阪市阿倍野区阿倍野筋 2-1-40
🚇 地下鐵谷町線或御堂筋線「天王寺」站，或近鐵「大阪阿部野橋」站，或阪堺電車「天王寺前」站、「阿倍野」站
🕐 11:00～21:00，各店營業時間不一
📞 06-6625-2800　🖥 www.d-kintetsu.co.jp/and

又買時裝又看表演 ❀ Hoop 🎏 地圖 P.199

從近鐵大阪阿部野橋站出來便可看到商場 Hoop，外面有個由 Hoop 精心規劃的大型公共空間，有機會看到表演或活動。即使不喜歡購物，也可以來這裏湊熱鬧和休息。至於商場內有品牌如 ABC-Mart、Beams、GAP 等。

▲ Hoop 內有不少男女時裝品牌。

▲ Hoop 外的大型公共空間。

Info
🏠 大阪市阿倍野区阿倍野筋 1-2-30
🚇 地下鐵谷町線或御堂筋線「天王寺」站，或近鐵「大阪阿部野橋」站，或阪堺電車「天王寺駅前」站、「阿倍野」站
🕐 1F～6F 店鋪 11:00～21:00，B1F 餐廳 11:00～23:00，各店營業時間不一
📞 06-6626-2500
🖥 www.d-kintetsu.co.jp/hoop

1,000 種花卉和植物 ❀ 長居植物園

☑ 持大阪周遊卡免費入場　🎏 地圖見便攜大地圖 (背頁)

植物園佔地 24.2 公頃，種植約 1,000 種花卉和植物，總共有 11 個花園，春天會盛開鬱金香、牡丹、玫瑰；夏天有紫陽花、花菖蒲、睡蓮；秋天有波斯菊、萩花、紅葉；冬天會看到梅花、山茶花、水仙等。此外，園內還種植了稱為活化石的水杉、白堊紀的巨樹木紅杉木、明石植物群。植物園更與 teamLab 合作，日落之後把公園變成 teamLab Botanical Garden 的常駐展覽。

▲ 荷花。

▲ 紫陽花。

▲ 玫瑰。

Info
🏠 大阪市東住吉区長居公園 1-23
🚇 地下鐵御堂筋線「長居」站 3 號出口，或 JR 阪和線「長居」站東出口步行 5 分鐘
🕐 3 月至 10 月 09:30～17:00，11 月至 2 月 09:30～16:30，最後入園為關門前半小時
🈶 星期一 (遇公眾假期改為星期二) 及年末年始 (12 月 28 日至 1 月 4 日)
💲 • 成人、高中生及大學生￥200(HK$15)
　• 大阪市立自然史博物館與植物園共通券，成人￥300(HK$23)，高中生及大學生￥200(HK$15)，初中生或以下免費
　• 大阪市 1 日乘車券 (エンジョイエコカード) 成人入場費及共通券 (包括成人及學生)9 折
📞 06-6696-7117
🖥 www.nagai-park.jp/n-syoku

(圖文：Gigi)

植物園內精選景點

📷 看史前動物標本 大阪市立自然史博物館

☑ 持大阪周遊卡免費參觀常設展

　　位於植物園內的大阪市立自然史博物館，旨在研究和展示自然界的各種生物，博物館分為兩層，共有 5 個展示室，教授各種自然界的常識，如大阪的動植物、地球的地質、化石等。大堂還擺設了各種史前動物的標本，如長毛象和大角鹿、石器時代的用具等。博物館旁邊有花與綠與自然情報中心，內有圖書室、電腦室、café、畫室，可免費進入。

Info
🏠 大阪市東住吉區長居公園 1-23
🚇 地下鐵御堂筋線「長居」站 3 號出口，或 JR 阪和線「長居」站東出口步行 5 分鐘
🕐 3 月 至 10 月 09:30~17:00，11 月 至 2 月 09:30~16:30，最後入園為關門前半小時
🚫 星期一（遇公眾假期改為星期二），年末年始 (12 月 28 日至 1 月 4 日)
💲 •大阪市立自然史博物館與植物園共通券：成人 ¥300(HK$23)，高中生及大學生 ¥200(HK$15)，中學生或以下免費
　 •大阪市 1 日乘車券（エンジョイエコカード）共通券 9 折（只限常設展）
📞 06-6697-6221
🌐 www.mus-nh.city.osaka.jp

（圖文：Gigi）

化的巨門
石型口
標鯨擺
本魚放
。的▶

史前動物的化石標本。▶

📷 光影、音樂與自然的結合 teamLab Botanical Garden

　　「teamLab Botanical Garden」是由著名的日本數位藝術團隊 teamLab 所創建，作品結合自然植物和數位藝術，利用投影技術和互動元素來改變植物園的景觀，將植物、光影和音樂相結合，創造出獨特的藝術體驗。遊客可以通過觸摸、走動或互動螢幕來激活不同的效果，感受大自然和人類科技的和諧共處，亦讓植物園變得更加生動和有趣，就像園內植物與人類對話。植物園會根據季節和節日推出不同的展示效果，令遊客每次訪問都能有新的驚喜。

▲「在風中散逸的鳥兒雕刻群」。

Info
🏠 大阪市立長居植物園園內
🕐 18:30~21:30 * 活動時間因季節而異
🚫 請參考官網
💲 成人（高中生以上）¥1,800 (HK$106)，兒童（小學～初中生）¥500(HK$29)
📞 06-6699-5120
🌐 www.teamlab.art/jp/e/botanicalgarden/

（圖文：福岡女孩 Yumeko）

「在大池浮遊呼應的 Lamp」。

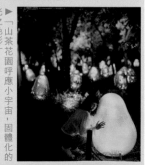

「山茶花園呼應小宇宙，固體化的光之色彩」。▶

9.3 平野

平野區位於大阪市的東南部，是 24 行政區之一。對於遊客來說，最大特色莫過於有閻羅王的全興寺地獄堂。其實平野是大阪市內人口最多的一區，更保存了不少傳統的日式房屋，以及昭和年代的居住情景。不妨花一個下午的時間，在平野區內散步，參觀蚊型博物館和喝茶，感受一下平野的地道風情以及傳統的日本。

前往方法 ▶▶▶

乘地下鐵谷町線往「平野」站或 JR 關西本線「平野」站。

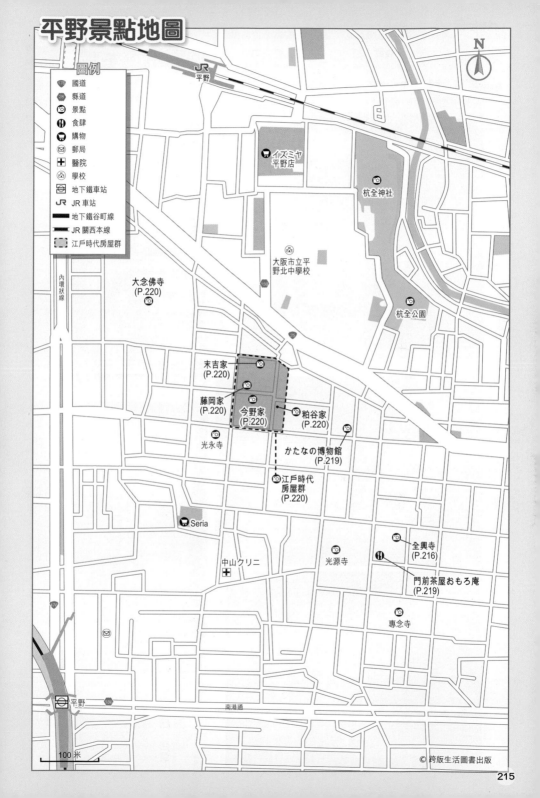

平野景點地圖

下地獄見閻羅王 ⚫ 全興寺 ・ 地獄堂 地圖 P.215

全興寺至今有 1,400 多年的歷史，於飛鳥時代由聖德太子下令在平野設置，從而成為平野一帶的發祥地。全興寺曾在 1615 年經歷過火災，並於 1661 年重建。寺內最大的特色，莫過於境內的地獄堂。訪客必須先透過入口旁的機器回答 10 條問題，它會計算分數，決定答卷者是上天堂還是下地獄。「下地獄」的朋友就可右進地獄堂見閻羅王，並敲擊閻羅王座下的銅鑼，聽他的解說，過程十分有趣！

▲地獄堂的入口。

▲地獄堂並非一個極度恐怖或嚴肅的地方，這裏也放了一些畫板，供大家拍照之用。

▲◀ 參見閻羅王！

▲進入前可填「問卷」，看看自己是上天堂還是下地獄。

 Info

🏠 大阪市平野区平野本町 4-12-21
Ⓜ 地下鐵谷町線「平野」站 4 號出口步行 12 分鐘
📞 06-6791-2680
🌐 www.senkouji.net

★全興寺內精選景點★

 ## 平野社區聲音全集 平野の音博物館

雖説是博物館，但館內只有一部 CD 機，裏面收錄了多個在平野錄得的聲音，包括在公園、神社、祭典時的聲音、電車經過的聲音等，其中有些聲音已經不能再聽到，例如當年南海電鐵仍然途經平野時的聲音。

▶使用指示及所載的聲音和情境。

www.senkouji.net

▶這張照片已是博物館全貌，在館內不是看展品，而是「聽」展品。

上世紀的日本面貌 駄菓子屋さん博物館

這個細小的博物館展示了上世紀 40 至 50 年代的糖果包裝、街景模型、電器、街上的招牌。在細心欣賞過程中，不但了解過去日本的生活環境，也感受了過去與現今的日本重大變化。

▶博物館雖不大，但足以讓人細心欣賞各物品的細節。

▲博物館外旁邊的窗簾(圖右)就是おばあちゃんの部屋(P.218)。

▲有日本場景模型。

◀◀除了一些糖果包裝，還

重現昭和年代的房間 おばあちゃんの部屋

在駄菓子屋さん博物館旁，有一個只限外觀而不能進入的房間，名叫おばあちゃんの部屋（奶奶的房間），內裏展示昭和年代的家居佈置。這是一個還沒有電視和電飯煲的年代，大家不妨留意一下那個年代的海報設計、收音機、煮飯工具等等。

▼おばあちゃんの部屋在駄菓子屋さん博物館旁，要把窗簾掀開才能看到內部。

▲昭和年代的家居。

重現昔日平野街道面貌 歷史のまちなみ模型

透過模型，將江戶時代的平野街道面貌及夏季祭典情景重現。模型上面更張貼了有關平野的資料，包括現在對於歷史建築保育的一些照片和內容。

◀歷史のまちなみ模型。

◀◀連人物都栩栩如生。

邊嘆茶邊玩舊時玩意
門前茶屋おもろ庵 🎬 地圖 P.215

　　店主在細小的茶屋內展示了過百個過去和現在的玩意、模型和海報等，部分更歡迎客人接觸。店內提供茶類和咖啡類為主的飲品，例如抹茶、昆布茶等，另有少量小食售賣，如即食麵（チキンラーメン：さけ茶づけ味），賣相不錯。茶屋有部分是榻榻米，客人入內須脫鞋。

▲模型十分精緻、有趣。

▲門前茶屋おもろ庵。

▶即食麵（チキンラーメン：さけ茶づけ味，￥300，HK\$23）。

🏠 大阪市平野区平野本町 4-12-21
🚇 地下鐵谷町線「平野」站 4 號出口步行 12 分鐘
🕙 10:00~18:00
🈂 星期三及不定期星期四
📞 090-8141-5989
🌐 www.omoroan.com

▲ 細小的食店內展示了很多不同的玩意。

▶抹茶（￥350，HK\$27）。

日本刀博物館 ✦ かたなの博物館 🎬 地圖 P.215

　　這裏展示了日本的武士刀，還可以看到刀劍研師真津仁彰用心研磨的過程。

🏠 平野上町 2-8-13 御刀研處 真澄庵
🚇 地下鐵谷町線「平野」站 4 號出口步行 15 分鐘
🕙 10:00~17:00

▲▶かたなの博物館。

每年八月才開放的幽靈博物館
大念佛寺 〔地圖 P.215〕

大念佛寺是平野區內的寺院，最有特色的是內裏有個每逢八月第 4 個星期日才開放的幽靈博物館。場內的佈置十分簡單，只有 12 幅畫，每一幅畫上的人物都是被殺害而變成怨靈的。如果在夏天時來到大阪，不妨趁這一年一次參觀這特別的小小博物館。

◀ 大念佛寺為平野其中一所寺院。

◀ 出入口。

▲ 寺院內。

> 🏠 大阪市平野区平野上町 1-7-26
> 🚇 地下鐵谷町線「平野」站 1 或 2 號出口步行 8 分鐘
> ☎ 06-6791-0026
> 🌐 www.dainenbutsuji.com

從建築看歷史 ✦ 江戶時代房屋群 〔地圖 P.215〕

平野仍保留了不少過去、尤其是江戶時期的人所居住的房屋，這些房屋的主人，在當時或許是商人、農民、武士，都是有着重要社會地位和身份的人。

▲ 粕谷家

▲ 松下家

◀ 藤岡家

◀ 末吉家

◀ 今野家

從便利店的究極進化 SEVEN PARK 天美

「SEVEN PARK 天美」是由 7-ELEVEN 策劃的大型複合商場，沒錯就是那家總有一間在附近的便利店 7-ELEVEN。SEVEN PARK 於 2021 年 11 月正式開幕，匯集 200 多間日本知名人氣品牌、商家，如 Loft、Joshin 上新電機、丸善書店等，還有虛擬體驗遊戲設施「VS PARK」，不管大人小朋友都能玩得痛快。戶外活動場地「Ennichi Park」如同美國布魯克林的康尼島，設置販售地區特產和農產品的露天市集，而且市集攤位會定期更換，為客人帶來新鮮感。

地圖見便攜大地圖 (背頁)

Info
- 🏠 大阪府松原市天美東 3-500
- 🚃 從近鉄南大阪線河內天美駅步行 16 分鐘
- 🕐 購物中心 10:00~21:00，餐廳 11:00~22:00，美食廣場和咖啡館 10:00~21:00，4F 東寶電影院 09:00~24:30
- 📞 0570-0789-55
- 🌐 amami.sevenpark.jp

▲ SEVEN PARK 天美。
(圖文：福岡女孩 Yumeko)

▲ SEVEN PARK 天美入口。

SEVEN PARK 天美內精選商店

美味的幸福 ビアードパパの作りたて工房 SEVEN PARK 天美店

ビアードパパの作りたて工房是奶油泡芙專賣店，泡芙都是手工製作，每天新鮮出爐，口感外脆內裡順滑，配上恰到好處的甜味，十分美味。除了原味，還有其他限定口味，如士多啤梨、可可椰、烤紫薯等，到了夏天還有奶油泡芙專賣店製作的奶油雪糕，如果剛好碰上期間限定的產品不妨買來試試。

Info
- 🏠 SEVEN PARK 天美 1F
- 🕐 10:00~21:00
- 📞 072-349-4030
- 🌐 www.beardpapa.jp

▲ビアードパパの作りたて工房。

▲ 新鮮出爐的泡芙。

日本的味道 久世福商店

久世福商店搜羅日本各地的精選商品，想要重現日本當地口味的料理，到久世福商店購買商品就對了，而且店內還有多款日本人氣手信，亦是買手信的必到之選。如各種萬能高湯包、各種口味的拌飯醬和令人上癮的柿子種子等。

Info
- 🏠 SEVEN PARK 天美 1F
- 🕐 10:00~21:00
- 📞 072-284-7661
- 🌐 www.kuzefuku.jp

(圖文：福岡女孩 Yumeko)

▲ 久世福商店。

▲ 各種火鍋湯包。

9.4 鶴橋

▲ 由於這裏韓國人較多，所以連 JR 車站也加上韓語指示。

　　鶴橋又叫「日本之朝鮮」，因為那裏有很多韓國人居住，形成一個韓國人的社區，集合韓國美食以及與韓國文化相關的商店。根據統計，有 14 萬韓國人居於大阪市生野區一帶，即鶴橋所在的區域。故此，從鶴橋站開始，就會見到不少韓國餐廳、韓流店等，從車站步行 15 至 20 分鐘，還可以見到以 Korea Town 為名的商店街。

　　這些韓國人，不少已在日本生活多年，能說韓語也會說日語。與東京新大久保相反，這兒的韓國人社區範圍較大，但不像新大久保擁擠，逛起來比較舒適。

韓國人聚居日本或大阪的原因

　　早在 19 至 20 世紀，日本政府推行現化式政策，使工業經濟急速發展。在工業化的社會，勞動人口需求大，吸引當時的韓國人前來尋找機會。根據統計，戰後在日的韓國人口高達 210 萬，且多集中在京阪神一帶。不過現在的在日韓國人沒昔日多，大約 60 萬，而且以第二、三代人為主。人口下降可能與工業經濟模式被服務性行業取代、泡沫經濟爆破、人口老化等有關。

前往方法 ▶▶▶

　　乘地下鐵千日前線、JR 大阪環狀線、近鐵大阪線往「鶴橋」站。

平民街市 ❀ 大阪鶴橋鮮魚市場 地圖 P.225

　　由鶴橋站一出來，便是大規模的鶴橋鮮魚市場(又名「大阪鶴橋鮮魚卸売市場」)，集合了乾濕貨，如日用品、肉類、海鮮和蔬菜等，以應付該區居民的基本所需。有些居民會在狹窄的通道騎着自行車前往辦貨，但他們沒有在裏面飛馳，故慢步的遊客可以放心。

　　市場看起來特別老舊，不少招牌都是手寫的，像是多年來沒有更改過的設計，也沒有特別裝潢，不過十分整齊。市場設有上蓋，避免日曬雨淋之苦。

▶鶴橋市場是一個平民商店區和街市。

◀除了食物，這裏還售衣物、鐘錶等日用品。

▶不同食物。

Info
- 🏠 大阪市生野區鶴橋 2-15-14
- 🚇 地下鐵千日前線、近鐵大阪線、JR 大阪環狀線「鶴橋」站
- 🕐 6:00~14:00　📞 06-6741-3986
- 🖥 www.turuhashi.com

....

韓流商品專門店 ❀ 韓 Shop 地圖 P.225

　　隨着韓流興起，在日的韓國人也把韓流商品引入日本。韓 Shop 提供了韓星的 CD、DVD、寫真集和其他周邊產品，當中包括了 BIGBANG、EXO 和東方神起等組合。

▶如果你愛韓星，來韓 Shop 就很適合。

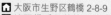

▶店內有很多明星海報。

Info
- 🏠 大阪市生野區鶴橋 2-8-9
- 🚇 地下鐵千日前線、JR 大阪環狀線、近鐵大阪線「鶴橋」站，步行 5 分鐘
- 🕐 10:00~19:00
- 📞 06-6777-4899(平日)
- 🖥 www.instagram.com/hanshop_plusone/

韓國城 御幸通商店街 地圖 P.225

　　在鶴橋，真正的韓國城就在御幸通商店街上。御幸通商店街又稱「Korea Town」，全長 600 米的街道上有超過 130 間店鋪，韓國商品比較集中，尤其是韓國的食材 (如漬物)，而這裏也是在日韓國人比較集中的地區。

　　雖然二戰後因為日本工業發展令在日韓國人迅速增加，但是根據歷史，韓國人最早於公元 5 世紀來日本生活。當時百濟

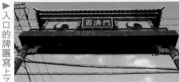
▲入口的牌匾寫上了「百濟門」，因為昔日朝鮮百濟國的人移居這裏。

為朝鮮其中一個國家 (那時的韓國分為高句麗、百濟、伽倻、新羅四個國家)，原在百濟的居民搬遷到這裏，而商店街入口牌匾所寫的「百濟門」就是這樣得來。

Info
🏠 大阪市生野区
🚇 地下鐵千日前線、JR 大阪環狀線、近鐵大阪線「鶴橋」站
📞 06-6712-7150
📱 osaka-koreatown.com

御幸通商店街精選店鋪

各式泡菜 キムチのふる里 地圖 P.225

▲キムチのふる里除了賣泡菜，也有製作泡菜的課程。

　　「キムチ」即 Kimchi，泡菜的意思。キムチのふる里引入不同種類的泡菜，例如大根泡菜、黃瓜泡菜、海鮮泡菜，還有韓國地道食材，從發售的商品可見韓國人時下的飲食習慣。商店不時舉辦製作泡菜的課程，吸引不少日本人前來體驗異國文化。

Info
🏠 大阪市生野区桃谷 5-5-7
🚇 地下鐵千日前線、JR 大阪環狀線、近鐵大阪線「鶴橋」站，步行 20 分鐘
🕐 9:00~16:00
📞 06-6716-2630
📱 www.kimchinofurusato-ok.com

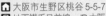

大規模泡菜及食材店 山田商店 地圖 P.225

▲山田商店在該區有很長的歷史。

　　山田商店經營了 30 年，是老字號，規模比キムチのふる里更大，佔了兩個店面空間，且提供的泡菜種類更多 (如白菜)，還在附近開設韓式料理餐廳。

　　商店售賣韓國麵、醬油、參雞湯、韓國紫菜等，讓在日韓國人能維持韓式飲食文化和習慣。

Info
🏠 大阪市生野区桃谷 4-9-6
🚇 地下鐵千日前線、JR 大阪環狀線、近鐵大阪線「鶴橋」站，步行 20 分鐘
🕐 7:00~18:00
休 星期三
📞 06-6731-4833
📱 yamada-syouten.com

韓國化粧品及護膚品總匯 Ipuni 地圖 P.225

Ipuni 引入了不少韓國化妝品及護膚品的品牌，如 Tony Moly、The Saem 等，而且價格比市價便宜約 ¥100 至 ¥200(HK$8~15)。

◀ Ipuni 提供各式韓國品牌化妝品，價錢比市價便宜。

Info
🏠 大阪市生野区桃谷 4-6-18
🚇 地下鐵千日前線、JR 大阪環狀線、近鐵大阪線「鶴橋」站，步行 15 分鐘
🕐 10:00~18:00　📞 06-7173-4445
📱 www.instagram.com/ipuni_cosmetic2013/

便宜韓國菜 ひろや

 地圖 P.225

ひろや是一間看來平凡的家庭韓國料理店，提供 12 款地道韓國菜式，整體價格比同區其他店略為便宜，例如「ビビンバ定食」(Bibimbap，韓式拌飯) 只要￥1,000(HK$59)。

▲ひろや門外。

info
🏠 大阪市生野区桃谷 5-4-21
🚇 地下鐵千日前線、JR 大阪環狀線、近鐵大阪線「鶴橋」站，步行 20 分鐘
🕐 10:00~18:30(星期四休息)
📞 06-6731-0111
📷 www.instagram.com/hiroya_dayo/

▲ビビンバ定食 (￥1,000、HK$59)，內有不少蔬菜，感覺健康。

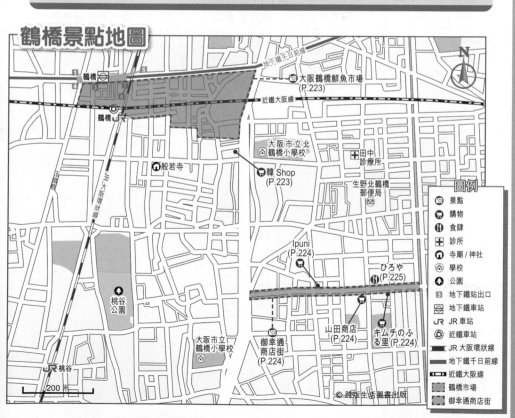

鶴橋景點地圖

鶴橋
鶴橋 JR
地下鐵千日前線
大阪鶴橋鮮魚市場 (P.223)
近鐵大阪線
大阪市立北鶴橋小學校
田中診療所
般若寺
韓 Shop (P.223)
生野北鶴橋郵便局
JR 大阪環狀線
Ipuni (P:224)
ひろや (P.225)
桃谷公園
大阪市立鶴橋小學校
御幸通商店街 (P.224)
山田商店 (P:224)
キムチのふる里 (P.224)
JR 桃谷
200 米

圖例
🔘 景點
🛍 購物
🍴 食肆
➕ 診所
⛩ 寺廟 / 神社
🏫 學校
🌳 公園
🔢 地下鐵站出口
🚇 地下鐵車站
JR JR 車站
🔵 近鐵車站
━━━ JR 大阪環狀線
━━━ 地下鐵千日前線
━━━ 近鐵大阪線
鶴橋市場
御幸通商店街

© 跨版生活圖書出版

Part **10**

櫻之宮
天滿
大阪城
鶴見綠地

10.1
櫻之宮

　　櫻之宮靠近大川河岸，在 20 世紀初工廠林立，也是水上交通樞紐，運送重要物料，連政府部門造幣局也駐紮於此生產貨幣。現在，很多工廠已不復存在，而櫻之宮的面貌也與從前不一樣。靠近河岸的毛馬桜之宮公園成為居民休憩和運動的地方，河岸兩旁的櫻花樹更是賞櫻的好地方。櫻之宮已由工業區變成大阪其中一個宜居的地方了。

前往方法 ▶▶▶

　　主要為乘地下鐵堺筋線或谷町線往「南森町」站，或地下鐵谷町線或京阪電車京阪本線「天滿橋」站，或 JR 大阪環狀線「桜ノ宮」站。

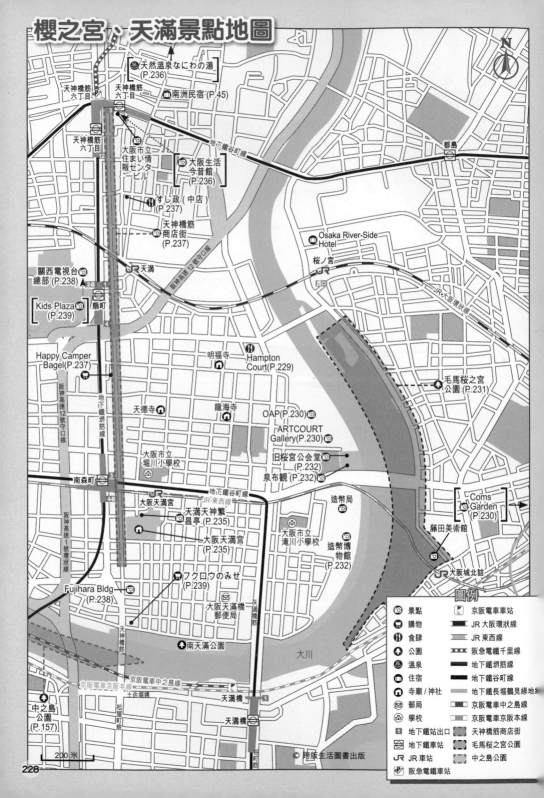

櫻之宮、天滿景點地圖

天神橋筋
六丁目

天然溫泉なにわの湯(P.236)

南洲民宿(P.45)

天神橋筋
六丁目

地下鐵谷町線

都島

天神橋筋
六丁目

大阪市立
住まい情報センター
ビル

大阪生活
今昔館(P.236)

すし政(中店)(P.237)

天神橋筋
商店街
(P.237)

Osaka River-Side Hotel

桜ノ宮

阪神高速12號守口線

JR天滿

JR

西口

JR大阪環狀線

關西電視台
總部(P.238)

Kids Plaza
(P.239)

扇町

Happy Camper
Bagel(P.237)

阪神高速12號守口線

明福寺

Hampton
Court(P.229)

毛馬桜之宮
公園(P.231)

天德寺

龍海寺

OAP(P.230)

地下鐵堺筋線

大阪市立
堀川小學校

ARTCOURT
Gallery(P.230)

舊桜宮公会堂
(P.232)

泉布観(P.232)

南森町

JR

地下鐵谷町線

JR東西線

Coms
Garden
(P.230)

大阪天滿宮

天滿天神繁
昌亭(P.235)

大阪天滿宮
(P.235)

造幣局

藤田美術館

阪神高速1號環狀線

大阪市立
滝川小學校

造幣博
物館
(P.232)

JR大阪城北詰

フクロウのみせ
(P.239)

Fujihara Bldg
(P.238)

大阪天滿橋
郵便局

天神橋筋

南天滿公園

大川

京阪電車京阪本線

京阪電車中之島線

十佐堀通

天滿橋

中之島
公園
(P.157)

松町筋

天滿橋

谷町筋

© 跨版生活圖書出版

圖例

◎ 景點	Ⓚ	京阪電車車站
⬤ 購物		JR 大阪環狀線
⬤ 食肆		JR 東西線
⬤ 公園		阪急電鐵千里線
⬤ 溫泉		地下鐵堺筋線
⬤ 住宿		地下鐵谷町線
⬤ 寺廟/神社		地下鐵長堀鶴見綠地線
✉ 郵局		京阪電車中之島線
⬤ 學校		京阪電車京阪本線
🔲 地下鐵站出口		天神橋筋商店街
⊟ 地下鐵車站		毛馬桜之宮公園
JR JR車站		中之島公園
🈂 阪急電鐵車站		

200 米

古典歐陸風餐廳 Hampton Court

 地圖 P.228

　　來到 Hampton Court，就像來到歐洲昔日的房屋一樣，裝潢及佈置充滿歐陸風情。食物方面，早餐提供了 4 個套餐，包括多士、沙律和飲品。價格按咖啡的單價，再加上不同套餐的優惠價（由 ¥50~¥200、HK$4~15）而定，例如 Latte (ラテ) 是 ¥550(HK$32)，選擇法式多士配楓蜜（フレンチトースト＆ハニーメープル）只需加 ¥200(HK$15)，早餐份量適中。

▶ Hampton Court 是一間西式咖啡店，有早餐提供。

▲ Latte
(ラテ，¥550、HK$32)。

◀ 室內佈置十分有心思。

▲ 法式多士配楓蜜（フレンチトースト＆ハニーメープル，¥200、HK$15)。蜜糖甜到入心，抹在多士上的牛油也很足夠。

▶ 餐廳內的熊仔。

🏠 大阪市北区同心 2-1-16
🚇 地下鐵堺筋線「扇町」站 4 號出口步行 5 分鐘，或 JR 大阪環狀線「桜ノ宮」站西口步行 5 分鐘
🕐 8:00~21:00，最後點餐約 20:30
休 星期六、8 月盂蘭盆節
📞 06-6881-2180
🌐 www.instagram.com/hamptoncourt1996/

櫻之宮

天滿

大阪城

鶴見綠地

難波、道頓堀　心齋橋　梅田　新今宮、天王寺　天滿、大阪城　大阪灣　富田林、堺市　鐵道遊

慢步、血拼與賞櫻 OAP

地圖 P.228

　　OAP 指「Osaka Amenity Park」，這不是 park 那麼簡單，而是集合了商場、酒店、住宅及綠化休憩等設施於一身的綜合地帶。它坐落在大川旁，人們都喜歡在河邊散步、休息，或在商場購物。這裏也種了櫻樹，是賞櫻的好地點。

◀ OAP 坐落河邊，環境優美。

▶ OAP 的購物商場，可以進去血拼！

🏠 大阪市北区天滿橋 1-8-30
🚇 地下鐵堺筋線或谷町線「南森町」站 3 號出口步行 15 分鐘，或 JR 大阪環狀線「櫻ノ宮」站西口步行 5 分鐘
　● 乘免費接駁巴士（循環線）：

平日	
路線（從略）	運行時間
OAP－梅田 OS 酒店前	8:30~18:50（每 10 分鐘開出）、19:00~22:30（每 15 分鐘開出）
OAP－本町 中央大廈附近	8:35~17:55 （每 20 分鐘開出）

星期六、日及公眾假期	
路線（從略）	運行時間
JR 大阪站帝國酒店＊－OPA	8:20~21:40 （每 10 分鐘開出）

＊JR 大阪站櫻橋口，西側高架橋下酒店巴士乘車處。
🕐 商店 11:00~20:00，餐廳 11:00~22:30，各店營業時間不一
休 12 月 31 日、2 月第 3 個星期日
🌐 www.oap.jp

遊走現代作品藝廊 ARTCOURT Gallery

地圖 P.228

　　OAP 劃分了一部分地方作為藝術用途，這範圍稱為 Art Court。Art Court 包括了展示現代藝術品的室內博物館 ARTCOURT Gallery 和戶外的雕刻小徑。
ARTCOURT Gallery 於 2003 年創立，以一個專案或主題的形式呈現藝術品，例如每年進行的 Art Court Frontier，提攜了不少新晉年輕的藝術家，將他們的珍貴作品帶到這個空間，讓更多人可以欣賞他們的作品。至於雕刻小徑，有些雕刻永久展示，也有些只擺放一段短的時間，作為特別展覽的用途。

▲雕刻小徑展出藝術家的雕刻作品。

▲ ARTCOURT Gallery

ARTCOURT Gallery
🏠 大阪市北区天滿橋 1-8-5 OAP アートコート
🚇 地下鐵筋線或谷町線「南森町」站3號出口步行 15 分鐘，或 JR 大阪環狀線「櫻ノ宮」站西口步行 8 分鐘
🕐 星期二至五 11:00~18:00，星期六 11:00~17:00
休 星期日、一及公眾假期　💲 免費（部分特別展或需收費）
📞 06-6354-5444　🌐 www.artcourtgallery.com

庭園地下街 Coms Garden
コムズガーデン

地圖 P.228、大阪市中心景點地圖（便攜地圖正面）

　　Coms Garden 毗鄰地下鐵京站和 JR 京橋站，位置便利，佔地 7,960 平方米，有多間店鋪及食店。這兒的特別之處在於，Coms Garden 雖然是地下街，但從地下到 2 樓都是開放式的低窪庭園設計，設有迴廊風格的行人通道，仿似空中庭園。（圖文：Gigi）

▲ Coms Garden

🏠 大阪市都島区東野田町 2-6-1
🚇 地下鐵長堀鶴見綠地線「京橋」站 4 號出口，或 JR 大阪環狀線「京橋」站中央口步行 3 分鐘
🕐 11:00~23:00
休 1 月、3 月、5 月、7 月、9 月、11 月的第 1 個星期一
📞 06-6357-7733　🌐 coms.osaka-chikagai.jp

賞櫻熱點 毛馬桜之宮公園

 地圖 P.228 賞櫻

　　毛馬桜之宮公園沿着大川兩岸而建，由南至北全長約 4.2 公里，很適合散步和慢跑，不少市民都會在這裏做運動。公園種滿櫻樹，數目達 4,700 棵之多，是春天賞櫻的好地方。

▶遊客可搭乘水上巴士遊船看兩岸櫻花，航程大約一小時，經過大阪城、中之島等景點，在大阪城碼頭上船，船費成人 ￥1,700 (HK$119)、兒童￥800 (HK$56)。(查詢電話：06 6942 5511)(攝影：蘇飛)

▲河川兩岸櫻花。(攝影：Gigi)

▲賞櫻的好地方。(攝影：蘇飛)

▶公園內適合慢跑。

▲日本人會選擇坐下來慢慢賞櫻，享受小食和輕鬆的氛圍。(攝影：蘇飛)

▶每逢賞櫻季節便有小吃攤檔，圖中這檔賣章魚魚燒(每份 ￥500、HK$38)。(攝影：蘇飛)

▲也有攤檔賣美味的炸雞(大杯 ￥500、HK$38，細杯 ￥300、HK$23)。(攝影：蘇飛)

info

🏠 大阪市都島区中野町 1

🚇 地下鐵堺筋線或谷町線「南森町」站 3 號出口步行 15 分鐘，或 JR 大阪環狀線「桜ノ宮」站西口步行 12 分鐘，或地下鐵谷町線、京阪電車京阪本線「天満橋」站過天満橋前往

☎ 06-6312-8121

難波、道頓堀、心齋橋、梅田、新今宮、天王寺、天滿、大阪城、大阪灣、富田林、堺市、鐵道遊

尋找公園內著名景點

大阪最古老的西式建築 泉布観 | 地圖 P.228

　　泉布観是大阪第一座西式建築,由一位英國建築師設計,於 1869 年開始建造,2 年後落成,原為造幣局接待來賓的地方,故以「泉布」(意思為「貨幣」)命名,現在是日本重要文化財之一。泉布観曾是外國賓客的下榻地,連當時的天皇在建築完成後翌年也曾居於此。平日來到泉布観,只能從外面觀之,若要參觀內部,便要在每年春天的「春分之日」(約 3 月中下旬,視乎每年二十四節氣中「春分」的日子),以及其前後合共 3 天對外開放的日子前往參觀 (必須事先寄信申請)。

▶泉布観為大阪最舊的西方建築。

Info
- 🏠 大阪市北区天満橋 1-1-1
- 🚇 地下鐵堺筋線或谷町線「南森町」站 3 號出口步行 15 分鐘,或 JR 大阪環狀線「桜ノ宮」站西口步行 12 分鐘
- 🕐 每年只在 3 月春分當日及前後 2 天共 3 天開放,時間為 10:00~16:00 (最後入場:15:30),每日限 400 人入場參觀
- ❗ 必須寄信申請參觀

浪漫結婚場地 旧桜宮公会堂 | 地圖 P.228

　　在泉布観旁,有另一座舊西洋建築。這座建築以前是造幣局的玄關,及後成為公會堂和圖書館,現時則是結婚、宴會場地,並提供美食及精緻套餐 (每月套餐皆不同),價錢不便宜,套餐約 ¥2,200~¥4,950(HK$129~291) 起,單點食物約 ¥1,200(HK$91) 起,並需預約。

▲旧桜宮公会堂在泉布観旁。

Info
- 🏠 大阪市北区天満橋 1-1-1
- 🚇 地下鐵堺筋線或谷町線「南森町」站 3 號出口步行 15 分鐘,或 JR 大阪環狀線「桜ノ宮」站西口步行 10 分鐘
- 🕐 星期一至五 11:00~19:00,星期六、日及公眾假期 10:00~20:00;餐廳星期一、四、五 11:00~20:00,星期二、三 11:00~15:00;週末假期 10:00~20:00
- 休 參觀為星期二、三 (假日除外) 及年末年始;餐廳每月第 2 個星期三
- ☎ 參觀預約 06-6881-3636;餐廳預約 050-5306-8500
- 🔗 公会堂:produce.novarese.jp/smk

了解貨幣製造及賞櫻　造幣博物館 | 地圖 P.228

▲要進入造幣博物館,必須先從造幣局大樓進入。圖為造幣局大樓。

　　造幣博物館前身為 1911 年建造的火力發電廠,屬日本造幣局 (負責製造貨幣) 一部分設施。1969 年,局方將有關設施廢除,改為博物館,並保留明治時期的煉瓦西式建築。博物館分為 4 個部分:包括造幣局的歷史、日本貨幣的歷史、貨幣製造的過程,以及外國貨幣的展示。透過參觀,既能認識到貨幣形成的過程,也能透過各種貨幣看到日本不同面貌。另外,博物館外種了不少櫻樹,在春天盛放時,吸引大批遊客前來觀賞!

造幣博物館

🏠 大阪市北區天滿 1-1-79

🚃 1. 地下鐵或京阪電車：堺筋線或谷町線「南森町」站 3
號出口步行 15 分鐘，或谷町線或京阪本線「天滿橋」
站下車經天滿橋向前走

2. JR大阪環狀線：「桜ノ宮」站西口步行12分鐘，或「京
橋」站前往

🕐 9:00~16:45(最後入場時間為 16:00)

🛏 星期六、日及櫻花盛開期　📞 06-6351-8509

🌐 www.mint.go.jp/enjoy/plant-osaka/plant_museum.html

▲ 博物館前身是火力發電
廠，建築屬西洋煉瓦風格，
改為博物館後雖有一定程
度的改建和翻新，但仍保
留原有的風格。

▲ 參觀者需在造幣
局外的入口處填妥
表格，向局方說明
個人資料，保安會
給你這個襟章，離
開時必須歸還。

博物館外一年一度賞櫻盛事

📷 造幣局外賞櫻攻略 `賞櫻`

　　造幣局外的櫻花大道長約 560 米，種植了如關山、松月、普賢象、紅手毬等 130 種
櫻花，共有約 350 棵櫻花樹，每到櫻花開放時便人頭湧湧，場面十分壯觀。櫻花大道每
年只開放一次作賞櫻用途，約在 4 月
中旬開放一星期，具體日子會在櫻花
期前約一個月於造幣局網站 (www.
mint.go.jp/enjoy/toorinuke/sakura_
osaka_news_r5.html) 公佈。

　　櫻花大道的花種以八重櫻為主，
為多重瓣的櫻花，開花期比普通的櫻
花 (如吉野櫻) 約遲兩周，所以在其
他地方的櫻花掉落的時候，這裏反而
是最佳的賞櫻時間。在開放賞櫻期間，
當局會實施單向人流管制，
遊客只可以從櫻花大道的
南面進入，在北面離開，
不可沿途返回，但可在離
開櫻花大道後從河邊的通
道返回，那裏有不少特色
攤檔可吃到地道小吃。

◀ 博物館外的道路種了櫻花，櫻
花盛開期間人山人海，十分熱鬧。

▲ 各種櫻花燦爛綻放。

(圖文：
蘇飛)

吉野櫻 VS 八重櫻

　　吉野櫻剛開花時是淡粉紅色的，
花朵長成後，花瓣的粉紅褪去，變得接
近純白色；八重櫻的花朵較大，花瓣很
多，顏色有紅色、粉色、黃色和白色等。

◀ 八重櫻。

▲ 此卿攤。

TIPS

10.2 天滿

天滿這一帶除了有著名的大阪天滿宮外，還有長達 2.6 公里的天神橋筋商店街，
裏面集合不少商店及食店，可以盡情購買，而且本區主要景點都在商場街附近，前
往方便。Kids Plaza 也在這區，是個讓小朋友寓學習於娛樂的地方。

前往方法 ▶▶▶

搭乘地下鐵堺筋線到「南森町」站、「扇町」站或「天神橋筋六丁目」站。

落語表演小舞台 天滿天神繁昌亭 地圖 P.156、228

這個天滿天神繁昌亭就在大阪天滿宮 (見下) 旁，是個小劇場，主要表演落語，並有落語體驗活動。大阪和東京都有落語，大阪的叫上方落語，表演時需要使用拍子，代表轉換場景或時間。此外還有一張小枱子 (或屬於那個表演者的舞台，叫「見台」)，枱前有個叫「膝隱」的東西，用來隱藏膝頭。如果大家有機會在東京看落語的話，就不會見到上述佈置。

▲ 繁昌亭其實是個小劇場。

落語

落語由一人表演，演員會坐着扮演多個角色，除了要求不同角色能同時發揮得好外，還需要眼神和動作等的配合，好讓觀眾投入。

- 🏠 大阪市北區天神橋 2-1-34
- 🚇 地下鐵堺筋線或谷町線「南森町」站 4-B 號出口，或 JR 東西線「大阪天滿宮」站 3 號出口步行 3 分鐘
- 💰 • 朝早場 (約 9:30 開始)，票價不同，成人當日票約 ￥2,500(HK$147)、提早買 ￥2,000(HK$118)，票價會統一以成人票收取
    - 日間場 (13:00~16:00) 成人即日票 ￥2,800(HK$165)、提早買 ￥2,500(HK$147)、學生 ￥1,000(HK$59)，65 歲或以上長者 ￥2,500(HK$147)
    - 夜間場每場時間及收費不同，票價約 ￥3,000~￥3,500(HK$176~206)
    - 持大阪市 1 日乘車券，日間場成人即日票 ￥2,500(HK$190)
- 休 9 月第 1 個星期六、日
- 📞 06-6352-4874(11:00~19:00)
- 🌐 www.hanjotei.jp

求學業及陞職之神 大阪天滿宮 地圖 P.228

日本有多個天滿宮，用以參拜學問之神菅原道真。大阪天滿宮，與太宰府天滿宮 (福岡)、北野天滿宮 (京都) 合稱為三大天滿宮。天滿宮很受歡迎，人們都希望祈求學問之神保佑考取好成績或在工作上有出色的表現。

▲ 日本三大天滿宮之一。

▼ 本社。

大阪天滿宮建於菅原道真被流放的那年，他曾參拜大阪天滿宮現址內的大將軍社，其後村上天皇聽聞那裏發生過松樹突然長出和晚上發出金光的奇異事件，認為與菅公有關，便下令建造大阪天滿宮。因此這裏是三大天滿宮中，最遲以及唯一一個由天皇下令建造的神社。大阪天滿宮先後經歷至少 7 次火災，最嚴重的是 1837 年的火災，那次災禍後裏面的本殿需重建成現今的模樣。

天神祭

日本三大祭之一，在天滿宮及附近有水陸遊行，晚上還會放煙花。雖然 7 月 24 和 25 日都有活動，不過最重要的活動都在 7 月 25 日下午之後，可安排 7 月 25 日下午至晚上參與這項精彩的活動。

菅原道真

他是平安時代的學者，曾官至從二品，但最後被誣告，流放到九州，並於 903 年死於太宰府。他死後，京都連年發生天災，而皇宮內也有人病死或被雷擊斃，人們認為這是道真的怨靈所致，最後菅原道真被誣衊企圖廢醍醐天皇的罪名被除下，還升了官職。後來他由怨靈升為雷神，到現在的天神，正名是「天滿大自在天神」。

- 🏠 大阪市北區天神橋 2-1-8
- 🚇 地下鐵堺筋線或谷町線「南森町」站或 JR 東西線「大阪天滿宮」站 4-A 號出口，兩站相連
- 🕐 9:00~17:00
- 📞 06-6353-0025
- 🌐 osakatemmangu.or.jp

櫻之宮 天滿 大阪城 鶴見綠地

實景模型演繹舊時 🎏 大阪生活今昔館

大阪くらしの今昔館 ☑持大阪周遊卡免費參觀常設展 🔘地圖 P.228

地圖 P.228

又叫「大阪人居博物館」的大阪生活今昔館，旨在告訴別人大阪人過去的居住情況。今昔館一共3層，位於大樓的8-10樓，9樓以大空間展示江戶時代 (大約1830年代) 大阪浪華的街道以及裏面的店鋪和住所。以不同的燈光設備營造日夜及不同天氣的情況，使人能親身感受當時環境。參觀者需進入8樓購票進場，乘搭電梯往10樓，先俯覽當時老街的面貌，再到9樓實地感受。8樓則展示明治至昭和時期 (即19至20世紀初) 的情況，並有小模型，把當時的通天閣、商店街以及二戰後待復興的景觀一一呈現。

◀街景佈置很有心思，就連屋簷的貓追貓情況也重現了出來。

▲館內也有一些小模型，展出通天閣重建前的模樣，以及戰後使用巴士作為臨時居所的情況。

info

🏠 大阪市北区天神橋 6-4-20 大阪市立住まい情報センタービル 8 階 大阪市立住まいのミュージアム (就在「天神橋筋商店街」旁的大樓內)

🚇 地下鐵堺筋線或谷町線「天神橋筋六丁目」站3號出口，直接上信息中心大樓8樓，或 JR 大阪環狀線「天滿」站北面出口步行 10 分鐘

🕐 10:00~17:00 (最後入場：16:30)

🈺 星期二 (假日改為星期三)，年末年始 (約 12 月 29 日至翌年 1 月 2 日)

💲 • 成人 ¥600(HK$46)，高中生及大學生 ¥300(HK$23)，中學生或以下免費；特別展另外收費
• 憑大阪市 1 日乘車券 (エンジョイエコカード)，成人 ¥500(HK$38)，高中生及大學生 ¥200(HK$15)

📞 06-6242-1170　🌐 konjyakukan.com

100% 溫泉水 🎏 天然温泉なにわの湯

地圖 P.228、便攜大地圖
(大阪市中心景點地圖)

▲溫泉位於 8 樓。

なにわの湯是來自地下 659 米、100% 的天然溫泉水，泉質為碳酸水素鹽，有軟化皮膚角質層、乳化分泌物的功效，故又稱為美人湯。溫泉分有露天和室內，包括壺湯、源泉湯、鹽焗桑拿等，還有女性專用的岩盤浴。館內設有餐館。(圖文：Gigi)

info

🏠 大阪市北区長柄西 1-7-31

🚇 地下鐵堺筋線或谷町線「天神橋筋六丁目」站 5 號出口步行 8 分鐘

🕐 10:00~01:00 (最後進場：24:00)，星期六、日 08:00 開始營業

💲 成人 ¥850(HK$50)，小學生 ¥400 (HK$24)，幼兒 ¥150(HK$9)

📞 06-6882-4126

🌐 www.naniwanoyu.com

❗ 需自備毛巾或館內購買 ¥150(HK$9)

難波、道頓堀　心齋橋　梅田　新今宮、天王寺　天滿、大阪城　大阪灣　富田林、堺市　鐵道遊

2.6 公里慢慢遊逛 天神橋筋商店街

▶二丁目入口有 8 個御迎人形像，這是其中 4 個，當中一個是關羽。

　　日本有很多商店街，而天神橋筋商店街是全日本最長的商店街，分為六段 (由一丁目至六丁目)，由地下鐵南森町站開始，經過扇町站，最後以天神橋筋六丁目為終點。走在這條長 2.6 公里的商店街，沿途可參觀不同景點和商店 (如二丁目的天滿宮、六丁目的大阪生活今昔館)。

info
- 🏠 由地下鐵南森町站直至天神橋筋六丁目站
- 🚇 地下鐵堺筋線或谷町線「南森町」站，或 JR 東西線「大阪天滿宮」站 4-A 號出口，兩站相連；也可選擇地下鐵堺筋線「扇町」或「天神橋筋六丁目」站
- 🕐 一、二、三丁目：www.tenjin123.com
　　四、五、六丁目：tenjinbashi.net

商店街內美食推介

午餐便宜壽司之選 すし政 (中店) 地圖 P.228

　　橋筋商店街的すし政 (中店) 是壽司店，客人可以散點各種壽司。若不懂日語，可以選擇「上にぎり」，包括多種壽司。如果午餐前來，可以點選「並定食」，份量比「上にぎり」略少一點，但價錢便宜得多。部分壽司在上餐前點了少許芥辣，但吃時不會感覺嗆口。

◀店家價格便宜。

▶「上にぎり」(￥1,650、HK$97) 和「並定食」(￥660、HK$39) 的壽司份量都差不多，價錢卻相差很多。

info
- 🏠 大阪市北区天神橋 5-6-19
- 🚇 地下鐵堺筋線「扇町」站 1 號出口步行 4 分鐘，或地下鐵堺筋線或谷町線「天神橋筋六丁目」站 3 號或 12 號出口
- 🕐 11:10~23:00(最後點餐：22:40)
- 休 星期一 (公眾假期前夕或公眾假期除外)
- ☎ 050-5590-1767

商店街上「小木屋」 Happy Camper Bagel 地圖 P.228

　　在商店街間逛會發現一間「小木屋」，風格與其他商店形成強烈對比！Happy Camper Bagel 專賣貝果，店鋪十分細小，只有一名收銀員和一名貝果師傅。雖然如此，貝果的種類卻超過 10 種，售價由 ￥200 到 ￥350(HK$12~21) 不等，口味有巧克力、黑糖、核桃等。

▶Happy Camper Bagel 的外觀看來像一間小小的木屋。

▶店內很小，一眼可見有多種貝果。

info
- 🏠 大阪市北区天神橋 3-7-24
- 🚇 地下鐵堺筋線「扇町」站 4 號出口步行 4 分鐘
- 🕐 11:00~ 賣完即止
- 休 星期日
- ☎ 06-6358-1522

購買電視台周邊產品 關西電視台總部

關西テレビ放送 地圖 P.228

最為人熟悉的日本電視台包括富士電視台、東京電視台、日本電視台和朝日電視台，而關西電視台 (KTV) 在大阪成立。由於富士電視台是關西電視台的大股東之一，並加入富士旗下的聯播網，所以從該電視台可觀賞富士台的節目。現時本部大樓不開放參觀，只租予 Kids Plaza 作為兒童遊樂施，以及有間電視台周邊產品店。

▲ 大樓內的周邊產品店。

> 🏠 大阪市北区扇町 2-1-7
> 🚇 地下鐵堺筋線「扇町」站 2-A 或 2-B 出口，或 JR 大阪環狀線「天滿」站步行 1 分鐘
> 📖 www.ktv.jp/ktv/map/map.html

▲ 電視台大樓外掛上宣傳其節目的海報。

以藝術活化老建築 Fujihara Bldg 地圖 P.228

建築物建於 1923 年，原為食品會社的大樓，現為 Fujihara Bldg(フジハラビル)，連地庫共 5 層，部分樓層作為設計事務所辦公室用途。大樓地面及樓梯均有不少藝術裝飾，並開放予公眾參觀。要說大樓的轉型，是因為食品會社老闆過世後，其兒子藤原英祐承繼此大廈，但他是東京大學教授，一直沒干涉父親的業務。他想到要把建築物保留下來，除了出租為工作室外，還能作為讓年輕藝術家展示藝術品的地方。這個想法賦予老建築新生命，讓它成為富有吸引力的地方。

◀ Fujihara Bldg 原為食品會社的大樓，會長去世後，他的兒子沒有把樓宇拆掉，反而把它成為展示藝術的地方。

▲ 建築物外的展覽。

▲ 2 樓看到的「動物」。

> 🏠 大阪市北区天神橋 1-10-4
> 🚇 地下鐵堺筋線「南森町」站 4-B 號出口步行 8 分鐘

櫻之宮
天滿
大阪城
鶴見綠地

讓兒童玩着學習 Kids Plaza 地圖 P.228

キッズプラザ大阪

Kids Plaza 以「寓學習於娛樂」為宗旨，透過遊戲、工作坊等形式，啟發小孩子的學習興趣和創意。幾個樓層的主題都與小朋友的學習有關：3 樓為 Creativity floor、4 樓為 Adventure floor、5 樓為 Discovery floor，學習內容包括電腦、閱讀、煮食、科學、文化、製作電視節目等。

- 🏠 大阪市北区扇町 2-1-7 關西電視台總部內
- 📖 參考「關西電視台總部」
- 🕐 9:30~17:00，最後入場時間為關閉前 45 分鐘
- 休 每月第 2 及第 3 個星期一及 8 月第 4 個星期一 (如遇假日順延至星期二)，年末年始 (約 12 月 28 日至翌年 1 月 2 日)，另有臨時休館日 (詳見官網公告)
- 💲 成人 ¥1,400(HK$106)，初中生及小學生 ¥800(HK$61)，3 歲或以上 ¥500(HK$23)，65 歲或以上長者 ¥700 (HK$53)，離場當日客可憑根再次入場
- 📞 06-6311-6601
- 🌐 www.kidsplaza.or.jp
- ❗ 兒童必須由成年人陪同進入，不能只有成年人或小孩子

▲ Kids Plaza 旨在發揮兒童各方面的潛能。

超療癒貓頭鷹 フクロウのみせ 地圖 P.228

フクロウのみ 曾經是關西首間開設的貓頭鷹 Café，店內飼養超過 20 隻貓頭鷹，按體型分三類，每一隻各有特色，羽毛溫暖柔軟，非常可愛療癒。店內還售賣各種貓頭鷹的精品，是貓頭鷹迷可以去看看。

▶ 大型的貓頭鷹最重的有 2 公斤。

▲ 小小的貓頭鷹非常可愛，若是大、中型的貓頭鷹的爪比較利，需帶上手套。

- 🏠 大阪市北區天神橋 1-3-4
- 🚉 JR 東西線「大阪天滿宮」站步行 7 分鐘、或地下鐵堺筋線、谷町線「南森町」站步行 6 分鐘
- 🕐 12:00~17:00
- 休 星期一、三、五
- 📞 06-6775-4180
- 🌐 www.owlfamily.co.jp

(圖文：Gigi)

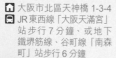

▲ 售賣各種貓頭鷹的精品。

▲ 正在休息的貓頭鷹也可以影相，但請不要打擾牠們哦。

10.3 大阪城

　　若要對大阪的過去有更深入的了解，不妨前往大阪城公園及附近的歷史博物館。大阪城有很重要的歷史意義：包括曾短暫成為首都，也曾有城堡，不過相關建築已完全消失，只餘下遺址。大阪人重視這些歷史，便興建歷史博物館，保留皇宮宮跡，重建大阪城，向日本人、外國人訴說大阪的故事。除了歷史，這裏也是出名的賞櫻地點。

前往方法 ▶▶▶

　　往大阪城：最近車站為地下鐵長堀鶴見綠地線、中央線「森ノ宮」站，或 JR 大阪環狀線「大阪城公園」站。

　　往大阪歷史博物館：地下鐵谷町線、中央線「谷町四丁目」站。

極大、極美、極具歷史價值
大阪城公園
賞櫻 賞紅葉

🎥 地圖 P.246

大阪城公園範圍極廣，面積達 106.7 公頃，於 1931 年重建完成並開放。公園以重要的歷史建築「大阪城天守閣」為中心，園內還有可觀賞櫻花的西の丸庭園、棒球場、音樂廳等。公園面積偌大，可慢慢閒逛，感受一下自然與歷史。

Info
- 🏠 大阪市中央区大阪城
- 🚇 地下鐵長堀鶴見綠地線或中央線「森ノ宮」站 1、3-A 或 3-B 號出口，或 JR 大阪環狀線「大阪城公園」站過天橋
  - 地下鐵谷町線「天滿橋」站 3 號出口
  - 地下鐵谷町線或中央線「谷町四丁目」站 1-B 或 9 號出口
  - 地下鐵長堀鶴見綠地線「大阪ビジネスパーク」站 1 號出口
- ☎ 06-6755-4146
- 🌐 www.osakacastlepark.jp

▲大手門入口。

▶教育塔的銀杏樹。(攝影：蘇飛)

在大阪城公園內漫步

📷 觀賞夜櫻 西の丸庭園

🎥 地圖 P.246

☑ 持大阪周遊卡免費入場

▶場內特設傳統小吃攤檔。

▼夜櫻場內的街頭賣藝

▶從西の丸庭園看到的大阪城天守閣。

西の丸庭園曾是豐臣秀吉的住所，現時為一大片草地，且種滿了約 600 棵櫻樹。在春天櫻花盛放時，這裏晚上也開放，透過燈光的照射，櫻花顯出另一番景象，加上夜櫻場內的傳統小吃攤檔及街頭表演，令賞櫻氛圍更添熱鬧！

▶夜櫻。

Info
- 🏠 大阪市中央区大阪城 3-11
- 🚇 地下鐵中央線「谷町四丁目」站 9 號出口，或谷町線「谷町四丁目」站 1B 出口
- 🕐 3 月至 10 月 9:00~17:00(最後入場：16:30)，11 月至翌年 2 月 9:00~16:30(最後入場：16:00)；櫻花期開放時間延至 22:00(最後入場：21:30)；夜櫻觀賞時間 18:00~22:00
- 🈺 星期一 (遇假日改為星期二)，年末年始
- 💲 • 成人 ¥200(HK$15)，中學生或以下免費；觀夜櫻 ¥500(HK$38)
  - 持大阪市 1 日乘車券 (エンジョイエコカード) 一般入場費 ¥140(HK$11)
- ☎ 06-6941-1717

(攝影：蘇飛)

難波、道頓堀、心齋橋、梅田、新今宮、天王寺、天滿、大阪城、大阪灣、富田林、堺市、鐵道遊

金色與白色的貴氣建築 大阪城天守閣　地圖 P.246

☑持大阪周遊卡免費入場

　　大阪城天守閣位於公園中央，為豐臣秀吉於 16 世紀末時的建築，那時天守閣是黑色的，因為豐臣很喜歡黃金，便在部分位置鍍上金色。後來，德川家康在大阪夏之陣中摧毀了大阪城，再重建成白色外牆的版本，但又於 17 及 19 世紀分別因雷擊及戰亂而損毀，直至 1928 年因應市長提議成功籌得民間捐款，2 年後再花 1 年時間重建而成。後於 1997 年大修整成今天還是很新簇的模樣。

　　這個天守閣有豐臣和德川兩個風格，重建主要根據豐臣時的原貌 (可比較天守閣裏面的大阪夏之陣屏風畫)，但外牆是德川時期的白色。由於重建 (兼且有升降機很格格不入) 加上並非忠於原著，有些人認為不值得前去參觀。值不值得遊覽因人而異，但至少天守閣裏提供了相當豐富的歷史資料，告訴你豐臣時期的日本歷史。

▲大阪城天守閣。

▲秋意下的大阪城天守閣。

▲大阪城的夜櫻。(攝影：Gigi)

🏠 大阪市中央区大阪城 1-1
🕐 9:00~17:00(最後入場：16:30)，部分日子如櫻花期、黃金周、暑假、秋天會延長開放時間
🚫 12 月 28 日至 1 月 1 日
💲 • 成人 ￥600(HK$46)，中學生或以下免費；另與大阪歷史博物館設套票，高中生或以上 ￥1,000(HK$59)
　 • 憑大阪市 1 日乘車券 (エンジョイエコカード)￥540(HK$41)
📞 06-6941-3044
🌐 www.osakacastle.net
❗ 日落至 24:00 有燈光照明，可以拍攝夜景

遠攝、近攝與點綴

　　物件或景色以遠或近攝，得出的效果很不同。我們走近建築物時，只能仰望，大廈越高就越難看見最高處的輪廓。想像它是摩天大廈的話，「金字塔」的感覺尤為強烈。遠攝的話，「金字塔」情況較輕微。並非要說哪個位置拍攝最好，如果要顯示建築物的宏偉，近攝可能比較好。如果要清楚顯示建築物的面貌，或需要遠一點拍攝。不過有時礙於附近其他建築物和景觀、器材 (如鏡頭) 等因素，未必可以從遠處拍攝。

　　遠攝或近攝可能需要附近景物的點綴以說明主體身處的環境。有時鏡頭不能拍攝太遠的事物，以致想拍攝的物件佔相片空間太小。只有買長鏡頭才能解決問題嗎？事實上，要突顯主體的因素很多：如物件大小、顏色、背景是否複雜等。如果能適當運用附近物件的話，再嘗試構圖，即使受相機限制也能拍出好作品。

TIPS

城下町商場 Jo-Terrace Osaka

地圖 P.246

在 2017 年 6 月新開張的大阪城下町商場有着與大阪城截然不同的風味，充滿時尚感。以往公園內沒有餐廳，亦難找休息的地方。此商場就有如江戶時的城下町，客人可一邊享受餐飲，一邊遠眺天守閣，有種古今交錯的感覺。商場細分 5 個區域，總共有 22 間餐廳和手信店，內有 Starbucks、大阪燒店千房、章魚燒店等，在大阪城逛累了可以來這裏好好休息。

▲ 只有 F 和 E 區域是兩層，其餘都是一層。

▲ 麵菓裝是一間烏冬店及和風 CAFE，另有浴衣可出租。

ℹ️
🏠 大阪市中央區大阪城 3-1 大阪城公園內
🚌 JR 環狀線「大阪城公園」站，或地下鐵長堀鶴見綠線「大阪ビジネスパーク」站 1 號出口
🕐 7:00~22:00，各商店營業時間不一
🚫 不定期休息
🌐 tw.jo-terrace.jp

(圖文：Gigi)

▲ 輕鬆休憩的環境。

從大阪的角度看二戰 大阪國際和平中心
大阪国際平和センター

地圖 P.246

☑ 持大阪周遊卡免費入場

在和平中心，以大阪的角度，指出二次世界大戰 50 次空襲對自己城市的影響。中心內還展示了不同戰爭，更包括日本對朝鮮和中國戰爭之禍害，當中沒有否認南京大屠殺，旨在說明日本既是受害者，也承認發動戰爭對人們造成了傷害。

ℹ️
🏠 大阪市中央區大阪城 2-1
🚌 地下鐵長堀鶴見綠線或中央線「森ノ宮」站 1、3-A 或 3-B 號出口，或 JR 大阪環狀線「森ノ宮」站，或 JR 大阪環狀線「大阪城公園」站過天橋
🕐 9:30~17:00(最後入場：16:30)
🚫 星期一，公眾假期翌日，每月最後一天，年末年始（約 12 月 28 日至翌年 1 月 4 日）
💲 成人 ￥250(HK$19)；高中生 ￥150(HK$12)；初中生或以下免費
📞 06-6947-7208
🌐 www.peace-osaka.or.jp

▲ 和平中心門前的鳥兒裝飾，你能聯想到與和平有甚麼關係嗎？

櫻之宮　天滿　大阪城　鶴見綠地

地圖 P.246

以有趣的方式認識歷史
大阪歷史博物館

▲博物館。

☑持大阪周遊卡免費入場 (僅常設館)

難波、道頓堀、心齋橋、梅田、新今宮、天王寺、天滿、大阪城、大阪灣、富田林、堺市、鐵道遊

在公元 645 年和 744 年，大阪曾兩度短暫成為首都，興建難波宮，最後又分別遷都到奈良和京都，如今難波宮只作為遺跡而保留下來。後來豐臣秀吉在附近興建大阪城。這兩個大阪主要歷史事件，成為大阪歷史博物館選址此處的主因。

博物館並不死板，在展示手法方面頗有心思。首先，大家必須乘升降機上最高位置 (10 樓)，先從最遠的難波京事跡說起，由於難波宮已經遷移，昔日的建築物沒法存在，只留下地基，所以博物館讓大家飽覽難波宮跡，當中包括了過去的太極殿和朱雀門等，還造了當時皇宮的人像，重新塑造出當時的情況。窗口的幕有時會關上，配合電視播放的短片，讓大家比較今昔模樣。

沿着電梯下去時，也可飽覽大阪城的全景，不過由於是三角位置、玻璃反光，所以不能貼着玻璃拍攝，或許晴天時會好一點。

9 樓關於水都大阪舊時的經濟生活狀況，7 樓則為大正至昭和時期，即明治維新之後，大阪心齋橋和道頓堀的繁華景象。即使不懂日文，都可以大概知道大阪曾經有皇宮，有很多河川和西化過。

▲重現大阪舊時的繁華景象。

▲博物館造了不少人物模型，重現當時的情況。

利用微距功能拍攝模型

博物館有不少精緻模型值得拍攝。館內禁止用閃光燈拍攝，如果發覺拍出來的效果總是很不清的話，應該是拍攝對象離相機太近，不能對焦。相機裏有「微距」(macro) 功能，用作拍攝近物件之用。按了這個掣之後，再好好對焦一下便可以了，而且出來的效果是：主體會清、背景較矇。

TIPS

▲從博物館看難波宮遺跡。

🏠 大阪市中央区大手前 4-1-32
🚇 地下鐵谷町線或中央線「谷町四丁目」站 9 號出口 (與「NHK大阪放送会館」相連)
🕐 9:30~17:00 (特別展覽期間星期五延長至 20:00)，最後入場時間為閉館前半小時
🚫 星期二 (假日延至星期三)，年末年始 (約 12 月 28 日至翌年 1 月 4 日)
💲 • 常設展：成人 ￥600(HK$46)，高中生及大學生￥400(HK$30)，初中生或以下免費，特別展另收費用：另與大阪城天守閣設套票，高中生或以上￥1,000(HK$59)
　• 憑大阪市 1 日乘車券（エンジョイ エコカード）成人 ￥540(HK$41)，高中生、大學生 ￥360(HK$27)
📞 06-6946-5728　🌐 www.mus-his.city.osaka.jp

免費認識電視節目如何製作
NHK 大阪放送会館　地圖 P.246

　　NHK 大阪放送会館除播放新聞及文教節目外，還會播放劇集，最受歡迎的是每年一套逢星期日播放的大河劇 (如篤姬、天地人、龍馬傳等)。放送会館位於大阪歷史博物館旁，其中 1 樓及 9 樓的 BK Plaza(BK ブラザ) 可免費參觀，內裏展示了電視節目製作過程、拍攝場景、海報等，也有遊戲和手信。大阪歷史博物館和放送会館兩座建築物相連，可以一併參觀這兩個景點。

▲ BK Plaza 門口。

◀有繪圖介紹電視台。

> 🏠 大阪市中央区大手前 4-1-20
> 🚇 地下鐵谷町線或中央線「谷町四丁目」站 9 號出口 (與「大阪歷史博物館」相連)
> 🕐 BK Plaza：10:00~18:00(最後入場：17:30)
> 🈺 BK Plaza：星期二，年末年始 (約 12 月 29 日至 1 月 3 日)
> ☎ 06-6941-0431
> 🔗 www.nhk.or.jp/osaka/bkplaza

BK Plaza 1F

市內最古老的能劇觀賞地
山本能樂堂　地圖 P.246

　　從大阪城步行 20 分鐘，便可以看到市內歷史最悠久、且成為「國家登錄文化財產」的能樂堂──超過 80 年的歷史的山本能樂堂。能樂 (或能劇) 是日本的傳統戲劇形式，當中包括雜技、歌曲、舞蹈等，有超過 600 年的歷史，現已被聯合國教科文組織列為世界非物質文化遺產。來這裏了解和觀賞能劇，入場費一般需￥3,000(HK$227)。

> 🏠 大阪市中央区德井町 1-3-6
> 🚇 地下鐵中央線「谷町 4 丁目」站 4 號出口步行 2 分鐘
> 💲 ￥3,000(HK$227) 起
> 🔗 www.noh-theater.com

▶ 山本能樂堂具有超過 80 年歷史，是大阪市內最悠久的能劇場地設施。

Part 10

寓購物於運動 森之宮 Q's Mall

もりのみやキューズモール BASE

地圖 P.246

位於森ノ宮站附近的 Q's Mall 雖然面積不算大，但在屋頂設有空中跑道，全長 300 米，材質為人工草皮，無需入場費，男生在等待女生購物時，可以乘機鍛鍊一下，不用擔心要苦悶等候。除跑道外，還設有小型足球場、室內攀石、健身房、遊樂場，比起商場更加像運動中心。

▲ Q's Mall 正門，上方的就是空中跑道。

▲比較麻煩。唯一缺點是地方空曠，下雨會

▲小朋友可以坐火車（一次￥300，HK$23）。

🏠 大阪市中央区森ノ宮中央 2 丁目 1 番 70 號
🚇 地下鐵長堀鶴見綠地線或中央線「森ノ宮」站 2 號出口，或 JR 大阪環狀線「森ノ宮」站
🕐 10:00~20:00（各店營業時間不一）
📞 06-6941-1090
🌐 qs-mall.jp/morinomiya/

（圖文：Gigi）

大阪城景點地圖

圖例

📷 景點		大阪城公園	
🛍 購物		JR 大阪環狀線	
🏨 住宿		JR 東西線	
🌳 公園		地下鐵谷町線	
公園出入口		地下鐵長堀鶴見綠地線	
3A 地下鐵站出口		地下鐵中央線	
地下鐵車站		京阪電車京阪本線	
JR JR 車站			

JR・東西線

大阪ビジネスパーク

天滿橋

北外濠

大阪城大會堂

Jo-Terrace Osaka (P.243)

內濠

大阪城公園

西外濠

大阪城公園 (P.241)

大阪城天守閣 (P.242)

山本能樂堂 (P.245)

西の丸庭園 (P.241)

大阪城公園

Hotel The Lutheran

大手門

森林公園

谷町四丁目

NHK 大阪放送会館 (P.245)

南外濠

大阪歷史博物館 (P.244)

教育塔

大阪國際和平中心 (P.243)

森ノ宮

谷町四丁目

3A

3B

森之宮 Q's Mall (P.246)

森ノ宮

JR 森ノ宮

難波宮跡公園

地下鐵中央線

200 米

© 跨越生活圖書出版

10.4 鶴見綠地

▲鶴見綠地站在出入閘有一幅用紙皮石砌成的畫，描繪了花博紀念公園美麗的環境，還有花博的吉祥物鬱金香。

大阪地下鐵長堀鶴見綠地線的「長堀」指長堀橋站，而「鶴見綠地」便是鶴見綠地站。鶴見綠地站有個大公園「花博記念公園鶴見綠地」或簡稱「花博記念公園」，早在 1972 年建成，並在 1990 年所舉辦為期半年的國際花與綠博覽會 (當時簡稱「花之萬博」，現簡稱為「花博」) 裏，在公園內興建了更多設施，並有來自 83 個國家參與。到了今天，公園已成為大阪市著名地標之一。

前往方法 ▶▶▶

乘搭地下鐵長堀鶴見綠地線往門真南站方向的列車，於「鶴見綠地」站下車。

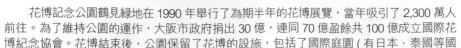

遊走當年盛大花博場地
花博記念公園鶴見綠地

地圖 P.249　賞櫻

花博記念公園鶴見綠地在 1990 年舉行了為期半年的花博展覽，當年吸引了 2,300 萬人前往。為了維持公園的運作，大阪市政府捐出 30 億，連同 70 億盈餘共 100 億成立國際花博紀念協會。花博結束後，公園保留了花博的設施，包括了國際庭園 (有日本、泰國等國的庭園)，還有荷蘭風車、大草地、當年花博的主場館「鮮花競放館」以及展望塔，更設有展覽館。公園大部分地方都供免費遊覽和休憩，是個悠閒的好去處。公園內種有 5,000 幾棵櫻花樹，是大阪市內受歡近的賞櫻地點。

▲公園的綠化面積比較大。

▲廣闊的公園。

▲園內的荷蘭風車。(攝影：Gigi)

◀蓋園內的污水渠也很有心思，用了很吉祥物沿金香。

🏠 大阪市鶴見区綠地公園 2-163
🚇 地下鐵長堀鶴見綠地線「鶴見綠地」站
📞 06-6911-8787
🌐 www.tsurumi-ryokuchi.jp

公園內景點

📷 日本 No.1 大的溫室 鮮花競放館 咲くやこの花館

地圖 P.249

☑持大阪周遊卡免費入場

在花博舉辦時鮮花競放館是主場館，為全日本最大的溫室，內有熱帶、高山等多種植物。館名「咲くやこの花館」取自《古今和歌集》中「難波津の歌」的詩句。現在，競放館會不時舉辦植物展。

▲日本最大的溫室。

🏠 大阪市鶴見区綠地公園 2-163
🕐 10:00~17:00(最後入場：16:30)
🚫 星期一 (如遇假期順延至星期二)，年末年始 (約 12 月 28 日至翌年 1 月 4 日)
🚃 • 高中生或以上 ¥500(HK$38)，初中生或以下免費
　• 憑大阪市 1 日乘車券 (エンジョイエコカード)，成人 ¥450(HK$34)
📞 06-6912-0055　🌐 www.sakuyakonohana.com

📷 象徵充滿生命的大樹 鶴見綠地展望塔

地圖 P.249

いのちの塔　不定期開放

鶴見綠地展望塔的圓柱型喻意「生命之大樹」，高 90 米。展望台大約 60 米高，可以俯瞰公園景色。很可惜，目前塔已結業，只會不定期開放。

▶鶴見綠地展望塔。可惜不是經常開放，不然可以上去飽覽公園的景色。

🏠 大阪市鶴見区綠地公園 2-163

強強聯手 三井 Outlet Park 大阪門真

Mitsui Outlet Park Osaka Tsurumi

地圖 P.249

三井 Outlet Park 大阪門真於 2023 年 4 月開幕，位處門真市，距離大阪市中心駕車只需 20 分鐘車程，交通十分方便，而且是三井集團的兩大品牌 Outlet Park 跟 Lalaport 首次聯手合作打造的 Outlet，怎能錯過不去逛逛！ Outlet 內約有 250 間店舖進駐，提供各種國內和國際品牌的折扣價格商品，可以用優惠的價格買到時尚衣物、鞋、運動用品、家居裝飾品。另外，Outlet 內有黑門市場美食區和戶外遊樂區，除了購物還能享用到不同美食，而且也不怕同行小朋友會無聊。

▶ Outlet Park 內有不少可以休息的地方。

▶ 黑門市場美食區有多間餐廳選擇。

▶ 裝潢簡約。

info
- 大阪府門真市松生町 1-11
- Osaka Metro 長堀鶴見綠地線門真南駅 2 號出口，步行約 8 分鐘
- 10:00~21:00
- 06-6780-9100
- mitsui-shopping-park.com/lalaport-mop-kadoma/teaser/

(圖文：福岡女孩 Yumeko)

鶴見綠地景點地圖

三井 Outlet Park 大阪門真 (P.249)

門真南

N

花博記念公園 鶴見綠地 (P.248)

鶴見綠地展望塔 (P.248)

鶴見綠地

鮮花競放館 (P.248)

大阪市立茨田西小學校

地下鐵長堀鶴見綠地線

横堤

200 米

圖例
- 景點
- 購買
- 郵局
- 學校
- 寺廟 / 神社
- 地下鐵車站
- 地下鐵長堀鶴見綠地線

© 跨版生活圖書出版

右側標籤：樱之宮　天滿　大阪城　鶴見綠地

Part **11**
大阪灣
大正

11.1 大阪灣

大阪灣 (ベイエリア，**Bay Area**) 是個海灣，位於大阪西面，包括了天保山、北港及南港三個部分。天保山是旅遊區。北港及南港有人工島，作商業、工業及旅遊觀光用途，而超受歡迎的環球影城便是位於北港。當中工業區考慮了環保及創意因素，故沒對大阪灣的景觀和空氣造成壞影響，反而為大阪灣增添不少色彩。另外，這一帶建築物比較矮，最高只有 52 層的 **WTC Cosmo Tower**，在很多地方都可以觀賞大阪灣醉人的日落。

前往方法 ▶▶

往天保山：參考 **P.254**

往北港舞洲：參考 **P.259-260**

往環球影城：參考 **P.261**

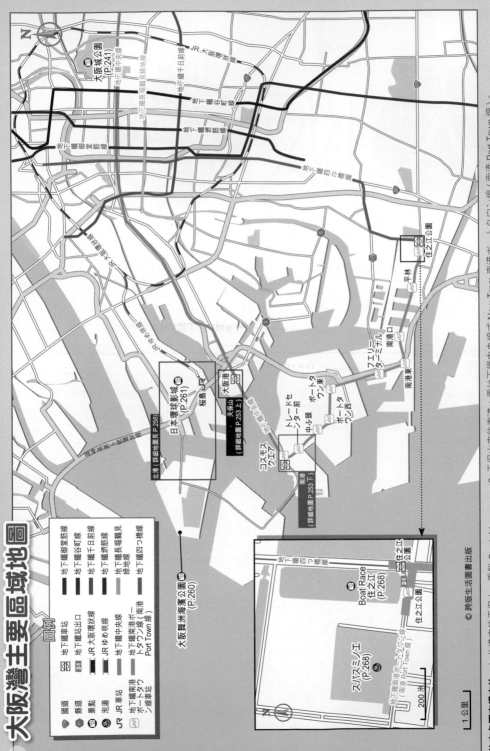

大阪灣主要區域地圖

圖例

- 🚃 地下鐵車站
- 🔵 地下鐵站出口
- 21 JR 大阪環狀線
- ♨ 泡湯
- JR JR 車站
- 🚊 地下鐵南港ポートタウン線車站

- 國道
- 縣道
- 異點
- 泡湯

- ▬ 地下鐵御堂筋線
- ▬ 地下鐵谷町線
- ▬ 地下鐵千日前線
- ▬ 地下鐵野筋線
- ▬ 地下鐵中央線
- ▬ 地下鐵南港ポートタウン線 (南港 Port Town 線)
- ▬ 地下鐵長堀鶴見綠地線
- ▬ 地下鐵四つ橋線

JR.大阪環狀線

地下鐵中央線

大阪城公園 (P.241)

地下鐵千日前線

地下鐵谷町線

地下鐵野筋線

地下鐵御堂筋線

地下鐵四つ橋線

住之江公園

平林

フェリーターミナル

南港口

南港東

ポートタウン東

ポートタウン西

中ふ頭

トレードセンター前

コスモスクエア

北港 詳細地圖見 P.258

日本環球影城 (P.261)

大阪 JR

桜島 JR

天保山 (詳細地圖 P.253 上)

南港 (詳細地圖見 P.253 下)

大阪舞洲海濱公園 (P.260)

住之江公園

地下鐵四つ橋線

住之江公園

Boat Race 住之江 (P.268)

21

スパスミノエ (P.268)

地下鐵南港ポートタウン線 (南港 Port Town 線)

200 米

1 公里

© 跨版生活圖書出版

往來各區交通方法：1. 北港往天保山：乘船 Capt. Line。 2. 天保山來往南港：乘地下鐵中央線或 New Tram 南港ポートタウン線 (南港 Port Town 線)。 3. 南港來往住之江：乘 New Tram 南港ポートタウン線 (南港 Port Town 線)。

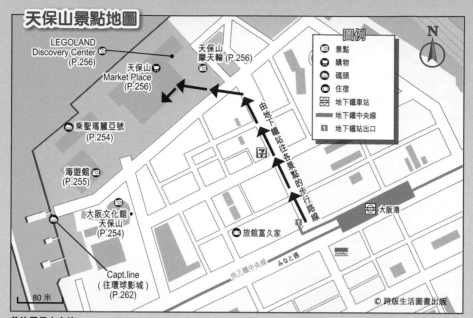

天保山景點地圖

圖例
- 📷 景點
- 🛍 購物
- ⚓ 碼頭
- 🛏 住宿
- 🚇 地下鐵車站
- ▬ 地下鐵中央線
- 🔢 地下鐵站出口

LEGOLAND Discovery Center (P.256)

天保山 Market Place (P.256)

天保山 摩天輪 (P.256)

乘聖瑪麗亞號 (P.254)

海遊館 (P.255)

大阪文化館‧天保山 (P.254)

由地下鐵站往各景點的步行路線

旅館富久家

大阪港

Capt.line（往環球影城）(P.262)

地下鐵中央線

みなと通

FamilyMart

80 米

© 跨版生活圖書出版

前往天保山方法：
乘地下鐵御堂筋線到「本町」站或千日前線到「阿波座」站，然後轉乘地下鐵中央線到「大阪港」站。

南港景點地圖

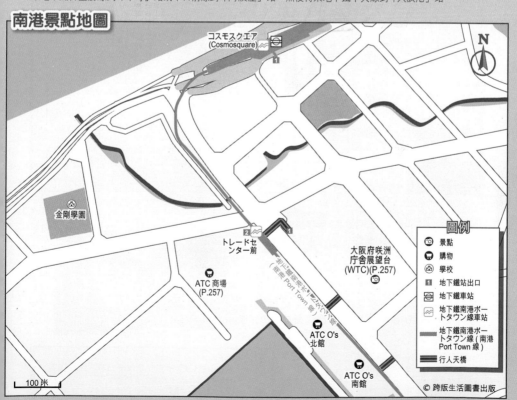

コスモスクエア (Cosmosquare)

金剛學園

トレードセンター前

ATC 商場 (P.257)

大阪府咲洲庁舎展望台 (WTC)(P.257)

御堂筋線南港ポートタウン線（南港 Port Town 線）

ATC O's 北館

ATC O's 南館

圖例
- 📷 景點
- 🛍 購物
- 🏫 學校
- 🔢 地下鐵站出口
- 🚇 地下鐵車站
- 〰 地下鐵南港ポートタウン線車站
- ▬ 地下鐵南港ポートタウン線（南港 Port Town 線）
- ▬ 行人天橋

100 米

© 跨版生活圖書出版

左側縱向導覽列：難波、道頓堀 心齋橋 梅田 新今宮、天王寺 天滿、大阪城 大阪灣 富田林、堺市 鐵道遊

A. 天保山

天保山為大阪灣其中一個地區，就近地下鐵大阪港站。這一帶因為海濱規劃，在 1990 年成為「天保山ハーバービレッジ」，整個區域包括了海遊館、摩天輪、碼頭、文化館、商場、食肆等一系列的旅遊設施。

坐遠航船環遊大阪灣 聖瑪麗亞號

サンタマリア号　🔭 地圖 P.253 (上圖)

☑ 持大阪周遊卡免費乘船 (日航夜航選一)

◄ 聖瑪麗亞號按照哥倫布遠赴美國的船而建造。

聖瑪麗亞號 (Santa Maria) 以哥倫布遠航美國的船為藍本，建造比其大兩倍的觀光船，內設餐廳、大航海時代歷史展覽以及室外觀景空間。聖瑪麗亞號從海遊館附近的碼頭出發，分日夜航線，日間的在大阪灣繞一個圈，船程約 45 分鐘，船上有廣播介紹這一帶的景點及特色。而夜間航線，只在某些月份運行，詳見下表及官網。

▲ 船繞大阪灣一圈，可見這一帶以商業、工業和物流活動為主。

▲ 航海歷史展覽在船的最底層。
◄ 船上空間頗大。

🏠 上船碼頭位置：海遊館旁碼頭平台
🚌 往碼頭：乘地下鐵御堂筋線到「本町」站或千日前線到「阿波座」站，轉搭地下鐵中央線到「大阪港」站 1 號出口步行 10 分鐘，就在海遊館西面
💲 • 日航成人 ¥1,600(HK$121)、小童 ¥800(HK$61)，夜航 (須預約) 成人 ¥2,100(HK$159)、小童 ¥1,050(HK$80)
　• 持大阪市 1 日乘車券 (エンジョイエコカード)，成人 ¥1,000(HK$76)、小童 ¥500(HK$38)，只限日航
　• 套票 (聖瑪麗亞號為日航)：
　　(1) 天保山纜車 + 聖瑪麗亞號套票：成人 ¥2,100(HK$159)；
　　(2) 海遊館 + 聖瑪麗亞號套票：成人 ¥3,700(HK$218)；
🕐 • 日航：船程 45 分鐘，11:00~16:00 每 1 小時一班 (部分日子會縮短或延長服務時間，甚至全日停航，詳見官網)
　• 夜航：船程 60 分鐘，4 至 9 月 17:00 每日運行，11 月及 3 月逢星期六、日及公眾假期 17:00
📞 06-6942-5511　🌐 suijo-bus.osaka/guide/santamaria

安藤忠雄建築 大阪文化館・天保山

🔭 地圖 P.253 (上圖)

前身為安藤忠雄設計的 Suntory 美術館，在美術館關閉後隨之成為文化館，於 2013 年開幕，不定期推出與大阪文化相關的展覽，如 2016 年 3 月有漫畫家蒼樹梅的作品展覽。

◄ 大阪文化館由安藤忠雄設計，有「清水混凝土」的風格。

◄ 文化館外的休憩空間，可望日落。

🏠 大阪市港区海岸通 1-5-10
🚌 乘地下鐵御堂筋線到「本町」站或千日前線到「阿波座」站，然後轉乘地下鐵中央線到「大阪港」站
🕐 不定期舉行展覽　📞 06-6586-3911
💲 按不同展覽收費

蔚為奇觀的海洋世界 海遊館

地圖 P.253(上圖)

海遊館樓高 8 層，是全球最大的城市室內水族館。遊覽水族館時，先由最高的 8 樓不斷走到 3 樓，只有 8 樓至 7 樓及 4 樓至 3 樓有樓梯及升降機，其餘都是斜路，較方便殘疾或走動不便的人士。樓層愈高所展示的水生物愈接近水面，而層數愈低則是生活於較深水域的生物。

館內有 620 種生物，日本、熱帶雨林以至南極太平洋的都有。室內的水族箱容量以及玻璃都很大，可以見到一大群魚兒向着同一個方向游泳，場面壯觀。4 樓有新體感區，展示難得一見的動物，例如北極圈的海獅、福克蘭群的企鵝和馬爾代夫的魔鬼魚等，部分動物還可親手觸摸。另外，4 樓還設有餐廳提供輕食。

▲ 海遊館的聖誕亮燈。(攝影：Gigi)

▲ 蔚為奇觀啊！

▲ 美麗的海底世界。(攝影：蘇飛)

▲ 觀看各種魚類。

🏠 大阪府大阪市港区海岸通 1-1-10
🚇 乘地下鐵御堂筋線到「本町」站或千日前線到「阿波座」站，然後轉乘地下鐵中央線到「大阪港」站，步行 5~10 分鐘
🕐 約 10:30~20:00(最後入場：閉館前 1 小時)(部分月份營業時間不同，詳見官網)
🚫 2024 年 1 月 10~11 日

$		
一般	• 16 歲或以上 ¥2,700(HK$159)、初中生及小學生 ¥1,400(HK$82) • 3 歲或以上幼兒 ¥700(HK$41)	
套票 (海遊館 + 景點)	• 海遊館 + 聖瑪麗亞號，成人 ¥3,700(HK$218)、初中生 ¥2,400(HK$141)、小學生 ¥1,900 (HK$112) • 海遊館 +LEGOLAND Discovery Center Osaka，16 歲或以上 ¥5,500(HK$324)、兒童 ¥4,200(HK$247)、3 歲或以上 ¥3,500 (HK$206) • 海遊館 +Capt. Line(單程)，成人 ¥3,400 (HK$200)、初中生 ¥2,200 (HK$129)、小學生 ¥1,800(HK$106)、幼兒 ¥1,000(HK$59) • 海遊館 +Capt. Line(來回)，成人 ¥4,200(HK$247)、初中生 ¥3,000 (HK$176)、小學生 ¥2,200(HK$129)、幼兒 ¥1,300(HK$76)	

📞 06-6576-5501 📱 www.kaiyukan.com

▲ 可愛的企鵝。(攝影：蘇飛)

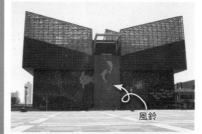

風鈴

▲ 海遊館外牆上的海豚雕塑是金屬製的風鈴，大風吹時會發出悅耳的聲音。(攝影：蘇飛)

可預報天氣 天保山摩天輪
天保山大觀覽車
地圖 P.253(上圖)

10 多年前是全球最大的摩天輪，但後來被倫敦眼及 Singapore Flyer 趕上，不再是世界第一，但它的規模依然很大，坐在上面可以遠眺關西。到了晚上，摩天輪會發出光芒，不同顏色代表了翌日天氣的預測：紅色代表晴天、綠色是多雲、藍色是下雨。建議中午至日落時分乘摩天輪。

◀ 曾是世界第一的摩天輪。(攝影：蘇飛)

> 🏠 大阪市港区海岸通 1-1-10
> 🚇 參考 P.255 海遊館
> 🕐 10:00~21:00(最後入場：20:30)(部分日子提早營運，詳見官網)
> 休 不定休　☎ 06-6576-6222
> 💲 • 一般：3 歲或以上 ￥900(HK$53)；套票：聖瑪麗號 + 海遊館成人 ￥2,100(HK$124)
> • 憑大阪市 1 日乘車券 (エンジョイエコカード)￥800(HK$47)
> 🔗 tempozan-kanransya.com/tempozan-kanransya.com

地道美食與動物樂園 天保山 Market Place
天保山マーケットプレース
地圖 P.253(上圖)

在海遊館和天保山摩天輪之間可找到天保山 Market Place，商場內 2 樓有條食街「浪速食之橫丁」(なにわ食いしんぼ横丁)，內有提供大阪特色飲食的餐廳，如自由軒、北極星。食街佈置得像以前大阪的街道，還有美食廣場。這個商場本身也有些特色店鋪，在 3 樓還有個動物樂園 (天保山アニバ)，可付費進去與動物玩耍 (13 歲以上 ￥660、HK$39，4~12 歲以上 ￥330、HK$19)。

▲商場正門。

浪速食之橫丁。

> 🏠 大阪市港区海岸通 1
> 🚇 參考 P.255 海遊館
> 🕐 約 11:00~20:00(因應不同日子而異，詳見官網)
> 休 (天保山アニバ) 星期四
> 🔗 www.kaiyukan.com/thv/marketplace

親子同樂砌 LEGO LEGOLAND Discovery Center
地圖 P.253(上圖)

▶室外用 LEGO 砌的長頸鹿。

在日本，除了東京和名古屋 LEGOLAND 樂園外，在大阪天保山也有 LEGOLAND 探索中心。場內有用 LEGO 砌出如大阪城及道頓堀等大阪著名城市景色和建築，還有一系列的 LEGO 體驗，也有 4D 影院。不過愛 LEGO 或對這探索中心有興趣的大人要注意：由於中心的服務對象為小孩，如果並非陪同小孩入場，售票員是會拒絕成人進入的！

> 🏠 大阪市港区海岸通 1-1-10 天保山マーケットプレース 3F
> 🚇 地下鐵中央線「大阪港」站 1 號出口步行 5 分鐘
> 🕐 平日約 10:00~18:00(最後入場時間 16:00)、星期六、日及公眾假期 10:00~19:00(最後入場時間 17:00)，個別日子營業有所不同，詳見官網
> 💲 • 1 人 ￥3,000(HK$176)、2 歲或以下小童免費
> • 事前網上購票，最多可獲 25% 折扣
> • 持大阪周遊卡可免費入場
> 🔗 www.legolanddiscoverycenter.jp/osaka/en

▲入口。

▲有註明不能只有成人進場。

B. 南港

南港是個人工島,以客輪碼頭為主,本身並不算是旅遊點。不過,這裏有一個觀景台(展望台),讓遊客能觀賞整個天保山及大阪其他地區,還有日落景致。

全南港最高 ❀ 大阪府咲洲庁舍展望台

大阪コスモスクウエアの展望台 地圖 P.253(下圖)

► WTC Cosmo Tower

☑ 持大阪周遊卡免費入場

這個展望台位於南港最高的建築物「WTC Cosmo Tower」(コスモタワー)內。大廈 52 樓的展望台可觀賞整個大阪,以及遠至明石海峽大橋與淡路島,亦是觀賞日落的好地方。前往展望台,可先乘升降機到 51 樓,再上 52 樓觀看風景。另外,49、51 和 52 樓各有舉行結婚儀式用的房間,可在一望無際的關西風光下舉行婚禮。建議參觀時間為中午至日落時分。

WTC 內設有餐廳,如とんかつ ながた園 (可吃到炸豬排,也有放題)、World Buffet(邊吃邊欣賞無敵景觀) 等。

► 可觀賞日落景致。

◄ 天保山及身後的大阪市。

🏠 大阪市住之江区南港北 1-14-16
🚇 1. 地下鐵御堂筋線到「本町」站或千日前線到「阿波座」站,轉乘中央線到「コスモスクエア」(Cosmosquare) 站 1 號出口走約 10 分鐘
2. 或在地下鐵「コスモスクエア」站轉乘地下鐵南港ポートタウン線 (南港 Port Town 線),至「トレードセンター前」站,出 2 號出口,經 ATC 商場及過天橋,走約 5 分鐘
🕐 11:00~22:00　休 星期一
💲 • 成人 ¥1,000(HK$59),初中生及小學生 ¥600 (HK$35),70 歲或以上 ¥900(HK$53)
• 憑大阪 1 日乘車券 (エンジョイエコカード),成人 ¥800(HK$47),初中生及小學生 ¥500(HK$29)
📞 06-6615-6055　🌐 sakishima-observatory.com

購物和享受海風 ❀ ATC 地圖 P.253(下圖)

在南港,除了到觀景台飽覽整個大阪景致外,還可以到 ATC 購物和看海。ATC 其實是一個大型綜合商場,商場連接地鐵站、碼頭、海濱。有時候還會有音樂表演和活動,如曾舉辦過 TOMICA 小汽車博覽會、角色扮演 (Cosplay) 活動等。

▲ 音樂表演舉行中。

◄ 商場海濱休憩範圍。

► 使用天橋便可由地鐵站通往商場而不用日曬雨淋。

🏠 大阪市住之江区南港北 2-1-10
🚇 地下鐵ニュートラム線「トレードセンター前」站
休 商場 11:00~20:00,餐廳 11:00~22:00,商業營業時間不一,詳見官網
📞 06-6615-5230　🌐 atc-tw.com

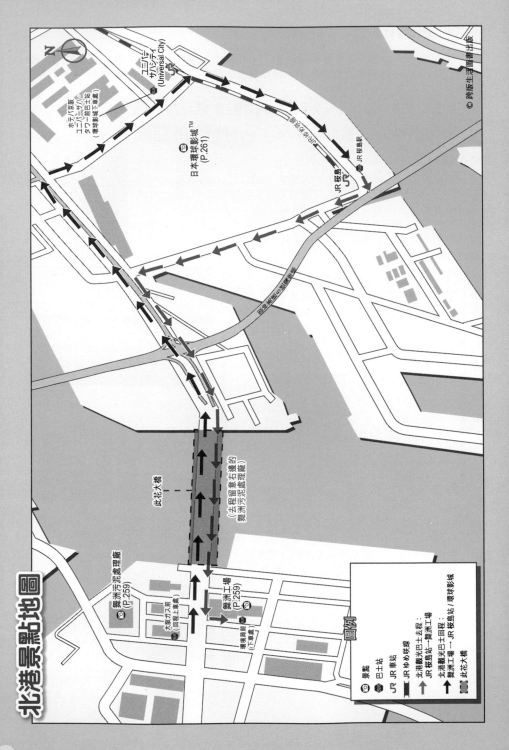

北港景點地圖

C. 北港

　　北港擁有環球影城和工業區。工業區位於人工島(舞洲)之上，島上有兩座令人矚目的工廠：舞洲污泥處理廠和舞洲工廠，它們引入奧地利建築師大膽設計及環保元素，既不影響附近旅遊區的空氣質素，而它們的特別外貌也為工業區增添生氣！另外，島的西面有大阪舞洲百合園，每年的百合花季，相當受注目！

七彩繽紛 地圖 P.258
舞洲工場、舞洲污泥處理廠

　　乘巴士由 JR 桜島站出發，過橋後透過車廂左邊可見到一座七彩繽紛的建築，它就是舞洲工場。雖然它是焚化爐，但同時減少有害氣體排放及善用釋放出來能量作其他用途，因此到了那裏也不覺得空氣特別差。

　　在工場對面會看見另一座同樣富有色彩的建築，它就是舞洲的污泥處理廠(舞洲スラッジセンター)。這裏的污泥是在處理污水時沉澱而成的，而處理這些污泥就是靠大阪市的地下管道，將多個污水處理廠的污泥直接運到污泥處理廠，經過一連串的工序，把污泥循環再造成建築物料。

▲舞洲污泥處理廠。

◀窗子放在不同位置，有不整齊的美感。

▼舞洲工場。圖右的煙囪，不同顏色代表不同意思，如藍色融合了大阪的天空，金黃色則代表對將來的憧憬。

TIPS
兩工廠的建築特色
　　兩幢建築均由奧地利維也納建築師 Friedensreich Hundertwasser 設計，其大膽設計概念源自他遊歷四方。Hundertwasser 在維也納也興建過類似的焚化爐，這些工廠看起來不像工廠，而且附近有樹木，與一般工廠形成強烈對比。

參觀方法(免費)
　　旅客可申請進入工廠免費參觀，不過講解語言只有日語。參觀污泥處理廠需事先打電話，而舞洲工場要先填寫申請書，再致電預約參觀(詳見下表)。如果申請成功就務必出現，不然也應盡早通知對方。

舞洲污泥處理廠、舞洲工場

	舞洲污泥處理廠	舞洲工場
🏠	大阪市此花区北港白津 2-2-7	大阪市此花区北港白津 1-2-48
🚇	參考 P.260	
🕐	• 參觀(致電報名)：星期一及三至六 10:00 及 13:15，每次約 1 小時 30 分 • 註：參觀要 10 日前致電預約	• 參觀(填寫申請書)：星期一至六 10:00、13:00 及 15:00，每次約 1 小時 30 分 • 註：參觀要 7 日前致電預約，之後列印官網上的「見學依賴書」(參觀申請表)，填寫完傳真或郵寄回工場
休	星期二、日、公眾假期及年末年始	星期日及公眾假期
☎	06-6460-2830	06-6463-4153
🖥	www.city.osaka.lg.jp/kensetsu/page/0000010364.html	www.osaka-env-paa.jp/kengaku/kojokengaku/kojin.html

前往方法 (舞洲工場、舞洲污泥處理廠) ▶▶▶▶

在桜島站外乘北港觀光巴士，在「環境局前」巴士站下車，參觀舞洲工場，再步行過對面
參觀舞洲污泥處理廠，然後乘巴士回 JR 站或往環球影城 (見地圖 P.258、267)，詳見以下交通
介紹：

A：大阪市區 → 舞洲工場

Step 1	Step 2	Step 3	Step 4
坐阪神電車難波線或 JR 大阪環狀線前往「西九條」站；	換乘 JR ゆめ線，到「桜島」站 (乘 JR 可直接往對面月台轉車，乘阪神則需前往 JR 車站換乘)；	「桜島」站只有一個出口，過對面馬路，轉右到有蓋巴士站，乘搭北港觀光巴士「舞洲アクティブバス」；	巴士經過此花大橋，左轉入下一站「環境局前」站，在這站下車。

B：舞洲工場→「桜島」巴士站或環球影城

◀北港觀光巴士。

◀在舞洲污泥處理廠附近的一個「大阪ガス前」巴士站。

離開舞洲工場時，可以看見對面的污泥處理廠，向此方向走，過
馬路轉左，就會看到「大阪ガス前」的巴士站牌，參觀完舞洲污泥處理
廠可在此站乘北港觀光巴士回「桜島」站，也可於下一個站「JR ユニ
バーサルシティ駅前」下車直接前往環球影城。

北港観光巴士 (舞洲アクティブバス)
- 🕐 星期一至五 6:45~22:35，星期六 6:46~22:34，星期日及公眾假期 7:01~22:34，班次約 20 分鐘，晚上班次稀疏
- 💰 成人 ￥210(HK$16)，小童 ￥100(HK$8)
- 🌐 www.hokkohbus.co.jp/route_bus/active
- ❗ 乘巴士方法跟香港一樣，前門上車先付錢，中門下車

各站班次

初夏賞花 大阪舞洲海濱公園
大阪まいしまシーサイドパーク 🎏 地圖 P.252

▲之前種植橙色百合花。(攝影：Gigi)

◀粉蝶花。

每年 4 至 5 月大阪舞洲海濱公園都會舉辦粉
蝶花祭，可在海濱一帶看到一大片藍色小花，十分
美麗壯觀，而且在粉蝶花祭期間還會出售粉蝶花
相關的限定小食如藍色軟雪糕，以及吉祥物 Nemo
Nyan 的周邊商品。另外，大阪舞洲海濱公園內會
舉辦越野車、滑翔傘等戶外活動，以及粉蝶花祭期
間特設的兒童遊樂區和體驗教室，十分適合家長帶
小朋友一起去玩。

- 🏠 大阪市此花區北港綠地 2-1
- 🚌 • JR 大阪環狀線「西九條」站，轉乘大阪市營巴士 81 號巴士，於「舞洲スポーツアイランド」下車
  • JR ゆめ咲線「桜島」站，轉乘北港觀光巴士舞洲アクティブバス，於「ホテル・ロッジ舞洲前」下車
- 🕐 (7/4~7/5) 星期一至五 9:00~17:00，星期六至日 9:00~18:30
- 💰 大人 ￥1,300(HK$76)，4 歲至小學生 ￥600(HK$35)
- ☎ 0570-02-1187
- 🌐 seasidepark.maishima.com/nem ophila/

難波、道頓堀 心齋橋 梅田 新今宮、天王寺 天滿、大阪城 大阪灣 富田林、堺市 鐵道遊

玩個盡興 日本環球影城™

地圖 P.258、267

全球只有 4 個地方有環球影城，其中 3 處位於美國的奧蘭多、洛杉磯和新加坡。餘下的便是位於大阪的日本環球影城™(或稱 USJ)，是亞洲首個環球影城。影城分有多個區域，包括好萊塢區、紐約區、侏羅紀公園等，當中最為人熟悉的要數哈利波特的魔法世界。影城更不時舉辦不同活動，詳情可參考官網。

前往方法 ▶▶▶▶

前往環球影城，可乘 JR 大阪環狀線或阪神電車難波線至「西九條」站，換乘 JR ゆめ咲線 (往櫻島方向)，在下一個站「ユニバーサルシティ」(Universal City) 站下車。補充一點，若乘 JR 大阪環狀線往「西九條」站 (不論從甚麼方向來)，只要下車後到對面月台轉乘 JR ゆめ咲線便可。

抵達「ユニバーサルシティ」站後，經過 Universal Citywalk Osaka™ 及依指示步行 5 分鐘到影城門口。以下提供幾個方法往環球影城：

1. 地下鐵「心斎橋」站出發

	鐵路	車程	車費
O	地下鐵「心斎橋」站		
↓	乘地下鐵長堀鶴見綠地線 (「大正」站方向)	5 分鐘	￥190 (HK$11)
O.O	抵達「大正」站 2 號出口 → 步行往 JR 大阪環狀線「大正」站	步行	
↓	乘 JR 大阪環狀線 (外回り)	5 分鐘	
O.O	抵達「西九條」站 → 往對面月台轉車		￥190 (HK$11)
↓	乘 JR ゆめ咲線 (「桜島」站方向)	5 分鐘	
O	抵達「ユニバーサルシテイ」(Universal City) 站		

O 車站　O.O 轉車

2. 阪神電車「大阪難波」站出發

	鐵路	車程	車費
O	阪神電車「大阪難波」站		
↓	乘阪神電車なんば線 (往尼崎 / 甲子園 / 三宮方向之任何列車)	8 分鐘	￥220 (HK$13)
O.O	抵達「西九條」站 → 走樓梯往 JR「西九條」站	步行	
↓	乘 JR ゆめ咲線 (「桜島」站方向)	5 分鐘	￥170 (HK$10)
O	抵達「ユニバーサルシテイ」(Universal City) 站		

O 車站　O.O 轉車

3. JR 大阪環狀線「大阪」(梅田) 站出發

	鐵路	車程	車費
O	JR 大阪環狀線「大阪」(梅田) 站		
↓	乘 JR 大阪環狀線 (外回り)	5 分鐘	
O.O	抵達「西九條」站 → 過對面月台轉車	步行	￥190 (HK$11)
↓	乘 JR ゆめ咲線 (「桜島」站方向)	5 分鐘	
O	抵達「ユニバーサルシテイ」(Universal City) 站		

列車特色及影城資料

1. 環球影城列車、Universal City 車站

部分 JR ゆめ咲線列車有環球影城的車身塗裝，卡通人物包括蜘蛛俠、芝麻街、Woody Woodpecker、ET 等，但車廂內則沒有特別裝飾，和普通列車一樣。ユニバーサルシティ (Universal City) 車站外形設計由安藤忠雄負責，流線形頂部看似帆船，而車站職員穿着水手制服。

▲ JR 環球影城塗裝列車。

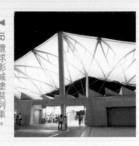

▲車站。帆船外形的 Universal City

2. 準備工夫

環球影城幾乎每天都人山人海，要盡興玩每項設施不易，而影城的開放時間、巡遊活動等安排每天都不同，建議大家上官網 (www.usj.co.jp/hk，中文顯示) 查看資料，並把想玩的記下來，到場先玩決定好要玩的。

由天保山坐船去環球影城

天保山、Port Town 和環球影城 / 櫻島是大阪灣的三個部分，而天保山和 Port Town 有地下鐵相連接，因此可選擇同一日前往這兩個地方。假若想於一天遊覽大阪灣三個區域，可以先前往 Port Town，然後坐地下鐵返回天保山，再於天保山海遊館附近乘搭 Capt. Line(キャプテンライン)，以水路前往環球影城，航程只需 10 分鐘。不過，船會因應當日的天氣情況或停航 (尤其大風一點就會停)，而個別日子也會停開，請留意官網的消息。

Capt. Line 營運時間約 9:15~20:00，海遊館開船時間約每小時的 00 分，環球影城約 15 及 45 分。確實班次詳見官網。只要在碼頭旁的自動售票機購票便可。

Info

🏠 上船位置：海遊館西邊碼頭 (見地圖 P.253 上)
下船位置：見 P.267 地圖

💲 • 12 歲或以上￥900(HK$53)，6 歲或以上￥500(HK$29)，4 歲或以上￥400(HK$24)，來回的話可便宜￥100(HK$8)；另設海遊館套票，詳見 P.255
• 憑大阪市 1 日乘車券 (エンジョイエコカード) 單程及來回獲 9 折優惠，持大阪周遊卡成人免費 (單程及來回)

📞 06-6573-8222　📱 www.mmjp.or.jp/Capt-Line

TIPS

3. 參觀日子

要注意，有些日子到下午五至六時便關門，有些日子開至晚上，除了影響遊玩時間，也影響能否觀看晚間的巡遊活動。另外，平日前往比假日較好，而連續公眾假期 (即日本人的「黃金周」) 會有更多人，Express(特快票) 票價格也會因應日子而不同。

4. 票價種類

票價種類視乎大家想逗留多久，入場費基本分一天及兩天。與此同時，環球影城不時會推出優惠票，建議先上官網搜查。

特快票：Express Booklet

由於排隊需時，環球影城設特快票 (Express)(仍需另外買門票)，免排隊或優先使用部分設施。在網站主頁按「門票」，可見特快票分 3 種：

Express Booklet 7：指定 7 個設施優先使用 (¥10,800~¥23,800、HK$635~1,400)

Express Booklet 4：指定 4 個設施優先使用 (¥7,800~¥18,800、HK$459~1,106)

上述特快票價錢分三個時段，只在當天發售，大家要上官網才知當天 Express 的價錢，而且特快票不設老人或小童價。

5. 預先購票還是當場購票？

JR 預售入場票

預先購票分兩種：一種是購票後仍須在門票處排隊領取正式入場票才能進場；另一種是預購正式門票直接進場不用排隊。香港部分旅行社提供後者的門票，由旅行社代辦要記得事先問清楚是哪種預購門票。

若打算當天才買又不想排隊，建議到達前先在 JR 車站的綠色窗口購買門票。JR 車站綠色窗口 (みどりの窗口) 是售賣劃位票的地方，不一定是「窗口」，可以是鋪頭或一個位置，不是每個車站都設有「みどりの窗口」。下列為設有購票窗口的車站：新大阪站、関西空港站、JR 大阪環狀線全線各站 (如大阪、新今宮、大阪城公園等)。

在綠色窗口購買入場票過程：

1. 向工作人員說明買 USJ，或寫下：「ユニバーサル・スタジオ・ジャパン・スタジオ・パス」，然後寫日數(1/2 日)，怕對方不明的話再寫人數和價錢(如 ¥8,600 X 2)。

2. 之後會得到一張類似車票的票，到站後持該票直接入場，不用排隊換正式門票。

6. 遊園注意事項

預計排隊時間 (Wait Time)

► 寫了大概的排隊時間，心中對各活動和遊戲所需時間有所預算，方便安排。

玩樂簡介與最後入場 (Studio Information)

► 說明該晚有甚麼特別活動，及各景點最後入場時間。

日本環球影城™

🏠 大阪市此花区桜島 2-1-33

🚌 JR ゆめ咲線「ユニバーサルシティ」(Universal City) 站，經過 Universal Citywalk Osaka ™及依指示步行 5 分鐘到影城門口 (詳見下面地圖)

🕙 約 10:00~20:00(不同日子有不同的開放時間，詳見官網)

✖ 詳見官網公告

💲 1 天門票：12 歲或以上 ¥8,600(HK$506)，4~11 歲 ¥5,600(HK$329)，65 歲或以上 ¥7,700(HK$453)
2 天門票：12 歲或以上 ¥13,400(HK$1,016)，4~11 歲 ¥9,000(HK$682)，不設長者票
*設預售門票及特快票

📞 0570-20-0606

🔗 www.usj.co.jp/hk

暢玩 日本環球影城™ 園區

❶ 哈利波特的魔法世界

　　哈利波特是大阪環球影城的明星景點。由巨石陣進入魔法世界，入口有霍格華茲的特快列車和站長揮手歡迎你，走過活米村的商店、餐廳後，佇立在黑湖旁、岩石上的便是莊嚴的霍格華茲城堡，內有鄧不利多校長室、肖像室、課室、萬應室等，猶如置身電影拍攝場景般。一於盡情體驗奇妙的魔法世界！(圖文：GiGi)

▶活米村。(攝影：Tina&Fai)

◀霍格華茲的特快列車，車長會定時出來和大家見面影相，還可以在車廂內拍照(另外收費)。(攝影：IKiC)

▲柏蒂全口味豆(Bertie Bott's Every-Flavour Beans，約¥1,800、HK$137)，有鼻屎、蚯蚓、肥皂、耳垢等味道。

▲在書中常出現的奶油啤酒Butter Beer(¥600、HK$46)，左邊的是加了沙冰的(¥750、HK$57)。奶油啤酒不含酒精，上層的是仿啤酒泡沫的忌廉，下層口感像汽水。

▲在三根掃帚的露天座位外，才能拍到湖中倒影的霍格華茲城堡，是影城獨有景色！

▲禁忌之旅。城堡內有室內過山車，是必玩項目，採用最新技術的4K高清影像，加上3D效果，跟隨哈利坐上飛天掃帚，環繞學校尋找金探子。

▲鷹馬的飛行。以鷹馬的身軀做過山車，速度不快，1分鐘就玩完，適合小朋友和老人家乘坐。

入場攻略

　　要進入哈利波特園區，需要一張「入場確約券」(確定入場日期及時間)，以下提供數個得到確約券的方法：

- 出發前先於香港指定的旅行社(如東瀛遊、永安、康泰及專業旅運等)購買指定的入場券連酒店或車票的套票；
- 網上購買 Express Booklet 4 或 7 特快票會附送確約券；
- 進場後，到中央公園的發票區取得預約指定時間的確約券，數量有限；
- 趁影城還沒開始營業前，提早 1 小時到影城外等候(如遇繁忙日子需更早前往)，入場後馬上衝進哈利波特園區，這方法只適用於最初入場時段，如晚一點進入還是需要確約券。

TIPS

❷ 超級任天堂世界 ™(SUPER NINTENDO WORLD™)

超級任天堂世界™將遊戲瑪利歐整個搬到現實中，問號磚塊、音符磚塊都像遊戲裡一樣可以透過敲打觸發效果，而且使用官方 APP 和能量手環™ (需租用) 還可以親自化身瑪利歐收集金幣、鑰匙，最後打倒庫巴 Jr.，奪回金色蘑菇。瑪利歐賽車～庫巴的挑戰書～可以進入瑪利歐賽車的世界，體驗世界首創現實版瑪利歐賽車的刺激感。

▶照片看起來像遊戲截圖，但這是在真實世界裡的！

(圖文：福岡女孩 Yumeko)

❸ 好萊塢區 (Hollywoood)

這一區有較多刺激的機動遊戲，如好萊塢夢幻過山車和太空幻想列車，其中夢幻過山車可選擇向後座位，更添衝擊力。(圖文：Gigi)

◀太空幻想列車與迪士尼的飛越太空山相似，一樣是室內的漆黑過山車，但宙旋轉之間的獨立圓形車廂，穿梭於星際宇度 360，但過山車並非一排排的，而是每個能 360 度旋轉。

▲環球妖魔鬼怪搖滾樂表演秀。由吸血殭屍、狼人、科學怪人一起載歌載舞的音樂會。

❹ 環球奇境 (Universal Wonderland)

設有小朋友的遊玩設施，以 Snoopy、Hello Kitty 和芝麻街為主題。(文字：Gigi)

▲芝麻街大兜風。只限小朋友乘坐。(攝影：Gigi)

▲蝴蝶杯。(攝影：Gigi)

◀史諾比雲霄飛車是位於室內的過山車，有點像以前太古城歡樂天地 (上世紀的事情了⋯⋯) 那一種，但規模較大，較刺激。

▲ Hello Kitty 時尚大道。除了可乘坐蛋糕杯外，還可參觀收藏 Hello Kitty 蝴蝶結的工作室以及與 Hello Kitty 合照。(攝影：Gigi)

❺ 舊金山區 (Sanfrancisco)

區內有《浴火赤子情》表演，另外遊客可到區內的餐廳及商店感受舊美國風情。(文字：IKiC)

▲ 猶如美國大街的商店街。(攝影：Gigi)

❻ 小小兵樂園 (Minion Park)

最新開設的樂園園區，以大受歡迎的小小兵 (迷你兵團) 作主題，當中有各款機動遊戲，更可與小小兵合照呢！

(文字：IKiC)

▲ 這個小小兵區提供小小兵的攤位遊戲，不可錯過的是可掛在脖子上的小小兵爆谷。另外，還可看到小小兵表演 (ミニオン・フィーバー)。
(攝影：Tina&Fai)

❼ 親善村 (Amity Village)

體驗受到大白鯊襲擊的遊艇之旅，並可與大白鯊拍照留念。(圖文：Gigi)

▶ 和大白鯊拍照留念。

❽ 水世界 (WaterWorld)

在水世界，可以看到以電影《未來水世界》為藍本的表演。

特技演員乘坐快艇和水上單車飛馳，更變成火球從離地 1.3 米的高空一躍而下，驚心動魄的場面令人目不暇給，坐前排的要注意會濕身啊！　(圖文：Gigi)

❾ Beverly Hills Boulangerie

Beverly Hills Boulangerie 的主打的是甜點、三明治和漢堡包，有時會有與園區聯乘的限定商品，如限定園區咒術迴戰 The Real 4-D 聯乘推出的「虎杖悠仁的血橙慕斯」等甜點和一些餐點。

▶ 好萊塢區 Beverly Hills Boulangerie 的側面入口 (08:00～22:00)。

(圖文：福岡女孩 Yumeko)

❿ 節日限定活動

影城內會依照節日舉辦特別活動，如 2023 年萬聖節有與 DJ 皮卡丘一起的「寶可夢躍動萬聖節派對」以及和 Ado 合作的「僵屍群舞」等，適合大人小朋友。

▶ 和 Ado 合作打造的節日樂曲，詭異的狂舞派對。

(圖文：福岡女孩 Yumeko)

6 間章魚燒店任你選

 地圖 P.267

Universal Citywalk Osaka™

ユニバーサル・シティウオーク大阪™

Universal Citywalk Osaka™ 是個商場，比環球影城更近 JR ユニバーサルシティ站，內有多間食肆。商場 4 樓有間 TAKOYAKI PARK，內有 6 間章魚燒店，包括著名的会津屋和甲賀流。博物館營造大阪舊街風貌，裏面還有間小神社「たこき戎神社」。到環球影城的話，可順道入來逛逛吃點小食。　▶章魚燒博物館。

Info

🏠 大阪市此花区島屋 6-2-61

🚃 JR ゆめ咲線「ユニバーサルシティ」(Universal City) 站 ─ 出即達

🕐 約 11:00~22:00，各店鋪營業時間不一

📞 06-6464-3080

🌐 www.ucw.jp

往環球影城步行路線圖

乘巴士或船需上樓梯

連接 Citywalk 及 USJ 天橋

Universal Citywalk Osaka™ (P.267)

日本環球影城™ 入口 (P.261)

ホテバ京阪 ユニバーサハ・タワー前巴士站 (環球影城下車處)

JR ユニバーサハシティ (Universal City)

N

圖例

📷 景點　　🚌 巴士站

⚓ 碼頭　　JR JR 車站

▬ JR ゆめ咲線

➡ Capt. Line →環球影城步行路線

➡ 北港觀光巴士→環球影城步行路線

➡ JR ユニバーサハシティ站→環球影城步行路線

JR ゆめ咲線

Capt. Line (P.262)

100 米

D. 住之江公園站

住之江公園站是地下鐵南港ボートタウン線(南港 Port Town 線)的終點站，並連接往難波的地下鐵四つ橋線。住之江公園站只是一個平民區，但有一個溫泉區和賽船的地方。

前往方法 ▶▶▶▶

乘地下鐵四つ橋線或南港ボートタウン線(南港 Port Town 線)，在「住之江公園」站下車。

自然露天溫泉 ❀ スパスミノエ 　地圖 P.252

スパスミノエ就在公園住之江車站附近，在這兒可以享受露天溫泉。

這個溫泉設有兩個室外溫泉區：「森のつぼ湯」和「竹林の湯」，分別代表兩種大自然的場景，每星期男女輪替。

這兒離市區不遠，沒有高樓大廈，只有樹林，人們在裏面泡湯感覺很放鬆。泉水溫度約 35 度，不算太熱。至於入場費，從這兒的主題裝潢及環境等角度來説，算是相宜的。

🏠	大阪市住之江区泉 1-1-82
🚇	地下鐵四つ橋線或南港ボートタウン線，在「住之江公園」站 2-1 出口步行 10 分鐘
🕐	10:00~ 凌晨 2:00(最後入場：凌晨 1:00)

$	中學生或以上	4 歲或以上	3 歲或以下
星期一至五	￥750 (HK$44)	￥370 (HK$22)	￥180 (HK$11)
星期六、日及公眾假期	￥850 (HK$50)	￥420 (HK$25)	￥210 (HK$12)

*入場費不包括毛巾，宜自備或付費購買。

📞 06-6685-1126 　🌐 www.spasuminoe.jp

▲ スパスミノエ的賣點是置身自然空間，在大阪都市內仍能遠離繁囂，讓人放鬆心情泡湯。

精彩賽艇 ❀ Boat Race 住之江 　地圖 P.252

▲ Suminoe 是大阪唯一一個賽艇場地。

既然有賽馬作為賭博形式，那自然可以有其他形式，例如賽艇。賽艇在日本各處都有，但大阪府則只有住之江才有。在住之江的賽艇場地叫 Suminoe，裏面有個大池，6 艘電艇在裏面以逆時針繞 3 圈的方式比賽，每個圈有 600 米。賭博的方式是猜出首 3 名勝出者，猜得愈準確所得的金額愈多。

🏠	大阪市住之江区泉 1-1-71
🚇	地下鐵四つ橋線或南港ボートタウン線，在「住之江公園」站 2-1 出口步行 3 分鐘
$	一般座位 ￥100(HK$8)，特別座位 ￥1,500~￥5,000(HK$114~379)
📞	06-6685-5112
🌐	www.boatrace-suminoe.jp

◀賽艇場十分大，但只有 6 艘船比賽。

11.2 大正

▲大阪市營巴士。

▲ JR 大正站。

　　大正區靠近海灣，有不少工廠，是大阪經濟活動地區之一。20 世紀 20 至 40 年代期間，大正的重工業更為發達，吸引不少沖繩居民來工作。時至今日，大正區有約四分一的居民來自沖繩，他們沒有放棄自己的文化，反而從事與琉球（「琉球」是沖繩古稱，而沖繩在很久以前是琉球王國，故本部分有些景點有時稱「沖繩」為「琉球」）文化有關的生意，還不時推廣自身文化，希望讓更多人認識沖繩，故大正區亦稱為「小沖繩」。如果你對沖繩有興趣，又一直未有機會去那裏，建議先來這裏看看，了解這個文化。

前往方法 ●▶▶▶

　　大正區很大，景點較為分散，需在大正車站轉乘大阪市營巴士。

　　乘地下鐵長堀鶴見綠地線或 JR 大阪環狀線到「大正」站，大正站附近有少許景點。其他景點可在大正站附近的「大正橋」巴士站搭乘 71 號巴士（該線從難波站開出），乘巴士時可使用大阪市 1 日乘車券（エンジョイエコカード）。

🚌 71 號巴士時間表（大正橋開出）：bus.osakametro.co.jp/tw/sales_office/page/keito.php

大正景點地圖

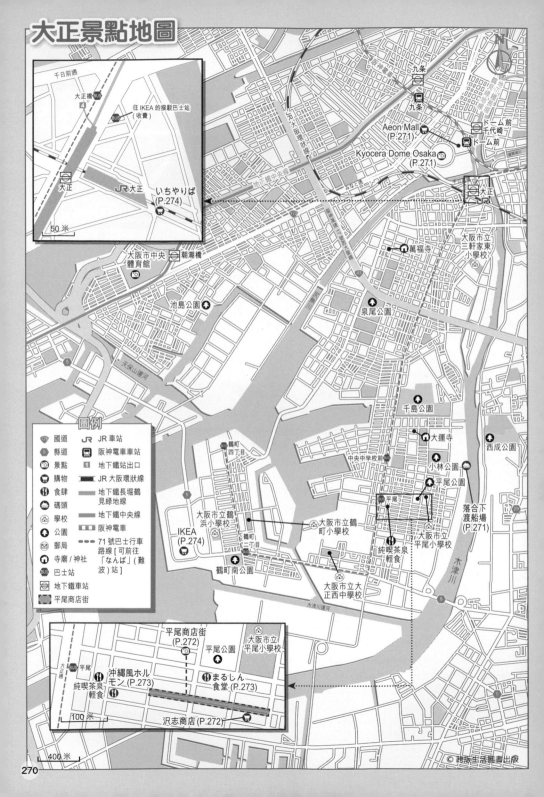

千日前通

大正橋BUS

往 IKEA 的接駁巴士站
（收費）

大正

JR 大正

いちやりば
(P.274)

50 米

九条

九条

ドーム前
千代崎

Aeon Mall
(P.271)

ドーム前

Kyocera Dome Osaka
(P.271)

大正
JR

大阪市立
三軒家東
小學校

萬福寺

大阪市中央
體育館

朝潮橋

池島公園

泉尾公園

天保山運河

千島公園

大運寺

西成公園

小林公園

平尾公園

落合下
渡船場
(P.271)

中央中學校前

大阪市立鶴
町小學校

純喫茶泉
輕食

大阪市立
平尾小學校

IKEA
(P.274)

大阪市立鶴
浜小學校

純喫茶泉
輕食

大阪市立大
正西中學校

木津川

鶴町南公園

木津川運河

圖例

國道		JR 車站	
縣道		阪神電車車站	
景點		地下鐵站出口	
購物		JR 大阪環狀線	
食肆		地下鐵長堀鶴	
碼頭		見綠地線	
學校		地下鐵中央線	
公園		阪神電車	
郵局		71 號巴士行車	
寺廟/神社		路線 [可前往	
巴士站		「なんば」（難	
地下鐵車站		波）站]	
平尾商店街			

平尾商店街
(P.272)

大阪市立
平尾小學校

大正平尾BUS

沖繩風ホル
モン (P.273)

平尾公園

まるしん
食堂 (P.273)

純喫茶泉
輕食

大正通

沢志商店 (P.272)

100 米

400 米

270

© 跨版生活圖書出版

重要的棒球比賽場地
Kyocera Dome Osaka

地圖 P.270

自 1997 年落成的 Kyocera Dome Osaka(大阪巨蛋)，是日本 6 大巨蛋之一，也是大阪市內最重要的棒球比賽場地，可容納多達 50,000 個觀眾。若沒有比賽進行，則可能有其他活動如演唱會、運動會、展覽等。坐在裏面，不論是觀賞演唱會還是棒球賽，都會感到十分熱鬧！

info
- 🏠 大阪市西區千代崎 3-2-1
- 🚉 JR 大阪環狀線「大正」站步行約 7 分鐘，或地下鐵長堀鶴見綠地線「ドーム前千代崎」站或阪神電車「ドーム前」站 1 號出口
- ☎ 06-6586-0106
- 🌐 www.kyoceradome-osaka.jp

▶重大的棒球賽和演唱會都在大阪巨蛋舉行。

百多間商店 Aeon Mall

地圖 P.270

在 Kyocera Dome Osaka 旁的 Aeon Mall 於 2013 年開幕，4 層商場裏除了有一半空間是 Aeon 百貨，提供日用品及服裝外，更容納 100 多間商店以及美食廣場，讓人們有更多購物選擇。

info
- 🏠 大阪市西區千代崎 3-13-1
- 🚉 JR 大阪環狀線「大正」站步行約 7 分鐘，或地下鐵長堀鶴見綠地線「ドーム前千代崎」站或阪神電車「ドーム前」站 1 號出口
- 🕐 10:00~22:00(各店營業時間不一) ☎ 06-6584-1500
- 🌐 www.welcome-aeon.com/tw/storesearch/detail.html?shop_id=849

▲ Aeon Mall

坐免費渡輪 落合下渡船場

地圖 P.270

大阪的交通工具，除了有鐵路、巴士、的士外，還有渡船。這些渡船讓有需要的人直接往對岸，不用乘巴士或鐵路繞路。現時大阪市內有 8 個渡船場，就近大正的有落合下渡船場，往來西成區及大正區。不過渡船的停泊處不近旅遊區，一般都是工業區，方便工作的人。渡船不設座位，方便騎單車或搬運的人。雖然可能有點不方便，但船服務是公營及免費的。

▲落合下渡船場是大阪市 8 個渡船場之一。

▼船內沒有座位。

info
- 🏠 大阪市大正區平尾 1-1-26
- 🚉 在 JR 大正站附近的「大正橋」巴士站，搭乘 71 號的市營巴士 (鶴町四丁目方向)，於「中央中学校前」站下車步行 12 分鐘
- 🕐 渡輪：6:30~19:25，約 10 至 15 分鐘一班
- ☎ 06-6551-6087
- 🌐 www.city.osaka.lg.jp/kensetsu/page/0000011256.html

沖繩人的商店街 ‧ 平尾商店街 🎏 地圖 P.270

作為沖繩人聚居的大正區，也有一條屬於自己的商店街。平尾商店街只有 3 個街口長，不算很長。街內商店為沖繩人供應日常生活所需，當中不乏由琉球運來的食材。

▶ 商店街畫了不少與沖繩文化有關的產物。

◀ 平尾商店街有來自沖繩的人所經營的店鋪。

> **Info** 從 JR 大正站附近的「大正橋」巴士站，搭乘 71 號巴士 (鶴町四丁目方向)，於「平尾」站下車步行 5 分鐘

商店街內精選店鋪 ★

🎁 沖繩食材 沢志商店

這間商店有點像香港的士多，專門售賣沖繩的食材 (如蔬果)，方便沖繩居民維持飲食習慣。如果未去過沖繩，在這裏某程度上可以了解琉球人的生活文化。

◀ 沢志商店為沖繩人供應生活所需。

> **Info**
> 🏠 大阪市大正区平尾 3-15-19
> 🕐 10:00~19:00
> 休 星期一 (如遇假日順延至星期二)
> 📞 06-6552-6121
> 🌐 www.jimoto-navi.com/551/001 2/sawashi

沖繩的獨特飲食文化

沖繩有着複雜的歷史背景，在日本明治維新以前沖繩稱為琉球王國，擁有獨立王朝，受中日兩國雙重支配，後於二戰時期被美軍殖民，因此當地飲食文化中可見三國的影子。例如ラフテー (沖繩紅燒肉)、ゴーヤーチャンプルー (苦瓜雜炒)、タコライス (塔可飯) 等，而地理位置鄰近台灣，沖繩有部份菜色亦與台灣料理相似，如花生豆腐。另外，沖繩常被稱為「不朽之國」，沖繩人民的平均壽命較長，多數學者認為沖繩的飲食文化與長壽密切相關，像是碳水化合物與蛋白質比例 10：1 的「沖繩比例」。

TIPS

琉球美食 ↔ まるしん食堂 ▶ 🎥 地圖 P.270

　　まるしん食堂由沖繩人經營，提供典型的琉球美食，例如「沖繩そば」(即沖繩麵條)。若未曾去過沖繩，值得一試；若曾去沖繩的話，這店的食物帶來一貫地道水準。

◀まるしん食堂提供平民化的沖繩料理。

▶沖繩そば(￥660、HK$39)，麵條口感嫩滑。

> 🏠 大阪市大正區平尾 3-24-16
> 🚌 從 JR 大正站附近的「大正橋」巴士站，搭乘 71 號的市營巴士 (鶴町四丁目方向)，於「平尾」站下車步行 5 分鐘
> 🕐 星期日至五 6:00~20:00
> 休 星期五、六　☎ 06-6551-8781

立吞串燒與免費索取琉球文化資訊 ▶ 🎥 地圖 P.270
沖繩風ホルモン

　　這家平民化小店主要售賣串燒小吃，顧客還可以叫啤酒，但要站着吃。店主很友善，而且因為面積細小，顧客之間即使互不認識都會聊天談話。這裏的另一個賣點是：店主將沖繩文化和語言整理成筆記，供客人免費取閱。所以這裏除了提供美食和認識日本人外，也可以了解琉球文化。

▲沖繩風ホルモン並不是只有吃的，還有交流和文化的意義！

◀記閱的。角沖落繩文提化供筆免取費

▶友善的店主。

> 🏠 大阪市大正區平尾 5-10-15
> 🚌 從 JR 大正站附近的「大正橋」巴士站，搭乘 71 號的市營巴士 (鶴町四丁目方向)，於「平尾」站下車步行 5 分鐘
> 🕐 星期三至五 13:00~19:00，星期六、日及公眾假期 11:00~19:00
> 休 星期一及二，另會不定期休息
> ☎ 06-6551-9978

▲串燒一條 ￥80(HK$5)，即叫即煮。

規模比香港大 IKEA 地圖 P.270

相比香港的 IKEA，大阪的規模大很多，而且也是獨立建築 (其實就是歐洲的規格)。貨品種類繁多，餐廳也在裏面，部分貨品可能比香港便宜。日本的 IKEA 每年在跨年時候都有 ￥1,000(HK$59) 的福袋，裏面包含 ￥2,300(HK$135) 的貨品。

▲大阪 IKEA 規模十分大！

Info
- 🏠 大阪市大正区鶴町 2-24-55
- 🚌 • 從 JR 或地下鐵大正站附近的「大正橋」巴士站，搭乘 71 號的市營巴士 (鶴町四丁目方向)，於「鶴町二丁目」站下車步行 10 分鐘
  • 從梅田 (JR「大阪」站御堂筋南口)、地下鐵「ドーム前千代崎」站或大正橋 (JR/地下鐵「大正」站) 有接駁巴士，車資成人 ￥210(HK$16)，小童 ￥110(HK$8)，會送 ￥500(HK$38) 的優惠券，班次可瀏覽官網
  • 可從 OTCA(JR「難波」站) 乘免費接駁巴士到 IKEA，OTCA 發車 10:15~17:15，IKEA 發車 11:30~19:10，同樣約 20 分鐘一班
- 🕐 星期一至五 11:00~19:00，星期六、日及公眾假期 10:00~20:00
- 休 1 月 1 日 ☎ 570-013-900
- 🖥 www.ikea.com/jp/ja/store/tsuruhama

沖繩手信集中地 いちやりば 地圖 P.270

JR 大正站附近的いちやりば集合了各式各樣的沖繩手信，包括風獅爺、T恤、食品，甚至樂器等。

▲いちやりば內的沖繩產品十分齊全。

▲風獅爺是沖繩的吉祥物。

◀沖繩樂器三線，又稱蛇味線。

▲ Blue Seal 是沖繩當地的雪糕品牌，他們推出的糖果也可在這兒找到。

▲連沖繩拉麵都有！

Info
- 🏠 大阪市大正区三軒家東 1-9-12
- 🚌 JR 大阪環狀線「大正」站，或地下鐵長堀鶴見綠地線「大正」站 4 號出口
- 🕐 10:00~20:00

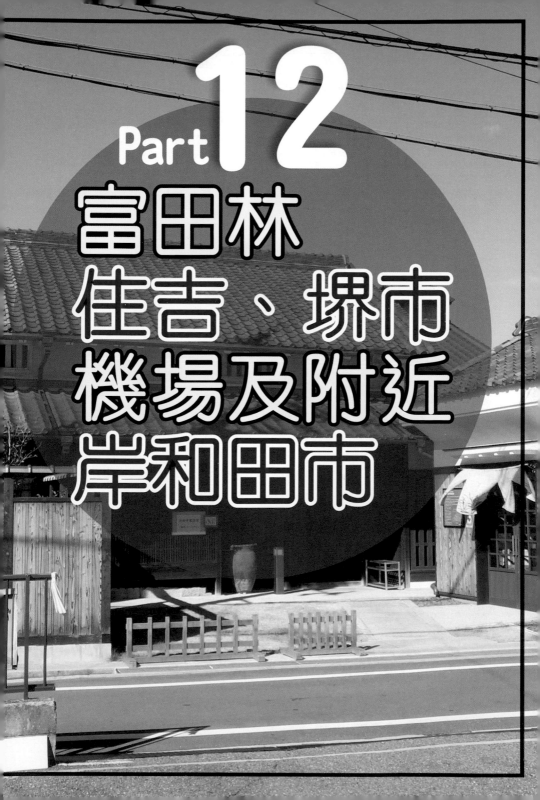

Part **12**

富田林
住吉、堺市
機場及附近
岸和田市

12.1 富田林

　　富田林在大阪東南部、南河內郡河南町。這個沒有很多人聽過的小郊區，其實有很重要的歷史意義，例如在近つ飛鳥風土記の丘，以及近つ飛鳥博物館附近有約 300 個古墳。這些古墳大多於公元 300 至 600 年間由當時的統治者建造，分佈在大阪和奈良一帶，因此這些古墳是當時政治中心位置的有力證據，而古墳的保留讓歷史學家了解更多當代的歷史。由於期後改為火葬，不再建古墳，因此這段歷史時期被稱為「古墳時代」。

　　另外，在富田林站附近的寺內町曹是宗教自治區，江戶時代的建築和街道都被完整保留。在大阪只要 30 分鐘車程，便可到達這個歷史小區域。

前往方法 ▶▶

　　在地下鐵御堂筋線或 JR 大阪環狀線「天王寺」站，步行至近鐵「大阪阿部野橋」站，乘搭準急列車直達近鐵「富田林」站。

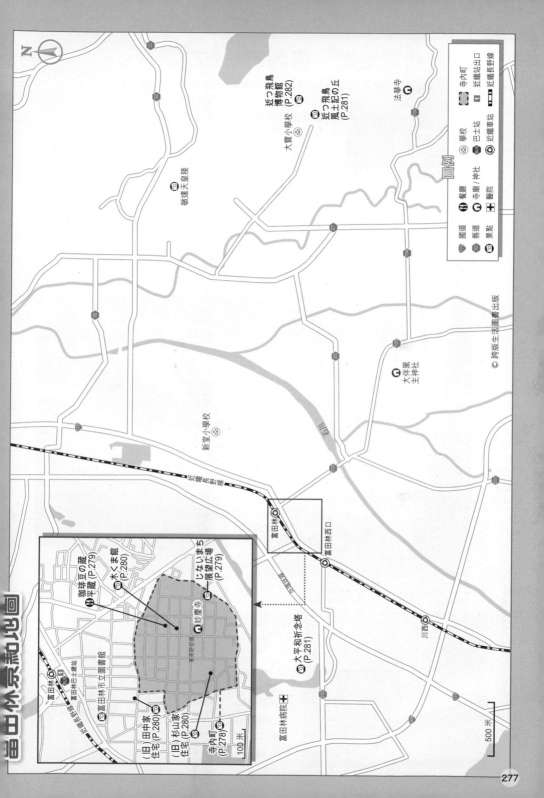

図例

⑨ 國道　⑪ 餐廳　⑫ 寺廟 / 神社　　⑬ 學校　　□ 寺內町
⑭ 縣道　⑮ 寺廟院　╋ 醫院　　⑯ 巴士站　🚇 近鐵站出口
⑰ 県駅　　　　　　　　　　　🚃 近鐵車站　━━ 近鐵長野線

近つ飛鳥
博物館 (P.282) ⑱

近つ飛鳥
風土記の丘
(P.281)

大賈小學校 ⑲

法華寺 ⑫

敏達天皇陵 ⑳

大伴黑
主神社 ⑫

新堂小學校 ⑳

© 跨版生活圖書出版

近鐵長野線

富田林

富田林西口

川西

石川

富田林病院 ╋

大平和祈念塔
(P.281) ⑳

珈琲豆の蔵
⑪平蔵

木くら書館
(P.280)

じないまち
展望広場 (P.279)

妙慶寺 ⑫

富田林市立図書館

富田林巴士總站
富田林

(旧) 田中家
住宅 (P.280) ⑳

(旧) 杉山家
住宅 (P.280)

寺內町
(P.278) ⑳

100 米

500 米

277

江戶時代建築群 寺內町

地圖 P.277

▲ 富田林町為寺內町其中一條街道。

在京都及奈良等地可見到不少傳統日式房屋,但它們分佈在不同地方,人們看到的大都是現代化的房子。若說整個環境都散發傳統味道的,就要數離大阪 20 公里外的富田林寺內町了。

寺內町位於近鐵富田林站與富田林西口車站之間,於日本戰國時代 (1467 至 1562 年) 成為宗教自治區,以興正寺以中心。這裏不僅保存了從 17 世紀開始興建的房屋,而且道路和街燈都能配合周圍環境,使到整個舊時代的氛圍得以保留下來。這些房屋中有小商店也有舊住宅,一些住宅開放予公眾參觀,讓人們了解昔日的居住環境。在這兒可找到「重要文化財」,如興正寺別院、(舊) 杉山家住宅 (P.280),而城之門筋更是「日本の道百選」。

來到寺內町彷如置身當年的江戶時代,加上這裏人流沒有京都或奈良那麼多,人煙稀少卻寧靜舒服。

街道上隨處可見江戶時代建築。

▲ 細心可發現建築保存得不錯!

Info 🚃 近鐵「富田林」站步行 5 分鐘
🌐 www.5d.biglobe.ne.jp/~heritage

難波、道頓堀、心齋橋　梅田　新今宮、天王寺　天滿、大阪城　大阪灣　富田林、堺市　鐵道遊

日式庭園咖啡店 珈琲豆の蔵 平蔵　地圖 P.277

　　平蔵以自家烘焙的咖啡為名，而他們的用餐環境也很吸引。室外的日式庭園被附近的老房子包圍，完全不受外界現代化的干擾，讓人可以專心享受近郊的寫意環境。咖啡方面，香濃的黑咖啡 (平蔵ブレンド、blend coffee) 是最佳之選！

▶平蔵的賣點是：自家烘焙咖啡與傳統的用餐環境。

推介

▲平蔵ブレンド (￥450，HK$26)

▶用餐空間不大，但能看出經店主悉心佈置。

info
🏠 大阪府富田林市富田林町 23-39
🚇 近鐵「富田林站」步行 5 分鐘
🕙 10:00~18:00　　休 星期二及三
☎ 090-5461-9150
💻 coffee-mamenokura-heizo.shopinfo.jp

欣賞山脈 じないまち展望広場　地圖 P.277

　　走在富田林町上，只要穿過小町屋便會看到一個小廣場。這個小廣場靠近河流，不過河流被密集的民居完全擋着。來到小廣場，由於民居不是高樓，山脈線清晰可見，也可看到這一帶最高的山：金剛山。

▼只要在寺內町地勢略高的地方，如這個廣場，便可看到優美的山脈線。

info
🏠 大阪府富田林市富田林町 18-51
🚇 近鐵「富田林」站或「富田林西口」站步行 9 分鐘
🕙 10:00~17:00
休 12 月 29 日至 1 月 3 日

▶要到じないまち展望廣場，必須先穿過這間小屋。

▶廣場很細小。

🎁 了解防震新技術 木くま館　📷 地圖 P.277

　　全名為「富田林じないまち 木くま館」，這座建築物於明治年代建造，作為販賣與住宅用途，前身為「釘熊金物店」。建築物於 2011 年進行修改，引入當地木材和「耐震補強構法」技術，令建築物保存得更好。人們參觀木くま館，可了解那項保存建築物及加強防震的技術。

▲裏面介紹防震技術。

▲木くま館於 2011 年改建，加強防震。

Info
🏠 大阪府富田林市富田林町 22-32
🚇 近鐵「富田林」站步行 10 分鐘
🕐 星期四至日 10:30~17:00
休 星期一至三
📞 090-3654-8150

📷 看古老房屋（旧）田中家住宅、（旧）杉山家住宅　📷 地圖 P.277

　　寺內町有不少舊住宅得以保留，其中 (旧) 田中家及 (旧) 杉山家住宅開放予公眾參觀。杉山家住宅為日本政府指定的「重要文化財」，早在 1644 年建造，也是現存町家中最古老的。杉山家住宅曾為酒屋，也是明治時期著名女星石上露子 (石上露子只是藝名，原名是杉山タカ) 出生的地方。至於田中家則在江戶晚期搬遷於此，2004 年把房子捐贈予政府，翻新後於 2012 年免費開放。

▲田中家住宅於 2012 年免費開放。

▶杉山家住宅規模比較大，需收取入場費。

◀田中家內的房間及舊物。

	(旧) 田中家住宅	(旧) 杉山家住宅
🏠	大阪府富田林市本町 7-2	大阪府富田林市富田林町 14-31
🚇	近鐵「富田林」站步行 4 分鐘	近鐵「富田林」站步行 8 分鐘，或「富田林西口」站步行 7 分鐘
🕐	10:00~17:00	
休	星期一 (遇假日改為翌日)，12 月 28 日至 1 月 6 日	
📞	0721-25-1000	0721-23-6117
💲	免費	成人 ¥400(HK$30)，15 歲或以下 ¥200(HK$15)

住吉、堺市　機場及附近　岸和田市

奇趣白色巨塔 ⚑ 大平和祈念塔 📷 地圖 P.277

在寺內町散步時離遠會見到一座白色巨塔，與富田林的傳統風格有很大出入。這座塔由一個稱為 PL(Perfect Liberty) 的當地宗教於 1970 年建造，由於教派的基地位於富田林市，故在該地有不少他們的建設，如學校和醫院。這座高 180 米的大平和祈念塔，建造目的旨在紀念在戰爭中犧牲的人。每年 8 月 1 日，即塔完工之日，都會舉行儀式悼念戰爭亡靈。

info
- 🏠 大阪府富田林市新堂 2172-1
- 🚌 近鐵「富田林西口」站步行 15 分鐘
- 🕙 10:00~16:00
- 休 星期三　☎ 0721-24-1111
- 🖥 Perfect Liberty：www.perfect-liberty.or.jp
- ❗ 祈念塔現時只開放 1 樓及 2 樓的神殿，頂部不開放

廣闊的森林 ⚑ 近つ飛鳥風土記の丘 📷 地圖 P.277

近つ飛鳥風土記の丘面積達 29 畝之多，既是森林也是公園，裏面還保留不少古墳，而近つ飛鳥博物館也在裏面。大阪建築師安藤忠雄有份參與這一帶的規劃和設計，公園內的涼亭、清水混凝土建築，還有博物館都是出自他的手筆。他還成立植樹基金，綠化這裏的環境。

▲ 近つ飛鳥風土記の丘具有歷史及自然價值。

▲ 門口的休息處展示了一些遺跡，並介紹這一帶的自然特色。

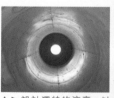

▲▶ 設計獨特的涼亭，以及涼亭頂部。

公園位於山丘上，有時候需走坡道。

info
- 🏠 大阪府南河內郡河南町大字東山 299
- 🚌 於近鐵「富田林」站 1 號出口乘車處，乘金剛巴士的石川線，於總站「阪南ネオポリス」下車，單程車費 ¥260(HK$20)，車程約 15 分鐘
- 🕙 9:45~17:00
- 休 星期一（如遇假日順延至星期二），年末年始（約 12 月 28 日至翌年 1 月 4 日）
- ☎ 0721-93-8321
- 🖥 www.chikatsu-asuka.jp

石川線時刻 ▶▶▶▶

前往近つ飛鳥風土記の丘需要在近鐵「富田林」站乘金剛巴士 (金剛バス) 的石川線，以下為巴士時刻表。

▲金剛巴士。

	星期一至五	星期六、日及公眾假期
富田林站發車	10:20~14:50，每小時 1~2 班車	9:20~15:20，每小時 1~2 班車
阪南ネオポリス站發車	10:40~17:25，每小時 1~2 班車	10:25~17:55，每小時 1~2 班車

*1 日乘車券 (エンジヨイエコカード) 不適用。

園內不可不到

名師的獨特建築與設計 近つ飛鳥博物館

 地圖 P.277

▲博物館。

在近つ飛鳥風土記の丘內，有一座由大阪著名建築師安藤忠雄所設計的博物館：近つ飛鳥博物館。館內主要介紹及展出日本飛鳥時代的文物，在入口處附近可以俯瞰縮小版本的仁德天皇陵 (詳見 P.286)，它是全球最大古墳。此外，參觀者也可以了解考古的方法和過程。

博物館的設計方面，安藤忠雄把頂部設計為階梯狀，透過一條小通道，引領參觀者從博物館出入口到屋頂廣場。在這裏再沿階級而上到最高點，或站或坐在階級看看這一帶優美的大自然風景，令人感受到這一帶的歷史價值之餘，也體會到自然價值。

▲從階梯可登上博物館的頂部。

▲由館外的小通道可通往階梯。 ▲館內展示人們在飛鳥時代的衣着。

▲仁德陵古墳的模型正好在展館的正中央。

►在室內，陽光輕易透進來，讓人感覺溫暖。

◄▲文物。

博物館的興建原因

博物館的來由有以下原因：

- 1978 年有人於藤井寺挖掘大修羅，並向公眾介紹古墳時代的構思；

- 博物館所在的近つ飛鳥，剛好在奈良飛鳥和大阪之間，而大阪曾叫難波，又曾短暫成為首都，是把中國文化傳入奈良的門戶，這使到博物館選址於此極具歷史意義。

 TIPS

🏠 大阪府南河內郡河南町大字東山299

🚌 乘金剛巴士的石川線，於總站「阪南ネオポリス」下車後，由近つ飛鳥風土記の丘的入口步行 8 分鐘，巴士資料詳見 P.281

🕐 9:45~17:00(最後買票：16:30)

❌ 星期一 (如遇假期順延至星期二)，年末年始 (約 12 月 28 日至翌年 1 月 4 日)，另有臨時休館日 (詳見官網)

💰 永久展覽成人 ¥310(HK$23)，高中生、大學生及 65 歲或以上 ¥210(HK$15)，特別展及企畫展會調高收費 (仍需購買永久展覽門票)，初中生或以下免費

📞 0721-93-8321

🌐 www.chikatsu-asuka.jp

12.2 住吉 堺市

住吉區、堺市位於大阪最南部，前往的遊客不多，遊覽時比較舒適自在。遊覽一下近海的地方，並在堺市觀光中心租用單車，輕輕鬆鬆度過一個上午或下午。

堺市是大阪的衞星城市，由於大阪人口增長的關係，到附近的堺市居住是另一個選擇。堺市既是重要商港，也是工業城市，特別是傳統產業如刀、單車等。她擁有比大阪或奈良更悠久的歷史，更有全球最大的仁德陵古墳。

住吉區不屬於堺市，而是屬於大阪市，但需乘阪堺電車前往，故放在本部分一同介紹。來到住吉區，可以看到關西最古老的神社：住吉大社。

前往堺市方法 ▶▶▶

堺市離大阪並不是很遠，有以下方法可前往：

1. 在南海電鐵「なんば」(難波)站，乘最快的列車前往約 15 分鐘。

2. 在地下鐵御堂筋線「天王寺」站下車，前往阪堺電車的「天王寺駅前」站乘車往堺市，或在地下鐵堺筋線「惠美須町」站下車，前往阪堺電車的「惠美須町」站乘車往堺市，全程約 30 分鐘。

* 上述兩點交通方法的下車站詳見各景點。

前往住吉方法 ▶▶▶

詳見 P.284。

堺市市內交通：阪堺電車 ▶▶▶▶

阪堺電車是路面電車，分為阪堺線及上町線，貫通大阪南部及堺市，它是大阪市唯一連接另一城市的路面電車，從大阪市可由通天閣的惠美須町站或天王寺站乘搭。「我孫子道」站是大阪市和堺市的「邊界」，過了這個站，便是較近海邊的堺市。不過，部分堺市景點離電車站有一段距離，如果走得太累，回程可考慮乘搭 JR 或南海電鐵。

全線 1 日任乘車票 (てくてくきっぷ)：阪堺電車提供了全線 1 天任乘車票，成人 ￥600(HK$46)，小童 ￥300(HK$23)。車票是一張擦擦卡，自行用硬幣刮去要使用的年、月和日，在該日持車票乘車，下車時給車長看，所以不必購買當日使用。但若刮錯日子，就只能在那天乘車。車票可在主要車站如惠美須町站、天王寺駅前站購買。

 Info 阪堺電車：
www.hankai.co.jp

差不多 2,000 年歷史 住吉大社 地圖 P.284

這間住吉大社不僅是大阪，更是關西最古老的神社，於公元 3 世紀興建，同時亦是日本 2,300 間住吉神社中的總社。住吉大社以前是一間近海的神社，主要祈求出海平安以及耕作有所收成。如果要在大阪附近參觀自然環境較多的神社或寺院，住吉大社是較好的選擇，因為裏面環境清幽，而且大樹木的樹齡已經有 800 至 1,000 年。

在大社內，國寶級的本殿之建築採用「住吉造」的風格：屋身用上橙紅色，屋頂則採用檜皮茸，更可看到一條很斜的紅色橋——反橋。時至今日，大社仍會舉行不同的節日活動，好像每個月的第一個「辰」日的初辰，大阪商人會舉行祈求生意興隆和繁榮的儀式；6 月 14 日舉行「御田植神事」祭典，看到人們在插秧以及牛隻耕種的情況。

▲ 大海神社。

▲ 本殿採用「住吉造」的建築風格。

▲ 1,000 年樹齡，名正言順的叫千年楠。

▲ 入口。

▲ 反橋。

🏠 大阪市住吉区住吉 2-9-89
🚉 在南海電鐵「なんば」(難波) 站乘南海線往「住吉大社」站；或從大阪乘阪堺電車，在「住吉鳥居前」、「住吉公園」站下車
🕐 4 月至 9 月 6:00~16:00，10 月至 3 月 6:30~16:00；另外，10 月至 3 月每月 1 日及初辰日提早至 6:00 開門 (初辰日每年每月不同，2018 年為 1 月 2 日、2 月 5 日、3 月 1 日、4 月 6 日、5 月 12 日、6 月 5 日、7 月 11 日、8 月 4 日、9 月 9 日、10 月 3 日、11 月 8 日、及 12 月 2 日)；新年和住吉祭期間關門時間會有改變，出發前先瀏覽官網
☎ 06-6672-0753
🌐 www.sumiyoshitaisha.net

住吉大社位置地圖

🚊 住吉公園
住吉大社 ←
🚉 住吉鳥居前
🏠 住吉大社 (P.284)

阪堺電車上町線
阪堺電車阪堺線
南海電鐵

圖例
🏠 神社	▪▪▪ 阪堺電車阪堺線
🚉 南海電鐵車站	▪▪▪ 阪堺電車上町線
🚊 阪堺電車車站	▪▪▪ 南海電鐵

50 米

© 跨版生活圖書出版

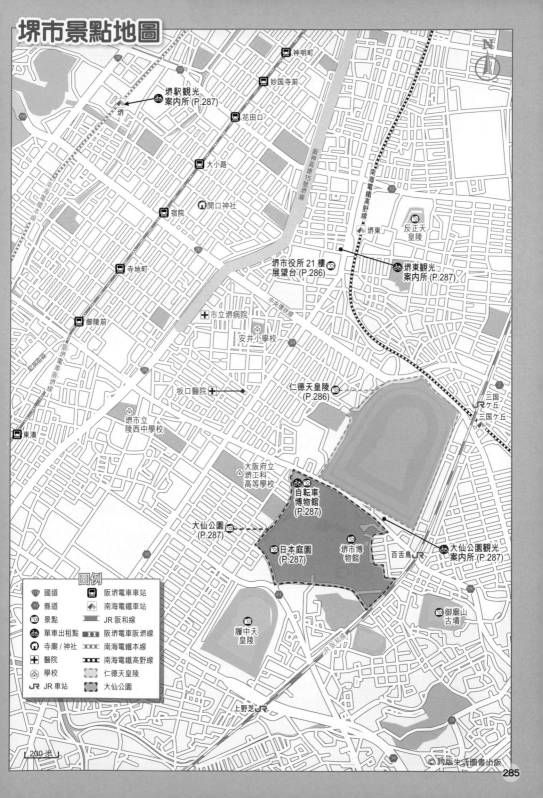

堺市景點地圖

N

神明町

妙国寺前

堺駅観光
案内所 (P.287)

堺

花田口

大小路

開口神社

宿院

堺東

反正天
皇陵

堺市役所 21 楼
展望台 (P.286)

堺東観光
案内所 (P.287)

寺地町

御陵前

市立堺病院

安井小學校

坂口醫院

仁德天皇陵
(P.286)

JR 三国ヶ丘
三国ヶ丘

堺市立
陵西中學校

東湊

大阪府立
堺工科
高等學校

自転車
博物館
(P.287)

大仙公園
(P.287)

日本庭園
(P.287)

堺市博物館

百舌鳥 JR

大仙公園観光
案内所 (P.287)

履中天
皇陵

御廟山
古墳

上野芝 JR

圖例

🏵 國道		🚃 阪堺電車車站	
🏵 縣道		🏠 南海電鐵車站	
🔘 景點		━━ JR 阪和線	
🚲 單車出租點		▬▬ 阪堺電車阪堺線	
🛕 寺廟 / 神社		┅┅ 南海電鐵本線	
✚ 醫院		┅┅┅ 南海電鐵高野線	
🏫 學校		▨▨ 仁德天皇陵	
JR JR 車站		▨▨ 大仙公園	

200 米

© 跨版生活圖書出版

難
波
、
道
頓
堀
心
齋
橋
梅
田
新
今
宮
、
天
王
寺
天
滿
、
大
阪
城
大
阪
灣
富
田
林
、
堺
市
鐵
道
遊

免費看堺市全景 ✦ 堺市役所 21 樓展望台

堺市役所 21 階展望ロビー　地圖 P.285

　　在堺市堺區役所的 21 樓有個供免費參觀的展望台，雖然展望台不算高，但能看見堺市的古墳，如履中天皇陵、全球最大的仁德天皇陵等。展望台亦有介紹與古墳相關的資料。

▶ 要飽覽堺市古蹟，可上展望台。

▼市區內突然有一處綠色的部分，不是公園就是古墳。圖為展望台所看到的仁德陵古墳。

◀ 在展望台可找到介紹古墳的資料。

🏠 大阪府堺市堺区南瓦町 3-1
🚌 在南海電鐵「なんば」(難波) 站乘高野線往「堺東」站，這個方法較快捷；或從大阪乘阪堺電車，在「大小路」站下車，再向東走 10~15 分鐘
🕐 9:00~21:00
☎ 072-233-1101
🖱 www.sakai-tcb.or.jp/spot/detail/73

全球最大的古墳 ✦ 仁德天皇陵　地圖 P.285

　　仁德天皇陵是百舌鳥三個古墳之一 (其餘兩個為反正天皇陵和履中天皇陵)，它是全球面積最大的古墳。仁德天皇陵，顧名思義是仁德天皇的，但沒有證據證明是他的，只能推斷是 5 世紀的古墳，因此也有人稱這個古墳為「大仙古墳」。從衛星地圖可見，墓是先方後圓，被樹林包圍，如果繞着走，大約是 2.8 公里，需時不短才能繞一圈。

◀古墳外就是樹林。

🏠 大阪府堺市堺区大仙町 7-1
🚌 乘 JR 在阪和線「百舌鳥」站下車，建議在 JR「大阪」或「天王寺」站上車
☎ 072-241-0002
🖱 www.sakai-tcb.or.jp/spot/spot.php?id=126

輕鬆寫意 租單車漫遊堺市  地圖 P.285

在堺市有 3 個觀光中心 (觀光案內所)(位於南海電鐵高野線堺東站、南海線堺站及大仙公園)，幾個觀光中心以及自転車博物館都提供單車租借服務，而且不用在同一個地點還車，但如果歸還地點和租借地點不同，則需加收 ￥200(HK$15) 的費用。單車租借一天為 ￥500(HK$29)，使用時間由 9:00 至下午 4:30(自転車博物館 10:00 才開門)，單車有分有籃和沒有籃的 (大部分都有)。騎車地方建議堺市的海邊、仁德天皇陵和大仙公園，有興趣的話也可到自転車博物館。

▲ 騎單車不能與行人一起過馬路，需在斑馬線旁過，但不似在香港要下車搬單車過馬路。

▲ 我所租借的單車是 LOUIS GARNEAU LGS-MV8，來自加拿大的單車品牌。單車後面為堺市觀光案內所。

可租借單車的地點資料：

	堺駅観光案内所	大仙公園観光案内所	自転車博物館
位置	南海電鐵南海線「堺」站 1F	堺市堺区百舌鳥夕雲町 2-160(交通見「大仙公園」)	堺市堺区南向陽町 2-2-1
租用時間	9:00~17:30	9:00~17:30	10:00~16:30
休息	年末年始	年末年始	星期一 (如遇假期順延至星期二)，公眾假期及補假翌日，年末年始
電話	072-232-0331	072-245-6207	072-243-3196
附近景點	舊堺燈塔	──	──
網址	www.sakai-tcb.or.jp/rentalcycle		

*營業時間不等於租單車時間。

大有來頭的公園  地圖 P.285
大仙公園、日本庭園

大仙公園在仁德天皇陵附近，面積達 35 公頃，是堺市的主要公園，還入選了「日本の歷史公園 100 選」。公園內有和平塔、堺市博物館、日本庭園 (佔地 26,000 平方公尺)。公園內的日本庭園非常值得遊覽，不同月份開滿不同花，並會舉辦花展，環境清幽宜人。庭園內還提供抹茶及和菓子。

◀ 原在公園裡的單車博物館。

Info

大仙公園
🏠 大阪府堺市堺区百舌鳥夕雲町 2-204
🚌 乘 JR 在阪和線「百舌鳥」站下車，建議在 JR「大阪」或「天王寺」站上車

日本庭園
🕐 4 至 10 月 9:00~17:00，11 月至 3 月 9:30~16:30，最後入園時間為閉門前半小時
🈺 星期一 (如遇假期順延至星期二)，年尾年初
💲 成人 ￥200(HK$12)，初中生或以下 ￥100(HK$8)
🌐 www.daisenteien.jp

自転車博物館
2022 年 3 月自転車博物館搬遷及重建，改名為「シマノ自転車博物館」，展示單車的發展歷史和文化。大仙公園的單車廣場同樣會舉辦博物館的活動，有興趣可以留意官網 (www.bikemuse.jp)。

TIPS

地圖 P.288

大阪府中最早落成 浜寺公園

浜寺公園位於阪堺電車終站對面，於明治 6 年 (1873 年) 開園，是大阪府最早落成的公園，最吸引的是有多個品種的玫瑰花的ばら庭園。園內有大片草地供人休憩，還有其他設施進行各項活動，如火車遊和游泳等，適合一家大小度過一個愉快的星期天！公園雖有一定歷史，但仍然活力滿滿，經常舉辦各項活動，例如自 2007 年開始於每年 5 月的周日舉辦 Earth Day @ Hamadera 市集，有小吃、水果、鮮花和雜貨售賣，也有音樂表演。

▼ばら庭園的荷花池。

▲ 市集 Earth Day @ Hamadera(アースデイ＠はまでらこうえん)。

▲ 有不少人在寫生。

▲ 每逢假日，公園十分熱鬧，有不少人來這裏躺在草地上，甚至搭帳篷、燒烤與喝啤酒。

► 可以買到刨冰吃！

Info
🏠 大阪府堺市西区浜寺公園町
🚉 南海電鐵「浜寺公園」站西口，阪堺電車浜寺駅前站對面
🌐 www.osaka-park.or.jp/rinkai/hamadera/main.html

◄ 市集音樂表演。

► 也有鮮花賣。

浜寺公園周邊景點地圖

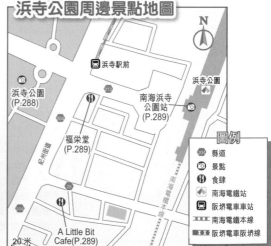

N

🚉 浜寺駅前

浜寺公園

浜寺公園 (P.288)

南海浜寺公園站 (P.289)

福栄堂 (P.289)

紀州街道

南海電鐵本線

A Little Bit Cafe(P.289)

20 米

圖例
縣道
🎯 景點
🍴 食肆
🚃 南海電鐵站
🚉 阪堺電車車站
南海電鐵本線
阪堺電車阪堺線

富田林

住吉、堺市

機場及附近

岸和田市

百年建築 南海浜寺公園站 地圖 P.288

除了阪堺電車，南海電鐵也可前往浜寺地區。其車站的舊建築早於明治40年(1907年)啟用，109年後停止服務並保留活化中，現時只能遠觀，或在前往難波的月台看其內部。

▶舊車站的另一面。

▲舊車站外部。

> info
> 🏠 大阪府堺市西區浜寺公園町二丁 188 番地
> 🚉 南海電鐵「浜寺公園」站

百年老店 福栄堂 地圖 P.288

車站附近的百年老店福栄堂，創業於1907年明治年代，與南海電鐵浜寺公園站同年，一直以來都在車站旁，為乘客提供小吃。現售賣超過20種菓子，當中包括銅鑼燒(ちん電どら焼)，還有創業時已經售賣、採用附近的松樹根製成的松露だんご，不妨買它們去公園慢慢享受甜甜的味道。

▶福栄堂已有超過百年的歷史。

▲松露だんご(一盒4個￥325，HK$25)。

▶ちん電どら焼，一個￥150(HK$11)。

> info
> 🏠 大阪府堺市西區浜寺公園町 2-141
> 🚉 南海電鐵「浜寺公園」站西口，阪堺電車浜寺駅前站對面
> 🕐 9:00~18:00
> 🚫 星期四 (假日除外)
> 📞 072-261-1677 🌐 www.dan-go.com

陽光咖啡店 A Little Bit Cafe 地圖 P.288

在一群民居中，有一間由兩幢小屋和一塊小空地所組成的咖啡店──A Little Bit Cafe。店內規劃了其中一間小屋做廚房，另一間作室內用餐範圍，空地則給客人可以邊享用餐點邊享受陽光。咖啡店主要提供意粉和薄餅，例如使用番茄及芝士製成的瑪格麗塔薄餅(マルゲリータ)，番茄份量豐富。店內還提供咖啡和茶，我點了抹茶拿鐵(Macha Latte)，抹茶採用京都辻利的產品，拉花也很用心。

▲抹茶ラテ(￥605，HK$36)。

▲瑪格麗塔薄餅(￥1,430，HK$84)。

◀A Little Bit Cafe 以戶外空間為主。

> info
> 🏠 大阪府堺市西區浜寺公園町 3-226-10
> 🚉 南海電鐵「浜寺公園」站西口，阪堺電車浜寺駅前站對面
> 🕐 11:00~20:00(最後點餐時間 19:30)
> 🚫 星期一
> 📞 072-267-0337

最大百貨旗艦店 無印良品 Aeon Mall 堺北花田

地圖見便攜大地圖 (背頁)

來大阪的遊客又多一個新景點！2018 年 3 月無印良品於大阪市附近的堺市開設了全球最大的旗艦店，無印的產品一直深受港人喜愛，店內亦有售賣一般的無印產品，更有售蔬果瓜果、肉類、海鮮等等的由產地直送的新鮮食材。除此之外，店內更設有 Café & Meal MUJI 及 Food Court，提供營養健康的美食，在 Food Court 更有壽司、肉丼呢！(文字：IKiC)

▲全球最大的無印就在堺市 Aeon Mall 的 1 樓。

▲兒童服裝及護膚品區很寬敞。

▲店內當然少不得最受歡迎的文具角落。

▲偌大的瓜菜市集，入住的房間可供煮食的話不妨買一些回去試試。

▲除了瓜果，更有新鮮海產。

▲ MUJI BOOKS 挑選了不少好書，所佔的範圍也不小。

Info
🏠 大阪府堺市北区東浅香山町 4-1-12 Aeon Mall 堺北花田 1F
🚇 地下鐵御堂筋線「北花田」站 2 號出口
🕙 10:00~21:00
📞 072-252-2444
🔗 shop.muji.com/jp/sakai-kitahanada

（相片提供：株式会社 良品計画）

12.3
機場及
附近

本部分主要介紹機場客運大樓、機場附近 Sky View 以及りんくうタウン (Rinku Town) 站的餐廳及商店，方便在最後一天既想繼續觀光又想舒舒服服的旅客。

A. 關西國際機場
関西国際空港

地圖見便攜大地圖（背頁）

▲關西國際機場。

回港前如沒有行程，或想在近一點的地方買特色手信，不用匆匆忙忙，可以提早一點到機場遊覽和買手信。

🏠 大阪府泉佐野市泉州空港北 1
🚃 在南海電鐵「新今宮」、「なんば」（難波）等站乘南海電鐵空港線，或在 JR「天王寺」、「新今宮」等站乘 JR 關空快速往機場，詳見 P.71~74
📞 072-455-2500　🌐 www.kansai-airport.or.jp/tw

全新面貌迎接全新旅程 🎏 1 號客運大樓

　　為迎合「2025 大阪關西萬國博覽會」，關西機場 1 號客運大樓於 2021 年 5 月開始進行翻新工程，2022 年 10 月完成第 1 階段國內線區域，2023 年 12 月完成第 2 階段國際線區域，並於 2025 年及 2026 年緊接完成餘下 2 個階段。

　　首先開放的中間區域，增設27家新店舖，有9家餐廳、16家商店等，如有拉麵店「どうとんぼり神座」、「章魚燒割烹 たこ昌」，當然少不了手信店「關西旅日記」，還有值得期待的「全日本國際機場最大綜合型免稅店」，售賣世界知名品免稅產品和日本特色手信。安檢後的商業區面積是過去的5倍大，能為旅客提供更多購物及飲食選擇。

▲ Tasty Street 內陸續有新餐廳進

▶ 1 號客運大樓國際線區域。

▶ Tasty Street 內的星巴克。

▼ 1 號客運大樓未來新面貌。

Hello, New KIX. Terminal 1
2023 Winter　2025 Spring　2026 Autumn
Shaping a New Journey　KANSAI AIRPORTS　New International Area Coming Soon!

📱 航廈最新資訊：www.kansai-airport.or.jp/t1renovation/
現階段新開商店：www.kansai-airport.or.jp/t1renovation/new _shop.html

（圖文：福岡女孩 Yumeko）

國際線廉航大樓 2 號客運大樓

2 號客運大樓於 2017 年擴建，使國際線和國內線的廉航航班完全分流，除可容納樂桃航空外，更可容納春秋航空。但其他廉價航空如香港快運和 Jetstar 仍然使用 1 號客運大樓。新建的國際線大樓設施比國內線簡單，尤其食肆部分設於候機室，故只能在辦理登機手續和過關後才能享用，可以吃的時間不多。如想慢慢享用，建議先在市區或在 1 號大樓及 2 號國內線範圍 (在國際線旁而已) 用膳。

▲國際線大樓。

▲國內線大樓。

▶候機室內的兩間食肆。

▶國際線大樓的設施相當簡單，主要是辦理登機手續的櫃位。

▲ nana's green tea。

▶しらす明太子どんぶり（細尺寸，¥850、HK$50）及宇治煎茶（原價 ¥500、HK$29，如點食物可以 ¥330、HK$19 加配）

往 2 號客運大樓交通

若由市區前往 2 號客運大樓，除搭乘機場巴士直接抵達（部分指定班次）外，還可以在 1 號客運大樓，依指示去 Aeroplaza，再往有關巴士站搭乘免費穿梭巴士。巴士班次頻密，數分鐘便有一班，車程約 5 至 10 分鐘。

▲免費穿梭巴士為南海電鐵巴士，班次頻密。

TIPS

B. Sky View

地圖見便攜大地圖(背頁)

▲ Sky View。

Sky View 是一座以航空為主題的大樓，旅客可以看到機場和跑道全景，還可以購買相關產品及增加航空知識。後頁介紹的為 Sky View 各樓層的景點。

◀幸運的話，巴士有相關的塗裝和 Sky View 吉祥物。

▲吉祥物的圖案。

▲車上的椅套有

▶候車處。

交通方法 ▶▶▶

1 由機場 1 號客運大樓 1 樓巴士站最前端，乘坐免費巴士前往。

由客運大樓開出：

星期一至五	服務時間：8:00~22:00	班次：每小時逢 00、20、40 分鐘開出
星期六、日及假期	服務時間：8:00~22:00	班次：每小時逢 00、20、40 分鐘開出 (11:00~17:50 加開 10、30、50 分鐘的班次)

由 Sky View 開出：

星期一至五	服務時間：8:10~22:10	班次：每小時逢 10、30、50 分鐘開出
星期六、日及假期	服務時間：8:10~22:10	班次：每小時逢 10、30、50 分鐘開出 (11:00~17:50 加開 00、20、40 分鐘的班次)

2 由 Rinku Premium Outlet 乘接駁巴士往 Sky View，從 Outlet 出發，10:00~19:15，約 1 小時 1 班；成人 ￥300(HK$18)，小童 ￥150(HK$9)，限付現金。

info 🏠 大阪府泉佐野市泉州空港北 1
📞 072-455-2082
🔗 www.kansai-airport.or.jp/shop-and-dine/skyview

親身上陣駕駛飛機 Sky Museum

內有關於航空的遊戲和體驗，有點像冒險樂園，但不是使用金幣，而是使用一張卡。當你付指定金額時，卡內便會有指定的金額 (如付 ￥ 1,000 便會有 1,100「アイル」)。

▲ Sky Museum
◀機師室。

每個遊戲都需要指定的「アイル」，例如駕駛飛機的體驗，要穿上機長的服裝。當然亦有些不用「アイル」，例如模擬機艙和機長的辦公室等，都是免費參觀。

info 🏠 Sky View 3F
🕐 11:00~16:00

富田林

住吉、堺市

機場及附近

岸和田市

飽覽機場全景 Sky View 展望台

這是個免費的展望台。如果天氣較好的話，可以看到關西機場的全景，有長鏡頭的話更可以拍攝飛機起降、在跑道滑行時的情形。展望台有兩個，其中一個可以坐下來觀看。

▲舒適的展望台。

🏠 Sky View 4F~5F　　🕙 10:00~17:00

搜羅飛機周邊紀念品 Sky Shop Town

來到 Sky Shop Town，內有很多關於航空的商品，尤其是航空公司的周邊產品，當中包括日航和全日空在機上提供的食品(如杯麵和糖果)，也可買到模型。

▲日航的牛肉飯。

◀日航的糖果是機上會提供的食品之一。

▲全日空比卡超塗裝模型，真正的飛機只會飛日本國內路線，在機場有機會見到。

🏠 Sky View 4F
🕙 平日 10:00 ~ 17:00(星期六、日、
　公眾假期、特別日子延長至 20:00)
📞 072-455-2089

▲全日空杯麵，在機上或可吃到。

難波、道頓堀 心齋橋 梅田 新今宮、天王寺 天滿、大阪城 大阪灣 富田林、堺市 鐵道遊

C. りんくうタウン (Rinku Town) 站

「りんくうタウン」(Rinku Town) 站是抵達關西國際機場的前一個站，乘坐南海電鐵或 JR 都可直達。這裏有兩個購物點：Seacle 及 Rinku Premium Outlet，而車站、Seacle 及 Rinku Premium Outlet 都有行人天橋貫穿，不需走行人路及過馬路。

前往方法 ▶▶▶▶

在南海電鐵「新今宮」、「なんば」(難波) 等站乘南海電鐵空港線，或在 JR「天王寺」、「新今宮」等站乘 JR 關空快速，在「りんくうタウン」(Rinku Town) 站，下車，詳見 P.71~74。

西洋情懷 Rinku Premium Outlet

地圖 P.297

Rinku Premium Outlet 內有多間名店，品牌有 As know As、Beams、Gap、Hugo Boss、Regal、Tsumori Chisato、Urban Research、Wacoal。另外，商場的建築呈現歐陸風格，除了購物也可留意一下。

► Outlet 內可找到不同款式的鞋和帽子。

▲想掃名店，可作最後衝刺啦！

ℹ️ Info

🏠 大阪府泉佐野市りんくう往来南 3-28
🚃 南海電鐵空港線或 JR「りんくうタウン」(Rinku Town) 站，也可由 Sky View 乘接駁巴士前往，發車時間 9:48~19:18，逢 18 及 48 分開出；成人 ¥300(HK$18)，小童 ¥150(HK$9)，限付現金
🕐 10:00~20:00　休 2 月第 3 個星期四
📞 072-458-4600
🌐 www.premiumoutlets.co.jp/cht/shop/rinku

買新鮮品牌 Seacle

地圖 P.297

購物點 Seacle 最近車站，前往方便，內裏熟悉的內的店鋪不算多，比較新鮮。品牌包括 Starvations、QuQu、GU 等。

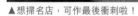

► Seacle。

◄可以坐摩天輪。

ℹ️ Info

🏠 大阪府泉佐野市りんくう往来南 3
🚃 南海電鐵空港線或 JR「りんくうタウン」(Rinku Town) 站
🕐 店鋪約 10:00~20:00，餐廳約 11:00~22:00，摩天輪 10:00~21:00 (最後買票 20:30，最後入場 20:45)
💰 摩天輪：3 歲或以上 ¥700(HK$53)；4 人同乘 ¥2,400(HK$182)，5 人同乘 ¥2,700(HK$205)，6 人同乘 ¥3,000(HK$228)
🌐 www.seacle.jp

存放行李

　　最後一天遊覽時，行李可放在車站的儲物櫃，一天 ¥400 或 500（HK$30~38）的儲物櫃比較大。雖然兩個購物點都有相關設施，但放在車站便可行動自如。如果車站儲物櫃滿了，才放在購物地方也不遲。

　　另一個方法就是先到關西國際機場的客運大樓，2樓及3樓共有104個不同大小的櫃，數量較多，先存放再往 Rinku Town。雖然這會多花一程車資，但對行程時間有所把握。

◀ ¥500(HK$38)
的儲物櫃。

TIPS

▲ ¥400(HK$30) 或以下的儲物櫃。

りんくうタウン站景點地圖

航空保安
大學校 ⌂

Seacle
(P.296) 🛒

りんくうタウン
(Rinku Town) 站

JR 關空線

關西空港自動車道

南海電鐵空港線

Rinku Premium Outlet
(P.296) 🛒

80 米

圖例
🛒 購物
⌂ 學校
JR JR 車站
◆ 南海電鐵車站
南海電鐵空港線
JR 關空線

© 跨版生活圖書出版

12.4 岸和田市

[本部份 (P.298-304) 圖文：Gigi]

　　岸和田市位於大阪南部，從大阪市內出發不用 1 小時。岸和田市最出名的是每年 9 月和 10 月舉行的花車節 (だんじり祭)，參與巡遊的人由小學生到成人都有，節日期間，500~1,000 名男人拉着由総欅 (一種木材) 製造的花車一起在市內奔跑，陣容鼎盛，是日本重大祭典之一，短短兩日就吸引 60 萬遊客前往。

前往岸和田市方法 ▶▶▶

　　前往岸和田市可乘搭南海電鐵到岸和田或蛸地藏站，離景點較近但需轉車且車費較貴，亦可由 JR 天王寺或大阪站乘 JR 到東岸和田站，車費較便宜，但距離景點較遠，下車後步行往景點約需半小時以上。本部分的前往方法以南海電鐵岸和田站或蛸地藏站為終點。**注意：蛸地藏站在岸和田的下一個站，但乘南海線區間急行會飛站不經蛸地藏站，到了岸和田站後，可轉乘南海線的普通列車往蛸地藏站，車資 ￥180(HK$11)。**

- **梅田出發：**在 JR「大阪」站乘 JR 關空快速前往 JR 及南海電鐵「新今宮」站，轉乘南海線區間急行 (區急) 前往「岸和田」站，全程約 40 分鐘，車費 ￥730(HK$43)。
- **難波出發：**在南海電鐵「なんば」(難波) 站乘南海線區間急行，前往「岸和田」站，全程約 26 分鐘，車費 ￥540(HK$32)。
- **心齋橋出發：**在地下鐵御堂筋線「心齋橋」站，乘地下鐵往「なんば」(難波) 站，前往南海電鐵「なんば」(難波) 站，乘南海線區間急行「岸和田」站，全程約 35 分鐘，車費 ￥730(HK$43)。

▲南海電鐵岸和田站。

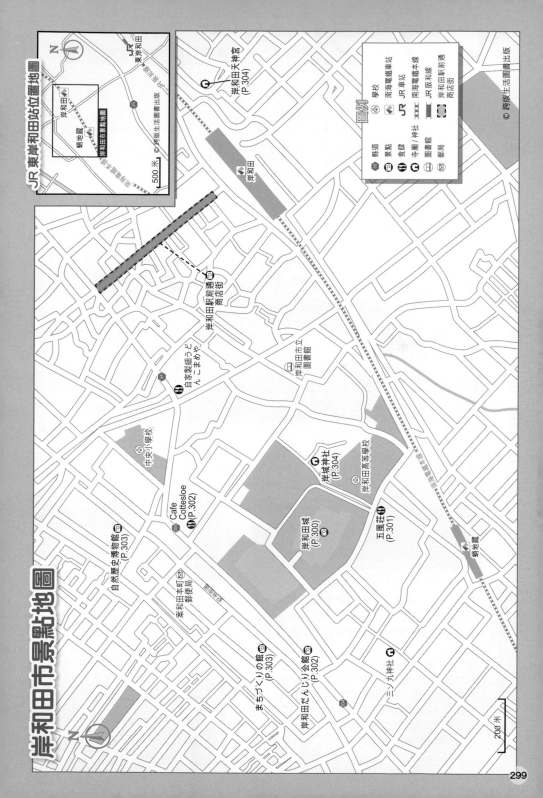

岸和田市景點地圖

JR 東岸和田站立置地圖

岸和田
蛸地藏

岸和田市景點地圖

500 米　©跨版生活圖書出版

圖例

學校	縣道	景點
南海電鐵車站	食肆	寺廟／神社
JR 車站	圖書館	郵局
南海電鐵本線		
JR 阪和線		
岸和田駅前通商店街		

©跨版生活圖書出版

岸和田天神宮 (P.304)

岸和田

岸和田駅前通商店街

自家製細うどんしまあや

岸和田市立圖書館

中央小學校

岸和田高等學校

岸城神社 (P.304)

岸和田城 (P.300)

五風荘 (P.301)

蛸地藏

Cafe Cottesloe (P.302)

自然歷史博物館 (P.303)

案和田本町郵便局

まちづくりの館 (P.303)

岸和田だんじり会館 (P.302)

三九神社

200 米

299

大阪南部重要城鎮據點 岸和田城

地圖 P.299

賞櫻

岸和田城別名「千龜利城」，最早見於戰國時代末期 16 世紀中葉，由當時統治泉州地域的松浦氏居住。豐臣秀吉於紀州征伐戰中平定紀伊地區，叔父小出秀政被任命為城主，整頓城郭一帶，建造 5 層天守閣。豐臣秀吉沒落後，由岡部宣勝入城，直到明治維新為止，是江戶時代大阪以南的重要據點。1827 年天守閣因雷擊而燒毀，1871 年宣佈廢城。直至 1954 年，才開始重新建造 3 層的天守閣，現為博物館，設常設展介紹岸和田城藩主岡部家與岸和田市的關係。另外，岸和田城也是賞櫻好去處。

▲ 從另一角度看岸和田城。

▲ 石垣高約 5 米。

▲ 重建後的天守閣比當時的矮了 10 米左右。

▲ 天守閣 3 樓可飽覽岸和田城的風景。

▲ 八陣之庭，1953 年由重森三玲設計及建築。

詳解八陣之庭

此庭模仿三國志中諸葛亮的八陣圖而設計，以大將為中心，分成天、地、風、雲、龍、虎、鳥、蛇八個石陣。八陣圖並非攻擊陣型，而是防守用的，包含設計者對和平的寄語。日本傳統庭園的觀賞方法多以水平視角為主，但此庭園可從天守閣頂樓眺望下來欣賞，是當時嶄新的設計。

TIPS

Info

🏠 大阪府岸和田市岸城町 9-1
🚉 南海電鐵「蛸地藏」站步行 10 分鐘
🕙 10:00~17:00(最後入場：16:00)，4 月 1 日至 15 日 20:30 休息 (最後入場：20:00)
休 星期一 (公眾假期、4 月 1 日至 15 日照常開放)、年末年始 (12 月 29 日至 1 月 3 日)，展覽替換期間
$ • 成人 ¥300(HK$23)、初中生或以下免費
  • 三館共通券 (岸和田城、岸和田だんじり会館及きしわだ自然資料館)¥700(HK$53)
📞 072-431-3251
🌐 www.city.kishiwada.osaka.jp/soshiki/36/kishiwadajyo.html

看着庭園吃和風料理 五風荘 がんこ

地圖 P.299

坐落於岸和田城旁的五風荘是和室料理店。最初是城主岡部氏的新御茶屋跡，明治維新後，當地的財閥寺田利吉花了 10 年改建成別墅南木莊，在他死後更名為五風荘。建築本體連同回遊式花園共有 800 平方米，可以一邊用餐一邊欣賞庭園景致。餐廳提供一般傳統日式料理，如懷石料理、牛涮鍋、壽司、刺身等。

▲五風荘。

▲一邊用餐一邊享受庭園的風景。

▲曾於晨間劇《康乃馨》出現的場景。

▲午餐的やわらぎ弁当，有刺身、沙律、天婦羅、前菜、味噌湯等，午餐限定御膳 ￥2,310、HK$136 起。

▲就算不光顧餐廳，也可進庭園賞景。

🏠 大阪府岸和田市岸城町 18-1
🚉 南海電鐵「蛸地蔵」站步行 10 分鐘
🕐 (需預約)11:00~22:00(最後點餐 21:30)
📞 072-438-5230
🔗 gofuso.jp

▲下午 3 時前入座，送蛋糕和咖啡。

難波、道頓堀 心齋橋 梅田 新今宮、天王寺 天滿、大阪城 大阪灣 富田林、堺市 鐵道遊

岸和田城附近悠閒咖啡店
Cafe Cottesloe 地圖 P.299

在岸和田城附近，有一家咖啡店，環境十分簡約，牆邊放置了一部播放美麗照片的大電視，還有一些音響和樂器。這裏有時會舉辦音樂表演，官方網頁事前會公佈相關消息。逛過岸和田城後，不妨在這裏休息，聽聽音樂放鬆心情。

◀ 店內家居式的佈置。

◀ 咖啡店門外。

◀ 朱古力忌廉蛋糕 (ガトーショコラ，¥450、HK$34) 和咖啡 (本日のコーヒー，¥450、HK$34)。
(圖文：Him)

Info
- 🏠 大阪府岸和田市堺町 2-5
- 🚉 南海本線「岸和田」站步行約 10 分鐘
- 🕐 9:00~17:00(最後點餐時間 16:30)
- ☎ 072-437-1395
- 🌐 cottesloe-cafe.com

認識壯觀花車節 岸和田だんじり会館 地圖 P.299

岸和田市每年 9 月和 10 月都會舉辦花車節 (だんじり祭)，這個節慶至今已有 300 年歷史，だんじり会館的建館目的，就是讓參觀人士在非節慶期間了解花車節。入口大堂擺設各地祭典的海報、花車節的照片和繪畫作品；2 樓及以上樓層是收費區，當中會展示大型的花車、播放花車節的盛況、介紹花車節的歷史和變遷，展示各種文獻和記錄等，4 樓更可以讓人一嘗坐上花車的滋味，另有 3D 影像的小影院。

▲ 博物館門口。

▲ 可爬上花車打太鼓。

▲ 紀念品店。

▲ 迷你花車。

Info
- 🏠 大阪府岸和田市本町 11-23
- 🚉 南海電鐵「蛸地藏」站步行 10 分鐘
- 🕐 10:00~17:00(最後入場：16:00)
- 🚫 星期一 (遇公眾假期開館)，12 月 29 日至 1 月 3 日
- 💲 • 成人 ¥600(HK$46)，兒童 ¥300(HK$23)
    • 三館共通券 (岸和田城、岸和田だんじり会館及きしわだ自然資料館)¥700(HK$53)
- ☎ 072-436-0914
- 🌐 www.kishibura.jp/danjiri

富田林

住吉、堺市

機場及附近

岸和田市

順道看長毛象化石 ❦ 自然歷史博物館

きしわだ自然資料館 📷 地圖 P.299

這間自然歷史博物館於 1995 年開館，2 樓的展示室收集了各種化石，如：白堊紀出現的滄龍屬、長毛象、於岸和田發現的鱷魚等，還介紹了岸和田的山地、丘陵、平地，各種昆蟲、魚類、植物等；3 樓則展示各種動物標本，是學習生態自然的好地方。

◀ 長毛象化石。

◀ 博物館門口。

◀ 介紹滄龍屬。

▶ 3 樓擺放了動物標本。

> 🏠 大阪府岸和田市堺町 6-5
> 🚇 南海電鐵「蛸地藏」站或「岸和田」站步行 15 分鐘
> 🕙 10:00~17:00(最後入場：16:00)
> 休 星期一 (遇公眾假期開館)，每月最後一天及公眾假期翌日 (同樣遇星期六日及公眾假期開館)，敬老日的前兩天、年末年始 (12 月 29 日至 1 月 3 日)，展覽替換期間
> 💲 • 成人 ￥200(HK$15)，初中生或以下免費，特別展成人 ￥400(HK$30)
>   • 三館共通券 (岸和田城、岸和田だんじり会館及きしわだ自然資料館，適用於特別展)￥700(HK$53)
> 📞 072-423-8100
> 🖱 bit.ly/3Hwjckc

市內歇腳處 ❦ まちづくりの館 📷 地圖 P.299

1997 年建造的まちづくりの館，是市內休憩的地方，外觀保留城下町的風格，裏面有關於岸和田城市歷史和文化的書籍、資料和文獻，另有紀念品售賣。

▲休息之餘，也可認識岸和田歷史。

▲售賣花車節的紀念品。

◀ まちづくりの館。

> 🏠 大阪府岸和田市本町 8-8
> 🚇 南海電鐵「蛸地藏」站步行 10 分鐘
> 🕙 9:00~21:00
> 休 星期一 (遇公眾假期則開館)，年末年始 (12 月 29 日至 1 月 3 日)
> 📞 072-433-3511   🖱 kishiwadahonmachi.com

岸和田總鎮守神 岸城神社

地圖 P.299

神社創建於 1361 年，到了 1597 年，小出秀政修築岸和田城天守閣時，將八幡大神供奉於神社，成為岸和田市的總鎮守神，是祈求除災解厄運和姻緣的神社。一年中會舉行不少祭典，如 4 月的稻荷神社例祭、7 月的夏宮祭獻湯式、9 月的花車祭、1 月的十日戎大祭等，神社更是岸和田祭的發源地。

▲岸城神社鳥居。

▲ 神社大殿。

▲境內神馬。

info
🏠 大阪府岸和田市岸城町 11-30
🚇 南海電鐵「蛸地藏」站步行 5 分鐘
📞 072-422-0686
🌐 www.kishikijinja.jp

花車節遊行重點 岸和田天神宮

地圖 P.299

▲天神宮鳥居。

1362 年，沼村的村長沼間將監，前往山城郭的八坂神社，祈求長期臥病在床的父親早日痊癒，3 日後得到了靈感回鄉，父親已經痊癒，像平常一樣健康。沼氏高興極了，在家宅建造社殿八坂神社供奉，每當村內有旱災或疫病時就會去祈願，信奉者也日益增多。1982 年修復社殿後，改名為岸和田天神宮。與岸城神社一樣，一年內會舉辦不少祭典，如 1 月的天神戎祭、2 月的節分祭、9 月的花車節等，特別是花車節，神宮是重點遊行區之一，會有 6 架花車入宮。

▼社殿。

info
🏠 大阪府岸和田市別所町 1-13-15
🚇 南海電鐵「岸和田」站步行 2 分鐘
🕐 8:30~16:30
📞 072-436-1188
🌐 www.kishiwadatenjingu.jp

Part 13

鐵道周邊
寫意走

13.1
北大阪急行線
單軌電車遊

　　從大阪市乘搭地下鐵御堂筋線往北行，自離開江坂站起便進入另一家鐵路公司「北大阪急行線」的範圍。北大阪急行線只有 4 個站，以千里中央站作為終點，而千里中央站是急行線與單軌電車站的中轉站。

　　北大阪急行線和單軌電車沿途的景點包括服部綠地、万博記念公園等。雖然景點不多，但每個景點都可以花上半天到一天的時間遊覽。另外，在江坂站 8 號出口步行10 分鐘可以來到 Duskin Museum，這是個 Mister Donuts 的博物館，裏面可預約參加自製冬甩 (￥200、HK$15)。詳情可瀏覽：www.duskin-museum.jp。

換乘鐵路 Tips ▶ ▶▶▶ 鐵路圖見 P.78~79

- 北大阪急行線：雖然地下鐵御堂筋線及與北大阪急行線互通，可直接坐到北大阪急行線的站，但需補車票差額 (詳見 P.308 的交通介紹)。
- 單軌電車 (大阪 Monorail)：必先乘搭以「千里中央」為終點站的地下鐵或北大阪急行線，再於「千里中央」站換乘單軌電車，因為有些地鐵以「新大阪」為終站，不再繼續前往急行線。(詳見 P.310)

A. 沿北大阪急行線玩

33 倍甲子園球場大的郊遊地 服部綠地

地圖 P.308

服部綠地是個範圍極大的綠地，面積相等於阪神甲子園球場 (39,600 平方公尺) 的 33 倍！服部綠地內有多個設施，例如日本民家集落博物館、野外音樂堂、騎馬中心、都市綠化植物園等，還有松林、兒童公園等。在這片廣闊的綠地，無論春夏秋冬都可欣賞到各式花卉，爭妍鬥麗，美麗的環境令服部綠地入選為「日本の都市公園 100 選」。

🏠 大阪府豐中市服部綠地 1-1
🚇 地下鐵御堂筋線或北大阪急行線「綠地公園」站，經過車站食肆及商店出口，直行樹林道路一會兒可抵公園
📞 06-6862-4945　💻 hattori-ryokuchi.com

服部綠地內推介景點

📷 欣賞古味濃郁的老房子 日本民家集落博物館

地圖 P.308

在日本常看到的舊建築，一般都是寺廟或皇宮，平民住宅反而不多，或者需要一定車程才能前往郊外看平房。不過，日本民家集落博物館既能滿足你想看平民住宅的好奇心，交通還很方便。這個室外博物館在服部綠地內，集合了 11 個日本不同地方、17~19 世紀江戶時期的民居建築 (連出入口都是)，包括香港劇集《最美麗的第七天》拍攝過的白川鄉。這些建築全由原本的地方移過來再重現當年的面貌。11 棟民居之中，有 5 棟來自大阪府，1 棟來自奈良縣，其餘分別來自中部、東北 (仙台北面)、四國和九州等地。

博物館大門──大阪東部河內布施的長屋門。

堺市風車。85 年前有 700 多個風車吸取地下水上來栽種植物，堺市過去曾是一片風車景象。

白川鄉居民的房屋。

🏠 大阪府豐中市服部綠地 1-2
🚇 地下鐵御堂筋線或北大阪急行線「綠地公園」站，經過車站食肆及商店出口，直行樹林道路，進入服部綠地後依公園指示前往
🕐 9:30~17:00(最後入場：16:30)
🚫 星期一 (如遇假期順延至星期二)，年末年始 (約 12 月 27 日至翌年 1 月 4 日)
💲 成人 ￥500(HK$38)，高中生 ￥300(HK$23)，初中生及小學生 ￥200(HK$15)，3 歲以下免費
📞 06-6862-3137　💻 www.occh.or.jp/minka

博物館是室外地方，最好避免在下雨時間參觀。另外，博物館幾乎每棟建築物都可蓋印，有興趣可以帶記事本前往。

TIPS

前往方法 (服部綠地) ▶▶▶▶

在大阪市乘搭地下鐵御堂筋線，往北大阪急行或地下鐵的「綠地公園」站。由於「綠地公園」站不是地下鐵範圍，使用大阪市 1 日乘車券 (エンジヨイエコカード) 的乘客，需經過閘口向職員額外付 ¥100(HK$6) 的車資 (地下鐵「江坂」站至急行線「綠地公園」站地段)。

使用 1 日乘車券的回程入閘問題：先買一張由「綠地公園」站到「江坂」站的單程票 (¥100、HK$6)，而「江坂」站是地下鐵御堂筋線的終點站。假如要到「梅田」站，直接坐到「梅田」站後，可在該站經過旁邊的有職員在的通道，向職員出示由服部綠地到江坂的單程票和 1 日乘車券便可。下表總結了在不同範圍入閘及出閘問題：

於 1 日乘車券使用範圍內 →到使用範圍外的地方：	出閘向職員補車費差額。
於使用範圍外的地方 →到 1 日乘車券範圍內的車站：	入閘後購買由範圍外到最近 1 日乘車券範圍內車站的單程票 (留意有多少個車站超出範圍)，出閘往有人通道向職員出示單程票和 1 日乘車券。

服部綠地景點地圖

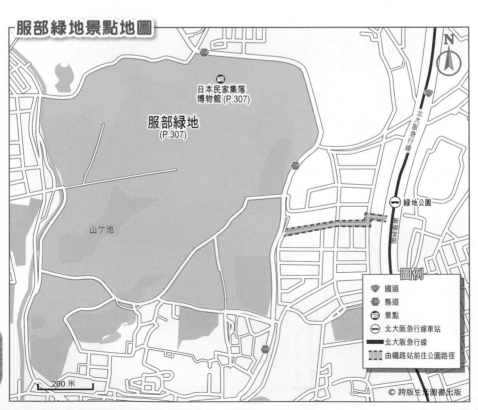

日本民家集落博物館 (P.307)

服部綠地
(P.307)

山ケ池

綠地公園

新御堂筋

北大阪急行線

圖例

🛣 國道
🛣 縣道
📷 景點
⊖ 北大阪急行線車站
━━ 北大阪急行線
▦▦▦ 由鐵路站前往公園路徑

200 米

© 跨版生活圖書出版

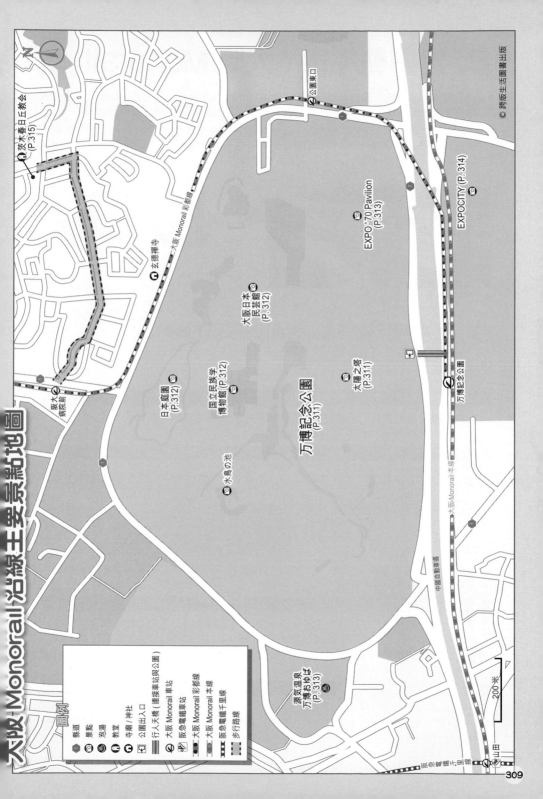

大阪Monorail沿線主要景點地圖

茨城春日丘教会 (P.315)

玄徳禅寺

大阪 Monorail 彩都線

阪大病院前

EXPO '70 Pavilion (P.313)

公園東口

EXPOCITY (P.314)

EXPOCITY

大阪日本民芸館 (P.312)

国立民族学博物館 (P.312)

日本庭園 (P.312)

水鳥の池

万博記念公園

大阪之塔 (P.311)

万博記念公園

大阪 Monorail 本線

中國自動車道

源気温泉 万博おゆば (P.313)

阪急電鐵千里線

200米

山田

阪急電鐵千里線

図例

- 縣道
- 景點
- 泡湯
- 教堂
- 寺廟/神社
- 公園出入口
- 行人天橋 Monorail 車站（連接車站與公園）
- 大阪 Monorail 車站
- 阪急電鐵彩都線
- 大阪 Monorail 彩都線
- 大阪 Monorail 本線
- 阪急電鐵千里線
- 步行路線

B. 沿單軌電車 (大阪 Monorail) 玩

　　大阪北部的交通主要由單軌電車 (大阪 Monorail、大阪モノレール) 貫穿，再配合地下鐵或阪急電鐵往返不同景點。注意，大阪市 1 日乘車券不適用於大阪 Monorail。

　　另外，大阪 Monorail 有個特色，就是在每個車站入閘範圍內劃了一小部分作為美術展覽和圖書館，讓乘客休息和閱讀。美術館在不同車站都有不同展品。此外，為了照顧居民及旅客需要，Monorail 提供單車租借服務。

▲大阪 Monorail。

▲美術展覽館。

▲小圖書館。

大阪 Monorail：
www.osaka-monorail.co.jp/language/zh/

由大阪各地連接大阪 Monorail 前往景點 ▶▶▶

　　本部分的景點主要為万博記念公園及茨木春日丘教会，以下為由大阪各區前往這兩個景點的交通方法。

1. 難波、心齋橋、梅田、服部綠地出發

　　往万博記念公園：先乘地下鐵御堂筋線或北大阪急行線到終點站「千里中央」站，轉乘大阪 Monorail 以「門真市」為總站的列車，到「万博記念公園」站下車。

	鐵路	車程	車費
O	地下鐵「なんば」(難波) 站、「心斎橋」站		
↓	乘地下鐵御堂筋線或北大阪急行線 (千里中央方向)	25~27 分鐘	￥430(HK$25)
O.O	在地下鐵或北大阪急行線「千里中央」站→轉乘大阪 Monorail「千里中央」站	步行	
↓	乘大阪 Monorail	6 分鐘	￥250(HK$19)
O	抵達「万博記念公園」站		

O 車站　　O.O 轉車

　　往茨木春日丘教会：可在「万博記念公園」站往對面月台轉乘大阪 Monorail 的彩都線，於「阪大病院前」站下車。(以下 2、3 往教會方法都與 1 相同)

2. 日本橋、天神橋筋六丁目出發

　　往万博記念公園：先乘地下鐵堺筋線或阪急千里線以「北千里」為終點站的列車，到「山田」站下車。然後通過 Dew 阪急百貨公司，在大阪 Monorail「山田」站乘以「門真市」為總站的列車，到「万博記念公園」站下車。由大阪 Monorail「山田」站，至「万博記念公園」站的單程車費為￥200(HK$15)。

3. 寶塚或池田出發

　　往万博記念公園：先乘阪急電鐵寶塚線以「梅田」為終站的列車 (「通勤急行」除外)，到「螢池」站轉乘大阪 Monorail 以「門真市」為總站的列車，到「万博記念公園」站下車。寶塚出發總單程車費為￥620(HK$36)，池田出發則為￥550(HK$32)。

1970 年世博舉行場地　万博記念公園

地圖 P.309

世界博覽會 (簡稱「世博」或「萬博」) 是一個國際活動，旨在向全世界展示最新的科技以及當代的文化，説明它們與生活和環境的關係，帶出人類文明進步、和平、環境保護等訊息。1970 年日本第一次舉辦世博，以「人類進步和協調」為主題。當年日本的電器生產商如日立、東芝、理光等，以至不同國家或地區 (包括香港) 都有設置獨立的展館，場面熱鬧，有關片段可在網上搜尋得到。

賞櫻

長達 183 天的博覽會結束後，場地保留下來並改建成万博記念公園。公園保留了當年由岡本太郎設計的太陽之塔，並設有日本庭園、自然文化園、博物館等設施。2010 年，即博覽會舉行 40 年後，開設相關紀念館，介紹萬博在大阪的歷史事蹟。公園面積十分大，設施甚多，適合整天遊覽！

▶ 園內可同時觀賞鬱金香和櫻花。
(攝影：Gigi)

info
- 🏠 大阪府吹田市
- 🚇 大阪 Monorail「万博記念公園」站 (在大阪轉乘大阪 Monorail 的資訊見 P.260)
- 🕐 9:30~17:00 (最後入場：16:30)
- 休 星期三 (如遇假期順延至星期四)(4 月 1 日至黃金周、10 月 1 日至 11 月 30 日不休息)，年末年始 (約 12 月 27 日至翌年 1 月 2 日)
- 💲 自然文化園和日本庭園 (共通票)(進園必經自然文化園和日本庭園) 大人 ￥260(HK$15)，小學生、初中生 ￥80(HK$5)，其他設施需另外收費
- ☎ 06-6877-7387
- 🖥 www.expo70-park.jp

▲ 公園面積很大，是休憩和了解世博的好地方。在不同月份，公園內會有不同花卉盛放，相當漂亮。事實上，公園也是個賞櫻的好去處。

暢遊万博記念公園

象徵過去、現在與未來 太陽之塔

地圖 P.309

乘坐大阪 Monorail 時可以看到公園的地標「太陽之塔」。太陽之塔由藝術家岡本太郎創作，塔高 40 米，前後合共有 3 張臉，分別代表過去、現在與未來。當年世博舉行期間，塔內設有藝術作品「生命之樹」，更有「大屋根」讓公眾在較高的位置看整座塔，可惜隨着博覽會結束而遭到拆掉。不過拆除了塔周邊的建築物後，塔才得以完整展示，即使在附近的單軌車站都能看清楚，並成為公園入口，是公園內第一個值得拍攝的藝術作品。

▲ 背面：「黑之太陽」代表過去。

info
- 🏠 万博記念公園內
- 🕐 10:00~17:00

代表黃金，並表示將來美好

『太陽之額』代表現在

▲太陽之塔的正面。

難波、道頓堀、心齋橋、梅田、新今宮、天王寺、天滿、大阪城、大阪灣、富田林、堺市、鐵道遊

4 個年代的造園技術 日本庭園

地圖 P.309

世博舉行期間，曾建造日式庭園，向世界展示日本傳統文化。這個庭園的特色在於裏面的 4 個庭園，各由不同年代 (平安、鐮倉、江戶和 20 世紀以後) 的造園技術建成。這個名園在博覽結束後保留至今，成為公園內其中一個休憩、享受寧靜的地方。

▲園景。　▲遊客可以坐下來觀賞園景。

Info
- 万博記念公園內
- 9:30~17:00(最後入場：16:30)
- 星期三 (如遇假日順延至星期四) (4 月 1 日至黃金周、10 月 1 日至 11 月 30 日不休息)，年末年始 (約 12 月 27 日至翌年 1 月 2 日)
- 成人 ￥260(HK$15) 初中生及小學生 ￥80(HK$5)

文化各自精彩 国立民族学博物館

地圖 P.309

世博的意義在於提供一個可讓各國展示文化和技術，以及互相交流的平台，讓公眾對各國有一定的認識。博覽會完結後，這種世界觀意識並沒有減退下來。4 年後，即 1974 年，公園內開設了国立民族学博物館，透過人類學及民族學的觀點，以及展示多年來的研究成果，讓公眾了解世界上不同地域的民族文化，包括語言和音樂等領域。

▲博物館讓人們了解世界的不同文化。

Info
- 大阪府吹田市千里万博公園 10-1
- 10:00~17:00(最後入場：16:30)
- 星期三 (如遇假日順延至星期四)，年末年始 (約 12 月 28 日至翌年 1 月 4 日)
- 成人 ￥580(HK$34)，大學生 ￥250(HK$19)，高中、初中生及小學生免費
- 06-6876-2151
- www.minpaku.ac.jp

傳統工藝面面觀 大阪日本民芸館

地圖 P.309

館內共有 4 個展覽室，展示了日本各地的陶瓷、木竹工藝、紡織品、畫等傳統藝術和工藝。除了永久的常設展覽外，每年還有特別展，展示一些名人作品。

▲大阪日本民芸館集合了日本傳統工藝。

Info
- 大阪府吹田市千里万博公園 10-5
- 10:00~17:00(最後入場：16:30)
- 星期三，年末年始，夏天及冬天部分日子，展覽替換期間
- 成人 ￥710(HK$42)，大學生及高中生 ￥450(HK$34)，初中生及小學生 ￥100(HK$8)
- 06-6877-1971　www.mingeikan-osaka.or.jp

重現當年世博 EXPO '70 Pavilion 地圖 P.309

EXPO'70 パビリオン

　　世博時，有來自多國的展館，展示各國文化和先進技術，相當熱鬧。活動結束後，大部分的設施都搬走了，即使以紀念公園來保存，都只是一個公園而已。不過，在世博結束40年後，一個關於博覽會的博物館 EXPO '70 建成，裏面收集了當時的海報、文件、門票、照片、影片等，連當時的鋼鐵館都完整地重現眼前！每一種文獻和展品都能反映昔日光輝，尤為珍貴，是公園內最值得推薦的地方之一！

▲ EXPO '70 Pavilion

▲展館透過時間線的讓遊客了解世博籌備的過程。

▶昔日的門票。

▲當時的接待員衣服。

▲世博時採用的電動單車。

▲以手繪形式展示當時世博的情景。

info

🏠 万博記念公園內
🕐 10:00~17:00(最後入場：16:30)
✖ 星期三 (如遇假日順延至星期四)(4 月 1 日至黃金周、10 月 1 日至 11 月 30 日不休息)，年末年始
💲 高中生或以上 ¥500(HK$29)，初中生或以下免費；「自然文化園」，高中生或以上 ¥260(HK$15)，初中生及小學生 ¥80(HK$5)
📞 06-6877-4737
🔗 www.expo70-park.jp/facility/watchlearn/other-07/

天然源氣溫泉 源気温泉 万博おゆば 地圖 P.309

　　万博おゆば是天然源氣溫泉，泉質屬於鈉鹽化物，有紓緩神經痛、關節痛、肌肉勞損等功效，還有助預防慢性消化疾病、慢性皮膚病、慢性婦女病等。有露天和室內溫泉，亦有每天更替的溫泉，例如藥草、紅酒、薰衣草等；桑拿則有鹽焗桑拿和遠紅外線桑拿。有興趣還可試試岩盤浴 (50 分鐘 ¥720、HK$42，25 分鐘 ¥420、HK$25)。

info

🏠 大阪府吹田市千里万博公園 11-11
🚈 大阪 Monorail「山田」站步行 10 分鐘
🕐 10:00~01:00
✖ 不定期休息 (詳見官網)
💲 成人平日 ¥870(HK$51)，星期六日及公眾假期 ¥970(HK$57)；4 歲至小學生 ¥470 (HK$28)；3 歲或以下 ¥420(HK$25)
📞 06-6816-2600
🔗 oyuba.com/banpaku
❗ 需自備毛巾或館內購買 ¥300(HK$18)

▲源気温泉 万博おゆば。

(圖文：Gigi)

結合遊樂場、博物館的商場 EXPOCITY
エキスポシティ 地圖 P.309

2015 年 11 月開幕的 EXPOCITY，鄰近万博記念公園，是結合商場和各種娛樂場所的大型綜合設施。裏面有小朋友的遊樂場、認識美國文化的地方，還有具特色的博物館。另外，日本第一高 (123 米) 的摩天輪也於 2016 年 7 月起在此運行。

◀ EXPOCITY 在 2015 年年尾開幕，就算不是假日也人潮湧湧。

🏠 大阪府吹田市千里万博公園 2-1
🚉 大阪 Monorail「万博記念公園」站步行 2 分鐘
🕙 10:00~22:00(不同設施開放時間不同)
🚫 不定期休息 (詳見官網) 🌐 www.expocity-mf.com

(圖文：Gigi)

商場內精選景點

小朋友樂園 Anipo アニポ

Anipo 是兒童遊樂場，裏面的機動遊戲以動物造型為主，一共有 4 個機動遊戲，為小朋友帶來歡樂。

▲空中單車。

🕙 10:00~20:00(最後買票：19:50)
💲 機動遊戲每次 ￥400(HK$24)

▲較為年幼的小朋友可以跳彈床。　▲水槍大戰。

(圖文：Gigi)

全日本最高 Redhorse Osaka Wheel

在 Expocity 的 Redhorse Osaka Wheel 高 123 米，是全日本最高的摩天輪，即使是在全世界的排名也是五甲內。此摩天輪的車廂外部連地板皆為玻璃，除座椅外全透明，恍如在空中欣賞大阪城市的景致。

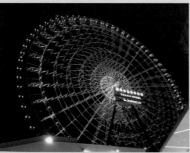

🕙 10:00~22:00(最後購票時間 21:40)
💲 ￥1,000(HK$76)
📞 06-6170-3246
🌐 osaka-wheel.com

▲全日本最高的摩天輪。　▲晚上的摩天輪。(攝影：Gigi)

結合水族、動物與美術 Nifrel ニフレル

Nifrel 由海遊館策劃，是一個結合水族館、動物園、美術館的博物館，共有 3 層。館內有不同主題，如：水邊、深海、淺水、動物等，旅客可近距離與動物接觸。館內利用燈光、影像、音樂等刺激人們的感官，加強大家的保育意識，是活生生的生命教育館。
(文字：Gigi)

▶ 也可觀賞到水邊生物。

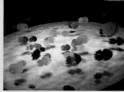

▲ 可愛的水母。(攝影：Gigi)

▲ 設計師松尾高弘設計的光幻地球。(攝影：Gigi)

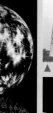

▲ Nifrel 外部。

◀▲ 佈置猶如置身於海洋之中。

> Info
> 🕙 10:00~18:00(營業時間因應日子變動)
> 💲 成人 ￥2,200(HK$129)，小學生及初中生 ￥1,100(HK$65)，3 歲或以上 ￥650(HK$38)
> ☎ 0570-022060　🌐 www.nifrel.jp
> ❗ 場內禁止使用自拍神器和閃光燈

🎁 購物天地 LaLaport EXPOCITY ららぽーと EXPOCITY

LaLaport EXPOCITY 是個商場，共有 3 層，可找不少名牌子，如 POLO RALPH LAUREN、Global Work、Abercrombie & Fitch、ZARA 等，更是首次於關西開設分店。商場非常大，服裝、餐廳、日用品、運動用品等店鋪一應俱全。

> Info
> 🕙 10:00~21:00(各店鋪營業時間不一)
> ☎ 06-6170-5590
> 🌐 mitsui-shopping-park.com/lalaport/expocity/

▲ 商場中央的光之廣場。

(圖文：Gigi)

由日光形成的十字架 ✚ 茨木春日丘教会

這間教堂又叫「光之教會」，是安藤忠雄的建築作品，它是繼風之教會 (位於神戶的六甲山，但已關閉) 和水之教會 (梁靜茹在北海道拍攝《崇拜》MV 的教堂) 之後的教堂作品，三間教堂分別以造物主所創造的「風」、「水」和「光」命名。

地圖 P.309

光之教會最大特色是室內外的大型十字架，一般教堂多數是人造的十字架，但安藤忠雄造了一個十字架型的隙窗，全教堂就只有這個十字架。白天時，在裏面進行崇拜活動或個人祈禱時，室外自然光透進來，看起來像個發光的十字架 (尤其晴天太陽向着十字架照射時)。配合基督教以及安藤忠雄本身一貫的清水混凝土特色，一個十字架已能令人感到造物主的存在。

▶ 教堂使用安藤慣用的清水混凝土建築。

> Info
> 🏠 大阪府茨木市北春日丘 4-3-50
> 🚇 大阪 Monorail「万博記念公園」站，往對面月台轉乘大阪 Monorail 的彩都線，於「阪大病院前」站下車，再走約 15 分鐘 (步行路線見 P.309)
> 🌐 ibaraki-kasugaoka-church.jp
> ❗ 不開放入內參觀

13.2 京阪電車遊

枚方市、門真市

京阪電車是往返大阪與京都之間的其中一個選擇，它途經淀川以南的地區，當中經過松下電器的工廠和博物館，以及枚方市一帶的範圍。松下電器 (Panasonic) 在很多人眼中是日本品牌，但說得精準一點，是來自大阪的！

枚方市從前是往返東京、大阪、京都其中一個重要的中途站，因為它就近淀川，不論從水路還是陸路都是方便的交通位置，所以該區在歷史上曾建有不少旅館，而保留成為博物館的鍵屋便是其中一家。

京阪電車：
www.keihan.co.jp

行程編排

本部分的景點離大阪市較近，不一定要預留一整天遊覽，可在同一天內配搭大阪市內的行程。如果你購買了大阪周遊卡一天版，使用範圍包括京阪電車沿線。出發前可以先比較單程車資還是買這種車票較適合自己。

TIPS

由大阪市轉乘京阪電車 ▶▶▶

▲京阪電車。

要在大阪市內乘搭京阪電車，可在地下鐵御堂筋線「淀屋橋」站轉乘。另外，京阪電車沒有全年通用的 1 日乘車券，從大阪市乘京阪電車到大阪府各景點，單程約￥170～￥560(HK$10~33)。

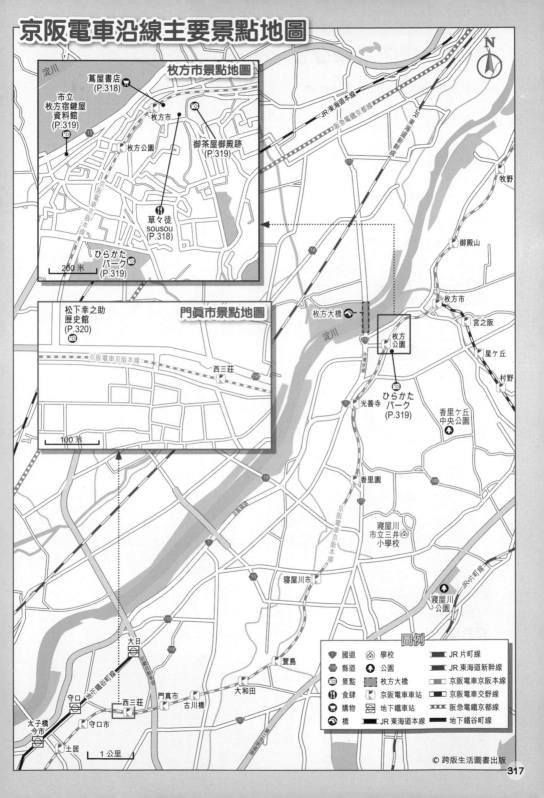

京阪電車沿線主要景點地圖

枚方市景點地圖

淀川

蔦屋書店
(P.318)

市立
枚方宿鍵屋
資料館
(P.319)

枚方市

枚方公園

御茶屋御殿跡
(P.319)

草々徒
sousou
(P.318)

ひらかた
パーク
(P.319)

200米

門真市景點地圖

松下幸之助
歷史館
(P.320)

京阪電車京阪本線

西三莊

100米

JR東海道本線

阪急電鐵京都線

牧野

御殿山

枚方市

宮之阪

星ケ丘

村野

枚方大橋

枚方
公園

淀川

外環狀線

ひらかた
パーク
(P.319)

光善寺

香里ケ丘
中央公園

香里園

寢屋川
市立三井
小學校

寢屋川市

寢屋川
公園

JR片町線

大日

地下鐵谷町線

萱島

守口

西三莊

門真市

大和田

古川橋

太子橋
今市

守口市

土居

1公里

圖例

⚓ 國道	🏫 學校		▬▬▬ JR 片町線
縣道	⬆ 公園		▬▬▬ JR 東海道新幹線
📷 景點	枚方大橋		▭▭▭ 京阪電車京阪本線
🍴 食肆	🚉 京阪電車車站		▬▬▬ 京阪電車交野線
🛒 購物	🚇 地下鐵車站		×××× 阪急電鐵京都線
🌉 橋	▬▬ JR 東海道本線		▬▬▬ 地下鐵谷町線

© 跨版生活圖書出版

難波、道頓堀、心齋橋、梅田、新今宮、天王寺、天滿、大阪城、大阪灣、富田林、堺市、鐵道遊

午餐咖啡店 草々徒 sousou
地圖 P.317

草々徒sousou的外型與附近的日式民居差不多,而屋外沒有大大的招牌,十分低調,但店內外的裝潢與周圍的建築略有不同,不會太難找。餐廳走的是簡約風格,不論是餐具、桌面都採用木材,用餐時陽光透進來,令人感覺簡單舒服。雖然餐廳崇尚自然、健康、快樂的生活形態,但食物不會因為着重健康而失去滋味。

餐廳提供季節或時令午餐,更有咖喱午餐。餐單沒英文,但店員會講英文,可以請她們介紹。我嘗了「草々徒カレー」,可選普通米或糙米,內有黑咖喱和豬肉。這種黑咖喱,入口是甜的,但慢慢感到少少辣。豬肉是豬腿部分,肉質軟嫩。除了用餐外,餐廳還販賣餐具及精品,所以不要吃飽就立即離去啊!

▲ 草々徒 sousou 十分低調,但還是吸引不少人前來光顧。

▲ 只要在街道上細心留意,便能找到它。

▲ 用餐環境簡約,盡量使用木材,而外面的陽光可容易透進來。

◀ 加 ¥150(HK$11) 可獲飲品,圖為梅汁(梅みかんヅユ一ス)。

◀ 草々徒カレー(¥1,650、HK$97),內有黑咖喱和豬腿。

◀ 近門口有餐具售賣。

▲ 餐具售價 ¥1,000~¥4,000 (HK$76~303) 不等。

info
🏠 大阪府枚方市枚方元町 1-18
🚃 京阪電車京阪本線「枚方市」站下車步行 10 分鐘
🕐 ・星期三至五 11:00~15:00(最後點餐:14:00)
　・星期六、日及公眾假期的星期一 11:00~16:00(最後點餐:15:00)
🈂 星期一、二(假日照常營業)　☎ 072-846-2811
🖥 www.repos-de.com/sousou
❗ 餐廳供應晚餐,但只限 10 人以上,並需預約

享受「高」閱讀空間 蔦屋書店
地圖 P.317

大阪的蔦屋書店分店不及東京多,但還是能在離大阪市 15 分鐘車程的枚方市找到。枚方的分店佔 5 層,其中 1 樓主售料理書;2 樓為音樂及電腦產品;3 樓則售文具及包括旅行、建築在內的其他書籍及設有 Starbucks;4 樓為雜貨;5 樓為兒童繪本。此處最大的特色是橫跨 4 至 5 樓的落地玻璃,並在店內增置兩層樓高的書櫃,在樓底甚高的空間培養閱讀的氛圍。

▲ 蔦屋書店所在的大樓。

◀ 從外面可見,室內外的空間和室內都可以享受巨大的落地玻璃。

◀ 4 至 5 樓的閱讀空間。

◀ 入口。

info
🏠 大阪府枚方市岡東町 12-2
🚃 京阪電車本線「枚方市」站南口
🕐 7:00~22:00　☎ 072-844-9000
🖥 store-tsutaya.tsite.jp/store locator/detail/5201.html

地圖 P.317

上小山丘看風景 御茶屋御殿跡

從草々徒 sousou 旁的階梯走上去是萬年寺小山，山上的空地曾是豐臣秀吉命人建造的御茶屋御殿，作為幕府人員休息和住宿的地方。根據史載，德川秀忠和德川家光曾來過這裏。御茶屋御殿於 1654 年重建，但在 1679 年遭受大火燒毀，之後沒有重建。現時只剩下一塊種了花草的空地，夏天可以看薰衣草，春天有梅花。由於枚方市的大廈不高，小山上可作為觀景台，欣賞淀川和枚方大橋。

▲這塊小空地，多年前曾建有御茶屋御殿。

🏠 大阪府枚方市枚方上之町 1-12
🚃 京阪電車京阪本線「枚方公園」站下車，走約 10 分鐘到草々徒 sousou，再沿餐廳旁的階梯拾級而上

▲薰衣草。

▶飽覽山下的景色。

玩機動遊戲兼看動物 ひらかたパーク

地圖 P.317

ひらかたパーク (Hirakata Park) 是個大型遊樂場，從 1912 年開始營業，至今已有百多年歷史。遊樂場內有過山車、旋轉木馬、3D 遊戲、小火車等多種室內外設施，也可以看到浣熊、松鼠猴等動物，不同季節更有不同的花種，適合一家大小同樂。

🏠 大阪府枚方市枚方公園町 1-1
🚃 京阪電車京阪本線「枚方公園」站下車步行 3 分鐘
🕐 約 10:00~17:00(個別季節可能延長或提早關門，詳情請留意官網公佈)
🚫 不定 (詳情請留意官網公佈)
💲 入園費：成人 ￥1,600(HK$94)，2 歲至小學生 ￥900(HK$53)；使用樂園設施成人和小學生另加 ￥3,300(HK$194)，2 歲或以下另加 ￥2,000(HK$118)，套票成人 ￥4,600(HK$271)，小學生 ￥3,900(HK$229)，2 歲或以下 ￥2,700(HK$159)
📞 072-844-3475　🏠 www.hirakatapark.co.jp

▲ひらかたパーク是大阪府內的大型遊樂場。

江戶時代的旅館 市立枚方宿鍵屋資料館

枚方曾是往返大阪及京都 (甚至遠至東京) 的必經之地。那時，來往兩地不及現在一至兩小時內可抵達，途中需要下榻休息，加上枚方近淀川，是船能停泊的地方，所以這裏有不少旅館，方便要中停的人。鍵屋是其中一間旅館，於江戶時代營業至 1998 年，歷史頗長。旅館結業後於 3 年後整修，活化成資料館，保留裏面的建築和裝潢，並向訪客介紹淀川和附近街道曾經有過的繁華歷史。

地圖 P.317

▲ 鍵屋從前是旅館，現在是博物館。

🏠 大阪府枚方市堤町 10-27
🚃 京阪電車京阪本線「枚方公園」站下車，向淀川方向步行 5 分鐘
🕐 9:30~17:00(最後入場：16:30)
🚫 星期二 (如遇假期順延至星期三)，年末年始 (12 月 29 日至 1 月 4 日)，遇颱風也會休館
💲 成人 ￥200(HK$15)，初中生及小學生 ￥100(HK$8)　📞 072-843-5128
🏠 kagiya.hirakata-kanko.org

認識 Panasonic 創立人 松下幸之助歷史館

パナソニックミュージアム 地圖 P.317

Panasonic 日語為「松下電器」，「松下」就是創辦人松下幸之助，連國際雜誌如 TIME 及 LIFE 都曾拜訪過松下。這個影響世界的電器品牌發源自大阪。歷史館設在 Panasonic 總部旁的西式舊建築內，曾於 2017 年底重修並於 2018 年 3 月再開，裏面介紹了松下的生平，並連繫松下電器的起源、發展及理念，還可看到這個品牌不論是 Panasonic 還是 National 年代的產物，包括當年的電飯煲以及現時常用的電子產品。參觀完後，你可能會發現，這個品牌曾像時下手機品牌如 Apple 或 Samsung 一樣深具影響力，改變了人們的生活。博物館內有英語文字介紹，不用擔心語言不通。

▲松下幸之助創立 Panasonic，企業成立博物館介紹他的生平。博物館在工廠旁，門前有他的像，而他的像剛好在大樹下，彷彿在説他一手栽培了不少成果。

◄博物館設在這座西式建築內。

▲博物館將松下的人生分為 7 個階段，各階段分別道出他的人生觀和 Panasonic 的發展。

▲博物館複製他出生的小長屋作為參觀路線的開始。

🏠 大阪府門真市大字門真 1006
🚃 京阪電車京阪本線「西三莊」站步行 3 分鐘
🕙 10:00~17:00(如有特別展或企畫展會延長開放時間)
休 星期日及年末年始
☎ 06-6906-0106
🌐 www.panasonic.com/jp/corporate/history/museum.html

松下幸之助與 Panasonic

松下幸之助 (1894~1989 年) 在 1918 年創立松下電器，曾在大阪電燈 (前關西電力公司) 工作及學習，在創業初期，他以自行車電燈產品為主，後來退出任社長。至二戰時被解除職務，直至戰後才能繼續擔當社長。松下在任期間，擴展市場至其他國家如美國，也令產品線多元化，產品幾乎涉及生活每個範疇。

松下電器創立時不是叫 Panasonic，而是叫 National，不過松下在打開美國市場時，因為當地已有 National 這牌子而不能註冊，唯有引入新名字。所以兩個名字在不同電器產品或不同地區都有使用，後來逐漸被 Panasonic 代替。

TIPS

13.3 阪急電鐵遊

寶塚、池田、箕面公園

行程安排

　　行程上可安排池田與寶塚於同一天遊覽，只要乘搭寶塚線任何列車即可。來往兩地車程需15分鐘，車費為¥200(HK$12)。

　　阪急電鐵為阪急集團所經營的鐵路，它的網絡貫通大阪、京都、神戶，並包括大阪府其他城市，如寶塚、池田和箕面。阪急電鐵的路線有很多，若到本部分的景點，寶塚線最為適合，而該線在石橋站有一條箕面線的分支，可到達箕面站，那兒有個環境優美的郊野公園。

阪急電鐵：
www.hankyu.co.jp

A. 寶塚

寶塚市不屬於大阪府,而是在兵庫縣內,但地理位置上位於大阪市的西北面,前往方便,離大阪不算遠。這裏是創作《小飛俠阿童木》、《MW》、《怪醫黑傑克》等精彩故事的漫畫家——手塚治虫的成長地,亦是全女班寶塚歌劇團的所在地。

由大阪各地往寶塚交通 ▶▶▶▶

1. 梅田 → 寶塚

乘阪急電鐵寶塚線:在阪急電鐵「梅田」站,乘寶塚線「急行」或「準急」列車到「宝塚」站。車程約 34~40 分鐘,單程收費 ¥290(HK$17)。

乘 JR 寶塚線:在 JR 大阪環狀線「大阪」站乘「普通」或「丹波路快速」列車至 JR「宝塚」站。車程約 25~30 分鐘,車費 ¥330(HK$25)。

2. 難波、心齋橋 → 寶塚

方法 A(較便宜):
地下鐵 + 阪急電鐵寶塚線

	鐵路	車程	車費
O	地下鐵「なんば」(難波) 站、「心斎橋」站		
↓	乘地下鐵御堂筋線 (千里中央方向)	6~8 分鐘	¥240 (HK$14)
O.O	抵地下鐵「梅田」站,在 1 號出口 →步行往阪急電鐵「梅田」站	步行	
↓	抵阪急電鐵「梅田」站 →乘阪急電鐵寶塚線	34~40 分鐘	¥290 (HK$17)
O	抵阪急電鐵「宝塚」站		

O 車站　O.O 轉車

方法 B(較快):
地下鐵 + JR 寶塚線

	鐵路	車程	車費
O	地下鐵「なんば」(難波) 站、「心斎橋」站		
↓	乘地下鐵御堂筋線 (千里中央方向)	6~8 分鐘	¥240 (HK$14)
O.O	抵「梅田」站,在 8 號出口 →步行往 JR 大阪環狀線「大阪」站	步行	
↓	抵 JR 大阪環狀線「大阪」站 → 乘 JR 寶塚線	25~30 分鐘	¥330 (HK$25)
O	抵 JR 寶塚線「宝塚」站		

O 車站　O.O 轉車

3. 新今宮 → 寶塚

方法 A(較便宜):
JR 大阪環狀線 + 阪急電鐵寶塚線

	鐵路	車程	車費
O	地下鐵堺筋線或御堂筋線「動物園前」站步行往 JR 大阪環狀線「新今宮」站	步行	
↓	抵 JR 大阪環狀線「新今宮」站,乘 JR 大阪環狀線 (外回り) 任何列車	11~17 分鐘	¥190 (HK$11)
O.O	抵 JR 大阪環狀線「大阪」站 →步行往阪急電鐵「梅田」站	步行	
↓	抵阪急電鐵「梅田」站 →乘阪急電鐵寶塚線	34~40 分鐘	¥290 (HK$17)
O	抵阪急電鐵「宝塚」站		

O 車站　O.O 轉車

方法 B(較快):
JR 大阪環狀線 + JR 寶塚線

	鐵路	車程	車費
O	地下鐵堺筋線或御堂筋線「動物園前」站步行往 JR 大阪環狀線「新今宮」站	步行	
↓	抵 JR 大阪環狀線「新今宮站」,乘 JR 大阪環狀線 (外回り) 任何列車	11~17 分鐘	¥680 (HK$40)
O.O	抵 JR「大阪」站 →步行往 JR 寶塚線	步行	
↓	乘 JR 寶塚線	25~30 分鐘	
O	抵 JR 寶塚線「宝塚」站		

O 車站　O.O 轉車

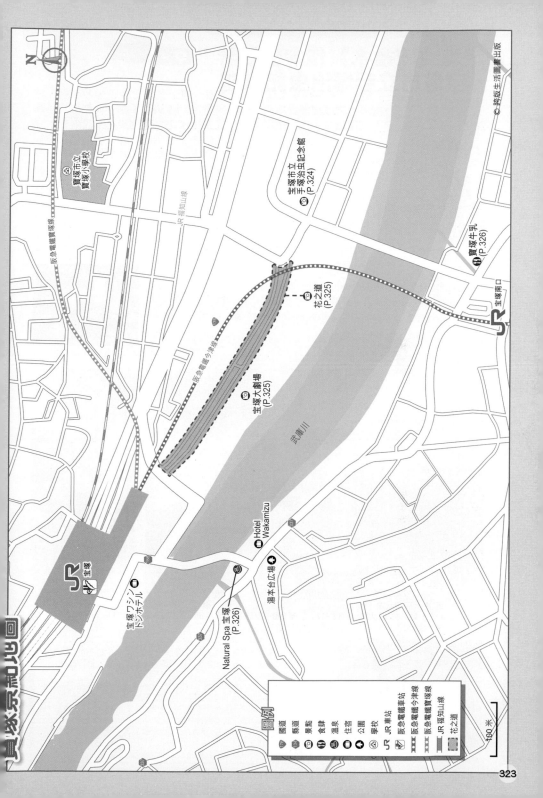

宝塚景點の地図

N

宝塚市立
寶塚小學校

宝塚市立
手塚治虫記念館 (P.324)

寶塚牛乳
(P.326)

宝塚南口

花之道
(P.325)

阪急電鐵寶塚線

JR福知山線

宝塚大劇場
(P.325)

武庫川

Hotel
Wakamizu

湯本台広場

Natural Spa 宝塚
(P.326)

JR 宝塚

宝塚ワシントン
ホテル

©華版生活圖書出版

图例

🏛 國道
🏞 縣道
🏯 景點
🍴 食肆
♨ 温泉
🏨 住宿
♠ 公園
🏫 學校
JR JR車站
阪急電鐵寶塚線
阪急電鐵今津線
阪急電鐵寶塚線
JR福知山線
花之道

100 米

走進《阿童木》作者的世界
宝塚市立手塚治虫記念館

地圖 P.323

大家對漫畫或動畫的《阿童木》應該不陌生，而寶塚正正是《阿童木》作者手塚治虫的成長地。紀念館內設有常設展館，介紹手塚治虫的生平，並展示他的作品和相關物件，讓參觀者能知道更多他的生平事蹟，欣賞他的天份和努力。雖然館內的文字介紹只有日語，但不用擔心不諳日語的問題，因為職員會借你中文版資料作對照，也可以問工作人員借閱。

▲ 手塚治虫紀念館建築外貌。

參觀這個紀念館，會發現手塚喜歡昆蟲的程度與他筆名的關係，以及他成長的家庭環境、小學的學習環境都與他在漫畫上的成就甚有關連。除常設展外，紀念館還播放他的動畫和短片，並不時舉行特別專題展覽 (設有限期)，好像我去的那次遇到手塚治虫誕生 80 周年展。

紀念館樓上有個圖書閣，旁邊還有 café 售賣飲品，可以邊看手塚的漫畫邊嘆咖啡。最底層是動畫工作坊，有多部電腦供大家使用和玩遊戲，亦可以叫工作人員取畫紙繪圖，並製作動畫。

▲ 埋頭苦幹的手塚治虫。

▲ 門口附近擺設了手塚治虫作品《火之鳥》的雕像，而且也是寶塚市和平紀念的代表雕塑像，這個像於 1994 年 8 月建立，希望締造一個和平而互助的社會。《火之鳥》是手塚人生最後 30 多年的作品，探討了人生和社會問題。

▲ 手塚治虫的生平介紹。

▲ 動畫工作坊。

🏠 兵庫県宝塚市武庫川町 7-65
🚃 阪急電鐵「宝塚」站，穿過阪急百貨店，往對面的花之道，經過宝塚大劇場走至盡頭後紀念館，過馬路可達；若由 JR「宝塚站」出，可先前往阪急電鐵「宝塚」站，再往紀念館。
🕘 9:30~17:00(最後入場：16:30)，部分休息日子或開放 (如 2018 年 1 月 3 日、3 月 28 日等，詳見官網)
🚫 星期一 (如遇假期照常營業)、12 月 29 日至 31 日、2 月 21 日至 2 月最後一天，設有臨時休館日 (詳見官網)
💲 成人 ￥700(HK$53)，中學生 ￥300(HK$23)，小學生 ￥100(HK$8)
📞 0797-81-2970
🌐 www.city.takarazuka.hyogo.jp/tezuka

藝術小街道 花之道  地圖 P.323

花の道、花のみち

▲沿途景物。

花之道是條是美麗的小街道,它是來往阪急電鐵宝塚站至宝塚大劇場、手塚治虫記念館的必經之路。沿途除了栽種樹木外,天橋還塗上了花的圖案,也可看到寶塚歌劇角色的銅像,走在路上,既有大自然感覺,又有藝術氣息。

▲王子與公主的雕像。

Info
🚃 阪急電鐵「宝塚」站,穿過阪急百貨店,對面就是花之道;若由 JR「宝塚」站出,可先前往阪急電鐵「宝塚」站,再往花之道

━━━━━━━━━━━━━━━━━━━━━━━━━━━━━━

名星出生地 宝塚大劇場  地圖 P.323

　　宝塚大劇場由阪急集團擁有,是個全女班的歌劇團,歌劇的男角色也由她們扮演。歌劇團只允許未婚女性加入,若要結婚便要退團。

　　一些日劇明星都在這裏出身,包括飾演過多部日劇如《女王的教室》(女主角阿久津真矢老師)、《女人四十》(踏入 40 歲仍未結婚的女主角)、《BOSS》(女警主角)的天海祐希,還有黑木瞳(演出作品如《Real Clothes》的神保美姬),以及真矢みき(如《Attention Please》的空中服務員教官三神たまき、《The Quiz Show》的節目監製冴島涼子等)都是從這個歌劇團出身的。

▲劇場外貌。

　　歌劇設有網上購票或當日票,價錢按不同座位而定,以當日券為例約 ¥2,500~¥12,000 (HK$190~910)。即使不懂日語,也不妨買票進場觀賞女性如何演繹男角色。

▲莊嚴的劇場。

Info
🏠 兵庫県宝塚市栄町 1-1-57
🚃 阪急電鐵「宝塚」站,穿過阪急百貨店,往對面的花之道便會看到大劇場;若由 JR「宝塚」站出,可先前往阪急電鐵「宝塚」站,再往大劇場
🕙 10:00~18:00
休 星期三
📞 0570-00-5100
🖥 kageki.hankyu.co.jp

北大阪急行線、單軌電車遊　京阪電車遊　阪急電鐵遊

寶塚產的牛奶及飲品 🎏 寶塚牛乳 地圖 P.323

たからづか牛乳

▲小店內有少量座位。

寶塚牛乳是寶塚地道的牛奶品牌,其工場在寶塚市高司,場內出產的牛奶以 63℃ 的低溫殺菌 30 分鐘,沒有使用荷爾蒙下生產,新鮮又健康。工場在車站附近設有小店,售賣樽裝牛奶、乳酪及相關飲品。如筆者所點的 Affogato(ア フ オ ガ ー ド), 就是濃縮咖啡上放入雪糕,端上時咖啡已加奶,口感十分醇滑。

▲◀售賣各式各樣的牛奶產品。

▲アフォガード (¥500,HK$29)。

Info
- 🏠 兵庫県宝塚市南口 2-12-14
- 🚉 阪急電鐵「宝塚南口」站步行 5 分鐘
- 🕐 9:00~19:00
- ☎ 0797-80-8662
- 🌐 www.takagyu.jp

寶塚溫泉 🎏 Natural Spa 宝塚 地圖 P.323

◀ Natural Spa 宝塚外觀。

在寶塚其實也有溫泉,其溫泉特性為豐富的鐵質,所以泉水是茶啡色的。在 JR 車站南面武庫川旁的 Natural Spa 宝塚就是這裏其中一項溫泉設施。Natural Spa 宝塚共 5 層,特點是設有女性專用的岩盤浴、ボディケア (身體護理)、エステサロン (美容中心) 等設施;而男性則有メンズエステ (男士美容)。由於女性專用的設施比男性多,所以入場費比男性貴 ¥200(HK$15)。

Info
- 🏠 兵庫縣宝塚市湯本町 9-33
- 🚉 阪急電鐵「宝塚」站步行 3 分鐘
- 🕐 星期一至五 9:30~22:00,星期六、日及公眾假期 9:30~21:00
- 休 男性 ¥840(HK$49),女性 ¥1,040(HK$61)
- ☎ 0797-84-7993
- 🌐 www.naturespa-takarazuka.jp

B. 池田

池田市屬於大阪府內，就在大阪市北面以及寶塚東面，特別之處是杯麵就在這裏發明，所以在這裏設有關於杯麵的發明紀念館。另外，本部分還會介紹一些味道不錯的餐廳，由池田站步行前往方便。

蘇飛 ▶ 阪急電鐵池田站。（攝影：

五月山公園 賞櫻 地圖 P.328

池田五月山公園也是觀賞櫻花、杜鵑花和紅葉的勝地。五月山海拔 315.3 米，內有 5 條遠足路線和瞭望台，可眺望大阪平原，並有動物園和植物園等設施。公園每年 4 月上旬的星期六、日都會舉行櫻花節，吸引遊客前來，也可以觀賞夜櫻，而且是免費入場的，連參觀動物園都不收費。

Info

- 🏠 大阪府池田市綾羽 2-5-33
- 🚃 阪急電鐵寶塚線「池田」站步行約 15 分鐘
- ⏰ 9:00~17:00（公園 24 小時開放）
- 🚫 星期二，年末年始（公園每天開放）
- ☎ 072-751-3070
- 🔗 www.ikedashi-kanko.jp/spot/recommend-spot01

TIPS

由大阪各地往池田交通 ▶▶▶▶

1. 梅田 → 池田

在大阪地下鐵御堂筋線「梅田」站前往阪急電鐵「梅田」站，乘阪急電鐵寶塚線任何往「宝塚」站或「雲雀丘花屋敷」站方向的列車，在「池田」站下車。車程約 19~25 分鐘，單程收費 ￥280(HK$16)。

2. 難波、心齋橋 → 池田

	鐵路	車程	車費
O	地下鐵「なんば」(難波)站、「心斎橋」站		
↓	乘地下鐵御堂筋線(千里中央方向)	6~8 分鐘	￥240(HK$14)
O.O	抵「梅田」站，在 1 號出口 → 步行往阪急電鐵「梅田」站	步行	
↓	抵阪急電鐵「梅田」站 → 乘阪急電鐵寶塚線任何往「宝塚」站或「雲雀丘花屋敷」站方向的列車	18~25 分鐘	￥280(HK$16)
O	抵阪急電鐵「池田」站		

O 車站　O.O 轉車

3. 新今宮 → 池田

	鐵路	車程	車費
O	地下鐵堺筋線或御堂筋線「動物園前」站步行往 JR 大阪環狀線「新今宮」站		
↓	抵 JR 大阪環狀線「新今宮」站，乘 JR 環狀線(外回り)任何列車	11~17 分鐘	￥190(HK$11)
	抵 JR 大阪環狀線「大阪」站 → 步行往阪急電鐵「梅田」站	步行	
↓	抵阪急電鐵「梅田」站 → 乘阪急電鐵寶塚線任何往「宝塚」站或「雲雀丘花屋敷」站方向的列車	18~25 分鐘	￥280(HK$16)
O	抵阪急電鐵「池田」站		

O 車站　O.O 轉車

4. 寶塚 → 池田

在阪急電鐵「宝塚」站，乘寶塚線任何列車（往梅田方向）在「池田」站下車，車程約 15 分鐘，車費 ￥200(HK$12)。

池田景點地圖

圖例

- 🚗 國道
- Ⓢ 縣道
- 📷 景點
- 🍴 食肆
- ➕ 醫院
- 🎓 學校
- Ⓟ 停車場
- 🚓 警局
- ✉ 郵局
- ℹ 觀光案內所
- 🚊 阪急電鐵
- ▪▪▪ 阪急電鐵寶塚線

大宏寺

五月山公園
(P.327)

五月山兒童
文化中心

五月山
體育館

本善寺

高法寺

池田城跡公園
(P.332)

池田吳服座
(P.331)

上方落語資料
展示館 (P.331)

池田城天守閣
(P.332)

九龍頭
神社

Billiken
(P.332)

逸翁美術館
(P.332)

託明寺

法園寺

源立寺

吳服神社

阪急電鐵寶塚線

池田

Suncity

池田市觀光
案內所

一風堂
(P.331)

池田站內。(攝影：蘇飛)

池田市立

100 米

安藤百福發
明紀念館
(P.329)

© 跨版生活圖書出版

製作你的日清杯麵 安藤百福發明紀念館
安藤百福発明記念館

地圖 P.328　推介

安藤百福是日清即食麵的發明者，紀念館就是表揚他發明即食麵的貢獻。即食麵或杯麵是我們最快速的飽肚方法，而且味道不錯。對於學生，更可說是有時特地省下錢來買的必需品。這些麵在台灣叫作「方便麵」，即食麵對於我們現代人的價值，正如台灣人所叫的名字一樣。不過，即食麵的價值和貢獻就只在於此嗎？

即食麵是 1958 年由大阪府池田市日清食品的安藤百福發明。對！是「發明」，製造杯麵的原理、食物的製造過程、包裝和煮的過程在當時而言都是創新的發明，尤其是即食麵可以由工廠大量生產出來，成為食糧。那時，理論上杯麵是可以解決糧食短缺問題，甚至因應衛生環境提供了安全的食物。1995 年神戶發生大地震，日清也提供杯麵給災民。

▲想知杯麵怎樣發明，進去發明紀念館便有答案了！

博物館內重新搭建當年安藤在裏面試驗杯麵的木屋，要認識杯麵可由走進這間木屋開始，然後經過「杯麵隧道」，了解杯麵的發展及其貢獻和製作過程、原理。另外，還可以親手製作一杯屬於你自己、獨一無二的杯麵。

▲這些看來很普通的東西，只要稍為變通和努力一下，就可以改變世界。安藤百福就證明了！

▲杯麵隧道。

▲動畫播放杯麵原理與工廠生產工序。

🏠 大阪府池田市満寿美 (ますみ) 町 8-25
🚇 阪急電鐵寶塚線「池田」站，往満寿美町方向出口步行約 10 分鐘
🕐 9:30~16:30 (最後入場：15:30)
🚫 星期二 (如遇假期順延至星期三)，年末年始
📞 072-752-3484
🌐 www.cupnoodles-museum.jp/ja/osaka_ikeda

安藤百福的格言

不說不知，原來安藤百福原是台灣人，原姓吳。在杯麵隧道前，可以見到他的一句中文格言：「食足世平、美健賢食、食創為世」，全句意思為「人們吃得溫飽，世界才會和平；要美麗和健康，必需要有智慧的飲食方法 (或要均衡飲食)；飲食 (文化) 的創新是為了世界。」大家認為即食麵做到了格言所說的嗎？

TIPS

難波、道頓堀、心齋橋、梅田、新今宮、天王寺、天滿、大阪城、大阪灣、富田林、堺市 鐵道遊

紀念館內製作杯麵＆買特色杯麵

🎁 買特色杯麵

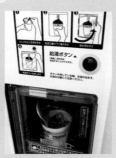

▲▶在自動售賣機買日航杯麵即場吃。

在紀念館內，可以在自動售賣機買到特色杯麵，例如日航的小杯麵，這些日清杯麵含有維他命 B。透過自動售賣機買杯麵很簡單，而自動售賣機會供應熱水，非常方便。這裏的電視播放着日清的廣告，會看見日清杯麵針對的顧客對象，以及為他們提供新需要。看電視時如需中文或英文介紹，可向工作人員借耳機，並付按金 ￥2,000(HK\$152)。

📷 好玩！杯麵 DIY 體驗
マイカップヌードルファクトリー

▲在這兒 DIY 杯麵。（攝影：蘇飛）

紀念館內最好玩的地方當然是杯麵製作體驗，只需付 ￥500(HK\$29) 就可以製作，包括自選調味料和包裝，還有工作人員在場協助，作為自己的獨特手信。

Step 1
▲買杯麵的杯。

Step 2
▲洗手消毒。

Step 3
▲畫畫和填寫杯麵的製造日期。

Step 4
▲有顏色筆提供。

Step 7
▲已封膠。

Step 6
▲為杯麵封膠。

Step 5
▲選擇調味料。

再包裝
完成！
◀這個包裝很特別，還可以帶上飛機。

▲轉六個圈，將麵放入杯裏。（攝影：蘇飛）

雞肉杯麵製作班

除了杯麵製作體驗外，還有一個雞肉杯麵（チキンラーメン）製作班，除休館日外每天開班，分為 4 個場次：9:30、11:00、13:15、14:45，每次 90 分鐘，可以電話或網上預約（只有日文版）。費用為初中生或以上 ￥1,000(HK\$59)，小學生￥600(HK\$35)，小學生以下不可參加。由於參加者眾多，一般幾個月內很快滿額。預約電話：072-751-0825。

TIPS

揚名日本及海外的九州拉麵 一風堂

▶一風堂在日本和海外均有分店。(攝影:蘇飛)

如果你食量夠大的話,可考慮一風堂。一風堂和一蘭同樣來自九州,至今在日本各地開了不少分店,池田是其中一間,店主知名度高,因為曾在 1997 至 1999 年的拉麵職人比賽中連續三次摘冠。一風堂的特色是「赤丸」和「白丸」拉麵,兩者同樣採用豬骨湯,分別在於前者配上特製辣醬而後者沒有。一風堂在海外如香港、台灣、紐約等地都設有分店,就算在香港或台灣已嘗過,也可試試在日本當地的拉麵會否更好吃。

- 🏠 大阪府池田市満寿美町 2-10
- 🚃 阪急電鐵寶塚線「池田」站步行 3 分鐘
- 🕐 11:00~21:00
- 休 年末年始
- ☎ 072-750-3129
- 🔗 www.ippudo.com

了解落語 上方落語資料展示館 地圖 P.328

池田市立落語みゅーじあむ

▲館外的建築。

於 2007 年開館的上方落語資料展示館,1樓的落語舞台於每個月的第 2 個星期六作表演用途,場內也介紹有關落語的資料。2 樓則是圖書館,同時也可借閱 CD、DVD。落語是日本一種傳統表演藝術,與中國的相聲有點相像,但通常只有一個人演出。

- 🏠 大阪府池田市栄本町 7-3
- 🚃 阪急電鐵寶塚線「池田」站步行 5 分鐘
- 🕐 11:00~19:00
- 休 星期二、年末年始
- ☎ 072-753-4440

▶落語舞台。

日本大眾演劇演出場地 池田吳服座 地圖 P.328

吳服座位於上方落語資料展示館對面,場內的表演多元化,如落語、新派、浪曲、講談等。吳服座的歷史可追溯至 1892 年,當時的吳服座位於池田市西本町。現時日間於 12:00 公演;夜間則 18:00 開始。入場為成人 ¥2,200(HK$129)。

- 🏠 大阪府池田市栄本町 6-15
- 🚃 阪急電鐵寶塚線「池田」站步行 5 分鐘
- ☎ 072-752-0529
- 🔗 0481.jp/c/ikedago hukuza

◀裡面有關於池田吳服座的歷史。

▲吳服座。

池田歷史重現 池田城跡公園 地圖 P.328

天守閣

▲天守閣及湖景。

▶進入公園入口後，就是這條進入城跡的橋。

▶天守閣上的湖景。

　　池田城是室町時代至戰國年代武士池田氏族的居城，之後因為被伊丹城取代而作廢。從 1989 年開始，政府花 4 年時間進行發掘調查以重建遺址，至 2000 年落成為公園開放予民眾，讓大家感受居城的山上山下的景色。走進重建後的居城，可以看到一座兩層的天守閣和一個湖。在天守閣裏，牆上掛有城跡公園不同季節的照片，而頂樓更可飽覽池田市的廣闊景致。

▲天守閣上池田市景致。

> 🏠 大阪府池田市城山町 3-46
> 🕐 4 至 10 月 9:00～19:00，11 至 3 月 9:00～17:00
> 💲 星期二及 12 月 29 至 1 月 1 日
> 📞 072-753-2767
> 📱 ikedashiroato.com

在通天閣看過的 Billiken 地圖 P.328

◀Billiken 像

　　除了在大阪的通天閣外，在池田市也有 Billiken 像，因為在 1911 年，出身池田的纖維商社創辦人田村駒以此為登錄商標，所以 Billiken 跟池田這個地方有一定的關係，也是在這裏都能看見此像的原因。

> 🏠 大阪府池田市栄本町 ポケットパーク内

阪急創辦人美術珍藏 逸翁美術館 地圖 P.328

▲逸翁美術館。

▲美術館內的園景。

　　逸翁為阪急集團創辦人小林一三的雅號，除了阪急集團外，小林先生也是寶塚歌劇團和東寶的創辦人。這個博物館於 1957 年開放，開館已超過 60 年，館內收藏的是小林一三超過五千件來自日本、中國和朝鮮的藝術藏品。

> 🏠 大阪府池田市栄本町 12-27
> 🚃 阪急電鐵寶塚線「池田」站步行 10 分鐘
> 🕐 10:00～17:00 (最後入館時間 16:30)
> 💲 成人 ¥700(HK$53)，高中生及大學生 ¥500(HK$38)，中學生或以下免費
> 📞 072-751-3865
> 📱 www.hankyu-bunka.or.jp/itsuo-museum

C. 箕面公園 賞紅葉

 www.mino-park.jp

箕面公園位於大阪府的箕面市、大阪市的北面。它是一個大型的郊野公園,環境優美,當中的瀑布是「日本の滝百選」(日本百大瀑布之一)。在秋天前來可看到紅葉盛放的情景,夏天則有機會嘗到川床料理。雖然是郊野公園,但行山道特別寬闊,沒有太多叉路,假日遊人也不少,對於平常少行山的人來説也很適合。

▲公園內遊人不少。

◀風景優美。

前往交通 ▶▶▶▶

在大阪市內,由阪急電鐵「梅田」站(可在地下鐵御堂筋線「梅田」站下車前往),乘往「宝塚」站方向的急行列車到「石橋」站,然後換乘阪急電鐵箕面線任何列車,在「箕面」站下車。由阪急電鐵「梅田」站至「箕面」站的車程約 26 分鐘,車費為 ¥280(HK$16)。

箕面公園行山指引 ▶

從阪急電鐵箕面站開始步行,一直沿着河流(箕面川)旁的道路行走,道路寬闊不難走,但途中需要上斜,部分人可能會感到稍為吃力。整條步道全長 2.8 米,終點是箕面大滝(瀑布),若不停下來一直走,從箕面站到瀑布只需 40 分鐘,來回約 1 個半小時。連休息、拍照及用餐等,最好預留半至一天的時間。

◀行山道上有餐廳,如楓来坊 (P.339)。另外,有的餐廳在 7 至 10 月星期六、日及公眾假期供應限量川床料理,約 ¥2,500~¥3,500(HK$190~266)。

▲在接近瀑布一帶,不少人在溪澗玩樂。

◀公園不時有野生動物,例如猴子。公園內有告示,提醒遊客不能餵飼,否則遭到罰款。

▲行山道寬闊,容易行走。

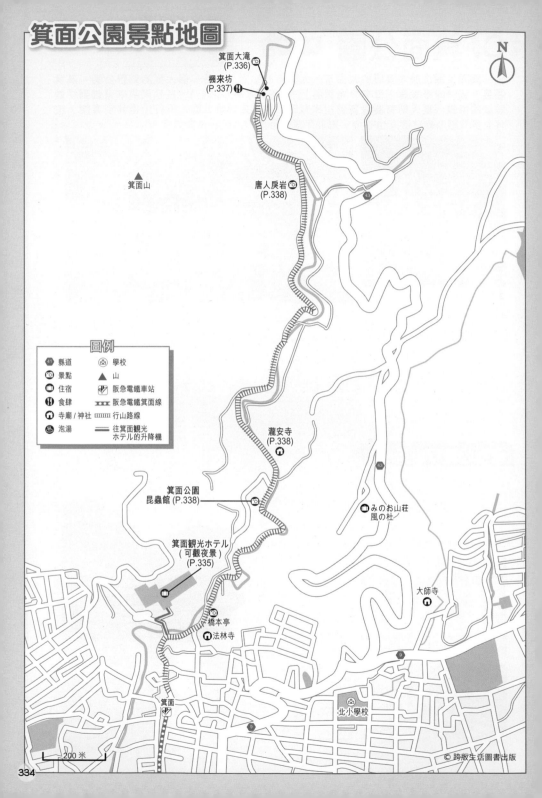

箕面公園景點地圖

箕面大滝
(P.336)

楓来坊
(P.337)

N

箕面山

唐人戻岩
(P.338)

43

瀧安寺
(P.338)

43

箕面公園
昆蟲館 (P.338)

みのお山荘
風の杜

箕面観光ホテル
(可觀夜景)
(P.335)

大師寺

橋本亭

法林寺

9

箕面

北小學校

9

200 米

在酒店觀千萬夜景 ✦ 箕面観光ホテル ◉ 地圖 P.334

地圖 P.334

這是箕面有名的酒店，早於 1960 年代末開始營業，但於 2011 年結束營業，2 年後移交予連鎖溫泉企業「大江戶溫泉物語」，以酒店及溫泉設施繼續提供旅遊服務。酒店在山上，不論是否住客，都可在阪急箕面站附近搭乘升降機到酒店入口樓層，進入溫泉區及酒店區，或直達觀景台觀賞箕面附近的景色。晚上在觀景台可看到萬家燈光，日本人認為這是 1,000 萬日元的夜景之一。

▲升降機直達酒店及觀景台。

▲箕面観光ホテル有多年歷史，後來結業一段時間並易手給大江戶溫泉物語，於 2013 年重新為遊客服務。

前往觀景台

一般旅客乘升降機上觀景去程必須付 ¥100(HK\$8)，回程則免費，而酒店房客可免費自由出入。 **TIPS**

▼觀景台上景色，晚上更為美麗。

🏠 大阪府箕面市溫泉町 1-1
🚃 阪急電鐵箕面線「箕面」站步行 5 分鐘，乘升降機前往
💲 房價（一泊二食）每人約 ¥14,900(HK\$876) 起
☎ 0570-041266
🖥 minoh.ooedoonsen.jp

🏠⭐ 酒店內泡湯 ⭐

🔵 浸溫泉 大江戶溫泉物語

大江戶溫泉物語是連鎖溫泉集團，在日本各地都有分店，箕面店在箕面観光ホテル內，是集團接手酒店業務後於 2013 年 10 月下旬開放的溫泉設施，讓酒店房客及旅客都可使用。這裏設有室內、室外浴場，採用炭酸水素塩泉，可治療神經衰弱、慢性婦人病患、神經痛等症狀。

🕐 5:00~10:00(最後入場：9:30)，16:00~24:00(最後入場：23:30)

💲	平日	星期六、日及公眾假期	特別期間
成人	¥3,813 (HK\$224)	¥4,363 (HK\$257)	¥4,913 (HK\$289)
小學生	¥2,638(HK\$155)		
幼兒	¥1,868(HK\$120)		

* 另需加箕面市稅金¥75(HK6)：年末年始及暑假的費用不同，詳見官網公告。
☎ 072-723-2324   🖥 minoh.ooedoonsen.jp/onsen/

▲大江戶溫泉物語。

難波、道頓堀　心齋橋　梅田　新今宮、天王寺　天滿、大阪城　大阪灣　富田林、堺市　鐵道遊

日本百大瀑布之一！ 箕面大滝

地圖 P.334

　　這條瀑布箕面大滝是「日本の滝百選」之一，排第 57 名，瀑布落差為 33 米，每年吸引約 200 萬人前來觀看。在瀑布下擺放了多張椅子，讓遊客可以坐着慢慢欣賞瀑布的震撼！此外，還可以沿附近的樓梯走上觀景台，從不同的角度和位置欣賞瀑布。

必到

▲箕面大滝。

◀可以走上觀景台。

日本の滝百選

　　日本有很多「百選」，百選即「百大」、即 100 個最好或最受歡迎的東西，如車站、森林浴、海岸、公園……當中「日本の滝百選」是 1990 年日本政府部門環境廳及林野廳，加上數個環保組織從日本 340,000 個瀑布中選出來的 100 個。由於經過環保專家認證，所以這 100 個瀑布也成為有名的景點，吸引人們前往觀賞。

TIPS
福

▲瀑布下設有座位，方便人們休息或細心欣賞瀑布之美。

Info 🚃 阪急電鐵箕面線「箕面」站步行 40 分鐘

吃鹿肉料理、享免費足湯 楓来坊

地圖 P.334

楓来坊面對着箕面大瀧，部分座位可讓顧客一邊觀賞瀑布，一邊享用餐點。楓来坊有各式各樣的料理，其中一個是「狩人絵卷」，包括鹿肉料理 (有煙的、烤的、燉的)、香鮎魚、天婦羅、柚子麵、山菜飯糰。鹿肉不錯，味道和一般的肉差不多。燉鹿肉煲上的汁很濃，可作為濃湯喝下去。這裏的店員略懂英文。

餐廳還提供足湯服務，稱為「猿之足湯」(免費)，為準天然溫泉，不過泉水來自較遙遠的新潟縣 (日本本州)，加上當地泉水規模較小，故需作一定程度的加工。這些泉水能達到保溫、保濕、紓緩關節痛和疲勞等效果。店家指出足湯泡 10~15 分鐘比較適合，行山人士能夠泡足休息一會。若沒有自備毛巾，可以 ￥100(HK$8) 購買毛巾。

▲楓来坊為箕面瀑布旁的食肆。

▲餐廳為半露天，可一邊觀賞瀑布，一邊用餐。

必吃

▲▶狩人絵卷 (￥1,800、HK$136)。

◀天婦羅。

▲鮎魚。

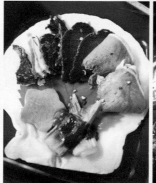

▲餐廳用了不同方式 (如燉、煙、烤) 烹調鹿肉。

Info
🏠 大阪府箕面市箕面公園 2-74
🚃 阪急電鐵箕面線「箕面」站步行 40 分鐘
🕐 約 11:00~17:00 (遇天氣惡劣會休息)
休 不定期休息
📞 072-724-8944
🌐 furaibominoh.wix.com/japanese

▶毛巾自備或以 ￥100(HK$8) 購買。

◀免費足湯設施。

難波、道頓堀、心齋橋、梅田、新今宮、天王寺、天滿、大阪城、大阪灣、富田林、堺市、鐵道遊

巨型岩石 ❖ 唐人戻岩 ◉ 地圖 P.334

距離瀑布箕面大滝大概 200 米左右，有巨大的岩石「唐人戻岩」佔據了行山路大部分空間，它高 7.5 米，闊 7.3 米。至於岩石的命名，傳說有個來自中國唐朝年代的人，而那時這一帶不像現在有平坦的散步道路，是十分險峻的，這個人因為路太難行而折返，岩石便因此得名。

◀ 這塊巨岩佔據了路面空間，只能從側邊拍照。

info 🚃 阪急電鐵箕面線「箕面」站步行 35 分鐘

彩券發源地 ❖ 瀧安寺 ◉ 地圖 P.334

瀧安寺早於 650 年創立，因坐落在箕面曾稱為箕面寺，創立人名為役行者，他在箕面瀑布修行時，得到龍樹菩薩傳授佛法。寺院是彩券發跡地，在大約 400 年前這裏發行「箕面福富」，性質與彩券差不多，當時僧侶抽籤並將護身符送予幸運兒。

◀ 本堂。

◀ 寺院內的橙橋。

▶ 日時計。

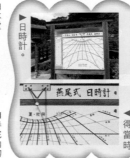

燕尾式日時計

如果天晴時來到瀧安寺，可以一睹日時計的運作。憑陽光下呈現的影子，可以知道當時的時間和節氣。

TIPS
福

◀ 透過日時計，可憑影子得知時間和季節，例如採訪當天為秋分，時間為下午 1 時。

info
🏠 大阪府箕面市箕面公園 2-23
🚃 阪急電鐵箕面線「箕面」站步行 20 分鐘
🕐 9:00~16:00　📞 072-721-3003　🌐 www.ryuanji.org

了解昆蟲特性 ❖ 箕面公園昆蟲館 ◉ 地圖 P.334

箕面公園除了擁有自然美景外，還維持生物多樣性，如昆蟲。箕面公園昆蟲館早於 1953 年開幕，向遊客傳授昆蟲的基本知識(包括昆蟲的一生)，展示牠們的化石、臉、巢、標本等，還可能聽到不同種類的昆蟲聲音。透過展覽，相信遊客會對昆蟲有一定的認識。

◀ 昆蟲館外部。

info
🏠 大阪府箕面市箕面公園 1-18
🚃 阪急電鐵箕面線「箕面」站步行 14 分鐘
🕐 10:00~17:00(最後入場：16:30)，部分日子延長開放，請參考官網
🚫 星期二 (如遇假期順延至星期三)，年末年始
💲 成人 ¥280(HK$16)，初中生或以下免費
📞 072-721-7967　🌐 www.mino-konchu.jp

附録

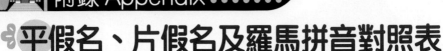

附錄

平假名、片假名及羅馬拼音對照表

附上 50 音對照表,方便大家上網查詢時,如遇到日語,就可以輸入拼音。

50 音對照表

あ/ア	a	い/イ	i	う/ウ	u	え/エ	e	お/オ	o
か/カ	ka	き/キ	ki	く/ク	ku	け/ケ	ke	こ/コ	ko
が/ガ	ga	ぎ/ギ	gi	ぐ/グ	gu	げ/ゲ	ge	ご/ゴ	go
さ/サ	sa	し/シ	si	す/ス	su	せ/セ	se	そ/ソ	so
ざ/ザ	za	じ/ジ	ji	ず/ズ	zu	ぜ/ゼ	ze	ぞ/ゾ	zo
た/タ	ta	ち/チ	chi	つ/ツ	tsu	て/テ	te	と/ト	to
だ/ダ	da	ぢ/ヂ	di	づ/ヅ	du	で/デ	de	ど/ド	do
な/ナ	na	に/ニ	ni	ぬ/ヌ	nu	ね/ネ	ne	の/ノ	no
は/ハ	ha	ひ/ヒ	hi	ふ/フ	fu	へ/ヘ	he	ほ/ホ	ho
ば/バ	ba	び/ビ	bi	ぶ/ブ	bu	べ/ベ	be	ぼ/ボ	bo
ぱ/パ	pa	ぴ/ピ	pi	ぷ/プ	pu	ぺ/ペ	pe	ぽ/ポ	po
ま/マ	ma	み/ミ	mi	む/ム	mu	め/メ	me	も/モ	mo
ら/ラ	ra	り/リ	ri	る/ル	ru	れ/レ	re	ろ/ロ	ro
や/ヤ	ya			ゆ/ユ	yu			よ/ヨ	yo
わ/ワ	wa							を/ヲ	wo
ん/ン	n								

「わ」、「ま」、「み」、「ぬ」這些較圓滑的字叫平假名;
「ヤ」、「ニ」、「テ」、「ホ」這些較方的字叫片假名。

　　要說明平假名及片假名,是因為 Windows 內置了日語拼音輸入法 (Microsoft IME Standard) 需要再細分是哪一種輸入。如果要輸入平假名字就要再選擇輸入「Hiragana」,片假名則選「Full-width Katakana」。

日語妙用錦囊 (協力:Gigi)

機場

日語	日語讀音	中文意思
空港 (くうこう)	ku-kou	機場
飛行機 (ひこうき)	hi-kou-ki	飛機
航空券 (こうくうけん)	kou-kuu-ken	機票
入国 (にゆうこく)	nyu-ko-ku	入境
出国 (しゆつこく)	shu-kko-ku	出境
滞在期間 (たいざいきかん)	tai-zai-ki-kan	逗留期間
ターミナル	ta-mi-na-ru	客運大樓
ロビー	ro-bi	候機大堂
フライト	fu-ra-i-to	航班
出発 (しゆつぱつ)	shu-ppa-tsu	出發
到着 (とうちやく)	tou-cha-ku	到達
乗り継ぎ (のりつぎ)	no-ri-tsu-gi	轉機
搭乗 (とうじよう)	tou-jyou	登機
手荷物 (てにもつ)	te-ni-mo-tsu	手提行李
スーツケース	su-tsu-ke-su	行李箱
お預け (おあずけ)	o-a-zu-ke	寄存
受け取り (うけとり)	u-ke-to-ri	領取
セキュリテイチエツク	se-kyu-ri-ti-che-kku	保安檢查
手続き (てつづき)	te-tsu-du-ki	手續
おみやげ	o-mi-ya-ge	手信
免税店 (めんぜいてん)	men-zei-ten	免税店
税関 (ぜいかん)	zei-kan	海關

交通

日語	日語讀音	中文意思
新幹線 (しんかんせん)	shin-kan-sen	新幹線
地下鉄 (ちかてつ)	chi-ka-te-tsu	地鐵
電車 (でんしや)	den-sha	路面行走的電車和鐵路都叫「電車」
方面	hoo-men	列車行駛方向
バス	ba-su	巴士
タクシー	ta-ku-shi	的士
おとな	o-to-na	大人
小児 / こども	go-to-mo	小童
駅員 (えきいん)	e-ki-in	站務員
切符 (きっぷ)	ki-ppu	車票
乗車券 (じようしやけん)	jyou-sha-ken	車票
お得	o-to-ku	優惠
整理券 (せいりけん)	sei-ri-ken	整理券 (用於乘搭巴士時計算車資)
バス	pa-su	周遊券、任搭/ 任乘車票 (Pass)
乗り放題 (のりほうだい)	no-ri-hou-dai	任搭
運賃 (うんちん)	un-chin	車資
券売機 (けんばいき)	ken-bai-ki	購票機
チャージ	cha-ji	增值 (用於 SUICA 或 ICOCA 時)
乗り越し精算機 (のりこしせいさんき)	no-ri-ko-shi-sei-san-ki	補車費差額的機器
高速 (こうそく)	kou-sou-ku	高速
普通 (ふつう)	fu-tsuu	普通車 (每站停)
各停 (かくてい)	ga-ku-tei	每站停的列車
快速 (かいそく)	kai-sou-ku	快速 (非每站停)
特急 (とつきゆう)	to-kkyu	特快
自由席 (じゆうせき)	ji-yuu-se-ki	不須劃位座位
指定席 (していせき)	shi-tei-se-ki	須劃位座位
優先座席 (ゆうせんざせき)	yuu-sen-za-se-ki	關愛座位
特急料金	to-k-kyu ryo-u-kin	特快列車的附加費用
片道 (かたみち)	ka-ta-mi-chi	單程
往復 (おうふく)	ou-fu-ku	來回
ホーム	ho-mu	月台
乗り換え (のりかえ)	no-ri-ka-e	轉車
改札口 (かいさつくち)	kai-sa-tsu-ku-chi	出入閘口

住宿

日語	日語讀音	中文意思	日語	日語讀音	中文意思
ホテル	ho-te-ru	酒店	夕食 (ゆうしょく)	yuu-sho-ku	晚餐
カプセル	ka-pu-se-ru	膠囊	お風呂 (おふろ)	o-fu-ro	浸浴
宿泊 (しゆくはく)	shu-ku-ha-ku	住宿	バス	ba-su	沖涼房
フロント	fu-ron-to	服務台	トイレ	to-i-re	洗手間
鍵 (かぎ)	ka-gi	鎖匙	ボディー ソープ	bo-di-so-pu	沐浴乳
予約 (よやく)	yo-ya-ku	預約	シャンプー	shan-pu	洗頭水
チエックイン	che-kku-in	登記入住	インター ネット	in-ta-ne-tto	上網
チエックアウト	che-kku-a-u-to	退房	タオル	ta-o-ru	毛巾
部屋 (へや)	he-ya	房間	歯ブラシ (はぶらし)	ha-bu-ra-shi	牙刷
シングル	sin-gu-ru	單人房	スリッパ	su-ri-ppa	拖鞋
ツイン	tsu-in	雙人房	ドライヤー	do-rai-ya	風筒 (吹風機)
タブル	ta-pu-ru	大床房	布団 (ふとん)	fu-ton	被子
素泊まり (すどまり)	su-do-ma-ri	純住宿 (不包 早餐和晚餐)			
朝食 (ちよう しよく)	chou-sho-ku	早餐			

附錄

日常會話

日語	日語讀音	中文意思
すみません	su-mi-ma-sen	不好意思。 (如在街上問路,可先說這句。)
ありがとうございます / ありがとう	a-ri-ga-tou-go-za-i-ma-su/ a-ri-ga-tou	多謝。(第一個說法較為客氣。)
こんにちは	kon-ni-chi-wa	你好 / 午安!(日間時說)
お元気ですか	o-gen-ki-de-su-ka	你好嗎?(How are you?)
さよなら	sa-yo-na-ra	再見!(這說法較為莊重,年輕人常用「byebye」。)
いくらですか	i-ka-ra-de-su-ka	多少錢?
おはようございます / おはよう	o-ha-you-go-za-i-ma-su/ o-ha-you	早晨!(第一個說法較為客氣。)
こんばんは	kon-ba-wa	晚上好!
おやすみなさい / おやすみ	o-ya-su-mi-na-sa-i/ o-ya-su-mi	睡覺前說晚安。 (第一個說法較為客氣。)
いただきます	i-ta-da-ki-ma-su	我不客氣啦!(用餐前說。)
ごちそうさまでした	go-chi-sou-sa-ma-de-shi-ta	謝謝你的招待!
お手洗	o-te-a-rai	洗手間
そうです	sou-de-su	是的
違います (ちがいます)	chi-ga-i-ma-su	不是
大丈夫です (だいじようぶです)	dai-jyou-bu-de-su	沒問題
できません	de-ki-ma-sen	不可以
わかります	wa-ka-ri-ma-su	明白
わかりません	wa-ka-ri-ma-sen	不明白
観光案内所 (かんこうあんないしょ)	kan-kou-an-nai-sho	觀光介紹所
漢字で書いていただけませんか?(かんじでかいていただけませんか)	kan-ji-de-kai-te-i-ta-da-ke-ma-sen-ka	可以請你寫漢字嗎?

購物

日語	日語讀音	中文意思
値段 (ねだん)	ne-dan	價錢
安い (やすい)	ya-su-i	便宜
中古 (ちゅうこ)	chuu-ko	二手
割引 (わりびき)	wa-ri-bi-ki	折扣
セール	se-ru	減價
現金 (げんきん)	gen-kin	現金
クレジットカード	ku-re-ji-tto-ka-do	信用卡
レシート	re-shi-to	收據
税抜き (ぜいぬき)	zei-nu-ki	不含稅
税込み (ぜいこみ)	zei-ko-mi	含稅

時間和日期

日語	日語讀音	中文意思
年 (ねん)	nen	年份
月 (がつ)	ga-tsu	月份
時 (じ)	ji	時
日 (にち)	ni-chi	日子
分 (ふん)	fun	分鐘
秒 (びょう)	byou	秒
時間 (じかん)	ji-kan	小時
今何時ですか？ (いまなんじですか？)	i-ma-nan-ji-de-su-ka	現在幾點？
午前 (ごぜん)	go-zen	上午
午後 (ごご)	go-go	下午
朝 (あさ)	a-sa	早上
今朝 (けさ)	ke-sa	今早
昼 (ひる)	hi-ru	中午
夜 (よる)	yo-ru	晚上
一昨々日 (さきおととい)	sa-ki-o-to-to-i	大前天
一昨日 (おととい)	o-to-to-i	前天
昨日 (きのう)	ki-nou	昨天
今日 (きょう)	kyou	今天
明日 (あした)	a-shi-ta	明天
明後日 (あさって)	a-sa-tte	後日
明々後日 (しあさって)	shi-a-sa-tte	大後日
日付 (ひづけ)	hi-zu-ke	日期
一日 (ついたち)	tsu-i-ta-chi	1 號
二日 (ふつか)	fu-tsu-ka	2 號
三日 (みっか)	mi-kka	3 號
四日 (よっか)	yo-kka	4 號
五日 (いつか)	i-tsu-ka	5 號
六日 (むいか)	mu-i-ka	6 號
七日 (なのか)	na-no-ka	7 號
八日 (ようか)	you-ka	8 號
九日 (ここのか)	ko-ko-no-ka	9 號
十日 (とおか)	to-o-ka	10 號
月曜日 (げつようび)	ge-tsu-you-bi	星期一
火曜日 (かようび)	ka-you-bi	星期二
水曜日 (すいようび)	sui-you-bi	星期三
木曜日 (もくようび)	mo-ku-you-bi	星期四
金曜日 (きんようび)	kin-you-bi	星期五
土曜日 (どようび)	do-you-bi	星期六
日曜日 (にちようび)	ni-chi-you-bi	星期日
平日 (へいじつ)	hei-ji-tsu	平日
週末 (しゅうまつ)	shu-ma-tsu	周末

飲食

日語	日語讀音	中文意思
レストラン	re-su-to-ran	餐廳
メニュー	me-nyu	餐單
ラーメン	ra-men	拉麵
丼	don-bu-ri	燴飯
うどん	u-don	烏冬
蕎麦 (そば)	so-ba	蕎麥麵
寿司 (すし)	su-shi	壽司
カレー	ka-re	咖喱
お好み焼き (おこのみやき)	o-ko-no-mi-ya-ki	大阪燒
ミニ盛	mi-ni-mo-ri	迷你份量
小盛	ko-mo-ri	輕盈份量
並盛	na-mi-mo-ri	普通份量
大盛	o-o-mo-ri	加大份量
特盛	to-ku-mo-ri	特大份量
ネギ	ne-gi	葱
玉子 (たまご)	ta-ma-go	蛋
ライス	ra-i-su	白飯
味噌汁 (みそしる)	mi-so-shi-ru	味噌湯
餃子 (ぎょうざ)	gyou-za	餃子
からあげ	ka-ra-a-ge	炸雞
豚	bu-ta	豬
フライドポテト	fu-ra-i-do-po-te-to	薯條
サラダ	sa-ra-da	沙律
替玉 (かえたま)	ka-e-ta-ma	加麵
トッピング	to-ppin-gu	配料
ドリンク	do-rin-ku	飲料
ビール	bi-ru	啤酒
オレンジジュース	o-ren-ji-jyu-su	橙汁
コーヒー	ko-hi	咖啡
ウーロン茶 (ウーロンチャ)	u-ron-cha	烏龍茶
ミルク	mi-ru-ku	牛奶
水	mi-zu	水
小皿 (こざら)	ko-za-ra	小碟
箸 (はし)	ha-shi	筷子
スプーン	su-pun	匙
れんげ	ren-ge	吃拉麵的匙
フォーク	fuo-ku	叉子
～ください	～ ku-da-sai	請給我～
いくらですか	i-ku-ra-de-su-ka	多少錢？
お会計お願いします (おかいけいおねがいします)	o-kai-kei-o-ne-gai-shi-ma-su	請結賬
いただきます	i-ta-da-ki-ma-su	開動了
ごちそさまでした	go-chi-so-sa-ma-de-shi-ta	謝謝款待

方向

日語	日語讀音	中文意思
方向（ほうこう）	hou-kou	方向
上（うえ）	u-e	上方
下（した）	shi-ta	下方
右（みぎ）	mi-gi	右邊
左（ひだり）	hi-da-ri	左邊
東（ひがし）	hi-ga-shi	東面
南（みなみ）	mi-na-mi	南面
西（にし）	ni-shi	西面
北（きた）	ki-ta	北面
向こう（むこう）	mu-kou	對面
真っ直ぐ（まっすぐ）	ma-ssu-gu	直走
曲がる（まがる）	ma-ga-ru	轉彎
どうやって行きますか？（どうやっていきますか）	dou-yaa-te-i-ki-ma-su-ka	怎樣去？

數字

日語	日語讀音	中文意思
ゼロ	ze-ro	0
いち	i-chi	1
に	ni	2
さん	san	3
し／よん	shi/yon	4
ご	go	5
ろく	ro-ku	6
しち／なな	shi-chi/na-na	7
はち	ha-chi	8
きゅう	kyu	9
じゅう	jyu	10
じゅういち	jyu-i-chi	11
にじゅういち	ni-jyu-ichi	21
ひゃく	hya-ku	百
さんびゃく	san-bya-ku	300
ろっぴゃく	ro-ppya-ku	600
はっぴゃく	ha-ppya-ku	800
せん	sen	千
まん	man	萬
えん	en	円

寄／製作明信片

　　在日本印製明信片十分方便。在便利店的自動沖印機(實際是列印相紙而已)沖印，一張 3R 價錢約 ￥30 (HK$2)。只要把相機的 SD、CF 卡甚至 CD-R 放進去，再選擇相片，明信片不一會便會印出來。

　　建議在郵局投寄，郵寄一張明信片約 ￥90(HK$7)。在郵局內指着明信片對職員説「Hong Kong」，他們便明白要寄往香港，亦會顯示總郵費。付錢後，一般來説職員會替你貼上郵票，但也試過職員給郵票自行貼上，然後放進郵筒。由日本寄香港時間約一星期，所以待行程最後一天於機場寄和行程途中寄沒大分別。

　　如果覺得明信片太貴，可選擇在日本印相，不過相片質素未必有所保證，色彩會有點偏差。現在有容易攜帶的手提或平板電腦，可以在列印相片前先在電腦修正色彩甚至後期製作，再在相片背面加上郵票和文字，便可以寄出了。

▲自動沖印明信片。

◀日本郵局（郵便局）。

◀自製明信片。

日本

經典新玩幸福嘆名物
Easy GO!——大阪

作者：Him
頁數：352頁全彩
書價：HK$108、NT$450

溫泉探秘賞楓景
Easy GO!——福岡長崎北九州

作者：Li
頁數：408頁全彩
書價：HK$108、NT$450

藍天碧海琉球風情
Easy GO!——沖繩

作者：Li
頁數：416頁全彩
書價：HK$108、NT$450

香飄雪飛趣玩尋食
Easy GO!——北海道青森

作者：Li
頁數：368頁全彩
書價：HK$108、NT$450

暖暖樂土清爽醉遊
Easy GO!——日本東北

作者：Li
頁數：352頁全彩
書價：HK$108、NT$450

秘境神遊新鮮嘗
Easy GO!——鳥取廣島

作者：Li
頁數：456頁全彩
書價：HK$108、NT$450

環抱晴朗慢走島國
Easy GO!——四國瀨戶內海

作者：黃穎宜、Gigi
頁數：352頁全彩
書價：HK$108、NT$450

紅楓粉櫻古意漫遊
Easy GO!——京阪神關西

作者：Him
頁數：488頁全彩
書價：HK$118、NT$480

北陸古韻峻美山城
Easy GO!——名古屋日本中部

作者：Li
頁數：496頁全彩
書價：HK$128、NT$490

頂尖流行掃貨嘗鮮
Easy GO!——東京

作者：Him
頁數：496頁全彩
書價：HK$118、NT$480

海島秘境深度遊
Easy GO!——石垣宮古

作者：跨版生活編輯部
頁數：200頁全彩
書價：HK$98、NT$390

出走近關五湖北關西
Easy GO!——東京周邊

作者：沙發衝浪客
頁數：368頁全彩
書價：HK$118、NT$480

歐美、澳洲

沉醉夢幻國度
Easy GO!——法國瑞士

作者：Chole
頁數：288頁全彩
書價：HK$98、NT$350

熱情都會壯麗絕景
Easy GO!——美國西岸

作者：嚴潔盈
頁數：248頁全彩
書價：HK$128、NT$490

豪情闖蕩自然探奇
Easy GO!——澳洲

作者：黃穎宜
頁數：248頁全彩
書價：HK$98、NT$350

邀遊11國省錢品味遊
Easy GO!——歐洲

作者：黃穎宜
頁數：304頁全彩
書價：HK$118、NT$480

Classic貴氣典雅迷人
Easy GO!——英國

作者：沙發衝浪客
頁數：272頁全彩
書價：HK$118、NT$480

殿堂都會華麗濱岸
Easy GO!——美國東岸

作者：Lammay
頁數：328頁全彩
書價：HK$88、NT$350

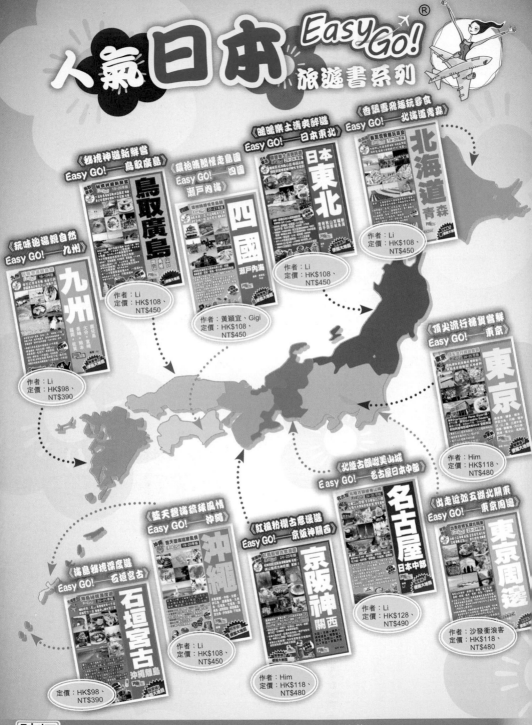

人氣日本 Easy Go! 旅遊書系列

《玩味飽嚐親親自然 Easy GO！——九州》
九州
作者：Li
定價：HK$98、NT$390

《梯挑神遊新鮮嘗 Easy GO！——鳥取廣島》
鳥取廣島
作者：Li
定價：HK$108、NT$450

《緩拖脹脹慢走島國 Easy GO！——四國 瀨戶內海》
四國 瀨戶內海
作者：黃穎宜、Gigi
定價：HK$108、NT$450

《踏踏業土清爽醉鐵 Easy GO！——日本東北》
日本東北
作者：Li
定價：HK$108、NT$450

《香飄雪飛趣統零食 Easy GO！——北海道青森》
北海道青森
作者：Li
定價：HK$108、NT$450

《頂尖流行棉貨嘗鮮 Easy GO！——東京》
東京
作者：Him
定價：HK$118、NT$480

《北陸古韻遊美山城 Easy GO！——名古屋日本中部》
名古屋 日本中部
作者：Li
定價：HK$128、NT$490

《出走追蹤五湖北關東 Easy GO！——東京周邊》
東京周邊
作者：沙發衝浪客
定價：HK$118、NT$480

《藍天碧海綺綠風情 Easy GO！——沖繩》
沖繩
作者：Li
定價：HK$108、NT$450

《紅楓粉櫻古意遊 Easy GO！——京阪神關西》
京阪神關西
作者：Him
定價：HK$118、NT$480

《海島梯挑深度遊 Easy GO！——石垣宮古》
石垣宮古 沖繩離島
定價：HK$98、NT$390

跨版生活

超人氣遊日頻道
日本福岡女孩
Yumeko Japan Travel

哈囉，正在看《經典新玩幸福嘆名物 Easy GO!──大阪》一書的大家：我是福岡女孩 Yumeko，今年是我旅日第五年，喜歡環遊日本發掘美食。

至於大家一定很想知道為甚麼我叫福岡女孩？因我打工度假的第一站來到福岡，所以以福岡作為這個頻道的起點，取名為「福岡女孩」，頻道內容主要介紹日本生活、景點。

有興趣的朋友可以趕緊追蹤起來！

網址：youtube.com/@yumekojapantravel

《經典新玩幸福嘆名物 Easy GO!──大阪》

作者：Him
攝影：Him
責任編輯：陳奕祺、鍾漪琪、劉希穎
版面設計：梁詠欣
協力：吳碧琪、Gigi、李美儀、麥碧心
相片授權提供：Florence Au-Yeung、Grand Front Osaka、蘇飛、飛行茉莉、
　　　　　　　Tina&Fai、IKiC、株式会社 良品計画、©iStock.com/TonicR
鳴謝：Grand Front Osaka、First Cabin、Only Planet店主

出版：跨版生活圖書出版
地址：荃灣沙咀道11-19號達貿中心910室
電話：3153-5574　　傳真：3162-7223
專頁：http://crossborder.com.hk（Facebook）
網站：http://www.crossborderbook.net
電郵：crossborderbook@yahoo.com.hk

發行：泛華發行代理有限公司
地址：香港將軍澳工業邨駿昌街7號星島新聞集團大廈
電話：2798-2220　　傳真：2796-5471
網頁：http://www.gccd.com.hk
電郵：gccd@singtaonewscorp.com

台灣總經銷：永盈出版行銷有限公司
地址：231新北市新店區中正路499號4樓
電話：(02)2218 0701　　傳真：(02)2218 0704

印刷：鴻基印刷有限公司

出版日期：2024年3月總第7次印刷
定價：HK$108　NT$450
ISBN：978-988-75024-4-9

出版社法律顧問：勞潔儀律師行